修訂十五版

商事法要論

Commercial Law

梁宇賢　著

三民書局

國家圖書館出版品預行編目資料

商事法要論 / 梁宇賢著. －－修訂十五版一刷. －－臺
北市：三民，2018
　　面；　公分

ISBN 978-957-14-6447-3　（平裝）

1. 商事法

587　　　　　　　　　　　　　　　　　107011340

© 商 事 法 要 論

著　作　人	梁宇賢
發　行　人	劉振強
著作財產權人	三民書局股份有限公司
發　行　所	三民書局股份有限公司
	地址　臺北市復興北路386號
	電話　(02)25006600
	郵撥帳號　0009998-5
門　市　部	(復北店) 臺北市復興北路386號
	(重南店) 臺北市重慶南路一段61號
出版日期	初版一刷　1981年7月
	修訂十三版一刷　2015年1月
	修訂十四版一刷　2015年9月
	修訂十五版一刷　2018年9月
編　　　號	S 582330

行政院新聞局登記證局版臺業字第○二○○號

有著作權‧不准侵害

ISBN　978-957-14-6447-3　（平裝）

http://www.sanmin.com.tw　三民網路書店

修訂十五版序

　　本書內容含緒論、公司法、票據法、海商法及保險法共五編，提綱挈領，以詮釋法條之內容為主，並援引學說、判例及參與管見而成。本書力求理論與實務配合，使讀者能融會貫通，藉收事半功倍之效，俾符我國工商業界及金融保險業界之需要，並便於讀者參加高普考及各類特考之用，藉此弘揚法治及服務社會。

　　自民國七十年六月本書初版以來，配合社會之變遷及政府法律之修訂，業已歷經十四次之修正。惟今年八月一日我國政府對公司法法條作大幅度之修正，保險法法條亦於今年分別共五次對部分之條文作小幅度之修正，俾符合我國當前工商社會的需要及國際潮流。據此，筆者積極配合將本書加以修訂，而於今年九月作第十五版問世。雖編輯取材態度嚴謹，惟筆者學識淺陋，疏誤難免，敬請　先進宏達不吝指正為幸。

梁宇賢　謹識

民國一〇七年九月

初版序

　　筆者自民國五十七年起，濫竽於大學教席，擔任民、商法課程，迄今業有十三載餘，常感因繕印講義，多有訛漏與零亂，乃於去年應三民書局股份有限公司劉董事長之雅託，將筆者所講授「商事法」課程之底稿，加以整理，予以付梓，俾便利教學，並期有助於研習商事法及參加各種考試者之參考。

　　惟筆者自愧學疏識淺，思慮不周，錯漏之處，在所難免。尚祈海內宏達，不吝賜正，至感幸甚！

梁宇賢

民國七十年六月十日

序於國立中興大學法商學院

商事法要論

目　次

修訂十五版序
初版序

第一編　緒　論

第一章　商事法之意義 ……………………………………………… 1

第二章　商事法之特質 ……………………………………………… 2

第三章　我國商事法之沿革 ………………………………………… 4

第四章　商事法之效力 ……………………………………………… 6

第五章　商事法與其他法律之關係 ………………………………… 7

第二編　公司法

第一章　公司法之意義 ……………………………………………… 11

第二章　公司法之性質 ·· 13

第三章　公司總則 ·· 15

第一節　公司之意義 ··· 15

第二節　公司之分類 ··· 16

第三節　公司之名稱及住所 ······································ 19

第四節　公司之設立 ··· 20

第五節　公司之登記 ··· 22

第六節　公司之能力 ··· 26

第七節　公司之監督 ··· 30

第八節　政府或法人之股東 ······································ 33

第九節　公司之負責人與經理人 ·································· 33

第十節　公司之公告及主管機關公文書之送達 ·················· 39

第十一節　公司之合併 ··· 39

第十二節　公司之分割 ··· 41

第十三節　公司之變更組織 ······································ 44

第十四節　公司之解散 ··· 46

第四章　無限公司 ·· 50

第一節　無限公司之概述 ··· 50

第二節　無限公司之設立 ··· 53

第三節　無限公司之內部關係 ···································· 55

第四節　無限公司之對外關係 ···································· 59

第五節　無限公司之入股及退股 ·································· 62

第六節　無限公司之解散 ··· 65

第七節　無限公司之合併 ··· 66

第八節　無限公司之變更組織 ···································· 68

　　第九節　無限公司之清算 ·· 69

第五章　有限公司 ··· 74

　　第一節　有限公司之概念 ·· 74

　　第二節　有限公司之設立 ·· 75

　　第三節　有限公司之對內關係 ··· 76

　　第四節　有限公司之對外關係 ··· 79

　　第五節　有限公司之增減資本及變更組織 ························· 80

　　第六節　有限公司之變更章程、合併、解散及清算 ··········· 80

　　第七節　有限公司與無限公司之異同 ······························ 80

第六章　兩合公司 ··· 83

　　第一節　兩合公司之概念 ·· 83

　　第二節　兩合公司之設立 ·· 84

　　第三節　兩合公司之對內關係 ··· 85

　　第四節　兩合公司之對外關係 ··· 88

　　第五節　兩合公司之合併、變更組織、解散及清算 ··········· 89

第七章　股份有限公司 ·· 91

　　第一節　股份有限公司之概念 ··· 91

　　第二節　股份有限公司之設立 ··· 94

　　第三節　股份有限公司之股東 ·· 105

　　第四節　股份有限公司之機關 ·· 122

　　第五節　股份有限公司之會計 ·· 152

　　第六節　股份有限公司之公司債 ····································· 159

　　第七節　股份有限公司之發行新股 ·································· 173

　　第八節　股份有限公司之變更章程 ·································· 181

　　第九節　股份有限公司之重整 ·· 186

第十節　股份有限公司之解散、合併及分割 ……………… 219

第十一節　股份有限公司之清算 ……………………………… 223

第十二節　閉鎖性股份有限公司 ……………………………… 242

第八章　關係企業 …………………………………………… 248

第九章　外國公司 …………………………………………… 254

第十章　公司之登記 ………………………………………… 262

第十一章　附　則 …………………………………………… 265

第三編　票據法

第一章　票據法之意義 ……………………………………… 267

第二章　票據法之性質 ……………………………………… 269

第三章　總　論 ……………………………………………… 270

第一節　票據之意義 …………………………………………… 270

第二節　票據之性質 …………………………………………… 270

第三節　票據之經濟效用 ……………………………………… 272

第四節　票據之法律關係 ……………………………………… 273

第五節　票據行為之概述 ……………………………………… 277

第六節　空白授權票據 ………………………………………… 281

第七節　票據行為之代理 ……………………………………… 284

第八節　票據之偽造 …………………………………………… 286

第九節 票據之變造 …………………………………………… 288

第十節 票據之塗銷 …………………………………………… 289

第十一節 票據之毀損 ………………………………………… 290

第十二節 票據權利之概述 …………………………………… 291

第十三節 票據權利之取得 …………………………………… 292

第十四節 票據權利之行使與保全 …………………………… 294

第十五節 票據之抗辯 ………………………………………… 295

第十六節 票據喪失 …………………………………………… 299

第十七節 票據時效 …………………………………………… 301

第十八節 票據之利益償還請求權 …………………………… 302

第十九節 票據之黏單 ………………………………………… 305

第四章 匯 票 ……………………………………………………… 306

第一節 總 說 …………………………………………… 306

第二節 發 票 …………………………………………… 309

第三節 背 書 …………………………………………… 313

第四節 承 兌 …………………………………………… 326

第五節 參加承兌 ………………………………………… 331

第六節 保 證 …………………………………………… 334

第七節 到期日 …………………………………………… 336

第八節 付 款 …………………………………………… 338

第九節 參加付款 ………………………………………… 340

第十節 追索權 …………………………………………… 344

第十一節 拒絕證書 …………………………………………… 353

第十二節 複 本 ……………………………………………… 356

第十三節 謄 本 ……………………………………………… 358

第五章 本 票 ……………………………………………………… 360

第一節　概　述 …………………………………………………… 360

第二節　發　票 …………………………………………………… 363

第三節　見票之程序與效力 ………………………………………… 364

第四節　本票之強制執行 …………………………………………… 365

第五節　本票準用匯票之規定 ……………………………………… 366

第六章　支　票 …………………………………………………… 368

第一節　總　說 …………………………………………………… 368

第二節　發　票 …………………………………………………… 370

第三節　支票之付款 ………………………………………………… 372

第四節　支票之追索權 ……………………………………………… 379

第五節　支票之拒絕證書 …………………………………………… 380

第六節　發票人之責任 ……………………………………………… 381

第七節　支票準用匯票之規定 ……………………………………… 382

第四編　海商法

第一章　海商法之意義 …………………………………………… 383

第二章　海商法之性質 …………………………………………… 384

第三章　通　則 …………………………………………………… 385

第一節　船舶之意義及要件 ………………………………………… 385

第二節　不適用海商法之船舶 ……………………………………… 385

第三節　船舶之特性 ………………………………………………… 386

第四節　船舶之扣押及假扣押 ……………………………………… 388

第五節　法律之適用 ………………………………………………… 389

第四章　船　舶 ·························· 390

第一節　船舶所有權 ·························· 390

第二節　船舶所有人之責任限制 ·············· 394

第三節　海事優先權 ·························· 399

第四節　船舶抵押權 ·························· 403

第五章　運　送 ·························· 406

第一節　貨物運送 ·························· 406

第二節　貨櫃運送 ·························· 422

第三節　旅客運送 ·························· 422

第四節　船舶拖帶 ·························· 426

第六章　船舶碰撞 ·························· 428

第一節　船舶碰撞之意義 ···················· 428

第二節　船舶碰撞之責任 ···················· 428

第三節　船舶碰撞之處理 ···················· 429

第七章　海難救助 ·························· 431

第一節　海難救助之概念 ···················· 431

第二節　對人救助 ·························· 431

第三節　對物救助 ·························· 432

第八章　共同海損 ·························· 434

第一節　共同海損之概念 ···················· 434

第二節　共同海損之範圍的立法主義 ·········· 434

第三節　共同海損之範圍 ···················· 435

第四節　共同海損之計算 ···················· 436

第五節　共同海損分擔之比例 ·· 437

第六節　共同海損分擔額計算後之效力 ························· 439

第七節　共同海損債權之時效 ·· 440

第九章　海上保險 ··· 441

第一節　海上保險之概念 ·· 441

第二節　海上保險契約之要素 ·· 441

第三節　海上保險損害額之計算 ······································ 443

第四節　海上保險契約之效力 ·· 444

第五節　海上保險契約之消滅 ·· 446

第六節　海上保險之委付 ·· 446

第五編　保險法

第一章　總　　則 ··· 449

第一節　保險法之概念 ··· 449

第二節　保險之意義 ·· 450

第三節　保險之種類 ·· 451

第二章　保險契約 ··· 453

第一節　保險契約之意義及性質 ······································ 453

第二節　保險契約之分類 ·· 454

第三節　保險契約之主體 ·· 456

第四節　保險契約之客體 ·· 459

第五節　保險契約之成立 ·· 464

第六節　保險契約之效力 ·· 467

第七節　保險契約之變動 ·· 473

　　第八節　複保險與再保險⋯⋯⋯⋯⋯⋯⋯⋯⋯⋯⋯⋯⋯ 480

　　第九節　保險契約之消滅時效⋯⋯⋯⋯⋯⋯⋯⋯⋯⋯⋯ 483

　　第十節　保險契約之除斥期間⋯⋯⋯⋯⋯⋯⋯⋯⋯⋯⋯ 484

第三章　財產保險⋯⋯⋯⋯⋯⋯⋯⋯⋯⋯⋯⋯⋯⋯⋯⋯⋯ 486

　　第一節　火災保險⋯⋯⋯⋯⋯⋯⋯⋯⋯⋯⋯⋯⋯⋯⋯⋯ 486

　　第二節　陸空保險⋯⋯⋯⋯⋯⋯⋯⋯⋯⋯⋯⋯⋯⋯⋯⋯ 491

　　第三節　責任保險⋯⋯⋯⋯⋯⋯⋯⋯⋯⋯⋯⋯⋯⋯⋯⋯ 493

　　第四節　保證保險⋯⋯⋯⋯⋯⋯⋯⋯⋯⋯⋯⋯⋯⋯⋯⋯ 496

　　第五節　其他財產保險⋯⋯⋯⋯⋯⋯⋯⋯⋯⋯⋯⋯⋯⋯ 496

第四章　人身保險⋯⋯⋯⋯⋯⋯⋯⋯⋯⋯⋯⋯⋯⋯⋯⋯⋯ 499

　　第一節　人壽保險⋯⋯⋯⋯⋯⋯⋯⋯⋯⋯⋯⋯⋯⋯⋯⋯ 499

　　第二節　健康保險⋯⋯⋯⋯⋯⋯⋯⋯⋯⋯⋯⋯⋯⋯⋯⋯ 507

　　第三節　傷害保險⋯⋯⋯⋯⋯⋯⋯⋯⋯⋯⋯⋯⋯⋯⋯⋯ 509

　　第四節　年金保險⋯⋯⋯⋯⋯⋯⋯⋯⋯⋯⋯⋯⋯⋯⋯⋯ 513

第五章　保險業⋯⋯⋯⋯⋯⋯⋯⋯⋯⋯⋯⋯⋯⋯⋯⋯⋯⋯ 515

　　第一節　通　則⋯⋯⋯⋯⋯⋯⋯⋯⋯⋯⋯⋯⋯⋯⋯⋯⋯ 515

　　第二節　保險業之監督⋯⋯⋯⋯⋯⋯⋯⋯⋯⋯⋯⋯⋯⋯ 519

　　第三節　罰　則⋯⋯⋯⋯⋯⋯⋯⋯⋯⋯⋯⋯⋯⋯⋯⋯⋯ 543

第六章　附　則⋯⋯⋯⋯⋯⋯⋯⋯⋯⋯⋯⋯⋯⋯⋯⋯⋯⋯ 551

第一編　緒　論

第一章　商事法之意義

商事法亦稱商法，乃規定關於商事之法律。有形式意義與實質意義之分。形式之商事法，係專指商法法典而言。在採民商分立制之國家，如法、德、荷、比、日諸國，皆於民法之外，另有商法法典。實質之商事法，乃指以商事為其規範對象之各種法規而言，就法律上形式言之，雖無以商法命名之法典，但凡有關商事之法律，則分別編入民法法典或另訂商事單行法規中，我國屬之，如我國公司法、票據法、海商法及保險法是。商事法，又有廣義與狹義之別。廣義之商事法，為關於一切商事法規之總稱，學者通常將之分為國際商事法與國內商事法兩種。所謂國際商事法者，乃指國際公法中關於商事之法規，如國際郵政協約、電訊協約及船舶碰撞與海難救助統一公約、兩國間友好通商航海條約、其他國際商約是。所謂國內商事法者，則指關於國內之商事法規，又分商事公法與商事私法二種。商事公法者，指公法上關於商事之法規，如銀行法、合作社法及交易所法等是。商事私法者，指私法上關於商事之法規，如商事單行法及商事習慣法等是。狹義之商事法，則專指國內商事法中之商事私法而言，亦即通常所稱之商事法，換言之，即指我國之公司法、票據法、海商法及保險法四種法規。

第二章　商事法之特質

一、**私法兼公法性**　商事法以規定私人間相互的商事活動，屬於廣義民法之內，故亦為私法。惟近代法律，因受社會本位思想之影響，私法已日趨公法化，商事法亦然。例如我國公司法關於公司登記之規定、票據法關於支票不能兌現處罰之規定、海商法與保險法中，有關各種罰則之規定，幾與行政法或刑法有不可分離之關係。

二、**技術性**　商事法之規定，深富技術性，而與一般私法偏於倫理規範者，有所不同。例如公司法中股東會之召集程序與決議方法、募集公司債之手續、董事及監察人之選任方法等規定；票據法關於發票、背書、承兌、追索權等規定；海商法關於共同海損認定及理算等規定，以及保險法關於損害賠償額之估定等規定，均足以表示商事法，具有高度技術性之規範。

三、**國際性**　法律有國際法與國內法之別，商事法原屬國內法之範疇。惟近代交通發達，國際貿易繁盛，各國為適應實際需要，國與國間，大都訂有商事條約，而商事法之理論，亦具有世界統一之傾向，因之商事法具有國際性。

四、**營利性**　商事法所規定者，乃在於保護個人或團體之營利，例如我國公司法第一條規定：「本法所稱公司，謂以營利為目的，依照本法組織、登記、成立之社團法人。」即屬之。

五、**協調性**　又稱商事法之二元性。近代各國之商事立法，頗多兼採自由主義與強制主義，故商事法規之中，隨處都可以發現此兩種主義之對峙，表面觀之，似有矛盾。但從商事本質上，加以澈底之觀察並不然。蓋商事內容而言，在商事交易之本身方面，力求簡便敏活而富於彈性，乃不得不採自由主義；在商事交易之基礎方面，為求交易之安全，則不得不採強制主義。因此，自由主義與強制主義之兩種特性，乃屬相互的協調而存

在。前者，基於簡便、敏捷、彈力性之要求，稱為行為法，關於商行為大部分之規定皆屬之；後者，基於安全、確實、固定性之要求，稱為組織法，關於商業、登記、商號、公司制度，以及商業使用人之代理權等規定皆屬之，此即一般學者所謂商事法之二元性。

　　六、進步性　商事行為，貴乎敏捷而富彈性，加以現時國際貿易繁興，經濟競爭日趨激烈，商事法規須配合經濟情勢，而力求進步，始能適應需要，促進商業之發展與繁榮，因此我國政府對於商事法規之修改頻繁，即可得悉。

第三章　我國商事法之沿革

　　我國古時，重農輕商，且閉關自守，商事不繁，故歷代典章，均偏於刑名。自清末海禁大開，歐風東漸，為適應商業情勢，爰於光緒二十九年頒布大清商律，是為我國商法之嚆矢。該商律為載振、伍廷芳所起草，僅有商人通例九條及公司律一百三十一條，規定簡陋，缺陷亦多。光緒三十四年聘日本法學家志田鉀太郎起草商法，未及畢稿。宣統三年，農工商部曾擬訂大清商律草案，亦未及公布施行，清廷覆亡。民國肇建，凡清代法律，不與國體牴觸者，悉為有效，故光緒二十九年之商律，復資沿用。民國三年，農商部又以清代資政院未議決之商律草案，略加修改，命名為公司條例、商人通例，於同年一月及三月分別公布，九月一日起施行。迨民國十六年國民政府成立，中央政治會議決議編制民商統一法典，將商事與民事有關部分併入民法法典，其特殊者，則分別另訂單行法。於是票據法公布於民國十八年十月三十日，公司法公布於民國十八年十二月二十六日，保險法及海商法公布於民國十八年十二月三十日，其中公司法於民國二十年七月一日施行，並先後於民國三十五年四月十二日修正公布同日施行、五十五年七月十九日、五十七年三月二十五日、五十八年九月十一日、五十九年九月四日、六十九年五月九日、七十二年十二月七日、七十九年十一月十日、八十六年六月五日、八十九年十一月十五日、九十年十一月十二日、九十四年六月二十二日、九十五年二月三日、九十八年一月二十一日、同年四月二十九日及五月二十七日、一〇〇年六月二十九日、一〇〇年十一月九日、一〇〇年十二月二十八日、一〇一年一月四日、一〇一年八月八日、一〇二年一月十六日、一〇二年一月三十日、一〇四年五月二十日、一〇四年七月一日及一〇七年八月一日修正公布施行。至於票據法於民國四十三年五月十四日、四十九年三月三十一日、六十二年五月二十八日、六十六年七月二十三日、七十五年六月二十九日、七十六年六月二

十九日修正公布同日施行。海商法於民國二十年一月一日施行，五十一年
七月二十五日、八十八年七月十四日、八十九年一月二十六日修正公布同
日施行、九十八年七月八日修正公布，自九十八年十一月二十三日施行。
再者，保險法雖於民國二十六年一月十一日修正公布，但未施行，直至五
十二年九月二日再度修正公布同日施行，並將原來之保險業法予以合併，
在保險法中，專立一章，六十三年十一月三十日復修正公布，並於八十一
年二月二十六日、八十一年四月二十日、八十六年五月二十八日、八十六
年十月二十九日、九十年七月九日、九十二年一月二十二日、九十三年二
月四日、九十四年五月十八日、九十五年五月三十日、九十六年一月十日
及同年七月十八日、九十九年二月一日、九十九年十二月八日、一〇〇年
六月二十九日、一〇〇年十一月三十日、一〇一年六月六日、一〇三年六
月四日、一〇四年二月四日、一〇七年一月三十一日、一〇七年四月二十
三日、一〇七年六月六日及一〇七年六月十三日修正公布同日施行。此均
為我國之商事特別法。

第四章　商事法之效力

一、**關於時之效力**　法律不溯及既往，為羅馬法以來公認之原則，故一切法律自施行後發生效力，廢止時失其效力，商事法亦然。因此在商法施行後發生之商事，均適用商法，然如商法施行法有特別規定者，則在商法施行前之商事，仍得適用，如舊海商法施行法第五至八條是。

二、**關於地之效力**　狹義之商事法，係指國內商事私法而言，故在一國境內所有之商事，均應適用此商事法。

三、**關於人之效力**　凡我國人對於商事，不論其為自然人或法人，商人或非商人，均適用商事法。惟涉及外國人時，注意涉外民事法律適用法之有關規定。

四、**關於事之效力**　凡屬商事，原則上均適用商事法，但有例外，如行使或保全票據上權利之法律行為，其方式依行為地法；船舶之物權，依船籍國法；航空器之物權，依登記國法（涉外三八Ⅳ）。

第五章　商事法與其他法律之關係

第一、商事法與民法

　　關於商事法之立法制度，世界各國向有民商分立與民商合一之別。前者係於民法之外，另行制定商事法，使民商法分別獨立，自成法典；後者則將民商法訂為統一法典，關於商事之規定，除在民法法典中規定外，其不能合併於民法者，另行訂定單行法規。我國現採行民商合一制，將屬於商人通例之經理人、代辦商及屬於商行為之買賣、交互計算、行紀、倉庫與承攬運送等規定於民法，而於公司、票據、海商、保險、商業登記等，則另訂商事法典。因此，商事法對於民法之關係，係處於特別法之地位，依特別法優先於普通法適用之原則，凡關於公司、票據、海商、保險等商事之事項，應先適用商事法，商事法無規定時，始得適用民法。

第二、商事法與刑法

　　刑法為規定犯罪構成要件及刑罰範圍之法律，商事法為保護公共利益及交易安全，有關刑罰之規定，比比皆是。例如公司法中有關股款未實際繳納之處罰（公九）、未經公司設立登記而營業之處罰（公一九）、監察人查核表冊而虛偽報告之處罰(公二一九)、違法分派股利之處罰(公二三二)。保險法中有違反保險業設立條件之處罰（保一六六）、非保險業經營保險或類似保險之處罰（保一六七Ｉ）等是。此等規定，具有特別刑罰之性質，仍應適用刑法總則之規定（刑一一），如追訴權、行刑權之時效是。

第三、商事法與行政法

　　行政法為規定行政組織及其職權與作用之法律。因現代國家之任務加重，行政範圍擴大，故商事法與行政法之間，關係甚為密切。例如公司負

責人妨礙或拒絕檢查（公二一II）、股份有限公司負責人違反規定發行股票之罰鍰（公一六一之一）、保險業違反保險法所規定經營業務及資金運用之處罰（保一六八Ⅰ、IV）、保險業負責人妨害檢查業務行為之處罰（保一六八之一Ⅰ）等，均為行政權作用之規定，屬於行政法之範疇。因此，商事主體對於行政機關所為處分，如有不服時，須依訴願法及行政訴訟法之規定（訴願一、行訴一），予以救濟。

第四、商事法與訴訟法

　　訴訟法為規定訴訟程序之法律，而商事法主要在規定公司、票據、海商、保險等商事權利義務之實體法律，其內容並包括有各商事主體之民事責任、刑事責任與行政罰責任；至於程序方面，如公司之登記，則屬例外。因此商事主體之權義或責任發生爭執而涉訟時，則分別依其性質，適用民事、刑事及行政訴訟法所規定之程序，予以解決紛爭。如公司負責人違反法令執行業務，致他人受有損害之連帶賠償責任（公二三）、發票人應照匯票文義擔保承兌及付款之責任（票二九）、共同海損之分擔責任（海一一一）、保險人對保險事故發生之賠償責任（保二九至三三）等有爭執而涉訟者，應依民事訴訟法規定之程序以確定之。公司負責人股款未實際繳納之處罰（公九）、未經公司設立登記而營業之處罰（公一九）、監察人查核表冊而虛偽報告之處罰（公二一九）、違法分派股利之處罰（公二三二）、非保險業經營保險或類似保險業之處罰（保一六七）、保險業違反保險法所規定經營業務及資金運用之處罰（保一六八Ⅰ、IV）、負責人等控制保險業圖利之處罰（保一六八之二）等應負之刑事責任，須依刑事訴訟法規定之訴訟程序加以追訴處罰。又商事主體受主管機關之不當行政罰處分，自得提起訴願，而依行政訴訟法提起行政訴訟以求救濟。足見商事法與訴訟法之關係，至為密切。

第五、商事法與商業登記法

　　我國商業登記法係規定一般商業登記事項之法律，其登記範圍限於獨

資組織或合夥組織之商業，原應屬於商事法之內，惟目前大多數商事法教科書，對商事法範圍，認為不包括商業登記法在內。至於公司組織之商業，應依公司法之規定為之，故屬於商事法範圍內。關於商業登記制度，在採民商分立制之立法，例如德國及日本，其商業登記規定於商法總則論，對於各種商業登記包括公司登記，均可適用之；而我國採民商合一制，於商業登記法外，另有公司法。一般商業登記規定於商業登記法，而公司登記，則規定於公司法，故商業登記法，為商業登記之普通法，而公司法為商業登記法之特別法。關於公司登記之事項，應優先適用公司法之規定。兩者關於登記之主管機關及其審查權限，有所不同。茲述之於下：

一、**對登記之主管機關言**　一般商業登記，其主管機關為縣（市）政府；而公司登記，其主管機關為經濟部。

二、**就登記之審查權限言**　一般商業登記，採形式審查主義，除其聲請有違反法令，得飭令更正後，始行登記外，僅以審查聲請人所送之證件為限。至於公司登記採實質審查主義，主管機關對於各項登記之申請，認為有違反公司法或不合法定程序者，應令其改正，非俟改正合法後，不予登記（公三八八）。

第六、商事法與國際法

國際法為國際社會中相互關係的行為規則。在國際法方面，有關商事的內容，除國際間的商事慣例外，就是國際間有關商事的條約。所謂商事的條約，包括雙邊條約中之兩國商事條約，與多邊條約中之商事公約。前者為兩個國際法主體所締結有關商事之條約，例如我國與他國所締訂之商務協定等是；後者為三者以上的國際法主體所締結有關商事之公約，如國際郵政協約、電訊協約、國際海上人命安全公約、船舶碰撞及海難救助統一公約、載貨證券統一公約、國際海上運輸公約、航空器上所犯罪行及若干其他行為公約等是。無論何種商事的條約，一經批准，其效力均強於國內商事法，故美日等國均稱條約為最高法律。在條約中有關商事的規定，學者有稱之為國際商事法。

第二編　公司法

第一章　公司法之意義

　　公司法的意義，有實質意義與形式意義之分，又有廣義與狹義之別。所謂實質意義，亦即廣義之意義。所謂形式意義，亦即狹義之意義。茲述之於下：

　　一、**實質意義之公司法**　實質意義之公司法者，係指關於公司規定之一切法規而言。除公司法名稱之公司法法典外，凡民法上有關公司的規定，及破產法、民事訴訟法、稅法、外國人投資條例、華僑回國投資條例等等，有關公司規定之部分均屬之，故稱為廣義的公司法。

　　二、**形式意義之公司法**　形式意義之公司法者，係專指經國家立法機關制定而賦予公司法名稱，並經總統公布之公司法法典而言。凡公司法法典以外均不屬之，故又稱狹義之公司法。本編所謂我國公司法或本法及一般通稱之公司法，均指此而言。因此我國形式意義之公司法，係指規律以營利為目的之各種公司的組織、經營、解散及其他一切行為之法律關係的商事法，茲析述其意義為四：

　　㈠**公司法者，係屬商事法**　關於各國立法例對於公司法之編制，不論為民商合一制或民商分立制，公司法均屬於商事法。

　　㈡**公司法者，係規律公司之商事法**　按商事法之內涵頗多。公司法者，僅規範公司之商事法。其與票據法、海商法、保險法等之商事法所規定之內容不同。

㈢公司法者，係規律以營利為目的之商事法　公司法所規定之各種公司，係以營利為目的，依其公司章程所定之事業經營。

㈣公司法者，係規律各種公司之組織、經營、解散及其他一切行為之法律關係的商事法　公司法係規律公司之商事法，故凡有關公司之種類及其組織要件、經營方式，在何種情況下可以解散，以及其他一切行為之法律關係，均詳加規定。

第二章　公司法之性質

關於我國公司法之性質如下：

一、**公司法具有營利法之性質**　公司法所規律之各種公司均以營利為目的，此於我國公司法第一條之規定，開宗明義，業已述之。

二、**公司法具有技術法之性質**　公司制度是人類為營群體活動，以彌補個人能力與資力不足，所創造的制度。此種制度，深富技術性，而與一般私法偏於倫理性而有不同，是故公司法具有技術法之性質。

三、**公司法具有交易法之性質**　公司法係規律公司營利之法律，就公司本身言，為達到營利之目的，對外必有所交易行為，以求利潤。況股份有限公司尚可發行公司債券，透過證券市場，輾轉流通於多數人，就公司之股東言，亦得經交易行為，將其股單或股票轉讓，以求利潤，故公司法具有交易法之性質。

四、**公司法原則上具有團體法之性質**　我國公司法之公司，除有限公司由一人以上股東所組織外，無限公司及兩合公司，均須有二人以上之股東所組織。至於股份有限公司可由政府或法人股東一人所組織而成，若純屬自然人之股東則須由自然人二人以上股東組織而成之團體，故公司法原則上屬團體法。

五、**公司法具有人格法之性質**　我國公司法之公司為法人，具有人格，故公司法有人格法之性質，凡公司之名稱、公司之能力及公司之住所等規定，均屬此性質之表現。

六、**公司法具有私法公法化之性質**　我國公司法係商事法之一，為普通民法之特別法，故屬於私法。但公司法對違反強制或禁止之規定，不似普通民法，僅明定為無效而已，更特設罰則，科以刑罰或行政罰，以儆公司負責人，故公司法復具有公法之性質。

七、**公司法具有任意法與強行法之性質** 公司法為交易法，其規定頗多屬於任意法。惟為維護社會交易之安全，防止違法，促進經濟之繁榮，故公司法中強制或禁止之規定，亦復不少。

八、**公司法具有實體法與程序法之性質** 我國公司法共有九章，第一章總則，規定各種公司共同遵守之通則；第二章至第五章，分別規定無限公司、有限公司、兩合公司、股份有限公司之權利義務；第六章股份兩合公司於民國六十九年五月九日公布刪除；第六章之一規定關係企業；第七章規定外國公司；第八章規定登記；第九章附則。上述各章，除第八章為程序法規定外，其餘各章悉屬實體法之規定，故公司法具有實體法與程序法之性質。

第三章 公司總則

第一節 公司之意義

公司者，以營利為目的，依照公司法組織登記成立之社團法人（公一Ｉ）。準此定義，分述如下：

一、公司為法人 法人者，指非自然人而具有人格之社會組織團體，依法律規定享有權利能力者而言。因此公司一經依法登記成立，法律即賦予法人資格，與自然人同享有權利負擔義務。

二、公司為社團法人 法人依其組織基礎為標準，可分為人合組織體之社團法人與財產組織體之財團法人。依本法第二條規定，各種類之公司，其組織除有限公司只有一人股東以上，以及股份有限公司有政府、法人股東一人所組織外，通常由二人以上股東（即社員）發起設立，故公司為社團法人。

三、公司為營利之社團法人 以營利為目的之社團法人，其經營事業之目的，在於獲取利潤，並以之分配於其股東而言。公司能以營利為目的，但公司經營業務，應遵守法令及商業倫理規範，得採行增進公共利益之行為，以善盡其社會責任（公一Ⅱ）。至於合作社、福利社，並非以營利為目的，而是以營利為手段，本於互助之基礎，以共同經營方法，其目的在為社員謀福利，故非謂公司。至於公益之社團法人，或有營利行為，其營利所得，並不分配給社員，亦非公司。

四、公司為依公司法組織登記成立之社團法人 我國民法第四十五條規定：「以營利為目的之社團，其取得法人資格，依特別法之規定。」公司法為民法之特別法，故凡稱為公司者，必須依照公司法之規定組織登記成立，其非依本法組織登記成立者，則不得謂為公司。

第二節　公司之分類

第一、法律上之分類

本法第二條規定，依股東責任為分類之標準，共分四種。茲分述如下：

一、**無限公司**　無限公司者，乃指二人以上之股東組織，對公司債務負連帶無限清償責任之公司（公二Ⅰ1）。

二、**有限公司**　有限公司者，乃指一人以上股東組織，就其出資額為限，對公司負其責任之公司（公二Ⅰ2）。

三、**兩合公司**　兩合公司者，乃指一人以上之無限責任股東，與一人以上之有限責任股東所組織，其無限責任股東，對公司債務負連帶無限清償責任；有限責任股東，就其出資額為限，對公司負其責任之公司（公二Ⅰ3）。

四、**股份有限公司**　股份有限公司者，乃指二人以上股東或政府、法人股東一人所組織，全部資本分為股份，股東就其所認股份，對公司負其責任之公司（公二Ⅰ4）。

第二、信用上之分類

學者有依公司信用作為學理上分類之標準。將公司分為人合公司、資合公司及人合兼資合公司等三種，茲述之於下：

一、**人合公司**　凡公司之經濟活動，以股東個人信用基礎，稱為人合公司，例如本法之無限公司。

二、**資合公司**　凡公司之經濟活動，以公司之資本數額為基礎者，稱為資合公司，例如本法之股份有限公司。

三、**人合兼資合公司**　凡公司之活動兼取個人信用與公司資本者，稱之為人合兼資合公司，例如本法之兩合公司。

第三、國籍上之分類

公司依其國籍為分類之標準，可分為本國公司 (Domestic Corporation)、外國公司 (Foreign Corporation) 與多國籍公司 (Multinational Corporation)。茲分述如下：

一、**本國公司**　總公司之國籍設隸於本國，並依本國之公司法組織登記成立之公司，稱為本國公司。

二、**外國公司**　以營利為目的，依照外國法律組織登記成立之公司（公四 I），謂之外國公司。外國公司，於法令限制內，與中華民國公司有同一之權利能力（公四 II）。

三、**多國籍公司**　多國籍公司一詞，迄今尚無定論。惟多國籍公司涉及各國，而各國各有其國內法，因此多國籍公司必須遵守各當地國之法律，隨當地國之法律變化而變化。其次，亦應注意及國際公法與國際間之條約協定，諸如專利、商標、郵政、勞動、關稅等協定。

第四、組織管轄系統上之分類

公司依其組織管轄系統為分類之標準，可分為本公司與分公司。茲分述於下：

一、**本公司**　本公司者，又稱總公司，為公司依法首先設立以管轄全部組織之總機構（公三 II 前）。換言之，為公司機構之中心，關於公司經營指揮監督、資金之調度，均由本公司支配之。

二、**分公司**　分公司者，為受本公司管轄之分支機構（公三 II 後）。關於分公司設立之數額，我公司法並無限制，故一公司可設立數分公司。惟分公司之下不得再設分支機構。至於總公司設在大陸，而在臺灣設立分公司者，國民政府撤退至臺灣後，行政院於民國三十九年，依國家總動員法第十八條之規定，頒布「淪陷區工商企業總機構在臺灣原設分支機構管理辦法」，規定在臺灣之分支機構，一律改為獨立機構，取消「分支」字樣，冠以「臺灣」二字。若本公司在臺灣，其股東在大陸地區者，則應適用民

國五十三年四月二十四日公布施行之「戡亂時期在臺公司陷區股東股權行使條例」之規定。該條例於民國八十一年七月二十七日修訂為「在臺公司大陸地區股東股權行使條例」。

第五、股本構成上之分類

公司依其股本構成為分類標準，可分為公營公司與民營公司。分述如下：

一、**公營公司** 凡公司之事業由政府經營，或政府與人民合資經營，而政府之股本超過百分之五十者，稱為公營公司（公營事業移轉民營條例三）。

二、**民營公司** 凡公司業務由人民經營，或政府與人民合資經營，而民股超過百分之五十以上者，該事業方得視為民營。

第六、股份分散程度上之分類

公司依其股份分散之程度為分類之標準，可分為家族公司與大眾公司。茲分述如下：

一、**家族公司** 其股份為一家族所有者，謂家族公司。因其股份為極少數股東所有，故屬閉鎖式公司，通常依發起設立方法而成立。

二、**大眾公司** 公開吸收社會大眾資金，人人得投資成為股東之公司，是謂大眾公司，例如股份有限公司，是為開放式公司，可採發起設立及募集設立。

第七、公司彼此間之關係而分類

公司依其彼此間之關係為分類之標準，有如下之情形：

一、**控制公司之意義** 本法規定，公司直接或間接控制他公司之人事、財務或業務經營者（公三六九之二II前），以及公司持有他公司有表決權之股份或出資額，超過他公司已發行有表決權之股份總數或資本總額半數者，為控制公司（公三六九之二I前）。

　　二、從屬公司之意義　依本法規定，公司直接或間接控制他公司之人事、財務或業務經營者，或公司持有他公司有表決權之股份，或出資額超過他公司已發行有表決權之股份總數或資本總額半數者，為控制公司，該他公司為從屬公司（公三六九之二）。

　　三、相互投資公司之意義　一公司與他公司相互投資，各達對方有表決權之股份總數或資本總額三分之一以上者，為相互投資公司（公三六九之九Ⅰ）。

第三節　公司之名稱及住所

第一、公司之名稱

　　公司之名稱，得以股東姓名或其他名稱作為公司之名稱。但各種公司之名稱，應標明公司之種類（公二Ⅱ），例如有限公司，應標明為「某某有限公司」，不可稱為「某某公司」。外國公司在中華民國境內設立分公司者，其名稱應譯成中文，並標明其種類國籍（公三七〇），例如英商德記洋行有限公司。

　　其次公司之名稱，除表示公司與他公司之區別外，在法律上發生兩種效力：

　　一、公司名稱之排他效力　公司名稱，應使用我國文字，且不得與他公司或有限合夥名稱相同。二公司或公司與有限合夥名稱中標明不同業務種類或可資區別之文字者，視為不相同（公一八Ⅰ）。所謂二公司名稱中標明不同業務種類者，例如大明機械股份有限公司、大明紡織股份有限公司，其公司名稱視為不同。公司所營事業除許可業務應載明於章程外，其餘不受限制（公一八Ⅱ），俾配合當前企業多角化經營之趨勢。又為簡政便民，對於公司所營事業，本法明訂，公司所營事業應依中央主管機關所定營業項目代碼表登記。已設立登記之公司，其所營事業為文字敘述者，應於變更所營事業時，依代碼表規定辦理。其次，公司不得使用易於使人誤認與

政府機關、公益團體有關或有妨害公共秩序或善良風俗之名稱(公一八IV)。因此申請登記之公司名稱,如屬有破壞維繫國家社會之優良秩序或違背一般道德標準者,如「清國奴」、「美帝」或罵人之三字經為公司名稱等,自不宜准許登記。再者,公司名稱及業務,於公司登記前應先申請核准,並保留一定期間;其審核準則,由中央主管機關定之(公一八V)。又政府為推動企業國際化,對於公司名稱,使用外語譯音者,不再禁止之。

二、禁止冒用公司名義之效力 凡未經設立登記,不得以公司名義經營業務或為其他法律行為。違反前述規定者,行為人處一年以下有期徒刑、拘役或科或併科新臺幣十五萬元以下罰金,並自負民事責任,行為人有二人以上者連帶負民事責任,並由主管機關禁止其使用公司之名稱(名義)(公一九)。此所謂公司名稱,指無限公司、有限公司、兩合公司、股份有限公司等名稱。

第二、公司之住所

公司以其本公司之所在地為其住所(公三)。此乃為法定住所,與自然人之有法定住所、意定住所,以及自然人無住所者,以居所視為住所之規定,有所不同。至於公司住所之效果如下:一、決定主管機關監督權之行使(公五)。二、管理統轄全部機構之總事務所。三、確定其審判籍(民訴二、九)。四、收受文書送達之處所(民訴一三六)。五、確定債務清償地之處所(民三一四)。六、行使或保全票據權利處所之標準(票二〇)。七、國際私法上應適用何國法律之標準(涉外二)。八、政府徵稅之依據。

第四節　公司之設立

第一、公司設立之意義

公司設立者,係指為取得公司資格而完成法律要件之一切行為。

第二、公司設立行為之性質

公司之設立必須訂立章程，而章程之訂立，必須有一定書面款式，故公司設立行為屬於要式行為。然此要式行為之性質，究為如何？學說不一。約有下列四說：

一、**契約說**　認為公司之設立行為，係屬合夥契約。此說將合夥與公司混而為一，於法理不合。況且公司章程之訂立，乃創立會之決議，並非契約行為，故此說不足採。

二、**單獨行為說**　此說認為公司之設立，乃股東組織公司為目的之個別單獨行為，聯合或偶合而成立。觀乎公司章程之訂立，乃取決於創立會之多數決議，並非多數個別單獨行為之聯合或偶合，故此說亦屬不當。

三、**共同行為說**　此說認為公司之設立，係二人以上之意思，基於同一目的所為之共同行為。徵諸公司章程之訂立、創立會之決議，自以此說為當，故已成為今日之通說。我國學者均贊同此說。

四、**合併行為說**　此說認為設立行為，係單獨行為與契約行為之合併行為。按公司之設立行為，既非契約行為，自無合併行為之可言。

第三、公司設立之立法主義

公司設立之立法主義，迭經變更，約有下列四種：

一、**放任主義**　即公司之設立，全任當事人之自由，法律不加干涉之謂。歐洲中世紀自由貿易時代頗為盛行。其弊在於任意濫設有害社會，故近世各國鮮有採之。

二、**特許主義**　凡欲設立公司以取得法人資格者，須由元首之命令或依國家特許法規之規定，再經特許，始可設立。此種主義之適用，政治作用濃厚，如英國以前之東印度公司是。此主義可分為二：即㈠由元首之特許而設立者，謂之元首特許主義；㈡由於法律特許之規定而予以設立者，謂之法律特許主義。

三、**核准主義**　又可稱為認可主義，乃指公司之設立，除具備一般法

規所定之條件外，並須經行政機關之核准，始得設立之謂。此主義既流於嚴苛，且礙公司之發展，故世界各國僅俄國、荷蘭採此主義。核准主義與特許主義，似同實異。前者為行政上特權，後者為立法上之特權。前者基於存在之法律，而由行政機關核准之，後者每一公司之設立，須制定一定之法律或由元首命令成立之。

四、**準則主義**　即法律預定設立公司之一定要件以為準則。凡公司之設立合於要件者，即可取得法人之資格。此種主義，對一定之要件與設立之責任，若非詳密釐訂，則易滋流弊，故近代各國均採嚴格規定其要件並加重發起人之責任，可謂嚴格準則主義，與以前之單純準則主義略有不同，本法亦採嚴格準則主義。

第五節　公司之登記

第一、公司登記之意義

公司登記者，乃公司將應行公示之事項，向其主管機關登記，以備公眾閱覽抄錄。蓋公司為法人，其是否存在，組織如何，為保護社會交易之安全，自應登記以之公示於一般人，使其知悉。

第二、登記之種類

公司登記之種類，概括言之，約可分下列五種：

一、**設立登記**　公司非在中央主管機關登記，不得成立（公六），故公司之設立，除訂立章程外，尚須經登記方能成立。既已成立，自得經營業務。但本法第十七條第一項規定公司之業務，依法律或基於法律授權訂定之命令，須經政府許可者，於領得許可文件後，方得申請公司登記。蓋有些公司之業務與國計民生或國防有關，故法律或基於法律授權訂定之命令，採干涉管制政策，規定須經政府許可，始能經營。例如航空公司、輪船公司經由交通部核准許可之；銀行、保險公司經由財政部許可；礦業公司經

由經濟部許可等是。因此公司之成立，依法令如須經政府許可之業務，應即申請許可，經核准領到許可文件後，應於申請設立登記時，附繳許可文件，主管機關方得辦理公司設立登記。所謂許可文件，應以法律有明文規定者為限。俟向主管機關辦妥公司設立後，再向縣市政府申請營業執照開始營業。

二、**認許登記**　外國公司非經辦理分公司登記，不得以外國公司名義在中華民國境內經營業務（公三七一Ⅰ）。違反前項規定者，行為人處一年以下有期徒刑、拘役或科或併科新臺幣十五萬元以下罰金，並自負民事責任；行為人有二人以上者，連帶負民事責任，並由主管機關禁止其使用外國公司名稱（公三七一Ⅱ）。

三、**撤銷登記**　公司業務，依法律或基於法律授權所定之命令，須經政府許可者，於領得許可文件後，方得申請公司登記（公一七Ⅰ）。前項業務之許可，經目的事業主管機關撤銷或廢止確定者，應由各該目的事業主管機關，通知中央主管機關，撤銷或廢止其公司登記或部分登記事項（公一七Ⅱ）。又公司之經營有違反法令受勒令歇業處分確定者，應由處分機關通知中央主管機關，廢止其公司登記或部分登記事項（公一七之一）。

四、**變更登記**　公司為設立登記後，其已登記之事項有變更者，應為變更登記，否則不得以其事項，對抗第三人（公一二後），例如公司事務所之遷移、經理人之更換等是。本法所規定關於公司設立、變更等登記，訂有期限者，如不於期限內申請，則有罰金、罰鍰之規定。

五、**解散登記**　公司之解散，其期限、應檢附之文件與書表及其他相關事項之辦法，由中央主管機關定之（公三八七Ⅰ）。

第三、登記之機關

公司非在中央主管機關登記，不得成立（公六）。公司申請設立登記之資本額，應經會計師查核簽證；公司應於申請設立登記時或設立登記後三十日內，檢送經會計師查核簽證之文件。公司申請變更登記之資本額，應先經會計師查核簽證。前二項查核簽證之辦法，由中央主管機關定之（公

七II、III)。公司之登記主管機關，在中央為經濟部；在直轄市為直轄市政府（公五I）。中央主管機關得委任所屬機關、委託或委辦其他機關辦理本法所規定之事項（公五II）。至於外國之公司之認許及其他一切登記，均以經濟部為決定機關。

第四、公司設立登記之性質

公司設立登記之性質，有下列二種主義：

一、設立要件主義 即以登記為公司之設立要件。依此主義，公司非經登記，不得設立。英國公司法及德國商法採此主義。

二、對抗要件主義 即公司之設立登記，僅為公司成立後，對抗第三人之要件。依此主義，公司縱未登記，亦得成立。惟未經登記，不得以之對抗第三人主張其公司設立，如比利時及日本之商法。

我國公司法所規定之設立登記採用前述一、設立要件主義，而於第六條明定：「公司非在中央主管機關登記後，不得成立。」至於設立登記以外之其他登記，則採對抗要件主義（公一二）。

第五、設立登記之期限

申請本法各項登記之期限、應檢附之文件與書表及其他相關事項之辦法，由中央主管機關定之（公三八七I）。前項登記之申請，得以電子方式為之；其實施辦法，由中央主管機關定之（公三八七II）。前二項之申請，得委任代理人，代理人以會計師、律師為限（公三八七III）。代表公司之負責人或外國公司在中華民國境內之負責人申請登記，違反依第一項所定辦法規定之申請期限者，處新臺幣一萬元以上五萬元以下罰鍰（公三八七IV）。代表公司之負責人或外國公司在中華民國境內之負責人不依第一項所定辦法規定之申請期限辦理登記者，除由主管機關令其限期改正外，處新臺幣一萬元以上五萬元以下罰鍰；屆期未改正者，繼續令其限期改正，並按次處新臺幣二萬元以上十萬元以下罰鍰，至改正為止（公三八七V）。

第六、公司設立登記之效力

公司設立登記之效力可分為四，茲述之於下：

一、取得法人人格之效力　公司經設立登記後，始取得法人之人格（公六）。換言之，公司設立登記後，其權利能力與行為能力及公司之內外法律關係因而確定，是為確定效力。倘公司未經核准登記，其對第三人所負之債務，應由各發起人依合夥之例，連帶負清償之責（二十二年上第二五三五）。至於股份有限公司不能成立時，本法復明定由各發起人負連帶清償責任（公一五〇前）。

二、使用公司名義之效力　公司經設立登記，始得使用公司之名稱（名義）。凡未經設立登記，不得以公司名義經營業務，或為其他法律行為。違反前項規定者，行為人處一年以下有期徒刑、拘役或科或併科新臺幣十五萬元以下罰金，並自負民事責任，行為人有二人以上者連帶負民事責任，並由主管機關禁止其使用公司名稱（名義）（公一九），以免濫用公司名義，矇混營業。所謂行為人者，不以公司成立後之股東為限，凡參與經營業務或其他法律行為者，均屬之。

三、對抗他人之效力　公司設立登記後，有應登記之事項而不登記，或已登記之事項，有變更而不為變更之登記者，不得以其事項對抗第三人（公一二）。所謂不得以其事項對抗第三人者，未有「善意」二字，因此所謂第三人，並無善意惡意之別。

四、禁止他人使用相同公司名稱之效力　公司名稱，應使用我國文字，且不得與他公司或有限合夥名稱相同。二公司或公司與有限合夥名稱中標明不同業務種類或可資區別之文字者，視為不相同（公一八Ⅰ）。此稱之為排他效力，此效力乃由登記而生，為防止他人謀取不法利益。

其次，公司名稱，不得使用與他公司或有限合夥相同之名稱（公司名稱及業務預查審核準則七Ⅰ）。

二公司或公司與有限合夥名稱是否相同，應就其特取名稱採通體觀察方式審查；特取名稱不相同，其公司或公司與有限合夥名稱為不相同（公

司名稱及業務預查審核準則七II）。

二公司或公司與有限合夥名稱中標明不同業務種類或可資區別之文字者，縱其特取名稱相同，其公司或公司與有限合夥名稱視為不相同（公司名稱及業務預查審核準則七III）。

前項所稱可資區別之文字，不含下列之文字（公司名稱及業務預查審核準則七IV）：

㈠公司組織種類、有限合夥、地區名、新、好、老、大、小、真、正、原、純、高、真正、純正、正港、正統、堂、記、行、號或社之文字。

㈡二公司或公司與有限合夥名稱中標明之特取名稱及業務種類相同者，於業務種類之後，所標明之企業、實業、展業、興業或工業、商業等表明營業組織適用或事業性質之文字。

第七、未經登記設立公司之地位及責任

本法就公司之設立，採登記要件主義，非經登記不得設立。未經合法成立之公司，無法人資格，自無權利能力（民二六）。依民事訴訟法第四十條第一項之反面解釋，無權利能力者，應無當事人能力，但實務上，對於未經核准設立登記之公司，以合夥論之，認為有當事人能力（最高法院五五年八月廿日民刑庭總會決議）。

第六節　公司之能力

第一、權利能力

公司為法人，應享有權利能力，但法人之權利能力，始於登記成立，終於解散後清算終結時，公司亦是如此。惟公司之權利能力與一般法人及自然人不同，故應受性質上之限制及法令上之限制。茲分述如下：

一、性質上之限制　自然人有生命、身體，公司無之，故以自然人之生命、身體為前提之權利義務，公司不得享受或負擔之，例如專屬於自然

人之生命權、身體權、自由權、貞操權、家長權、親權、扶養請求權、退休金享受權等是。其次，依民法第一一三八條遺產繼承人順序規定之限制，公司不得享受有繼承權。至於接受遺贈之權，既非以自然人之性質為前提，而法律上又乏明文限制，故公司得享此權。公司既享有人格權，可為他公司之發起人、有限責任股東（公一三），或充任他公司之董事或監察人（公二七）。至於名譽權、名稱權、資格權等，公司皆得享有之。本法對公司名稱特設有保護之規定（公一八），因之公司對於他公司，使用相同名稱時，得依一般姓名權之規定請求法院禁止其使用，如其受有損害者，並得準用民法第十九條規定請求賠償。

　　二、法令上之限制　法人於法令限制內，有享受權利負擔義務之能力（民二六前）。因此公司必須受到法律及命令之限制，俾主管機關得隨時予以監督。茲將公司法上之限制，述之於下：

　　㈠營業範圍之限制　公司營業之範圍，除許可業務，須經政府許可外（公一七），其餘不受限制（公一八II），故公司得經營法令未禁止或限制之任何業務。

　　㈡轉投資之限制　公司不得為他公司之無限責任股東或合夥事業之合夥人（公一三I）。公開發行股票之公司為他公司有限責任股東時，其所有投資總額，除以投資為專業或公司章程另有規定或經代表已發行股份總數三分之二以上股東出席，以出席股東表決權過半數同意之股東會決議者外，不得超過本公司實收股本百分之四十（公一三II）。出席股東之股份總數不足前項定額者，得以有代表已發行股份總數過半數股東之出席，出席股東表決權三分之二以上之同意行之（公一三III）。前二項出席股東股份總數及表決權數，章程有較高之規定者，從其規定（公一三IV）。公司因接受被投資公司以盈餘或公積增資配股所得之股份，不計入第二項投資總額（公一三V）。公司負責人違反第一項或第二項規定時，應賠償公司因此所受之損害（公一三VI）。

　　㈢公司貸與之限制　公司之資金，除有下列各款情形外，不得貸與股東或任何他人（公一五I）：1.公司間或與行號間有業務往來者。其貸與金

額及期間不受限制；2.公司間或與行號間有短期融通資金之必要者，融資金額不得超過貸與企業淨值的百分之四十。此二款，僅有其一款即可。又所謂「貸與」，僅指貸放而已。所謂「股東」，包括自然人股東及法人股東二者，均不得貸與。所謂「他人」，包括自然人及法人均屬之。惟員工預借薪津，或衛星工廠（獨資或合夥）向公司調度資金，均應認為與營業有關，殊難與一般單純貸與同視，故應認為不受本法上述之限制。所謂「短期」者，係以一年期內或一營業週期為限，且不得展期。公司負責人違反上述規定時，應與借用人連帶負返還責任；如公司受有損害者，亦應由其負損害賠償責任（公一五II）。

　　㈣保證之限制　公司除依其他法律或公司章程規定得為保證者外，不得為任何保證人。公司負責人違反此項規定時，應自負保證責任，如公司受有損害時，亦應負賠償責任（公一六）。按公司章程有記載得為保證即可，不以記載於所營事業內為必要。倘公司未在公司章程所營事業項下記載以保證為業務，而僅在章程附則中訂有「本公司因業務需要，得對外保證」，則應視為僅章程編排方式不當而已，仍應認為章程記載之事項。倘該公司對他公司向銀行為借款之保證，則應生保證之效力。

　　此外，公司因擴充生產設備而增加資本，其所需資金，舊法規定不得以短期債款支應（舊公一四Ⅰ）。對此，現行公司法業已刪除，因此公司得借款，不論長期或短期均可。

第二、意思能力及行為能力

　　公司有無意思能力及行為能力，在法人本質上，學說頗不一致。採否定說者，認為公司無法人人格，故無意思能力及行為能力。採擬制說者，認為公司之人格，乃法律所擬制，故其有意思能力及行為能力，係法律所假設。採實在說者，認為公司有法人人格，故有意思能力及行為能力，此為通說。我國公司法採法人實在說，認公司有意思能力及行為能力。同時公司之僅有行為能力一種，非如自然人之分為無行為能力人、限制行為能力人及有行為能力人三種。

公司為法人，其意思之決定與否，乃表現於機關之活動，公司之負責人如董事或執行業務股東，乃為公司之機關。該董事或執行業務股東於執行業務所為之行為，非董事或執行業務股東個人之行為，而是公司之行為。董事或執行業務股東對內有處理公司一切事務之權，對外其行為屬於代表權限，而非代理性質，與代理人不同。公司負責人代表公司與第三人所為之行為，在法律上視為公司本身之行為，其效果當然歸屬於公司。惟代表之範圍，以關於公司營業一切事務為限，包括法律行為及事實行為，而代理之範圍，僅限於法律行為而已。

第三、公司之違法行為

一、公司之侵權行為能力　公司有無侵權行為之能力，法無直接明定。惟依本法之規定，公司負責人對於業務之執行，如有違反法令致他人受有損害時，對他人應與公司連帶負賠償之責（公二三II）觀之，其要件有五：㈠是公司負責人所為之行為；㈡所為行為須與公司業務有關；㈢違反法令即有故意或過失為必要；㈣須私權受損害，公權不屬之；㈤所為之行為與私權的損害有因果關係。公司機關之侵權行為，即為公司之侵權行為，故通說認為公司有侵權行為能力，然為加重公司負責人之責任，使其與公司連帶負賠償責任。

二、公司之犯罪行為能力　公司是否有犯罪行為能力，我國刑法尚無明文，但判例上採取否定說，認為罰金雖可執行，但如公司無力繳納，因無法易服勞役，故無犯罪行為能力。至於採肯定說，認為有之。雖然我國特別刑事法中亦有處罰公司之規定，但僅限於財產刑而已。可見公司在我國刑法上雖無犯罪行為能力，然在特別刑法中，則有明文規定。

第四、公法上之能力

多數國家之立法例，皆認為公司得享有特定公權，並負擔公法上特定之義務。前者如訴願權、行政訴訟權、商、工會理事選舉等是；後者如納稅。我國法律規定，認為公司有公法上之能力。約可分下列七點：

一、公司訴願能力（訴願一八）。二、公司有行政訴訟能力（行訴二七）。三、公司在民事訴訟法上有當事人能力及訴訟能力（民訴四〇、四五）。四、公司有刑事訴訟法上當事人能力（刑訴三）。五、公司有刑事訴訟法上告發人或告訴人之能力（刑訴二二八、二三二）。六、公司有納稅義務（憲一九、各種稅法）。七、商會、工會及聯合會代表之選舉權（商、工會法）。

第七節　公司之監督

公司之監督者，乃國家對於公司所施之監察督導。監督可分為設立登記前之監督、設立登記後之監督、清算監督及特別監督。按清算監督，其監督權屬於法院，詳容公司清算時再述。至於特別監督，則散見於各種公司中。現將設立登記前之監督，及設立登記後之監督，分述如下：

第一、設立登記前之監督

一、禁止使用公司名稱　公司非在中央主管機關登記，不得成立（公六）。既經登記，公司即為成立，不須發給執照為必要。凡未經設立登記，不得以公司名義經營業務，或為其他法律行為。違反前項規定者，行為人處一年以下有期徒刑、拘役或科或併科新臺幣十五萬元以下罰金，並自負民事責任。行為人有二人以上者，連帶負民事責任，並由主管機關禁止其使用公司之名稱（名義）（公一九）。

二、登記申請之改正　主管機關對於各項登記之申請，認為有違反本法或不合法定程式者，應令其改正，非俟改正合法後，不予登記（公三八八）。

第二、設立登記後之監督

本法對於已經設立登記之公司，設有下列規定，作事後之監督：

一、虛偽登記之撤銷或廢止其登記　公司應收之股款，股東並未實際繳納，而以申請文件表明收足，或股東雖已繳納而於登記後將股款發還股東，或任由股東收回者，公司負責人各處五年以下有期徒刑、拘役或科或

併科新臺幣五十萬元以上二百五十萬元以下罰金(公九 I)。有前項情事時，公司負責人應與各該股東連帶賠償公司或第三人因此所受之損害 （公九 II）。第一項經法院判決有罪確定後，由中央主管機關撤銷或廢止其登記。但判決確定前，已為補正者，不在此限 （公九 III）。公司之負責人、代理人、受僱人或其他從業人員以犯刑法偽造文書印文罪章之罪辦理設立或其他登記，經法院判決有罪確定後，由中央主管機關依職權或依利害關係人之申請撤銷或廢止其登記 （公九 IV）。

二、**命令解散**　公司設立登記後，如有下列情形之一者，主管機關得依職權或利害關係人之申請，命令解散之 （公一〇）。即經命令解散，則無需再經股東會決議之：

㈠**未開始營業**　公司設立登記後六個月尚未開始營業者 （公一〇 1前）。所謂公司設立後，係指公司設立登記後而言。至於上述所定期限，如有正當理由者，公司已辦妥延展登記者，不在此限 （公一〇 1但）。

㈡**自行停止營業**　開始營業後自行停止營業六個月以上者。但已辦妥停業登記者，不在此限 （公一〇 2）。至於勒令停業並非自行停止營業，故無上述規定之適用。倘公司在六個月以上之期間，所申報營業額為零，尚難認定構成自行停止營業六個月以上之情形，故應就實際情形論定之。

㈢**法院判決確定不得使用公司名稱後，未辦妥變更登記**　公司名稱經法院判決確定不得使用，公司於判決確定後六個月內尚未辦妥名稱變更登記，並經主管機關令其期限辦理仍未辦妥 （公一〇 3）。

未於第七條第一項所定期限內，檢送經會計師查核簽證之文件者。但於主管機關命令解散前已檢送者，不在此限 （公一〇 4）。

三、**平時業務之檢查與糾正**　主管機關得會同目的事業主管機關隨時派員檢查公司業務及財務狀況，公司負責人不得妨礙、拒絕或規避（公二一 I）。公司負責人妨礙、拒絕或規避前述檢查者，各處新臺幣二萬元以上十萬元以下罰鍰；連續妨礙、拒絕或規避者，並按次連續各處新臺幣四萬元以上二十萬元以下罰鍰(公二一 II)。主管機關依第一項規定派員檢查時，得視需要選任會計師或律師或其他專業人員協助辦理（公二一 III），以保障

股東與債權人之權益。

　　四、決算表冊之查核　公司每屆會計年度終了，應將營業報告書、財務報表及盈餘分配或虧損撥補之議案，提請股東同意或股東常會承認（公二〇Ｉ）。公司資本額達一定數額以上或未達一定數額而達一定規模者，其財務報表，應先經會計師查核簽證；其一定數額、規模及簽證之規則，由中央主管機關定之。但公開發行股票之公司，證券主管機關另有規定者，不適用之（公二〇ＩＩ）。上述由中央主管機關訂立簽證規定，以便加強公司管理，促進商業會計步上軌道，以期正確。前述書表，主管機關得隨時派員查核或令其限期申報；其辦法，由中央主管機關定之（公二〇ＩＶ）。前述會計師之委任、解任及報酬，準用本法第二十九條第一項規定（公二〇ＩＩＩ）。公司負責人違反第一項或第二項規定時，各處新臺幣一萬元以上五萬元以下罰鍰。規避、妨礙或拒絕前述查核或屆期不申報時，各處新臺幣二萬元以上十萬元以下罰鍰（公二〇Ｖ）；對於表冊為虛偽記載者，依刑法或特別刑法有關規定處罰。再者，主管機關查核本法第二十條所定各項書表，或依前條檢查公司業務及財務狀況時，得令公司提出證明文件、單據、表冊及有關資料，除法律另有規定外，應保守秘密，並於收受後十五日內查閱發還（公二二Ｉ）；公司負責人違反前項規定，拒絕提出時，各處新臺幣二萬元以上十萬元以下罰鍰。連續拒絕者，並按次連續各處新臺幣四萬元以上二十萬元以下罰鍰（公二二ＩＩ）。以達成審核監督之任務。

　　五、對公司為他公司無限責任股東，或合夥事業合夥人，及超過法定投資額之制裁　關於此詳閱前述第六節第一、權利能力，二、法令上之限制，㈡轉投資之限制。

　　六、營業範圍之限制或任意將資金貸放之制裁　對此詳閱前述第六節第一、權利能力，二、法令上之限制，㈠營業範圍之限制；㈢公司貸與之限制。

　　七、對公司為保證人之制裁　關於此詳閱前述第六節第一、權利能力，二、法令上之限制，㈣保證之限制。

第八節　政府或法人之股東

政府或法人為股東時，得當選為董事或監察人，但須指定自然人代表其行使職務（公二七 I）。此乃以政府或法人股東的身分為對象，而當選為董事、監察人，故須由政府或法人指定自然人為其代表。惟政府或法人為股東時，亦得由其代表人當選為董事或監察人，代表人有數人時，得分別被推或當選。但不得同時當選或擔任董事及監察人（公二七 II）。此係指政府或法人之代表為對象，而當選為董事或監察人，故即以其代表人行使職務，不必另行指定，但僅能擇一為之。該代表，均得依其本身在政府或法人之內部職務關係，由政府或法人隨時改派或補足原任期（公二七 III）。蓋以其行使公司職務，仍係代表政府或法人為之，並非基於個人關係。政府或法人對於代表權所加之限制（例如限制其代表應如何行使表決權），不得對抗善意第三人（公二七 IV）。所謂「第三人」，指非有股東相互間或公司股東之關係之人而言，如公司之債權人，自應解為第三人。所謂善意，係指不知情而言。所謂「政府」，可分為中央政府及地方政府。地方政府僅指省（直轄市）及縣（市）政府二級，並不包括鄉鎮及縣轄市公所在內。

第九節　公司之負責人與經理人

第一、公司之負責人

一、公司負責人之種類　為保障公司股東與債權人之利益，並避免糾紛起見，本法特別明確規定公司之負責人如下（公八）：

(一)**當然負責人**　本法所稱公司負責人，在無限公司、兩合公司為執行業務或代表公司之股東；在有限公司、股份有限公司為董事（公八 I）。

(二)**職務範圍內之負責人**　公司之經理人或清算人，股份有限公司之發起人、監察人、檢查人、重整人或重整監督人，在執行其職務之範圍內，

亦為公司之負責人（公八II）。

　　㈢**非董事而實質上執行董事業務者**　公開發行股票之公司之非董事，而實質上執行董事業務或實質控制公司之人事、財務或業務經營而實質指揮董事執行業務者，與本法董事同負民事、刑事及行政罰之責任。但政府為發展經濟、促進社會安定或其他增進公共利益等情形，對政府指派之董事所為之指揮，不適用之（公八III）。又股東濫用公司之法人地位，致公司負擔特定債務且清償顯有困難，其情節重大而有必要者，該股東應負清償之責（公一五四II）。

　　上述公司負責人之意思表示是否有所欠缺、錯誤、被詐欺、被脅迫、善意、惡意，究應依何人之意思表示決定之，實值研究。按公司負責人與公司間之法律關係，屬於代表關係之性質。民法關於代表未設一般規定，通說均認為類推適用代理之規定。惟民法上之代理，有共同代理與單獨代理二種情形，前者於數人共同為代理行為，若其中一代理人之意思欠缺時，整個法律行為即受影響；後者各代理人均得單獨為法律行為，倘其中一人之意思有所瑕疵，他代理人之法律行為並不受影響。本法規定股份有限公司由董事長代表公司，其餘他類公司除章程另有訂定外，各負責人均得單獨代表公司而非為共同代理。各負責人既均得代表公司為法律行為，故意思表示是否有所欠缺、錯誤、被詐欺、被脅迫、善意、惡意或有其他之情形，應類推適用民法第一〇五條規定，並依具體事實，就有行為之負責人決定之。

　　二、公司負責人之責任　公司負責人應忠實執行業務並盡善良管理人之注意義務，如有違反致公司受有損害者，負損害賠償責任（公二三I）。公司負責人對於違反第一項之規定，為自己或他人為該行為時，股東會得以決議，將該行為之所得視為公司之所得。但自所得產生後逾一年者，不在此限（公二三III）。

　　三、公司負責人之處罰　本法對公司負責人之處罰，有徒刑、拘役、罰金之刑罰制裁，亦有狹義行政罰性質之罰鍰。刑罰之制裁，依有關條文規定，均係以為公司負責人之自然人為其處罰主體，而非以法人為對象。公司負責人依本法第八條之規定，並不止一人，且又有當然負責人與職務

範圍內負責人之別，故本法各該處罰條文均規定：「公司負責人違反……規定，各科……。」既為「各科」，當非處罰其代表人一人。

倘未成年人為公司負責人，而公司事務由其法定代理人代為處理時，其應受刑罰制裁者，是否為其法定代理人抑是未成年人，論者不一，今後修改公司法時，似應設法彌補此項缺失。

第二、公司之經理人

一、**經理人之意義**　公司法未對「經理人」一詞作定義之規定，惟民法規定稱經理人者，謂由商號之授權，為其管理事務及簽名之人（民五五三 I）。然而公司法規定，經理人在公司章程或契約規定授權範圍內有為公司管理事務及簽名之權（公三一 II），但公司不得以對經理人職權所加之限制，對抗善意第三人（公三六）。現行公司法在各種公司均得設置經理人，故本法規定經理人於總則，以明其權義職責。按公司依章程之規定，得設置經理人（公二九 I 前）。公司經理人有二人以上者，其職稱如何，由公司自行決定，本法不作規定。公司董事長兼任總經理，本法並無限制，又董事長如經撤換，本法亦無禁止不得擔任公司總經理職務。至於經理人人數多寡，可按公司業務與規模由公司自行決定之。經理人與公司之間，係屬委任契約關係，故除本法另有規定外，民法上關於委任之規定，均可適用（民五五三 I、五五七）。

二、**經理人之任免及報酬**　公司得依章程規定置經理人，其委任、解任及報酬，依下列規定定之（公二九 I）：

㈠無限公司、兩合公司，須有全體無限責任股東過半數同意。

㈡有限公司須有全體股東表決權過半數同意。

㈢股份有限公司應由董事會以董事過半數之出席，及出席董事過半數同意之決議行之。

公司有第一五六條之四之情形者，（即公司設立後，為改善財務結構或回復正常營運，而參與政府專案核定之紓困方案時，得發行新股轉讓於政府，作為接受政府財務上協助之對價；其發行程序不受本法有關發行新股規

定之限制,其相關辦法由中央主管機關定之。)專案核定之主管機關應要求參與政府專案紓困方案之公司提具自救計畫,並得限制其發給經理人報酬或為其他必要之處置或限制;其辦法,由中央主管機關定之(公二九II)。

三、經理人之資格 公司經理人之積極資格,法無限制,除監察人不得兼任經理人外(公二二二),股東或董事亦可兼任經理,俾廣攬人才,促進公司之發展。又公開發行股票之公司經理人為股東時,其所持有之公司股份,應於就任後,將其數額,向主管機關申報並公告之,在任期中有增減時亦同(證交二五)。又經理人對公司之信譽影響至鉅,故本法對於經理人之資格設消極限制,以昭慎重。有下列情形之一者,不得充任經理人,其已充任者,當然解任(公三〇):

㈠曾犯組織犯罪防制條例規定之罪,經有罪判決確定,尚未執行、尚未執行完畢,或執行完畢、緩刑期滿或赦免後未逾五年。

㈡曾犯詐欺、背信、侵占罪經宣告有期徒刑一年以上之刑確定,尚未執行、尚未執行完畢,或執行完畢、緩刑期滿或赦免後未逾二年。

㈢曾犯貪污治罪條例之罪,經判決有罪確定,尚未執行、尚未執行完畢,或執行完畢、緩刑期滿或赦免後未逾二年。

㈣受破產之宣告或經法院裁定開始清算程序,尚未復權。

㈤使用票據經拒絕往來尚未期滿者。

㈥無行為能力或限制行為能力者。

㈦受輔助宣告尚未撤銷。

公司經理人有無上列消極資格,事實上極難考查。目前係於登記時出具保證書保證無該項情事。如登記後發現有該項情事者,固得由主管機關撤銷其經理人登記。惟經理人與公司為契約關係,非主管機關所能解任,本法規定當然解任,因無處罰之規定,形同具文。公司與經理人間之契約關係並非當然消滅。且經理人之登記,採登記對抗主義(公一二),並非採登記要件主義,故經理人如有本法消極資格之情形時,縱令撤銷其登記,且本法規定當然解任,而公司並未將經理人解任時,僅能視其有無影響公司正常經營造成重大損害,適用本法第十一條第一項規定辦理外,在法律

甚難補救。

四、經理人之職權　依本法第三十一條第一項規定：「經理人之職權，除章程規定外，並得依契約之訂定。」可見經理人之職權得於章程加以規定，若未規定或規定不完全時，並得依契約訂之，是故章程或契約得明定其職權之範圍。若章程未規定，契約亦未訂定，則依民法規定辦理。按民法規定，其情形如下：

㈠經理人對於第三人關係，就公司事務，有為管理一切必要行為之權（民五五四Ⅰ）。倘經理人僅為公司一部事務有經理權者，則僅就該一部事務有管理上一切必要行為之權（民五五三），例如分公司之經理，則僅就該分公司之事務有經理權。

㈡按經理人既有為公司簽名之權利，並視為有為公司管理上一切必要行為之權，除不動產之買賣或設定負擔，非經公司書面授權，不得為之外，凡因執行業務之需要，得對外融通資金，以貫徹經理人管理公司之權限，兼顧維持社會交易之安全。

㈢經理人不獨有代理公司為一切法律行為之權，且就其所任事務與責任，對公司有代為處理及代理公司為原告或被告及一切訴訟行為之權。惟經理人得代理公司所為之訴訟行為，僅限於公司與第三人間之訴訟，至於公司與執行業務股東或董事、監察人或股東間之訴訟，依其性質則非經理人所得代理。

公司對於經理人之職權，得以章程或契約予以限制，此之限制，除法律別有規定外，公司不得以其所加於經理人職權之限制，對抗善意第三人（公三六）。所謂善意，即不知情。再者，本法更於第三十一條第二項規定：「經理人在公司章程或契約規定授權範圍內，有為公司管理事務及簽名之權。」依民國九十年公司法第三十一條修正理由：「為明確規定經理人有為公司管理事務及簽名之權限」觀之，並非以此排除民法上所規定經理人之固有權限。因此縱然章程或契約對於經理人職權加以限制，本法第三十六條規定，公司不得以其所加於經理人職權之限制，對抗善意第三人。是故論者，有謂本法第三十一條之規定，係本法之特別規定，排除民法上經理

人之規定，乃非確論。

五、經理人之義務

(一)**競業禁止之義務** 經理人不得兼任其他營利事業之經理人，並不得自營或為他人經營同類之業務，但經依下列方式同意者，不在此限（公三二）：1.無限公司、兩合公司須有全體無限責任股東過半數同意。2.有限公司須有全體股東過半數同意。3.股份有限公司應由董事會以董事過半數之出席，及出席董事過半數同意之決議行之。經理人應盡忠職守，心無旁騖，以發展公司業務。所謂其他營利事業，包括公司、合夥及獨資商號在內。

(二)**不得變更公司意旨之義務** 經理人不得變更董事或執行業務股東之決定，或股東會或董事會之決議，或逾越其規定之權限（公三三）。

(三)**公開發行股票公司之經理人申報持有股份數額並公告之義務** 公開發行股票之公司，經理人如持有公司股份，應於就任後，將其數額，向主管機關申報並公告之，在任期中有增減時亦同（證交二五）。藉以保護公司股東與利害關係人，惟此僅適用於股份有限公司而已。至於無限公司、有限公司及兩合公司並無股份可言，故無從適用本條之規定。

六、經理人之責任

(一)**對公司之責任** 經理人因違反法令、章程、股東或執行業務股東之決定，或股東會或董事會決議之行為，致公司受損害時，對於公司負賠償之責（公三四）。此項賠償之責任，不論出於善意或惡意，均應負責，藉以保護公司之利益。如違反競業禁止之義務者，公司得請求因其行為所得利益，作為損害賠償（民五六三 I）。惟此項請求權，自公司知悉時起，經過二個月或自行為時起，經過一年不行使而消滅（民五六三 II）。

(二)**對於第三人之責任** 公司之經理人，在執行職務範圍內亦為公司負責人（公八 II）。公司負責人應忠實執行業務並盡善良管理人之注意義務，如有違反致公司受有損害者，負損害賠償責任（公二三 I）。對業務之執行，如有違反法令，致他人受有損害時，對他人應與公司負連帶賠償之責任（公二三 II）。公司於賠償後，對經理人有求償權（公三四）。

第十節　公司之公告及主管機關公文書之送達

一、**公司之公告**　公司公告之目的，在使公眾知悉，俾保護利害關係人及社會交易之安全。關於公司之公告應登載於新聞紙或新聞電子報（公二八Ⅰ）。前項情形，中央主管機關得建置或指定網站供公司公告（公二八Ⅱ）。前二項規定，公開發行股票之公司，證券主管機關另有規定者，從其規定（公二八Ⅲ）。

所謂公司之公告，如股東會召集（公一七二）、募集公司債（公二五二）、發行新股（公二七三Ⅱ）、合併（公七三）、重整（公三〇〇Ⅲ、三一六、三一九）、董事增減股份（公一九七、二二七）、解散清算人、催告債權人、報明債權（公八八、三二七）等之公告。

二、**主管機關之公文書送達**　主管機關依法應送達於公司之公文書，得以電子方式為之（公二八之一Ⅰ）。主管機關依法應送達於公司之公文書無從送達者，改向代表公司之負責人送達之；仍無從送達者，得以公告代之（公二八之一Ⅱ）。電子方式送達之實施辦法，由中央主管機關定之（公二八之一Ⅲ）。

第十一節　公司之合併

第一、合併之意義及其立法理由

公司之合併者，指二個以上之公司訂立契約，依法定程序，歸併成為一個公司之法律行為。其性質屬於契約行為。蓋現代之企業競爭劇烈，唯有擴大經營，增強生產效率，節省營業費用，俾降低成本，避免市場競爭，因而有企業集中，合併經營之趨勢。關於公司之合併，除本法有規定外，另有企業併購法及金融機構合併法與金融控股公司法，以供遵循。

第二、合併之方式

公司合併必須有二個以上之公司，否則無所謂合併，其合併方式如下：

一、創設合併 (Merger)　又稱為新設合併。凡有兩個或兩個以上之公司合併後，其原有公司均消滅，而另成立新公司之謂。

二、吸收合併 (Consolidation)　又稱併吞合併或存續合併。凡一個以上公司合併入他公司，合併後僅一個公司存續，其餘公司均消滅之謂。

我國公司法對於公司合併，僅於無限公司與股份有限公司設有詳細規定。至於他種公司，則準用之（公七二、七三、七四、一一三、一一五、三一九），故不論何種公司，均可採上列之合併方式。

第三、公司合併之程序

一、股東之決議　公司之合併，應先經股東之決議，其決議方法，在無限公司、兩合公司應得全體股東之同意（公七二、一一五）。在股份有限公司應經股東會特別決議（公三一六）。

二、訂立合併契約　公司之合併，應由二個以上之公司間訂立合併契約，各公司應以自己之股東所決議之合併條件，為訂立合併契約之基礎。

三、對債權人之通知或公告　公司決議合併時，應即編造資產負債表及財產目錄。公司為合併之決議後，應即向各債權人分別通知及公告，並指定三十日以上期限，聲明債權人得於期限內提出異議，否則視為承認。公司負責人違反上述規定而與其他公司合併時，致損害債權人者，應負民事責任。對於資產負債表或財產目錄，為虛偽之記載時，應依刑法規定處罰（公七三、一一三、一一五、三一九）。公司為通知或公告，或對於在指定期限內提出異議之債權人不為清償，或不提出相當擔保者，不得以其合併對抗債權人（公七四、一一三、一一五）。

四、辦理登記　申請本法各項登記之期限、應檢附之文件與書表及其他相關事項之辦法，由中央主管機關定之（公三八七Ⅰ）。前項登記之申請，得以電子方式為之；其實施辦法，由中央主管機關定之（公三八七Ⅱ）。前

二項之申請，得委任代理人，代理人以會計師、律師為限（公三八七Ⅲ）。代表公司之負責人或外國公司在中華民國境內之負責人申請登記，違反依第一項所定辦法規定之申請期限者，處新臺幣一萬元以上五萬元以下罰鍰（公三八七Ⅳ）。代表公司之負責人或外國公司在中華民國境內之負責人不依第一項所定辦法規定之申請期限辦理登記者，除由主管機關令其限期改正外，處新臺幣一萬元以上五萬元以下罰鍰；屆期未改正者，繼續令其限期改正，並按次處新臺幣二萬元以上十萬元以下罰鍰，至改正為止（公三八七Ⅴ）。

第四、公司合併之效果

一、公司之消滅　創設合併時，則合併前之公司，不經清算而全歸於消滅。吸收合併時，則除一個公司存續外，其餘之公司不經清算，其公司法人之人格均歸消滅，故異於通常之解散。

二、公司之變更或新生　在吸收合併而存續之公司，其章程自應隨之而變更。在新設合併時，則新公司因之而產生。至於因合併而消滅之公司，其股東當然加入新設或存續之公司。

三、權利義務之概括承受　因合併而消滅之公司，其權利義務，應由合併後存續或另立公司承受（公七五）。此乃指合併適法而言，倘合併未成立，其權利義務，自無移轉之理。權利之移轉，乃應依法定程序辦理，例如公司之不動產之移轉，乃應作成書面，並經登記，其移轉行為，方為有效（民七五八）。

第十二節　公司之分割

一、公司分割之意義　係指將具有法人人格之獨立公司，分割成為二或二以上之具有法人人格之公司，而在分割後由被分割之股東取得分割法人公司之股份。

二、公司分割之種類

(一)就分割後公司是否存續為分類標準

1.存續分割　存續分割者，係指被分割公司於分割後仍存續，其人格並未消滅。

2.消滅分割　消滅分割者，係指被分割公司分割後，因解散而法人人格消滅。

(二)就公司被分割後之去向為分類標準

1.單純分割　即新設分割，係指被分割部分在分割後成為一新設獨立法人之公司。

2.分割合併　即吸收分割合併，係指被分割部分在分割後為他公司所吸收合併。

三、公司分割之程序

(一)分割決議　公司分割時，董事會應就分割有關事項，作成分割計劃，提出於股東會（公三一七Ⅰ前）。分割計劃，應以書面為之，並記載下列事項（公三一七之二Ⅰ）：

1.承受營業之既存公司章程需變更事項或新設公司章程。

2.被分割公司讓與既存公司或新設公司之營業價值、資產、負債、換股比例及計算依據。

3.承受營業之既存公司發行新股或新設公司發行股份之總數、種類及數量。

4.被分割公司或其股東所取得股份之總數、種類及數量。

5.對被分割公司或其股東配發之股份不滿一股應支付現金者，其有關規定。

6.既存公司或新設公司承受被分割公司權利義務及其相關事項。

7.被分割公司之資本減少時，其資本減少有關事項。

8.被分割公司之股份銷除所需辦理事項。

9.與他公司共同為公司分割者，分割決議應記載其共同為公司分割有關事項。

　　前項分割計劃書，應於發送分割承認決議股東會之召集通知時，一併發送於股東（公三一七之二II）。

　　股東會對於公司分割之決議，應有代表已發行股份總數三分之二以上股東之出席，以出席股東表決權過半數之同意行之。

　　公開發行股票之公司，出席股東之股份總數不足前項定額者，得以有代表已發行股份總數過半數股東之出席，出席股東表決權三分之二以上之同意行之（公三一六II）。

　　前二項出席股東股份總數及表決權數，章程有較高之規定者，從其規定（公三一六III）。

　　㈡不同意分割之股東股份收買請求權　公司分割時，董事會應就分割有關事項，作成分割計劃，提出於股東會；股東在集會前或集會中，以書面表示異議，或以口頭表示異議經紀錄者，得放棄表決權，而請求公司按當時公平價格，收買其持有之股份（公三一七I）。其次，本法第一八七條及第一八八條之規定，於前項準用之（公三一七III）。上述之「前項」用字應屬本法第三一七條第一項而非第二項，此乃係修正時之立法疏漏所致。因此反對股東之請求應自股東會決議日起二十日內，提出記載股份種類及數額之書面為之。股東與公司間協議決定股份價格者，公司應自決議日起九十日內支付價款，但自股東會決議日起六十日內未達協議者，股東應於此期滿日經過後三十日內，聲請法院為價格之裁定（公三一七III準公一八七）。又股東之請求，於公司取銷分割之行為時，失其效力。或股東不於規定期限內請求者，其請求亦失其效力（公三一七III準公一八八）。

　　他公司為新設公司者，被分割公司之股東會視為他公司之發起人會議，得同時選舉新設公司之董事及監察人（公三一七II）。

　　㈢編造資產負債表，財產目錄及通知或公告

　　1.公司決議分割時，應即編造資產負債表及財產目錄（公三一九準公七三I）。公司為分割之決議後，應即向各債權人分別通知及公告，並指定三十日以上期限，聲明債權人得於期限內提出異議(公三一九準公七三II)。

　　2.公司不為前述之通知及公告，或對在指定期限內提出異議之債權人

不為清償，或不提供相當擔保者，不得以其分割對抗債權人（公三一九準公七四）。

㈣**變更或訂立章程**　承受營業之既存公司章程需變更；新設分割公司需訂立章程（公三一七之二Ⅰ1）。

㈤**辦理登記**　公司為分割時，應向主管機關申請為變更、解散、設立之登記（公三八七）。

四、公司分割之效果

㈠**公司之變更或新設**　在分割合併，被分割部分在分割後為他公司所吸收合併，其章程自應變更。在公司分割後，他公司為新設公司者，應分割公司之股東會視為他公司之發起人會議，得同時選舉新設公司之董事及監察人（公三一七Ⅱ）。股份有限公司分割者，其存續公司或新設公司以股份有限公司為限（公三一六之一Ⅱ）。

㈡**權利義務之概括承受**　因分割而消滅之公司，其權利義務，應由分割後存續或另立之公司承受（公三一九準公七五）。

㈢**分割後受讓營業之既存公司或新設公司負連帶清償責任**　分割後受讓營業之既存公司或新設公司，應就分割前公司所負債務於其受讓營業之出資範圍負連帶清償責任。但債權人之連帶清償責任請求權，自分割基準日起二年內不行使而消滅（公三一九之一）。

第十三節　公司之變更組織

第一、公司變更組織之意義及立法理由

公司之變更組織者，乃公司經全體股東之同意，不中斷其法人之資格，而變更其章程及股東所負之責任，成為他類法定形態公司之行為。例如有限公司變為股份有限公司、兩合公司變為無限公司。按公司變更組織者，即無須清算，俾免除清算之繁雜手續，及重新設立之程序，故簡化程序，僅辦理變更登記即可。因之，企業家就其實際情況，配合國家經濟建設之

政策及社會環境，對公司之組織作適度之調整，以應社會之需要。茲將公司變更組織之意義，分述如下：

一、**須法定股東人數之同意**　公司組織變更，對股東利益及公司業務影響甚鉅，故須法定股東人數之同意（公七六、一〇六II、一二六II、III、三一五II）。

二、**不中斷法人之資格**　在法人人格繼續之情況下，變更組織而成為他公司。

三、**限於變為他種法定形態之公司**　所謂法定形態，即變為本法所規定四種公司組織形態之一，而與原公司不同種類。由於公司種類變更，其組織亦隨之變更，股東所負之責任，亦因而變更。

四、**以變更章程為必要**　依本法之規定，公司之名稱，應標明其種類（公二II）。惟公司名稱，又為公司章程絕對必要記載事項（公四一I、一〇一I、一一六、一二九）。因此，變更組織當然變更章程。

第二、公司變更組織之類別

所謂公司之變更組織，依本法之規定，並非任何公司均可變為任何公司。原則上，須以股東所負責任相同之公司，始可互變。倘股東責任不同之變更時，以無害於債權人之利益為限，始得變更。茲將本法規定公司之變更組織，述之如下：

一、**無限公司變為兩合公司**　其情形有二：㈠公司得經全體股東之同意，以一部分股東改為有限責任或另加入有限責任股東，變更其組織為兩合公司（公七六）；㈡股東經變動而不足無限公司最低人數二人時，得加入有限責任之新股東繼續經營而變更為兩合公司（公七六II準公七一III）。

二、**兩合公司變為無限公司**　兩合公司變為無限公司之情形依本法第一二六條第二項及第三項之規定，可分二種，即㈠有限責任股東全體退股時，無限責任股東在二人以上者，得以一致之同意變更其組織為無限公司（公一二六II）；㈡無限責任股東與有限責任股東，以全體之同意，變更其組織為無限公司（公一二六III）。

三、**有限公司變為股份有限公司**　有限公司因增加資本，得經股東表決權過半數之同意減資或變更其組織為股份有限公司（公一〇六II），但股份有限公司不得變更組織為有限公司（公三一五I 4）。

第十四節　公司之解散

第一、公司解散之意義

公司解散者，乃指已成立之公司，因章程或法律規定之事由發生，致公司之法人人格消滅之程序。公司之解散，非公司法人人格之消滅，乃為公司法人人格消滅之原因。其人格在清算中繼續存在，俾使清算人就公司之對內對外關係加以處理，至清算完結，法人人格始歸消滅。

第二、公司解散之事由

公司解散之事由，可分為一、任意解散事由；二、法定解散事由；三、命令解散事由。茲分述如下：

一、任意解散事由　乃基於公司之意思而解散。此可分為二，茲詳述於下：

㈠**章程所定事由發生而解散**　例如公司章程定有公司存續期限者，則於期限屆滿，即予解散，或附以解除條件者，則於解除條件成就時，即予解散（公四一I 10、一〇一I 8、一一五、三一五I）。

㈡**股東會特別決議或股東表決權三分之二以上同意而解散**　例如股份有限公司，應經股東會代表已發行股份總數三分之二以上股東之出席，以出席股東表決權過半數之同意行之（公三一六I）。公開發行股票之公司，出席股東之股份總數不足前項定額者，得以有代表已發行股份總數過半數之出席，出席股東表決權三分之二以上之同意行之（公三一六II）。前二項出席股東股份總數及表決權數，章程有較高之規定者，從其規定（公三一六III）。至無限公司及兩合公司設有執行業務股東，均須經股東表決權三分之二以上

之同意（公七一Ｉ3、一一五）。

二、法定解散事由　基於本法或其他法律規定公司解散之事由而解散者，此可分為四種情形。茲分述如下：

㈠公司所營事業已成就或不能成就者：公司所營事業已成就者，公司之目的已達成，自應解散（公七一Ｉ2、三一五Ｉ2）。

㈡股東所餘人數不足法定人數者。

㈢公司與他公司合併者。

㈣破產：公司被宣告破產，則不能繼續經營其事業，自應解散（公二四）。惟股東之破產在無限責任股東，僅為該股東退股原因之一而已，對公司不生影響（公六六Ｉ3、一一五）。

三、命令解散事由　基於主管機關之命令或法院之裁判確定而解散者，此事由可分為三種，乃屬各種公司共通之事由：

㈠**法院裁判確定後，由檢察處通知中央主管機關撤銷或廢止其登記而解散**　此之撤銷登記，係指設立登記之撤銷而言。蓋本法第九條規定：「公司應收之股款，股東並未實際繳納，而以申請文件表明收足，或股東雖已繳納而於登記後將股款發還股東，或任由股東收回者，公司負責人各處五年以下有期徒刑、拘役或科或併科新臺幣五十萬元以上二百五十萬元以下罰金。有前項情事時，公司負責人應與各該股東連帶賠償公司或第三人因此所受之損害。第一項經法院判決有罪確定後，由檢察機關通知中央主管機關撤銷或廢止其登記。但判決確定前，已為補正者，不在此限。公司之負責人、代理人、受僱人或其他從業人員以犯刑法偽造文書印文罪章之罪辦理設立或其他登記，經法院判決有罪確定後，由中央主管機關依職權或依利害關係人之申請撤銷或廢止其登記。」公司之設立登記一經撤銷或廢止，則公司自然隨之而解散，故撤銷登記為公司解散之原因。

㈡**主管機關依職權命令解散**　公司有下列情事之一者，主管機關得依職權，或利害關係人之申請，命令解散（公一〇）：1.公司設立登記後滿六個月，尚未開始營業者，但已辦妥延展登記者，不在此限。2.開始營業後自行停止營業六個月以上者。但已辦妥停業登記者，不在此限。3.公司名

稱經法院判決確定不得使用，公司於判決確定後六個月內尚未辦妥名稱變更登記，並經主管機關令其限期辦理仍未辦妥。

　　㈢**法院裁定命令解散**　公司之經營，有顯著之困難或重大損害時，法院得依股東之聲請，於徵詢主管機關及目的事業機關意見，並通知公司提出答辯後，裁定解散。前述聲請在股份有限公司，應有繼續六個月以上持有已發行股份總數百分之十以上股份之股東提出之(公一一)。此命令解散，應由本公司所在地法院為之（非訟一七一）。

第三、公司解散之效力

　　一、**應行清算**　清算者，為公司解散後，處分財產以了結法律關係之方法。關於解散之公司，除因合併、分割或破產而解散外，應行清算（公二四）。解散之公司，於清算範圍內，視為尚未解散（公二五）。解散之公司，在清算時期中，得為了解現務及便利清算目的，暫時經營業務。經解散、撤銷或廢止登記之公司，自解散、撤銷或廢止登記之日起，逾十年未清算完結，或經宣告破產之公司，自破產登記之日起，逾十年未獲法院裁定破產終結者，其公司名稱得為他人申請核准使用，不受第十八條第一項規定之限制。但有正當理由，於期限屆滿前六個月內，報中央主管機關核准者，仍受第十八條第一項規定之限制（公二六之二）。公司經中央主管機關撤銷或廢止登記者，準用公司法第二十四、二十五及二十六條規定（公二六之一）。公司解散時，除破產外，董事會應即將解散之要旨，通知各股東。

　　二、**辦理解散登記**　申請本法公司解散登記之期限、應檢附之文件與書表及其他相關事項之辦法，由中央主管機關定之（公三八七Ⅰ）。前項登記公司解散之申請，得以電子方式為之；其實施辦法，由中央主管機關定之（公三八七Ⅱ）。前二項之申請，得委任代理人，代理人以會計師、律師為限（公三八七Ⅲ）。代表公司之負責人或外國公司在中華民國境內之負責人申請登記，違反依第一項所定辦法規定之申請期限者，處新臺幣一萬元以上五萬元以下罰鍰（公三八七Ⅳ）。代表公司之負責人或外國公司在中華

民國境內之負責人不依第一項所定辦法規定之申請期限辦理登記者,除由主管機關令其限期改正外,處新臺幣一萬元以上五萬元以下罰鍰;屆期未改正者,繼續令其限期改正,並按次處新臺幣二萬元以上十萬元以下罰鍰,至改正為止(公三八七V)。

　　三、解散後之責任　無限公司及兩合公司之無限責任股東,其連帶無限責任,自解散登記後五年而消滅(公九六、一一五)。

第四章 無限公司

第一節 無限公司之概述

第一、無限公司之意義

無限公司者，乃二人以上之股東所組織，對公司債務負連帶無限清償責任之公司（公二Ｉ）。茲將其意義，分述如下：

一、**無限公司乃營利之社團法人** 何謂營利之社團法人，詳閱前章第一節所述，茲不再贅述。

二、**無限公司須有二人以上之股東所組織** 無限公司之股東，至少應有二人以上，故股東僅一人時，公司即因之而解散（公七一Ｉ4）。

三、**無限公司股東，對公司之債務應負無限責任** 公司資產不足清償公司之債務時，各股東對公司債權人應負無限責任，此係無限公司之特徵。所謂「無限責任」，即不以出資額為限，亦不以特定財產為限，各股東對公司之債務，須負完全清償之責任。

四、**無限公司全體股東應負連帶責任** 所謂「連帶」者，係指股東與股東間而言，並非公司與股東間之連帶。公司之各股東就公司之債務，對於公司之債權人各負全部給付之責任（民二七二），而公司之債權人，如遇公司之資產不足清償其債務時，債權人得對於股東之一人或數人或全體，同時或先後請求全部或一部之清償，在連帶債務未全部履行前，全體債務人仍負連帶責任（民二七三）。

第二、無限公司之優點及缺點

無限公司有其優點，亦有其缺點。茲分述如下：

一、無限公司之優點

㈠**組織簡便**　無限公司之最低人數為二人，故僅有二人以上至親密友或志同道合者，即可組成。

㈡**經營努力**　組織員多為至親密友，關係密切，業務共同執行，損益均分，故通常股東努力經營業務。

㈢**資才合作**　無限公司除金錢為出資外，並得以信用或勞務為出資，則可使資本與才能有無互相調劑，雙方合作，彼此相互為用。

㈣**信用良好**　無限公司之股東，均負連帶無限清償之責任，故其信用良好。

㈤**一般人樂與交易**　無限公司信用良好，債權人易受保障，故一般人樂與無限公司交易。

二、無限公司之缺點

㈠**股東責任過重**　無限公司股東既負無限連帶之責任，若公司虧損，影響股東個人財產，故股東之責任過重。

㈡**籌設不易**　無限公司為人合公司，責任甚重，非至親密友者，不願結合，股東不易得，故籌設無限公司頗為不易。

㈢**出資轉讓困難**　無限公司以股東之信用為基礎，因而股東出資之轉讓，依法須經其他全體股東之同意（公五五），故出資轉讓困難。

㈣**未具才能者亦得執行業務**　無限公司之經營以企業所有與企業經營合而為一為原則，有資本而無經營才能者，亦參與公司業務之執行，故阻礙公司經營之效率。

第三、無限公司與民法上合夥之不同

一、**設立行為之性質不同**　無限公司設立行為屬於共同行為，必須以書面訂立章程；至於民法上合夥屬於契約行為，不以書面訂立章程為必要。

二、**組織依據之不同**　無限公司依公司法組織而成立，為營利之社團法人，具有人格，得為權利義務之主體；合夥乃依民法上合夥之規定而成立，非法人並無獨立之人格，故其權利義務之主體者，為全體合夥人，在

訴訟法上視為非法人團體。

三、**登記之不同** 無限公司必須依公司法為設立登記；民法上之合夥依商業登記法為創設登記。

四、**能力限制之不同** 公司業務，除法律或基於法律授權之命令，須經政府許可者外（公一七），其業務在無違法或違背公序良俗下，公司均得經營。公司之資金，除㈠公司間或與行號間有業務往來者。㈡公司間或與行號間有短期融通資金之必要者。融資金額不得超過貸與企業淨值的百分之四十外，不得貸與股東或任何他人（公一五Ⅰ）。公司除依其他法律或公司章程規定以保證為業務外，不得為任何保證人（公一六Ⅰ），無限公司之股東有投資及競業禁止之限制（公五四）；民法上之合夥，則無明文規定。

五、**財產歸屬之不同** 無限公司之股東得以勞務或其他權利為出資（公四三）。出資之後，即屬於公司所有，為公司之財產，非股東全體之公同共有；民法上之合夥，其合夥人之出資，得為金錢或他物或以勞務代之（民六六七）。合夥財產為合夥人全體之公同共有。

六、**經理人資格之限制** 無限公司之經理人，有消極資格之限制（公三〇）；民法上之合夥，則無此規定。

七、**損益分配之不同** 無限公司之章程，應記載虧損分派之比例或標準（公四一Ⅰ6）。各股東有以現金以外之財產為出資者，其種類、數量、價格或估價之標準，亦應記載於章程（公四一Ⅰ5）。民法上合夥之分配，損益之成數，未經約定者，按照各合夥人出資額之比例定之。僅就利益或僅就損失所定之分配成數，視為損益共通之分配成數。以勞務為出資之合夥人，除契約另有訂定外，不受損失之分配（民六七七）。無限公司非彌補虧損後，不得分派盈餘。公司負責人違反者，處一年以下有期徒刑、拘役或科或併科新臺幣六萬元以下罰金（公六三）。民法上合夥，則無此規定。

八、**聲請破產之不同** 無限公司之財產不足清償其債務時，清算人應即聲請宣告破產（公八九Ⅰ）；民法上之合夥財產不足清償合夥之債務時，各合夥人對於不足之額，連帶負其責任（民六八一），並無聲請破產之規定。

第二節　無限公司之設立

第一、設立之方式

無限公司之設立，以發起設立為限，不得為募集設立。

第二、設立之程序

一、訂立章程　設立無限公司須先訂立章程。章程乃股東共同之合約，股東應以全體之同意，訂立章程，簽名或蓋章，置於本公司，並每人各執一份（公四〇Ⅱ）。其章程應記載之事項，可分為絕對法定必要記載事項、相對法定必要記載事項，與任意記載事項等三種。茲分述之於下：

㈠**絕對法定必要記載事項**　此為章程要素，缺一記載於章程，則其章程全部無效。茲將本法第四十一條所規定絕對法定必要記載事項，分述如下：

1.公司名稱（公四一Ⅰ1）　公司章程，首須記載公司名稱外，其次並應標明無限公司之字樣（公二）。公司名稱，以某股東之姓名代表，亦無不可。

2.所營事業（公四一Ⅰ2）　公司經營目的事業之範圍，須具體載明，不得僅以工業、商業或加工業等字樣概括之。

3.股東姓名、住所或居所（公四一Ⅰ3）　股東之姓名須用本名，若用別號並應標明本名（姓名條例五）。其住所包括法定住所。

4.資本總額及股東出資額（公四一Ⅰ4）。

5.盈餘及虧損分派比例或標準（公四一Ⅰ6）。

6.本公司所在地（公四一Ⅰ7前）　即總公司之處所，須載明所在地之行政區域及其街巷門牌。

7.訂立章程之年月日（公四一Ⅰ11）　此乃為法律行為成立之時期，自應記載，以為日後之依據。

㈡**相對法定必要記載事項** 即章程之偶素。本法雖有明文規定，惟有無記載悉聽自由。縱未記載，亦不影響章程之效力。一經記載於章程，即有法律上之效力。茲將相對法定必要記載事項，分述於下：

1.各股東有以現金以外之財產為出資者，其種類、數量、價值或估價之標準（公四一Ⅰ5）　所謂現金以外之財產，可分為二：⑴在有形財產方面，如土地、房屋、機器、貨物等是。⑵在無形財產方面，如勞務、信用、專利權、商標權等是。股東以信用或勞務為出資者，應於章程內載明估價標準。

2.分公司所在地（公四一Ⅰ7後）。

3.定有代表公司之股東者，其姓名（公四一Ⅰ8）。

4.定有解散之事由者，其事由（公四一Ⅰ10）　公司預定有解散事由者，例如工程完成之解散，或訂定經營年限屆滿之解散等，均應載於章程。

㈢**任意記載事項**　除上述法定必要記載事項外，其他如不違反法律所強制禁止規定之事項，或不違背公序良俗者，經股東全體之同意，均得記載於章程，此之謂任意記載事項。例如公司之存續期限（公六五Ⅱ），或退股事由（公六六Ⅰ），均得記載於章程內。任意事項一經記載於章程，即生效力。倘予以變更，亦須履行變更章程之程序，方為合法。

代表公司之股東不備置章程於本公司者，處新臺幣一萬元以上五萬元以下罰鍰。連續拒不備置者，並按次連續處新臺幣二萬元以上十萬元以下罰鍰（公四一Ⅱ）。公司負責人所備章程有虛偽之記載時，依刑法或特別刑法有關規定處罰，俾維護社會交易安全，保障公司之信用。

二、繳納股款　股東之出資，如以信用或勞務出資者，固不發生繳納股款情事。如以現金或其他財產為出資者，於章程訂立後，即應繳納股款或移交財產。

三、申請登記　無限公司之設立登記，由全體股東申請之（見公司之登記及認許辦法第六條所附無限公司登記應附送書表一覽表）。惟應自章程訂立後十五日內，向主管機關申請設立登記（公三八七Ⅰ、公司之登記及認許辦法三）。

第三節　無限公司之內部關係

　　無限公司之內部關係，係指公司與股東及股東相互間之關係而言。此種關係，亦即股東出資及執行業務。依本法第四十二條規定，公司之內部關係，除法律有規定外，得以章程定之。茲將股東出資及執行業務，詳述於後：

第一、股東出資

　　一、股東出資之意義　股東出資者，乃股東為達到其營利之目的，對於公司所為之一定給付。凡無限公司之股東均負有出資之義務，此種義務為法律所規定，不得以公司章程免除之。

　　二、股東出資之種類　本法第四十三條規定：「股東得以信用、勞務或其他權利為出資，並須依照第四十一條第一項第五款之規定辦理。」故出資依其給付物之不同，可分為下列三種：

　　㈠**財產出資**　乃指以現金及其他財產為標的之出資。所謂其他財產，包括動產、不動產、物權、債權及無體財產權。因此有價證券、商標權、特許權、專利權及著作權等均屬之。各股東有以現金以外之財產為出資者，其種類、數量、價格或估價之標準，均應記載於章程（公四一Ⅰ5）。至於本法第四十三條中所謂「其他權利」一語，應解為指財產權而言，屬於財產出資之一種，惟股東以債權抵作股本時，應通知債務人。同時其債權到期不得受清償者，應由該股東補繳，如公司因之受有損害，並應負賠償之責（公四四）。

　　㈡**信用出資**　指股東將其個人之信用，由公司使用，使公司獲有形或無形之利益是也。如交易上使用其姓名為公司提供擔保，或對公司之匯票背書或承兌。蓋信用可吸收顧客，通融資金，在商學上甚為重要。惟信用之出資，其種類、數量、價格或估價之標準，均應記載於章程，方為有效（公四三、四一Ⅰ5）。

㈢**勞務出資** 指股東以精神上、身體上之勞務,提供於公司之謂。此之勞務,不以普通勞務為限,常具有特殊之經驗或專門技術之出資。例如菜館之烹飪技術、西服店之裁縫技術、營造廠之建築技術、醫院之醫療技術、運輸公司之駕駛技術等。勞務出資,須由章程訂立,且載明估價之標準(公四三、四一Ⅰ5)。

第二、執行業務

執行業務者,乃處理公司之業務也。其行為包括法律行為及事實行為。前者如訂立契約;後者如指揮受僱人。

一、執行業務之機關與方法

㈠**執行業務之機關** 無限公司之各股東,均有執行業務之權利,而負其義務。但章程中訂定由股東之一人或數人執行業務者,從其訂定(公四五Ⅰ)。

㈡**執行業務之方法** 執行業務之股東如有數人或全體執行業務時,關於業務之執行,取決於過半數之同意(公四六Ⅰ),以免糾紛。惟對於通常業務,為爭取時效,免於麻煩,執行業務之股東,各得單獨執行,但其餘執行業務之股東,有一人提出異議時,應即停止執行(公四六Ⅱ),以免發生差錯。此時如仍欲執行,須取決於執行業務股東過半數之同意,再執行之。

二、執行業務股東之權利與義務

㈠**執行業務股東之權利**

1. **報酬請求權** 執行業務之股東,非有特約,不得向公司請求報酬(公四九)。所謂「特約」,乃指全體股東同意特別約定,可在章程內規定,亦可另外簽訂契約或簽立同意書。

2. **償還墊款請求權** 股東因執行業務所代墊之款項,得向公司請求償還,並支付墊款之利息(公五○Ⅰ前)。

3. **債務擔保請求權** 股東因執行業務負擔債務,而其債務尚未到期者,得請求公司提供相當之擔保(公五○Ⅰ後),以減輕負擔。

4.**損害賠償請求權**　股東因執行業務，受有損害，如其損害，非由於自己之過失所致者，得向公司請求賠償（公五○II）。

㈡**執行業務股東之義務**

1.**出資之義務**　詳閱前述第一、股東出資。

2.**遵守法令規章之義務**　股東執行業務時，應依照法令、章程及股東之決定。違反上述規定，致公司受有損害者，對於公司應負賠償之責（公五二）。倘非因處理公司業務所欠債務，其他股東不負責。

3.**代收款項交還之義務**　股東代收公司款項，不於相當期間照繳，或挪用公司款項者，應加算利息，一併償還，如公司受有損害，並應賠償（公五三），以免公司受損。

4.**競業不作為之義務**　詳閱下列四、競業行為之禁止。

5.**報告之義務**　執行業務之股東，應將執行業務之情形隨時向公司報告。

6.**不得隨意辭職之義務**　公司章程訂明專由股東中之一人或數人執行業務時，該股東不得無故辭職，他股東亦不得無故使其退職（公五一），以免公司業務停滯。

7.**不得隨意轉讓出資之義務**　詳閱後述五、出資之轉讓與設質。

三、不執行業務股東之權利及義務

㈠**不執行業務股東之權利**　不執行業務之股東，得隨時向執行業務之股東質詢公司營業情形，查詢財產文件、帳簿、表冊（公四八），學者稱之為監視權或監察權。蓋無限公司不執行業務之股東，乃應負連帶責任。公司之盈虧，利害攸關，故本法賦予此項權利，以資保護。

㈡**不執行業務股東之義務**　可分為四：1.有出資之義務；2.不得為他公司之無限責任股東及合夥事業之合夥人之義務；3.不得隨意轉讓出資之義務；4.負連帶無限責任。

四、競業行為之禁止　競業行為之禁止者，無限公司股東或依其執行業務，或依其監察公司業務之執行，而知悉公司之機密，倘加以濫用，則易侵害公司之利益，故予以禁止。依本法第五十四條對競業行為之禁止規

定分為二類：

㈠對所有之股東非經其他股東全體之同意，不得為他公司之無限責任股東，或合夥事業之合夥人（公五四Ⅰ）。股東違反者，得經其他全體股東之同意議決除名（公六七2）。

㈡對執行業務之股東，不得為自己或他人為與公司同類營業之行為（公五四Ⅱ）。此之同類營業者，指營業種類屬於同類，並具有營利行為之性質而言。執行業務之股東違反競業禁止之規定時，其他股東得以過半數之決議，將其為自己或他人所為之所得，作為公司之所得，但自所得產生後逾一年者，不在此限（公五四Ⅲ）。此即公司之歸入權或介入權，俾保護公司利益兼顧交易安全，此一年期間，為權利存續之除斥期間，不適用民法上消滅時效之規定。無限公司行使歸入權後，競業股東負移轉其依競業行為取得之利益於公司之義務。此乃公司之內部關係，不能以歸入權，對外對抗第三人。無限公司對競業股東之損害賠償請求權與歸入權，發生請求權之競合時，僅能選擇一種行使之。

五、出資之轉讓與設質

㈠轉讓　股東非經其他股東全體之同意，不得以自己出資之全部或一部，轉讓於他人（公五五）。股東與受讓人所訂立之出資轉讓契約，雖未經其他全體股東之同意，其契約仍然成立，僅不得以之對抗公司及其他第三人。惟受讓人得依民法上債務不履行之規定，行使其權利。出資之轉讓，可為全部轉讓與一部轉讓。在全部轉讓時，讓與之股東則完全喪失其股東權。因此轉讓登記前，公司之債務，於轉讓登記後二年內，仍負連帶無限責任（公七〇Ⅰ）。在一部轉讓時，依其轉讓之數額，分割其出資，而讓與其一部。此時讓與股東，僅就其剩餘部分仍有股東權。

㈡設質　無限公司之股東以其出資為質權之標的時，因出資之讓與，均應得其他股東同意觀之，雖得為質權之標的，但依民法第九〇二條之規定：「權利質權之設定，除本節（權利質權）有規定外，應依關於其權利讓與之規定為之。」則其設定質權之初，自亦應先得其他股東全體之同意始可。

六、盈餘之分派　公司盈餘之分派，依公司章程之規定。公司非彌補虧損後，不得分派盈餘。倘公司負責人違反之，各處一年以下有期徒刑、拘役或科或併科新臺幣六萬元以下罰金（公六三）。違反此限制，而分派盈餘者，其分派無效，利害關係人得請求返還分派。

七、章程之變更　無限公司因全體股東之同意，而訂立公司之章程（公四〇），故公司變更章程，亦應得全體股東之同意（公四七）。所謂變更，不論為增加或刪減其內容，變更實質抑或修正辭句，均屬之。惟章程變更之範圍，法無限制，應敘明變更事項，申請為變更之登記（公一二）。

第四節　無限公司之對外關係

第一、概　說

無限公司之對外關係有二：一、為公司與第三人之關係；二、為股東與第三人之關係。前者屬於公司代表關係；後者屬於股東責任關係。代表與代理不同，代表人所為之行為，即為被代表人之行為，而代理人所為之行為，仍為代理人之行為，非被代理人（本人）之行為，不過其效果歸屬於被代理人（本人）（民一〇三）。代表有侵權行為之責任，代理則否。代表者，事實行為及法律行為均可為之。代理者，僅限於法律行為。我國民法及公司法並無關於代表之特別規定，故關於代表情事，應類推適用「代理」之規定（七十四年臺上二〇一四）。

第二、公司之代表

一、代表機關之代表行為　無限公司為法人，其本身不會活動，必賴於自然人為其機關而代表之。因此本法規定，各股東均得代表公司之權（公五六Ⅰ後）。此之代表權，並非選任而取得，乃附屬於股東之資格。原則上各股東均得單獨代表公司是為當然代表。其次，本法亦規定，公司得以章程特定代表公司之股東（公五六Ⅰ前），是為例外。有此規定時，無代表權

之股東，其代表行為之效力，類推適用表見代理之規定（民一六九），此時之代表行為本法並未規定為單獨代表，抑或共同代表，解釋上自應參酌本法第四十六條之規定處理。

　　二、代表機關之代表範圍　代表機關之股東，關於公司營業上一切事務，有辦理之權（公五七）。是故，凡關於公司事務之訴訟上，及訴訟外一切行為，代表公司之股東，均得為之。公司對於股東代表權，雖得以章程或股東全體之同意，加以限制，但不得對抗善意第三人（公五八）。所謂善意或惡意第三人，係指對於該限制事項，是否知情而言。其不知情者，為善意。知情者，為惡意。惟公司代表對外所為之行為，如非公司營業上之事務，本不在代表權範圍之內，自無所謂代表權之限制。此項無權限之行為，不論第三人是否善意，非經公司承認，不能對公司發生效力。至於代表公司之股東，如為自己或他人與股東為買賣、借貸或其他法律行為時，不得同時為公司之代表，此為雙方代表之禁止。但向公司清償債務時，不在此限（公五九）。蓋偏袒之心，在所難免，故禁止雙方代表，以免發生偏頗。至於向公司清償債務，乃屬對於已存在之法律行為，予以了結，並非為新法律關係，故容許之。

第三、股東之責任

　　一、一般責任　公司資產不足清償債務時，由股東負連帶清償之責（公六○）。所謂不足清償債務者，係指公司債權人必須實際就公司之財產請求清償，而依強制執行實行或破產之結果，仍不能為全部清償時，即得對股東主張連帶無限責任。

　　二、特殊責任

　　㈠**新入股東之責任**　加入公司為股東者，對於未加入前公司已發生之債務，亦應負責（公六一），俾保障公司之債權人與鞏固公司之信用。

　　㈡**退股或轉讓出資股東之責任**　退股股東應向主管機關申請登記，對於登記前公司之債務，於登記後二年內，仍負連帶無限責任。股東轉讓其出資者，準用之（公七○）。蓋無限公司為人合公司，第三人與公司為交易

時，往往依賴特定股東之信用，故為保障債權人之利益，有此規定。

　　㈢**解散後股東之責任**　股東之連帶無限責任，自解散登記後滿五年而消滅（公九六）。蓋公司解散後，法人已不存在，股東仍負無限期之責任，實非公平，故須解散登記後滿五年而消滅，則兼顧債權人之利益及股東之情況。

　　三、**類似股東之責任**　類似股東又稱為表見股東，乃指非股東而有可以令人信其為股東之行為者，對於善意第三人，應負與股東同一之責任（公六二）。所謂令人信其為股東者，例如股東之親友，代為股東之行為而不表明其非股東身分，致令人誤認其為股東，而與之為法律行為，亦應負擔連帶之責任。本條之設，乃為保障不知情之第三人，而維護交易之安全。

第四、資本之維持

　　本法為保護債權人之利益，維護交易安全，對無限公司乃採資本維持原則。因此，其規定有二：

　　一、**虧損必先彌補**　公司非彌補虧損後，不得分派盈餘（公六三Ⅰ）。即本年度有盈餘，仍應彌補往年之虧損後，若有剩餘，方能分派。公司負責人違反此項規定，各處一年以下有期徒刑、拘役或科或併科新臺幣六萬元以下罰金（公六三Ⅱ）。至於已分派之盈餘是否可退還公司，本法未規定，惟參照股份有限公司之規定，解釋上公司債權人有請求退還公司之權（公二三三）。

　　二、**債務不得抵銷**　公司之債務人，不得以其債務與其對於股東之債權抵銷（公六四）。蓋公司為法人，有獨立之人格，其為權利義務之主體，與自然人之股東，並非一體，故他人對公司所欠之款項，不得與股東之欠款，互相抵銷，以求公司資本之穩定。

第五節　無限公司之入股及退股

第一、概　說

　　無限公司股東資格之取得及喪失原因，固多由入股或退股，但除入股及退股外，尚有其他之原因。詳述於下：

　　一、股東資格之取得　可分為原始取得及繼受取得。前者基於設立行為而取得及設立後之入股；後者基於出資之受讓。至於繼承，並非股東資格繼受取得之原因。蓋無限公司股東死亡，即發生法定退股之效果（公六六Ⅰ2）。因此繼承人無從繼承股東資格。

　　二、股東資格之喪失　可分為絕對喪失與相對喪失。絕對喪失之原因，有退股及公司人格之消滅二種。公司人格之消滅，有因公司合併而消滅者；有因公司解散後，清算完畢而消滅者；亦有因破產程序終結而消滅者。至於相對喪失者，乃股東將出資全部讓與是也。

第二、入　股

　　一、入股之意義　入股者，加入公司而構成公司之股東。

　　二、入股之程序　可分為下列三步驟：

　　㈠訂立入股契約。

　　㈡**變更章程**　欲使入股契約發生效力，非變更章程不可，為達此目的，入股契約應以變更章程為停止條件。

　　㈢**變更章程之登記**　公司設立後，已登記之事項有變更者，應為變更登記，否則不得以其事項對抗第三人（公一二）。

　　三、入股之效果　入股人於入股後，取得公司股東之資格，因之得享受股東權，亦應負擔股東之責任。對於未加入前公司已發生之債務，亦應負責（公六一）。

第三、退　股

退股者，即股東於公司存續中，因其個人之意思或法定原因而絕對喪失其股東資格之謂。茲將退股之原因與效果，分述如下：

一、退股之原因

(一)**聲明退股**　可分為二種情形：

1.章程未定公司存續期限者，除關於退股另有訂定外，股東得於每會計年度終了退股；但應於六個月前，以書面向公司聲明（公六五I），故聲明退股之行為，為有相對人之要式行為。因之股東之聲明退股，必須具備四要件：①章程未定期限；②退股無特別訂定者；③須於會計年度終了退股；④六個月前，以書面向公司聲明，使公司有所準備。

2.股東有非可歸責於自己之重大事由時，不問公司定有期限與否，均得隨時退股（公六五II）。所謂重大事由者，例如被任為官吏或服兵役派往外島，或出使國外或因精神耗弱，但未臻於監護宣告之程度者皆是。至於是否屬於重大事由，其標準應以該股東之客觀情形定之，如有爭執，惟有訴請法院裁判決定之。

(二)**法定退股**　股東有下列各款情事之一者退股（公六六）：

1.*章程所預定退股事由*　例如訂股東最高年齡，而屆滿該最高年齡者，應即退股。

2.*死亡*　所謂死亡，包括真實死亡與宣告死亡之推定死亡。因股東死亡，權利能力亦歸消滅，無法再負無限責任。至於繼承人之信用未必為其他股東及債權人所信賴，為保護交易之安全，死亡為退股之原因。

3.*破產*　指經法院宣告破產而言。至於一般債務人不能清償債務，而私自清理者，不在此限。蓋股東破產其信用業已喪失，故本法明定為退股之原因。

4.*受監護或輔助之宣告*　依民法規定，對於因精神障礙或其他心智缺陷，致不能為意思表示或受意思表示，或不能辨識其意思表示之效果者，法院得因本人、配偶、四親等內之親屬、最近一年有同居事實之其他親屬、

檢察官、主管機關或社會福利機構之聲請，為監護之宣告（民一四Ⅰ）。對於因精神障礙或其他心智缺陷，致其為意思表示或受意思表示，或辨識其意思表示效果之能力，顯有不足者，法院得因本人、配偶、四親等內之親屬、最近一年有同居事實之其他親屬、檢察官、主管機關或社會福利機構之聲請，為輔助之宣告（民一五之一Ⅰ）。股東受監護之宣告，即無行為能力（民一五），股東已不能處理自己之事務，當然不能參與公司業務之執行，故為退股之原因（公六六Ⅰ4）。

5.**除名**　股東有下列各款情事之一者，得經其他股東全體之同意議決除名，但非通知後不得對抗該股東（公六七）：

⑴應出之資本不能照繳或屢催不繳者。

⑵違反第五十四條第一項之規定者：係指為他公司之無限責任股東，或合夥事業之合夥人。

⑶有不正當行為妨害公司之利益者：何項行為為不正當行為，應依客觀之情勢定之，例如違反競業禁止之規定是。

⑷對於公司不盡重要之義務者：例如執行業務股東，不執行業務者是。

6.**股東之出資，經法院強制執行者**　股東因出資而取得股東資格，其出資既被法院強制執行，自應退股。惟執行法院應於二個月前通知公司及其他股東（公六六Ⅱ）。

二、退股之效果　退股之效果，乃使股東之資格，因而喪失。同時退股股東之股東權，因退股而消滅，其基於股東資格所有之權利義務，不再發生。本法明文規定退股之效果如下：

㈠**姓名使用之停止**　公司名稱中，列有股東之姓或姓名者，該股東退股時，得請求停止使用（公六八）。

㈡**出資之返還**

1.**以退股時為準**　退股之股東與公司之結算，應以退股時，公司財產之狀況為準（公六九Ⅰ）。股東退股時，公司事務未了結者，於了結後，計算其損益，分派其盈虧（公六九Ⅲ）。

2.**以現金抵還為原則**　退股股東之出資，不問其種類，係以現金，其他財產權，勞務或信用，均得以現金抵還（公六九II）。蓋股東出資時，於章程業已核定估價之標準，自得均以現金抵還。

三、**退股股東之登記及責任**　退股股東應向主管機關申請登記，對於登記前公司之債務，於登記後二年內，仍負連帶無限責任（公七〇）。其目的在於保護債權人之利益，退股股東如不為變更登記，不得以其事項對抗他人（公一二）。至於發生在退股登記後之債務，自不負責。

第六節　無限公司之解散

第一、無限公司解散之事由

無限公司有下列各款情事之一者解散（公七一）：

一、**章程所定解散事由**　即公司解散之條件，業已發生之謂。例如訂明公司設立登記後滿十年解散是。

二、**公司所營事業已成就或不能成就**　例如開採某處之金礦為公司之事業，探明無礦可採是為不成就。又如開建某海港而成立公司，如今業已完工，是為成就。

三、**股東三分之二之同意**　無限公司因全體同意組織而成，自得由股東三分之二同意而解散。

四、**股東經變動而不足本法所定之最低人數**　無限公司之股東，至少須二人以上，如股東僅剩一人時，公司當然解散。

五、**與他公司合併**　詳閱前述第三章第十一節公司之合併，及本章第七節無限公司之合併。

六、**破產**　公司經宣告破產，信用喪失殆盡，已不能繼續營業，自應解散。

七、**解散之命令或裁判**　其原因有四：

㈠**設立之瑕疵**　公司設立登記後，有本法第九條一項規定經法院判決

確定，由中央主管機關撤銷或廢止其登記。但判決確定前，已補正者，不在此限（公九Ⅳ）。

　　㈡**開業遲延**　公司設立後滿六個月尚未開始營業者。但已辦妥延展登記者，不在此限（公一○1）。

　　㈢**自行停業**　開始營業後自行停止營業六個月以上者。但已辦妥停業登記者，不在此限（公一○2）。

　　㈣**股東聲請法院裁定解散**　公司之經營，有顯著困難或重大損害時，法院得據股東之聲請，於徵詢主管機關及目的事業中央主管機關意見，並通知公司提出答辯後，裁定解散。前述聲請，在股份有限公司應有繼續六個月以上持有已發行股份總數百分之十以上股份之股東提出（公一一）。

　　前述一、二、之解散事由，得經全體或一部分股東之同意繼續經營，其不同意者視為退股（公七一Ⅱ）。有前述四、之解散原因時，得加入新股東繼續經營（公七一Ⅲ），或變更組織為兩合公司（公七六Ⅱ）。因上述情形繼續經營時，應變更章程（公七一Ⅳ）。

第二、解散之效果

　　解散之公司，於清算範圍內，視為尚未解散（公二五）。解散之公司，除因合併、分割或破產而解散者外，應行清算（公二四）。在清算時期中，得為了結現務及便利清算之目的，暫時經營業務（公二六）。解散後公司之經理人、清算人或臨時管理人，股份有限公司之發起人、監察人、檢查人、重整人或重整監督人，在執行職務範圍內，亦為公司負責人（公八Ⅱ）。公司在清算程序中，由法院監督之（公八二、八三、八九、九三）。

第七節　無限公司之合併

　　關於公司合併之概念，於第三章第十一節業已說明，現就本法關於無限公司合併之規定，共計四條，即第七十二條至第七十五條分述於下：

第一、合併之程序

一、合併之決議　公司之合併，無論新設合併或存續合併，均應得全體股東之同意（公七二）。

二、資產負債表及財產目錄之編造　公司決議合併時，應即編造資產負債表及財產目錄（公七三 I），以供債權人查閱，明瞭公司財產之狀況。公司負責人於資產負債表或財產目錄，為虛偽記載時，依刑法或特別刑法有關規定處罰，以資制裁。

三、合併之通知及公告　公司為合併之決議後，應即向各債權人分別通知及公告，並指定三十日以上之期限，聲明債權人得於期限內提出異議（公七三 II）。所謂三十日以上之期限，其三十日係指最短期限而言。公司債權人不於上述期限內提出異議者，應視為承認其合併；如在期限內提出異議，公司應即為清償或提出相當擔保。公司不為上述通知及公告，或對於指定期限提出異議之債權人不為清償，或不提供相當擔保者，不得以其合併對抗債權人（公七四）。公司負責人違反上述規定，而損害債權人者，自得依其他法律規定負民事責任。

四、為合併之登記　申請本法各項（合併）登記之期限、應檢附之文件與書表及其他相關事項之辦法，由中央主管機關定之（公三八七 I）。前項登記之申請，得以電子方式為之；其實施辦法，由中央主管機關定之（公三八七 II）。

第二、合併之效力

公司合併之效力如下：

一、公司之消滅　公司合併，無論為新設合併或存續合併，必有一以上之公司消滅。本法以合併為公司解散原因之一（公七一 I 5、三一五 I 5），惟依本法第七十五條之法意解釋，因合併而消滅之公司，無庸經過清算程序，自與通常之解散意義有別。

二、公司之變更或創設　公司合併，在吸收合併，因合併而存續之公

司，其章程必有變更；在新設合併，因合併而另成立之新公司因而創設。

三、**權利義務之概括移轉** 因合併而消滅之公司，其權利義務，應由合併後存續或另立之公司承受（公七五）。

第八節 無限公司之變更組織

第一、無限公司變更組織之種類及方法

無限公司變更組織之種類及方法，可分為下列二種情形：

一、無限公司變為兩合公司

㈠公司得經全體股東之同意，以一部股東改為有限責任或另加入有限責任，變更其組織為兩合公司（公七六Ⅰ）。

㈡不足法定最低股東人數時，依本法第七十一條第三項所規定得加入新股東繼續經營之（公七六Ⅱ）。

二、無限公司變為他種公司 本法明文規定無限公司得變為兩合公司。至於變為有限公司或股份有限公司，雖無明文禁止，然依其性質，學者之通說認為不可。

第二、無限公司變更組織之效果

一、連帶無限責任於公司變更登記後二年內不變 股東依本法第七十六條第一項或第七十六條之一第一項之規定，改為有限責任時，其在公司變更組織前，公司之債務，於公司變更登記後二年內，仍負連帶無限責任（公七八）。

二、準用之規定 無限公司變更組織時，準用本法第七十三條至第七十五條之規定（公七七）。

第九節　無限公司之清算

第一、清算之意義

　　清算者，係解散之公司，除因合併、分割或破產之宣告而解散者外（公二四），為處分其剩餘財產，以了結公司法律關係之程序之謂。處理公司財產清算事宜之人，是為清算人。結算中之公司，謂之清算公司。清算公司之人格視為存續，股東之出資及責任，仍然不變。惟公司能力受到相當的限制而已。各國立法例對於無限公司之清算，可分為法定清算與任意清算二種。前者即依法律規定，定其清算程序之清算；後者乃依章程或股東全體之同意，議定清算方法及其執行，而處分公司財產之程序。惟我國公司法對於無限公司之清算，僅採法定清算而已。有關無限公司清算之規定，除得由章程或經股東決議選任清算人外，其他事項均由法律規定之，股東不得自訂清算方法。

第二、清算之程序

一、清算人之選任與解任

㈠**清算人之選任**　清算人之產生，可分為下列三種：

　　1.**法定清算人**　公司之清算，以全體股東為清算人，但本法或章程另有規定或經股東會決議，另選清算人者，不在此限（公七九）。其由無限公司之股東全體，原則上當然為清算人者，謂之法定清算人。在全體股東清算期間，股東中有死亡者，清算事務由其繼承人行之。繼承人有數人時，應由繼承人中互推一人行之（公八〇）。

　　2.**選任清算人**　章程另有規定或股東會決議另選任清算人（公七九但），謂之選任清算人。被選為清算人之人不限於股東，即使第三人如律師、會計師或其他之人亦可。惟此項選任之決議，本法未作規定，解釋上應認為須過半數之決議，惟不須全體同意。選任之清算人與公司間，係基於委

任關係，應適用民法上關於委任之規定。

3.選派清算人　不能依前述法定清算人及選任清算人定其清算人時，法院得因利害關係人之聲請，選派清算人（公八一）。所謂利害關係人，指債權人、債務人或其他與公司結束有密切關係之人，甚至股東年老或殘廢無法勝任清算事務，亦屬之。

㈡**清算人之解任**　前述三種清算人，法院因利害關係人之聲請，認為必要時，得將清算人解任；但股東選任之清算人，亦得由股東過半數之同意將其解任（公八二）。所謂認為必要時，應由法院就事實判定，如怠忽職務，不利於關係人是。所謂股東過半數者，係指股東人數而言，並非指股東出資。

二、清算人之聲報　清算人應於就任後十五日內，將其姓名、住所或居所及就任日期，向法院聲報（公八三Ⅰ）。清算人之解任，應由股東於十五日內向法院聲報（公八三Ⅱ）。清算人由法院選任時，應公告之。解任時亦同（公八三Ⅲ）。違反聲報前述期限之規定者，各處新臺幣三千元以上一萬五千元以下罰鍰（公八三Ⅳ）。

三、清算人之職務

㈠**清算人之主要職務**

1.**了結現務（公八四Ⅰ1）**　凡公司於解散時，未了結之事務，無論其對內或對外關係之事務，均應於清算中了結。為了結現務為目的，清算人得為新法律行為。

2.**收取債權，清償債務（公八四Ⅰ2）**　清算人原則上應於六個月內完結清算，故已到期之債權，應收回。尚未至清償之債權或為附條件之債權，因清算之必要得扣除期前之利益或轉讓方法，請債務人履行，其尚未至清償期之債務得拋棄其期限利益，以利清算之完結。

3.**分派盈餘或虧損（公八四Ⅰ3）**　收取債權，清償債務後，倘有剩餘，則分配給股東。有所虧損，則由各股東分擔。

4.**分派剩餘財產（公八四Ⅰ4）**　公司將財產清償債務後，如有剩餘時，則分派於各股東，至於剩餘財產分配之標準，除章程另有訂定外，依各股

東分派盈餘或虧損後淨餘出資之比例定之（公九一）。

　　清算人執行上述職務，有代表公司為訴訟上或訴訟外一切行為之權；但將公司營業包括資產負債讓與於他人時，應得全體股東之同意（公八四II）。

　　㈡**清算人之附隨職務**　清算人為便於行使其主要職務，附隨下列之職務：

　　1.**意思之決定**　清算人有數人時，關於清算事務之執行，取決於過半數之同意（公八五I後）。

　　2.**檢查公司財產及造具表冊送各股東查閱**　清算人就任後，應即檢查公司財產情形，造具資產負債表及財產目錄，送交各股東查閱。對前述所為之檢查有妨礙、拒絕或規避行為者，各處新臺幣二萬元以上十萬元以下罰鍰（公八七I、II）；對於資產負債表或財產目錄有虛偽記載時，依刑法或特別刑法有關規定處罰。

　　3.**公告催報債權**　清算人就任後，應以公告方法，催告債權人報明債權，對於明知之債權人，並應分別通知（公八八），以保護債權人，免清算時有所遺漏。

　　4.**答覆股東詢問**　清算人遇有股東詢問時，應將清算情形，隨時答覆（公八七V）。

　　5.**請求結算表冊之承認**　清算人於清算完結後十五日內，造具結算表冊，送交各股東，請求其承認。如股東不於一個月內提出異議，即視為承認，但清算人有不法行為時，不在此限（公九二）。

　　6.**聲明清算展期**　清算人應於六個月內完結清算，不能於六個月內完結清算時，清算人得申敘理由，聲請法院展期（公八七III）。清算人不於前述期限內清算完結者，各處新臺幣一萬元以上五萬元以下罰鍰（公八七IV）。

　　7.**聲請宣告破產**　公司財產不足清償其債務時，清算人應即聲請宣告破產。清算人移交其事務於破產管理人時，其職務即為終了。清算人違反前述規定，不即聲請宣告破產者，各處新臺幣二萬元以上十萬元以下罰鍰（公八九）。

　　四、清算人之權利　清算人之權利，約言之，有下列三種：

　　㈠**執行清算事務權**　清算人對內有執行清算事務之權。清算人有數人

時，關於清算事務之執行，取決於過半數之同意（公八五Ⅰ後），但清算人將公司營業包括資產負債轉讓於他人時，應得全體股東之同意（公八四Ⅱ但）。

㈡公司代表權

1.代表人數　清算人因執行清算職務，有代表公司在訴訟上或訴訟外一切行為之權（公八四Ⅱ前）。清算人有一人時，由該人代表之，倘清算人有數人時，得推定一人或數人代表公司，如未推定時，各有對於第三人代表公司之權（公八五Ⅰ前）。

2.代表權之限制　對於清算人代表權所加之限制，不得對抗善意第三人（公八六）。所謂善意，係指不知情而言。

㈢請求報酬權　清算人與公司之關係，除本法規定外，依民法關於委任之規定（公九七）。準此委任規定，清算人之報酬，由公司負擔。其由選任者，依約定。其由選派者，由法院酌定。

五、清算人之責任　清算人應以善良管理人之注意處理職務，倘有怠忽而致公司發生損害時，應對公司負連帶賠償之責任。其有故意或重大過失時，並應對第三人負連帶責任（公九五）。

六、清算之完結

㈠完結之期間　清算事務應於六個月內完結，不能於六個月內完結時，清算人得申敘理由，聲請法院展期（公八七Ⅲ）。

㈡清算之承認　清算人應於清算完結後十五日內，造具結算表冊，送交各股東，請求其承認。如股東不於一個月內提出異議，即視為承認；但清算人有不法行為時，不在此限（公九二）。

㈢完結之聲報　清算人應於清算完結經送請股東承認後十五日內，向法院聲報。違反聲報期限之規定時，各處新臺幣三千元以上一萬五千元以下罰鍰（公九三）。

㈣文件之保存　公司之帳簿、表冊及關於營業與清算事務之文件，應自清算完結向法院聲報之日起，保存十年，其保存人，以股東過半數之同意定之（公九四），以便發生事變時，有所考查。

第三、清算後股東之責任

股東之連帶無限責任，自解散登記後滿五年而消滅（公九六）。此之五年乃屬消滅時效，即民法第一二五條但書所規定「但法律所定期間較短者，依其規定」。

第五章 有限公司

第一節 有限公司之概念

第一、有限公司之意義

有限公司者，指一人以上之股東所組織。股東就其出資額為限，對公司負其責任之公司（公二 I 2）。茲將其意義分述如下：

一、**有限公司為公司之一種** 有限公司為公司之一種，故當然為社團法人。

二、**有限公司之人數須在一人以上** 本法規定，有限公司股東人數設有最低人數為一人及最高人數並無限制（公九八 I、二 I 2）。

三、**有限公司全體股東均負有限責任** 各股東對於公司之責任，除第二項規定外，以其出資額為限（公九九 I）。股東濫用公司之法人地位，致公司負擔特定債務且清償顯有困難，其情節重大而有必要者，該股東應負清償之責（公九九 II）。是故均負有限責任。

第二、有限公司之優點及缺點

一、**有限公司之優點** 有限公司之優點，約有下列五點：

㈠有限公司股東人數通常不多，彼此易於認識。

㈡有限公司只有發起設立，無募集設立，故設立程序簡單。

㈢有限公司之內部組織，較為單純。

㈣有限公司具人合與資合兩種公司之特色，適合中小規模企業之需要。

㈤有限公司股東之責任有限，僅就其出資額負其責任，個人私產不受公司虧損之影響。

二、有限公司之缺點　有限公司之缺點，約有下列五點：

㈠有限公司之股東往往從事投機事業，虧損則以負有限責任，對付公司之債權人，甚至利用有限之名，行詐欺之實。

㈡股東出資之轉讓，不若股份有限公司之自由。

㈢有限公司全體股東之責任，均屬有限，股東個人財產，對外不負責任。倘公司負債過鉅，影響債權人之利益。

㈣有限公司之設立，限於發起設立，往往因發起人之資金有限，無法經營大規模之企業，故不若股份有限公司兼採募集設立，得向社會大眾募集鉅大資金。

㈤有限公司資本總額，應由各股東全部繳足，不若股份有限公司隨時依公司業務之進展，分期繳納，較具彈性。

第二節　有限公司之設立

第一、設立方式

有限公司以發起設立為限，不得分期繳款或向外招募（公一○○），故不得採募集設立。

第二、設立程序

一、訂立章程

㈠**訂立章程方式**　股東應以全體之同意訂立章程，簽名或蓋章，置於本公司，並每人各執一份（公九八Ⅱ）。是故章程以書面為之。

㈡**章程記載之內容**　公司章程應載明下列各款事項（公一○一Ⅰ）：

1.公司名稱。 2.所營事業。 3.股東姓名或名稱。 4.資本總額及各股東之出資額。5.盈餘及虧損分派比例或標準。6.本公司所在地。7.董事人數。8.定有解散事由者，其事由。 9.訂立章程之年月日。

前述除8.定有解散事由者，其事由，為相對必要記載事項外，其餘皆

為絕對必要記載事項。除上述相對記載事項外，凡不違反法律所強制或禁止之規定，及不違背公共秩序善良風俗者，亦得自由記載之，是謂章程任意記載事項。

㈢**不備置章程或章程有虛偽記載之處罰**　代表公司之董事不備置前項章程於本公司者，處新臺幣一萬元以上五萬元以下罰鍰。再次拒不備置者，並按次處新臺幣二萬元以上十萬元以下罰鍰（公一〇一II）；公司負責人所備章程有虛偽記載時，依刑法或特別刑法有關規定處罰。

二、繳納出資

㈠**出資之類別**　有限公司之出資，為章程之絕對必要記載事項之一。其出資之類別，不以現金為限。現金以外之財產抵繳股款亦可，但不得以信用或勞務為出資。

㈡**繳納之方法**　公司之資本總額，應由各股東全部繳足，不得分期繳納，或向外招募（公一〇〇）。

三、申請設立登記　有限公司登記設立期限，應檢附之文件與書表及其他相關事項之辦法，由中央主管機關定之（公三八七Ⅰ）。前項登記之申請，得以電子方式為之；其實施辦法，由中央主管機關定之（公三八七Ⅱ）。

第三節　有限公司之對內關係

第一、股東之出資

一、繳足股款　股東有繳足其出資額之義務。

二、股東名簿與股單之備置

㈠**股東名簿**

1.**股東名簿記載事項**　公司應在本公司備置股東名簿，記載下列各款事項（公一〇三Ⅰ）：⑴各股東出資額。⑵各股東之姓名或名稱、住所或居所。⑶繳納股款之年月日。

2.**不備置股東名簿之處罰**　代表公司之董事不備置股東名簿於本公司

者，處新臺幣一萬元以上五萬元以下罰鍰。再次拒不備置者，並按次連續處新臺幣二萬元以上十萬元以下罰鍰（公一○三II）。公司負責人所備股東名簿有虛偽記載者，依刑法或特別刑法有關規定處罰。

㈡**股單**　有限公司於設立登記後，舊法應發給股單。惟民國一○七年七月六日公司法修正時，刪除公司第一○四條及第一○五條規定，蓋股單並非有價證卷，「股單的轉讓」並不等同「股東出資之轉讓」，所以刪除股單之規定。

三、出資之轉讓　依本法規定出資之轉讓，分成下列三種方式：

㈠**一般股東之轉讓**　股東非得其他全體股東過半數之同意，不得以其出資之全部或一部，轉讓於他人（公一一一I）。

㈡**董事**　股東非得其他股東表決權過半數之同意，不得以其出資之全部或一部，轉讓於他人（公一一一I）。前項轉讓，不同意之股東有優先受讓權；如不承受，視為同意轉讓，並同意修改章程有關股東及其出資額事項（公一一一III）。

㈢**法院之強制轉讓**　法院依強制執行程序，將股東之出資轉讓於他人時，應通知公司及其他股東，於二十日內，依第一項或第二項之方式，指定受讓人；逾期未指定或指定之受讓人不依同一條件受讓時，視為同意轉讓，並同意修改章程有關股東及其出資額事項（公一一一IV）。

第二、有限公司之機關

可分為執行機關、意思機關及監察機關三種，茲分述如下：

一、執行機關　公司應至少設董事一人，執行業務並代表公司，最多設置董事三人，應經三分之二以上股東之同意，就有行為能力之股東中選任之。董事有數人時，得以章程置董事長一人，對外代表公司（公一○八I）。因此董事長，並非必設之機關，得依章程之規定而定之，同時亦無董事會之設置。

二、意思機關　有限公司之意思機關在於全體股東。每一股東不問出資多寡，均有一表決權，但得以章程訂定按出資多寡比例分配表決權（公

一〇二Ⅰ）。

　　三、監察機關　有限公司不執行業務之股東，均得行使監察權。其監察權之行使，準用無限公司不執行業務股東之監視權之規定（公一〇九準公四八）。換言之，即依無限公司之規定，非董事之股東得隨時向董事質詢公司營業情形，查閱財產文件、帳簿、表冊。

　　四、經理人之設置　有限公司於董事執行業務時，得依章程訂定設置經理人，而適用本法總則章，關於經理人之規定（公二九以下）。

第三、公司之會計

一、會計表冊之造送與承認

　　㈠每屆會計年度終了，董事應依第二二八條之規定，造具各項表冊，分送各股東，請其承認；其承認應經股東表決權過半數之同意（公一一〇Ⅰ）。前項表冊，至遲應於每會計年度終了後六個月內分送。分送後逾一個月未提出異議者，視為承認（公一一〇Ⅱ）。第二二八條之一、第二三一條至第二三三條、第二三五條、第二三五條之一、第二四〇條第一項及第二四五條第一項之規定，於有限公司準用之（公一一〇Ⅲ）。對於依前項準用第二四五條第一項規定，聲請法院選派檢查人之檢查，有規避、妨礙或拒絕行為者，處新臺幣二萬元以上十萬元以下罰鍰（公一一〇Ⅳ）。

　　㈡有限公司之會計表冊不須公告，此係因有限公司具有不公開性質使然。

二、盈餘公積之提存

　　㈠**法定盈餘公積**　公司於完納一切稅捐彌補虧損後，分派盈餘時，應先提出百分之十為法定盈餘公積；但法定盈餘公積已達資本總額時，不在此限（公一一二Ⅰ）。所謂公積，不以現金為限，動產、不動產均可為之。至於公司分派盈餘前，應先彌補虧損，其目的在於健全公司之財務結構。倘公司負責人違反此項規定，不提出法定盈餘公積時，各科新臺幣二萬元以上六萬元以下罰鍰（公一一二Ⅳ）。

　　㈡**特別盈餘公積**　除前述法定盈餘公積外，公司得以章程訂定或股東

三分之二表決權之同意，另提特別盈餘公積（公一一二II）。前述法定盈餘公積之比例，限於盈餘百分之十，而特別盈餘公積不受此限制。

三、股息及紅利之分派

㈠**盈餘股息及紅利之分派**　有限公司有盈餘時，非彌補虧損、完納稅捐及依規定提出法定盈餘公積後，不得分派股息及紅利。公司無盈餘時，不得分派股息及紅利。公司負責人違反前述規定分派股息及紅利時，各處一年以下有期徒刑、拘役或科或併科新臺幣六萬元以下罰金，公司債權人得請求退還，並得請求損害賠償（公一一〇準公二三二、二三三）。

㈡**股息及紅利分派之標準**　股息及紅利分派之標準，除章程另有規定外，得以各股東持有股份之比例為準（公一一〇準公二三五）。

第四節　有限公司之對外關係

第一、公司之代表

有限公司應至少設置董事一人執行業務並代表公司，最多設置董事三人，應經三分之二以上股東之同意，就有行為能力之股東中選任之，董事有數人時，得以章程置董事長，對外代表公司；董事長應經董事過半數之同意互選之（公一〇八I）。代表公司之董事或董事長，關於公司營業上一切事務，有辦理之權。

第二、股東之責任

各股東對於公司之責任，除第二項規定外，以其出資額為限（公九九I）。股東濫用公司之法人地位，致公司負擔特定債務且清償顯有困難，其情節重大而有必要者，該股東應負清償之責（公九九II）。

第五節　有限公司之增減資本及變更組織

第一、增減資本

公司增資，應經股東表決權過半數之同意；但股東雖同意增資，仍無按原出資數比例出資之義務（公一〇六 I）。公司得經全體股東表決權過半數之同意減少資本（公一〇六III前）。

第二、變更組織

有限公司因增加資本情形，得經股東表決權過半數之同意由新股東參加（公一〇六 II）。公司得經股東表決權過半數之同意減資或變更其組織為股份有限公司（公一〇六III）。詳閱第三章第十三節變更組織所述。

第六節　有限公司之變更章程、合併、解散及清算

有限公司變更章程、合併及解散，應經股東表決權三分之二以上之同意（公一一三 I）。除前項規定外，公司變更章程、合併、解散及清算，準用無限公司有關之規定（公一一三II）。按現行法採董事單軌制，對此僅準用無限公司之有關規定，而不再準用股份有限公司之有關規定。

第七節　有限公司與無限公司之異同

一、有限公司與無限公司之相異點

㈠公司性質　有限公司兼具人合公司及資合公司之性質；無限公司單純為人合公司。

㈡股東人數　有限公司最低為一人，最高人數不作限制；無限公司最

低人數為二人，最高人數不作限制。

㈢股東資格　有限公司之股東得為政府及法人；無限公司之股東一般以自然人為限。

㈣出資繳款　有限公司股東之出資以一次全部繳足，不得分期繳納；無限公司無此規定。

㈤出資種類　有限公司股東之出資除現金外，得以對公司所有之貨幣債權、公司事業所需之財產或技術抵充之（公九九之一）。無限公司除現金及財產外，勞務及其他權利為出資（公四三）。

㈥股東責任　有限公司以出資額為限，對公司負責任。股東濫用公司之法人地位，致公司負擔特定債務且清償顯有困難，其情節重大而有必要者，該股東應負清償之責（公九九II）；無限公司股東對債權人負連帶清償之責。

㈦股東名簿　有限公司須作成股東名簿備置於本公司；無限公司無此規定。

㈧出資轉讓　有限公司股東非得其他股東表決權過半數之同意，不得以其出資之全部或一部，轉讓於他人（公一一一 I ）。董事非得其他股東表決權三分之二以上之同意，不得以其出資之全部或一部，轉讓於他人（公一一一II）；無限公司股東出資轉讓，須經全體股東同意。

㈨股東變動　有限公司新股東之加入，僅限於增資及出資轉讓。至於股東不足最低人數時，亦得準用無限公司規定，增加新股東繼續經營；無限公司得增加新股東（公七一III），並有類似（表見）股東的規定（公六二）。

㈩對外代表　有限公司設董事代表公司；無限公司所有股東或其中一人或數人得對外代表公司。

(十一)業務執行　有限公司採用董事制，執行公司業務；無限公司則由全體股東或選有執行業務股東執行業務。

(十二)表決權數　有限公司每一股東有一表決權，得以章程規定按出資多寡分配其表決權；無限公司無明文規定，本於人合公司之性質，應以每一股東有一表決權為準。

㈢提出公積　有限公司須提出法定盈餘公積，並得依章程規定提出特別盈餘公積；無限公司無此強制規定。

㈣股東退股　有限公司股東之退股，本法並未規定；本法對無限公司股東有退股之規定。

㈤變更組織　本法明文規定有限公司得變更為股份有限公司；本法明文規定無限公司得變更為兩合公司。

㈥變更章程　有限公司因增資而變更者，應經股東表決權三分之二以上之同意（公一一三）；無限公司須經全體股東之同意。

二、有限公司與無限公司之相同點

㈠章程訂立　二者均須經全體股東的同意，其章程內容在法律上規定之事項大同小異。

㈡章程設置　二者均由每一股東各執一份，並須備置章程於本公司。無限公司代表公司之股東或有限公司代表公司之董事不備置章程於本公司者，處新臺幣二萬元以上十萬元以下罰鍰（公四一II、一〇一II）。

㈢出資轉讓　二者均須依法取得其他股東的同意，否則不得自由轉讓。

㈣組織形態　二者均採單軌制。

㈤出資義務　二者均無在認定出資數額以外，對公司負繼續不斷出資義務。但無限公司之股東，對公司債務負連帶無限清償責任。

㈥債務抵銷　二者均不許公司債務人以其對公司之債務，對股東之債權抵銷。

㈦業務監察　二者不執行業務之股東，均有監察權。

㈧公司變更章程合併解散　有限公司變更章程、合併及解散，應經股東表決權三分之二以上之同意（公一一三 I）。除前項規定外，公司變更章程、合併、解散及清算，準用無限公司有關之規定（公一一三II）。

第六章　兩合公司

第一節　兩合公司之概念

第一、兩合公司之意義

兩合公司者，乃一人以上之無限責任股東，與一人以上有限責任股東所組織而成。無限責任股東，對公司債務負連帶無限清償責任；有限責任股東，就其出資額為限，負其責任之公司（公二、一一四）。茲將其意義分述如下：

一、**兩合公司為公司之一種**　兩合公司為公司之一種，因此本法通則規定，均得適用。

二、**兩合公司為一人以上之無限責任股東，與一人以上之有限責任股東組織而成**　兩合公司至少須有二人以上之股東組織而成，其中至少須一人以上之無限責任股東，與一人以上之有限責任股東。

三、**兩合公司之有限責任股東負有限責任**　兩合公司之有限責任股東，對公司之債務，就其出資額為限，對於公司負其責任。換言之，即與有限公司股東之責任相同。

四、**兩合公司之無限責任股東負無限責任**　兩合公司之無限責任股東，對於公司之債務，負連帶無限之責任。換言之，即與無限公司股東之責任相同。

第二、兩合公司之性質

一、**組織二元化**　兩合公司者，係由有限責任股東與無限責任股東組織而成。有限責任股東，對公司之業務無執行權，但有監察權。無限責任

股東有執行業務及代表公司之權限。

二、**人資折衷化** 兩合公司者，係由二種不同責任之股東組織而成。是折衷人合公司及資合公司而成立之另一種公司，俾資才合作，經營企業。

三、**準用無限公司** 兩合公司除本章規定外，準用第二章無限公司之規定（公一一五）。

第三、兩合公司之優點及缺點

一、**兩合公司之優點** 有下列四點：

㈠兩合公司之一部分股東以出資為限，對公司負責任。因責任較輕，較願投資，故募集資本，較無限公司容易。

㈡擁有信用或能力者，與擁有資本者，可以合作。

㈢業務由無限責任股東執行，可收責任專一之效。

㈣有限責任股東雖無執行業務之權，但對公司業務之執行有監察權，促使公司營運走上正途。

二、**兩合公司之缺點** 有下列四點：

㈠業務由無限責任股東主持，有限責任股東不得執行業務，難免為無限責任股東所操縱。

㈡公司財務基礎不如無限公司之穩固。

㈢股東轉讓出資，頗為困難。

㈣兩合公司之股東所負責任不同，他人不易辨清。

第二節　兩合公司之設立

第一、設立之方式

兩合公司之設立方式與無限公司同，僅得採取發起設立。

第二、設立之程序

一、訂立章程

㈠**章程記載事項**　兩合公司之章程，除記載本法第四十一條所列各款事項外，並應記明各股東之責任為無限或有限（公一一六）。

㈡**備置章程於公司**　訂立章程應以全體股東之同意，簽名或蓋章置於本公司，並每人各執一份（公一一五準公四○II）。

二、繳納出資　詳閱本章第三節第一、股東之出資。

三、申請設立登記　兩合公司應自章程訂立後十五日內，將章程之事項，向中央主管機關，申請設立登記。但經目的事業主管機關核准應於特定日期登記者；不在此限（公三八七、公司之登記及認許辦法三及兩合公司登記應附送書表一覽表）。

第三節　兩合公司之對內關係

第一、股東之出資

一、出資之種類　兩合公司依其股東責任之不同，其出資有下列二種：

㈠**無限責任股東之出資**　無限公司股東得以勞務或其他權利為出資，並須依照第四十一條第一項第五款之規定辦理（公四三）。

㈡**有限責任股東之出資**　有限責任股東，不得以勞務為出資（公一一七），僅得以現金或其他財產為出資。

二、出資之轉讓　依其股東責任之不同，分為下列二種：

㈠**無限責任股東之轉讓**　準用無限公司之規定，須經全體股東之同意。

㈡**有限責任股東之轉讓**　有限責任股東，非得無限責任股東過半數之同意，不得以其出資之全部或一部轉讓他人（公一一九I）。

第二、公司之機關

一、執行機關

㈠**業務執行機關** 兩合公司業務之執行,專屬於無限責任股東。有限責任股東,不得執行公司業務及對外代表公司(公一二二)。

㈡**執行業務之方法** 兩合公司業務之執行,由無限責任股東為之。倘無限責任之股東有二人以上時,各有執行業務之權利,但章程中訂明,由股東中一人或數人執行業務者,從其訂定(公一一五準公四五)。執行方法未有訂明時,取決於執行業務股東之過半數。

執行業務股東,關於通常事務各得單獨執行,但其他執行業務股東,提出異議時,應即停止執行(公一一五準公四六),而由全體執行業務股東決議之。

㈢**執行業務股東之權利** 執行業務之無限責任股東其權利有四,茲述之於下:1.報酬請求權。 2.墊款償還請求權。 3.損害賠償請求權。 4.債務擔保請求權。上列之權利與無限公司同。詳閱前述,茲不復贅。

㈣**執行業務股東之職務** 執行業務之無限責任股東之職務有四,茲述之於下:1.依法令、章程及決議執行之義務。 2.繳還代收墊款之義務。 3.報告業務之義務。 4.答覆質詢之義務。

二、監察機關 此乃指有限責任股東之監察權。

㈠有限責任股東得於每會計年度終了時,查閱公司帳目、業務及財產情形(公一一八Ⅰ前)。

㈡有限責任股東平時不得查閱公司帳目、業務及財產情形,此與不執行業務之無限責任股東,得隨時查閱不同。惟遇有必要時,法院得因有限責任股東之聲請,許其隨時檢查公司帳目、業務及財產之情形(公一一八Ⅰ後),此為有限責任股東之臨時監察權。對於前述檢查,有妨礙、拒絕或規避行為者,各處新臺幣二萬元以上十萬元以下罰鍰。連續妨礙、拒絕或規避者,並按次連續各處新臺幣四萬元以上二十萬元以下罰鍰(公一一八Ⅱ)。

三、競業自由之禁止與例外

㈠**無限責任股東競業禁止**　兩合公司之無限責任股東，既執行業務，自應準用無限公司有關競業禁止之規定（公一一五準公五四）。

㈡**有限責任股東之競業自由**　有限責任股東，得為自己或他人，為與本公司同類營業之行為，亦得為他公司之無限責任股東，或合夥事業之合夥人（公一二〇）。蓋有限責任股東，對內既不執行業務，對外又不代表公司，均無利害衝突之虞。惟有限責任股東，被委任為兩合公司之經理人時，應受競業禁止之規定，自不待言。

四、盈餘分派
　兩合公司盈餘之分派，本法並無特別規定，自應準用無限公司之規定，即公司非彌補虧損後，不得分派盈餘，公司負責人違反此項規定時，各處一年以下有期徒刑、拘役或科或併科新臺幣六萬元以下罰金（公一一五準公六三）。至盈餘及虧損分派之比例與標準，自應訂立於章程（公一一五準公四一Ⅰ6）。有限責任股東，分擔虧損，僅以其出資額為限，自不待言。

五、股東退股
　依其股東之責任而不同，可分下列二種：

㈠**無限責任股東之退股**　其退股之事由及效力，本法無特別規定，自應準用無限公司股東之退股（公六六）。

㈡**有限責任股東之退股**

1.**退股之事由**　兩合公司之有限責任股東，其退股之事由，與無限責任股東之退股事由，略有不同。茲述之於下：

⑴監護或輔助之宣告，非當然退股：無限責任股東，受監護或輔助之宣告即不能執行業務，故須退股；但有限責任股東，不因受監護或輔助之宣告而退股（公一二三Ⅰ）。

⑵死亡非當然退股：無限責任股東死亡即退股，但有限責任股東死亡時，其出資歸其繼承人（公一二三Ⅱ）。蓋有限責任股東之死亡，對公司並無影響，故本法明文規定由繼承人繼承。

⑶兩合公司之有限責任股東退股，有下列二情形：

①聲請退股：有限責任股東遇有非可歸責於自己之重大事由時，

得經無限責任股東過半數之同意退股，或聲請法院准其退股（公一二四）。例如因貧病交加，非將股本抽出，無法支付醫療費用。其必須經無限責任股東過半數之同意。不同意時，得聲請法院，准其退股。

②法定退股：乃基於法定原因而退股，與當事人意思無關，其原因如下：

A. 除名：有限責任股東有下列情事之一者，得經全體無限責任股東之同意，將其除名（公一二五 I）：(a)不履行出資義務者；(b)有不正當行為，妨害公司利益者。

上述除名，非通知該股東後，不得對抗之（公一二五 II）。一經除名，則當然退股（公一一五準公六六 I 5）。

B. 章程所訂退股事由之發生（公一一五準公六六 I 1）。

C. 破產：有限責任股東破產，亦為退股之原因（公一一五準公六六 I 3）。

D. 法院強制執行股東之出資：股東之出資經法院強制執行，自應退股，但執行法院應於二個月前通知公司及其他股東（公一一五準公六六 I 6、II）。

2. 有限責任股東退股之效力　有限責任股東退股與公司結算，應以退股時公司財產之狀況為準，以現金抵還其出資。倘公司事務有未了結時，於了結後，計算其損益，分派其盈餘（公一一五準公六九）。有限責任股東，並不於退股登記後二年內，負連帶無限責任。

六、**變更章程**　兩合公司之變更章程，準用無限公司有關規定，應得全體無限責任及有限責任股東之同意（公一一五準公四七）。

第四節　兩合公司之對外關係

第一、公司之代表

在兩合公司，其代表公司之權，專屬無限責任之股東，故有限責任股

東，不得代表公司（公一二二）。

第二、股東之責任

一、無限責任之股東　無限責任之股東，其責任與無限公司之股東同，即直接對公司債權人負連帶無限之責任（公一一五準公六〇）。

二、有限責任之股東

㈠以出資額為限　有限責任之股東，以出資額為限，對公司負其責任（公一一四II）。

㈡類似無限責任股東之責任　有限責任股東，如有可以令人信其為無限責任股東之行為者，對於善意第三人負無限責任股東之責任（公一二一）。

第五節　兩合公司之合併、變更組織、解散及清算

第一、兩合公司之合併

兩合公司經全體股東之同意，得與其他公司合併。至於合併之程序及效果，準用無限公司之規定（公一一五準公七二至七五）。

第二、兩合公司之變更組織

其情形有二，茲述之於下：

一、有限責任股東全體退股時而變為無限公司　兩合公司之有限責任股東全體退股時，無限責任股東在二人以上者，得以一致同意，變更其組織為無限公司（公一二六II）。

二、全體股東同意變為無限公司　無限責任股東與有限責任股東，以全體之同意，變更其組織為無限公司（公一二六III）。

第三、兩合公司之解散

兩合公司之解散，除下列二種情形與無限公司不同外，餘者相同，茲不復贅。

一、無限責任股東全體退股時 此時已失其兩合公司之本質，即應解散（公一二六 I 前）。蓋兩合公司係由無限責任股東與有限責任股東組織而成，倘缺其一，不論所餘人數多寡，均須解散。

二、有限責任股東全體退股時 此時亦因缺乏公司構成要件，公司即應解散（公一二六 I 前）。

公司雖有上述情形，但其餘股東得以一致同意，加入無限責任股東或有限責任股東，繼續經營（公一二六 I 但），以資補救。

第四、兩合公司之清算

本法明文規定，清算由全體無限責任股東任之；但無限責任股東得以過半數之同意另行選任清算人，其解任時亦同（公一二七）。

第七章　股份有限公司

第一節　股份有限公司之概念

第一、股份有限公司之意義

股份有限公司者，指二人以上股東或政府、法人股東一人所組織，全部資本分為股份，股東就其所認股份，對公司負其責任之公司（公二）。依此意義，分述如下：

一、**股份有限公司乃公司之一種**　依本法第二條之規定，公司分為四種。股份有限公司，即為其中之一種，屬於典型之資合公司。

二、**股東應有二人以上，政府或法人一人**　依本法規定，須有二人以上之股東為發起人（公一二八I）。政府或法人股東一人所組織之股份有限公司，不受前述二人之限制。該公司之股東會職權由董事會行使，不適用本法有關股東會之規定（公一二八之一I）。前述公司，得依章程規定不設董事會，置董事一人或二人；置董事一人者，以其為董事長，董事會之職權由該董事行使，不適用本法有關董事會之規定；置董事二人者，準用本法有關董事會之規定（公一二八之一IV）。

三、**全部資本應平分為股份**　股份者，乃股東對資本所應承擔之單位金額。依本法之規定，股份有限公司之資本，應分為股份，擇一採行票面金額或無票面金額（公一五六I）。

四、**股東就所認股份對公司均負有限責任**　股份有限公司股東之責任，以繳清其所認股份之金額為限，對公司負其責任。

第二、股份有限公司之性質（特質）

一、**為典型之資合公司**　股份有限公司之全部資本分為股份，股東就其所認股份，對公司負責任（公二 I 4）。

二、**企業所有與企業經營分開原則**　股份有限公司之股東，均為公司之所有人，其興趣在於利潤之分派。至於企業之經營，則由董事會及董事經營，故本法對股份有限公司之規定，乃減少股東會之權限，擴張董事會之權限。又本法規定，董事由股東會就有行為能力之人，選任之（公一九二 I），因此非股東者，得擔任董事，故本法之規定符合企業所有與企業經營分開原則。

三、**股東平等原則**　所謂股東平等原則者，並非股東人數之平等，而是股東依其所有之股數，按比例而受平等待遇，以享受權利負擔義務。此乃為保障小股東之利益，俾免大股東之壟斷。

四、**股份轉讓自由**　股份轉讓自由，為股份有限公司基本性質之一，故除本法另有規定外，不得以章程禁止或限制之。但非於公司設立登記後，不得轉讓（公一六三 I），否則該規定無效。

第三、股份有限公司之資本

大陸法系國家，對於股份有限公司之資本採三大原則，即資本確定、資本維持與資本不變之原則，俾穩定公司，保障權利人之利益。本法除採此三原則外，為應時需，兼採英美之資本授權制，但取消公司最低資本額規定之限制。茲將上列原則，分述於下：

一、**資本確定原則及資本授權制**　資本確定原則，亦稱法定資本制，指公司設立時，應在章程中確定公司資本總額，並應認足、募足。所謂授權資本制，即股份有限公司之資本總額，僅記明於章程即可，不必認足，其所認數額如已達於資本總額之最低數額以上，即得設立，其餘未認足之股份，授權董事會視實際情形，隨時發行新股，以募集資本。其優點，貴在簡速，無論公司規模之大小，可立即成立。又可隨公司營業之發展，逐

漸增加資本，而無變更章程之煩。其缺點，在公司實際上股份未認足額，難免有不實之嫌。然則我國舊公司法第一三〇條第一項第二款規定「二、分次發行股份者，定於公司設立時之發行數額。」因在實務上公司章程載明第一項第二款有關分次發行者，定於設立時發行數額，可換算成資本額，嗣後公司如進行增資，則設立時發行數額，並無實益，爰於刪除。

　　二、**資本維持原則**　資本維持原則又稱資本充實原則，即公司必須維持相當於公司之財產。

　　三、**資本不變原則**　所謂資本不變原則，即公司之資本總額，非依法定變更章程之程序，不得任意變動，以防公司資本總額之減少，按公司資本減少，固有害於債權人之利益。若資本增加，雖與債權人有益無害，然因資本過剩，則影響股東之利益，故現行本法規定減資或增資，必須經繁瑣程序。此原則與資本維持原則相配合，既可維持公司之實質財產，復可防止形式的資本總額之減少。

第四、股份有限公司之優點及缺點

　　一、**股份有限公司之優點**

　　㈠**便於經營大企業**　股份有限公司之資本為股份，每一股份之金額很小，小資產者亦能投資，集少成多，便於募集鉅資，經營大規模企業，增加生產力。

　　㈡**可減輕危險負擔**　股份有限公司之股東人數多，責任有限，危險由多數人共同分擔而減輕。

　　㈢**無企業才能者，亦能參加**　股份有限公司採「企業所有與企業經營分開」之原則，無企業才能者，亦能認股出資成為股東，坐享企業之利益。

　　㈣**股票之轉讓自由**　股份有限公司因資本證券化，股東得隨時將股票自由轉讓，因此股東不易發生周轉不靈。

　　㈤**應公示營業狀況**　股份有限公司之營業狀況，採公示方法布告於大眾，俾有意投資者得以選擇。

　　㈥**調和勞資之利益**　勞動者亦可積資入股，與大資本家立於同等地位

為公司之股東，二者之利益相互調和。

㈦**企業得維持長久**　股份有限公司不因股東個人之死亡而受影響，企業可維持長久。

二、股份有限公司之缺點

㈠**對債權人有欠保障**　股東責任有限，且不對債權人直接負責，一旦公司經營失敗，債權人遭受損失。

㈡**易導致生產過剩**　由於公司募集鉅資容易，往往大肆擴張企業，超過必要程度，致公司生產過剩。

㈢**組織複雜**　股份有限公司組織複雜，有股東會、董事會、監察人等，執行業務時，費用多，而行動欠缺敏捷。

㈣**大股東操縱**　因企業為少數大股東所操縱，小股東之權益，常被忽視。

㈤**造成投機心理**　公司得發行股票，股票可以自由轉讓，股票市價隨時波動，易生投機僥倖之心理。

第二節　股份有限公司之設立

第一款　概　說

第一、設立之方式

股份有限公司之設立方式，通常分為下列二種，任由發起人斟酌情形採之：

一、**發起設立**　亦稱同時設立，係由發起人認足第一次發行之股份時，公司因而成立（公一三一Ⅰ）。發起設立，能使公司迅速成立。

二、**募集設立**　亦稱漸次設立，係由發起人不認足第一次發行之股份時，應募足之（公一三二Ⅰ），公司因而成立。所謂應募足之，乃發起人未認足之部分，向社會公開招募，至募足為止。

第二、發起人

一、發起人之意義及其行為之性質　凡籌備公司之設立並簽訂章程之人，是謂發起人。惟本法第一二九條第一項規定，通常簽名、蓋章於章程者，均為發起人。至其實際上是否參與公司設立之計劃，則可不問。

二、發起人資格之限制

㈠**須有行為能力人**　無行為能力人、限制行為能力人或受輔助宣告尚未撤銷之人，不得為發起人（公一二八 II）。

㈡**政府或法人為發起人**　政府或法人均得為發起人。但法人為發起人者，以下列情形為限（公一二八 III）：

1.公司或有限合夥人。

2.以其自行研發之專門技術或智慧財產權作價投資之法人。

3.經目的事業主管機關認屬與其創設目的相關而予核准之法人。

三、發起人之權利及責任（義務）

㈠**權利**　發起人有受報酬及特別利益之權利（公一三〇、一四七）。至於其應受報酬之數，非記載於章程者無效。

㈡**責任（義務）**

1.**股款連帶認繳之責任**　未認足第一次發行股份，及已認而未繳股款者，應由發起人連帶認繳；其已認而經撤回者亦同（公一四八）。以期充實公司資本，並防止發起人投機取巧。

2.**對公司不成立之籌備費用連帶清償**　公司不能成立時，發起人關於公司設立所為之行為，及設立所需之費用，均應負連帶責任，其因冒濫經裁減者亦同（公一五〇）。

3.**對公司登記前之債務連帶責任**　發起人對公司在設立登記前所負債務，在登記後亦負連帶責任（公一五五 II）。

4.**連帶負損害賠償之責任（義務）**

⑴怠忽職務之賠償責任：發起人對於公司設立之事項，如有怠忽其任務致公司受損害時，應對公司負連帶賠償責任（公一五五 I）。蓋怠忽任

務，顯有虧職守，故加重發起人之責任，使慎重將事。

(2)裁減冒濫費用之賠償責任：發起人所得受之報酬或特別利益及公司所負擔之設立費用有冒濫者，創立會均得裁減之。用以抵作股款之財產，如估價過高者，創立會得減少其所給股數或責令補足（公一四七）。因上述情形公司受有損害時，得向發起人請求賠償（公一四九）。

(3)未認足、未繳納或撤回股份之損害賠償：未認足第一次發行股份，及已認而未繳股款者，或已認而經撤回者，公司因此受有損害時，得向發起人請求賠償（公一四八、一四九）。

四、發起人之地位　發起人之地位，乃指發起人在籌組設立時與正籌備中的公司關係，及在公司成立後與公司之關係而言。蓋發起人在公司未成立前之設立中，於執行職務之範圍內，亦為公司之負責人（公八II）。對內執行設立行為之事務，對外代表設立中之公司。此後公司合法成立，發起人之行為即為公司機關之行為，其所生之權利義務，歸屬於公司享受及負擔。倘公司未成立，為顧及交易之安全，本法規定，各發起人就公司設立所為之行為，及設立所需之費用，均負連帶之責任（公一五〇）。

第三、章　程

股份有限公司之設立，應以發起人全體之同意訂立章程，記載一定之事項，簽名或蓋章（公一二九）。因此章程之訂立，須以書面為之，並記載一定事項，故屬於要式行為。

關於章程應記載事項，可分為絕對必要記載事項、相對必要記載事項及任意記載事項等三種。茲分述如下：

一、絕對必要記載事項　即有一事項未記載，則章程全部無效。依本法之規定發起人應以全體之同意訂立章程，載明下列各款事項，簽名或蓋章（公一二九）：

㈠**公司之名稱**　其名稱雖得自由選用，但須標明公司之種類，即標明為股份有限公司（公二II）。

㈡**所營之事業**　公司之所營事業，應依經濟部公告之公司行號營業項

目代碼表所定細類之代碼及業務別填寫，但不得僅載明「除許可業務外，得經營法令非禁止或限制之業務」（公司名稱及業務預查審核準則一一）。公司所營事業，有下列情形之一者，不得為預查登記：1.違反公序良俗。2.為專門職業技術人員執業範圍者。3.性質上非屬營利事業者。4.政府依法實施專營者。5.其他法令另有規定者（公司名稱及業務預查審核準則一二）。

㈢**採行票面金額股者，股份總數及每股金額；採行無票面金額股者，股份總數**　所謂股份總數及每股金額，例如記明資本總額一千萬元，分十萬股，或記載每股一百元等均可。

㈣**本公司所在地**　只須記明最小行政區域即可，不必記明街道名稱及門牌號碼，例如記明本公司設在臺北市。又本公司必須設置國內，但不得僅記載「國內」為其所在地。

㈤**董事及監察人之人數及任期**　例如董事五人，任期三年，連選得連任；監察人三人，任期四年，連選得連任。

㈥**訂立章程之年月日**　例如民國九十三年九月二十日。

二、相對必要記載事項　章程如未記載，僅該未記載事項，不生效力而已，對該章程並無影響。依本法之規定，下列各款事項，非經載明於章程者，不生效力（公一三○Ⅰ）：㈠分公司之設立。㈡解散之事由，例如章程記有公司存續期限，期限屆滿，公司即應解散。㈢特別股之種類及其權利義務：特別股比普通股之權利優厚，其種類並不以優先股為限，故章程應標明特別股之種類及其權利義務。㈣發起人所得受之特別利益及受益者之姓名：特別利益是指一般股東應得利潤以外之利益。發起人所得受之特別利益，股東會得修改或撤銷之。但不得侵及發起人既得之利益（公一三○Ⅱ）。

除上述之事項外，參諸本法各條之規定，尚得為相對必要記載事項者，述之如下：

㈠經理人之設置及其人數與職權之訂定（公二九、三一）。㈡股票超過票面金額之發行（公一四一）。㈢表決權之限制（公一七九）。㈣董事執行

業務之方法（公一九三、二〇二）。㈤董事或監察人之報酬（公一九六、二二七）。㈥董事會代理出席之訂定（公二〇五）。㈦常務董事人數及選任方式之規定（公二〇八）。㈧建業股息之分派（公二三四）。㈨分派股息、紅利之方法（公二三五）。㈩特別盈餘公積之提存（公二三七）。㈠清算人之規定（公三二二）。㈡清償債務後剩餘財產之分派（公三三〇）。

　　三、任意記載事項　凡不違背公序良俗及強行法規之一切事項，及不違背股份有限公司之性質（例如章程訂明公司股東應負無限責任，則全部章程均屬無效），均得訂明於章程。例如關於股東會開會地點、股票之種類、股款繳納之方法、遲延利息、股東會主席之選任、股東停止過戶之期間及股東股票掛失手續等，均為任意記載事項。

第二款　設立程序

　　股份有限公司之設立程序，除前述之訂立章程為共通程序外，則因採取發起設立抑募集設立而有不同。茲分述於下：

第一、發起設立之程序

　　發起設立者，亦謂同時設立或單純設立，即發起人自行認足第一次應發行之股份，無須公開招募，其公司即行成立（公一三一Ⅰ）。茲將其程序，述之於下：

　　一、認足第一次應發行之股份　發起人於發起設立時，只須認足第一次發行之股份（公一三一Ⅰ前），公司即成立。惟本法規定，公司章程所定股份總數，得分次發行；同次發行之股份，其發行條件相同者，價格應歸一律。但公開發行股票之公司，其股票發行價格之決定方法，得由證券主管機關另定之（公一五六Ⅳ）。

　　二、按股繳足股款　發起人認足第一次應發行之股份時，應即按股繳足股款（公一三一Ⅰ前），但發起人之出資，除現金外，得以公司事業所需之財產、技術抵充之（公一三一Ⅲ）。以財產出資者，可洽詢公正之有關機關團體或專家評定價格。

三、**選任董事及監察人**　發起人繳足第一次應發行之股份時，應從速選任董事及監察人（公一三一I後），是故應先繳足股款，再予選舉董事、監察人。其選任方法準用本法第一九八條之規定（公一三一II），採用累積選舉法，以避免操縱。

四、**申請設立登記**　申請本法各項登記之期限、應檢附之文件與書表及其他相關事項之辦法，由中央主管機關定之（公三八七I）。前項登記之申請，得以電子方式為之；其實施辦法，由中央主管機關定之（公三八七II）。前二項之申請，得委任代理人，代理人以會計師、律師為限（公三八七III）。代表公司之負責人或外國公司在中華民國境內之負責人申請登記，違反依第一項所定辦法規定之申請期限者，處新臺幣一萬元以上五萬元以下罰鍰（公三八七IV）。代表公司之負責人或外國公司在中華民國境內之負責人不依第一項所定辦法規定之申請期限辦理登記者，除由主管機關令其限期改正外，處新臺幣一萬元以上五萬元以下罰鍰；屆期未改正者，繼續令其限期改正，並按次處新臺幣二萬元以上十萬元以下罰鍰，至改正為止（公三八七V）。

第二、募集設立之程序

募集設立者，亦謂募股設立、漸次設立或複雜設立，乃股份有限公司之發起人，不認足第一次應發行之股份時，應募足之（公一三二I），並經召開創立會，而設立公司。現行我國公司法規定，發起人所認股份，不得少於第一次發行股份四分之一（公一三三II），其餘向公眾募足。茲將募集設立之程序，述之於下：

一、**訂立招股章程**　招股章程應載明下列各款事項（公一三七）：㈠公司章程中之絕對必要記載事項及相對必要記載事項，均應列入招股章程。㈡各發起人所認之股數。㈢股票超過票面金額發行者，其金額。㈣招募股份總數募足之期限，及逾期未募足時，得由認股人撤回所認股份之聲明。㈤發行特別股者，其總額及第一五七條各款之規定。所謂第一五七條各款之規定，係指發行特別股所應記載於章程之事項，詳容後另述之。㈥發行

無記名股者，其總額。

二、申請審核

㈠**申請事項** 發起人公開招募股份時，應先具備下列事項，申請證券管理機關審核（公一三三 I）：1.營業計劃書。此包括業務之範圍、業務之方針及具體執行方法等，以便審核。2.發起人姓名、經歷、認股數目及出資種類。3.招股章程。4.代收股款之銀行或郵局名稱及地址。5.有承銷或代銷機構者，其名稱及約定事項。公司股份得自行公開發行，亦得交由政府核准之證券商承銷或代銷之。6.有證券管理機關規定之其他事項。所謂證券管理機關規定之其他事項，例如應先向應募人交付公開說明書；應依照「發行人申請募集與發行有價證券審核準則」申請審核，及股份有限公司最低資本額標準等事項。

㈡**核准之限制** 有下列情形之一者，證券管理機關得不予核准，或撤銷核准（公一三五）：

1.申請事項有違反法令或虛偽者。

2.申請事項有變更，經限期補正而未補正者。

上述撤銷核准時，如未招募者，停止招募；已招募者，應募人得依股份原發行金額，加算法定利息，請求發還（公一三六）。

三、招認股份

㈠**期間** 發起人應於證券管理機關通知到達之日起三十日內，加記核准文號及年、月、日公告召募之；但有承銷或代銷機構，得免予公告（公一三三III）。

㈡**備置認股書** 發起人應備認股書，載明招股章程中所列各款項，並加記證券管理機關核准文號及年月日，由認股人填寫所認股數、金額，及其住所或居所，簽名或蓋章（公一三八 I）。以超過票面金額發行股票者，認股人應於認股書註明認繳之金額（公一三八II）。發起人不備認股書者，由證券管理機關處新臺幣一萬元以上五萬元以下罰鍰（公一三八III）。

㈢**認股行為** 認股人應以其真實姓名認股，固無疑問。惟未得他人同意，冒用他人名義認股，應依民法上無權代理之法則，除非本人承認其行

為外，冒用者應自負其責。認股人如以藝名、筆名等為法律行為，並非不生效力。因此以非真實之姓名認股，如足認係某人所為者，此姓名即代表該認股之行為人，該行為人自應負認股人之責。

(四)認股之效力

1.繳納股款　認股人有照所填認股書，繳納股款之義務（公一三九）。

2.認股之撤回　第一次發行股份募足後，逾三個月而股款尚未繳足，或已繳納而發起人不於二個月內召集創立會者，認股人得撤回其所認之股份（公一五二），並索回已繳之款。蓋公司有上述情形時，成立公司顯有困難，故允許認股人撤回其認股。

四、募足第一次發行之股份　第一次應發行之股份，發起人應募足。但發起人不認足第一次發行之股份時，應公開募足之（公一三二Ⅰ）。

五、催繳所認股款

(一)催繳股款　第一次發行股份總數募足時，發起人應即向各認股人催繳股款。以超過票面金額發行股票時，其溢額應與股款同時繳納（公一四一）。又代收股款之銀行或郵局，對於代收之股款，有證明其已收金額之義務，其證明之已收金額，即認為已收股款之金額（公一三四）。蓋為防止公司對繳納股款有虛偽情事，責成代收機關負責證明。

(二)遲交股款之責任　乃造成失權與損害賠償。認股人延欠應繳之股款時，發起人應定一個月以上期間催告認股人照繳，並聲明逾期不繳失其權利。發起人已為前述之催告，認股人不照繳者，即失其權利，所認股份另行募集。前述情形，如有損害，仍得向認股人請求賠償（公一四二）。

六、召開創立會

(一)創立會之意義　創立會者，謂由發起人召集認股人，使其參與關於公司設立事務之會議。蓋認股人繳足股款後，實有了解籌辦公司詳情之權利，藉以匡補發起人智慮之不備，而矯正發起人意見之偏頗。因此第一次發行股份之股款繳足後，發起人應於二個月內召開創立會（公一四三）。

(二)創立會召集之程序　創立會為公司設立中之唯一決議機關，係認股人大會，非股東會，其召集之程序及決議方法準用第一七二條第一項、第

四項、第五項、第一七四條、第一七五條、第一七七條、第一七八條、第一七九條、第一八一條、第一八三條第一項、第二項、第四項、第五項及第一八九條至第一九一條之規定。但關於董事及監察人之選任，準用第一九八條之規定（公一四四）。因之，創立會之召集，應於二十日前通知各認股人。對於股票之認股人，應於三十日以前公告之（公一四四準公一七二I）。通知及公告中，應載明召集事由；其經相對人同意者，得以電子方式為之（公一四四準公一七二IV），發起人違反上述第一項、第二項或第三項通知期限之規定者，處新臺幣一萬元以上五萬元以下罰鍰（公一四四準公一七二VI）。

㈢**創立會之決議** 開創立會時，各認股人每股有一表決權（公一四四準公一七九I）。認股人對會議之事項有自身利害關係，致有害於公司利益之虞時，不得加入表決，並不得代理他認股人行使表決權（公一四四準公一七八）。至政府或法人為認股人時，其代表不限於一人，但其表決權之行使，仍以其所認股份綜合計算。前述代表人有二人以上時，其代表人行使表決權應共同為之（公一四四準公一八一）。

㈣**創立會之決議方法** 創立會通常事項之決議，應有已發行股份總數過半數認股人之出席，以出席認股人表決權過半數之同意行之（公一四四準公一七四）。若出席人數不足上述定額，而有代表已發行股份總數三分之一以上認股人出席時，得以出席認股人表決權過半數之同意為假決議，並將假決議通知各認股人，於一個月內再行召集創立會。再開創立會時，對於假決議如仍有已發行股份總數三分之一以上認股人出席，並經出席認股人表決權過半數之同意，視同本法之普通決議同一效力（公一四四準公一七五）。但修改章程或公司不設立之決議，則應依本法第一五一條之特別規定辦理之。即修改章程之決議，應有代表已發行股份總數三分之二以上之認股人出席，以出席認股人表決權過半數之同意行之。在公司不設立之決議，應有代表已發行股份總數四分之三以上認股人之出席，以出席認股人表決權過半數之同意行之（公一五一）。認股人得委託代理人出席創立會，但須出具公司印發之委託書，載明授權範圍，除信託事業或經證券主管機

關核准之股務代理機構外，一人同時受二人以上認股人委託時，其代理權之表決權不得超過已發行股份總數表決權之百分之三，超過時，其超過之表決權，不予計算。一認股人以出具委託書，並以委託一人為限，應於開創立會五日前送達公司籌備處，委託書重複時，以最先送達者為準。但聲明撤銷前委託者，不在此限（公一四四準公一七七）。此在於防止以收買委託書方式，操縱創立會之情事發生。

　　㈤**創立會之議事錄**　創立會之決議事項，應作成議事錄，由主席簽名或蓋章，並於會議後二十日內，將議事錄分發各認股人，前項議事錄之製作及分發，得以電子方式為之。議事錄應記明會議之時日及場所、主席之姓名及決議之方法、議事經過之要領及結果，在公司存續期間應永久保存（公一四四準公一八三）。

　　㈥**創立會之職權**　其職權如下所述：

　　1.**聽取設立經過之報告**　發起人應就設立之必要事項，報告於創立會，俾認股人了解公司設立情形。發起人對於報告有虛偽情事時，各科新臺幣六萬元以下罰金（公一四五）。

　　2.**選任董事監察人**　董事者，乃代表公司執行業務之常設機關；監察人者，則為公司設立之監督機關。創立會應從速選任董事監察人（公一四六Ⅰ前），以利公司業務之推展。

　　3.**設立事項之調查**　董事及監察人選任後，應即就(1)公司章程；(2)股東名簿；(3)已發行之股份總數；(4)以現金以外之財產、技術抵繳股款者，其姓名及其財產、技術之種類、數量、價格或估價之標準、及公司核給之股數；(5)應歸公司負擔之設立費用，及發起人得受報酬；(6)發行特別股者，其股份總數；(7)董事、監察人名單，並註明其住所或居所、國民身分證統一編號或其他經政府核發之身分證明文件字號（公一四五Ⅰ），及其他關於設立之必要事項，為切實之調查，並向創立會報告（公一四六Ⅰ）。董事、監察人如有由發起人當選，且與自身有利害關係者，上述調查，創立會得另選檢查人為之（公一四六Ⅱ）。上述所列(4)、(5)之調查，如有冒濫或虛偽由創立會裁減（公一四六Ⅲ）。發起人如有妨礙調查之行為或董事、監察人、

檢查人報告有虛偽者,各科新臺幣六萬元以下罰金(公一四六IV)。前述之調查報告經董事、監察人或檢查人之請求延期提出時,由創立會決議,在五日內延期或續行集會,不須再公告或通知認股人(公一四六V)。

4.**裁減報酬費用** 發起人所得受之報酬或特別利益及公司所負擔之設立費用,如有冒濫者,創立會均得裁減之,用以抵作股款之財產,如估價過高者,創立會得減少其所給股數或責令補足(公一四七)。

5.**修改章程** 創立會得修改章程,其修改應有代表股份總數三分之二以上之認股人出席,以出席認股人表決權過半數之同意修改之(公一五一準公二七七II)。但對擬公開發行股票之公司的創立會,出席認股人之股份總數不足前項定額者,得以有代表已發行股份總數過半數認股人之出席,出席認股人表決權三分之二以上同意行之(公一五一準公二七七III)。上述出席認股人股份總數及表決權,章程有較高之規定者,從其規定(公一五一準公二七七IV)。

6.**公司不設立之決議** 創立會得為公司不設立之決議,其決議方法,應有代表股份總數三分之二以上之認股人出席,以出席認股人表決權過半數之同意行之(公一五一準公三一六Ⅰ)。但對於擬公開發行股票之公司的創立會,出席認股人之股份總數不足前述定額者,得以有代表已發行股份總數過半數股東之出席,出席股東表決權三分之二以上之同意行之(公一五一準公三一六Ⅱ)。上述出席認股人股份總數及表決權數,章程有較高之規定者,從其規定(公一五一準公三一六III)。

七、申請設立登記 申請本法各項登記之期限、應檢附之文件與書表及其他相關事項之辦法,由中央主管機關定之(公三八七Ⅰ)。前項登記之申請,得以電子方式為之;其實施辦法,由中央主管機關定之(公三八七Ⅱ)。前二項之申請,得委任代理人,代理人以會計師、律師為限(公三八七III)。代表公司之負責人或外國公司在中華民國境內之負責人申請登記,違反依第一項所定辦法規定之申請期限者,處新臺幣一萬元以上五萬元以下罰鍰(公三八七IV)。代表公司之負責人或外國公司在中華民國境內之負責人不依第一項所定辦法規定之申請期限辦理登記者,除由主管機關令其

限期改正外，處新臺幣一萬元以上五萬元以下罰鍰；屆期未改正者，繼續令其限期改正，並按次處新臺幣二萬元以上十萬元以下罰鍰，至改正為止（公三八七 V）。

第三、設立登記之效力

股份有限公司經設立登記後，除得對抗第三人外，尚可生下列效力：

一、公司成立　股份有限公司因設立登記而成立，具有法人資格，得享受權利，負擔義務，此乃登記之主要效力。

二、公司發行股票　本法第一六一條第一項規定：「公司非經設立登記或發行新股變更登記後，不得發行股票。但公開發行股票之公司，證券管理機關另有規定者，不在此限。」同時本法第一六一條之一復規定：「公司資本額達中央主管機關所定一定數額以上者，應於設立登記或發行新股變更登記後三個月內發行股票；其未達中央主管機關所定一定數額者，除章程另有規定者外，得不發行股票。公司負責人違反前項規定，不發行股票者，除由主管機關責令限期發行外，各處新臺幣二十四萬元以上二百四十萬元以下罰鍰；期滿仍未發行者，得繼續責令限期發行，並按次連續各處新臺幣二萬元以上十萬元以下罰鍰，至發行股票為止。」以資強制其發行股票，促進證券之流通，俾達資本大眾化。

三、公司之股份得轉讓　公司股份之轉讓，除本法另有規定外，不得以章程禁止或限制之。但非於公司設立登記後，不得轉讓（公一六三 I）。其目的在於保護交易之安全，以免萬一公司不能設立，受讓人因而受到損害。

第三節　股份有限公司之股東

第一、股份有限公司之股份

一、股份之意義　股份一詞，依本法規定股份之含義有三：

㈠股份係指資本之成分　股份的第一意義，係指資本之成分，按股份有限公司之資本，應分為股份（公二Ⅰ、一五六Ⅰ前），故股份係指資本之成分，為股東之財產。股份與其他財產一樣，可為繼承之客體，亦得為強制執行之標的物。

㈡股份係指股東之權利義務　股東原則上，每股有一表決權（公一七九Ⅰ），此即權利，亦即通稱股份的第二意義，即指股東權；同時股東按其所認股份繳納股款，此即義務（公一三九）。

㈢股份係表彰股票之價值　股份的第三意義，係指表彰股票之價值。股份藉著股票而流通於證券市場。

二、股份之性質　依本法之規定，關於股份之性質如下：

㈠股份之金額性　股份有限公司之資本，應分為股份，每股均表彰一定之金額（公一五六Ⅰ前）。

㈡股份之平等性　每一股份均為構成資本之最小單位，其每股金額應歸一律（公一五六Ⅱ前）；同次發行之股份，其價格及發行條件相同者，價格應歸一律。但公開發行股票之公司，其股票發行價格之決定方法，得由證券主管機關另有規定之。（公一五六Ⅳ）。每一股份均有一平等之表決權（公一七九）。其理由有四：1.便利股東表決權之計算；2.繳納股款及登載帳簿等無煩雜之虞；3.分配股利及行使其他股東權手續簡易；4.證券市場上買賣便利。至於每股金額之最高或最低額，本法則不加限制。

㈢股份之有限責任性　股份有限公司之股東，僅就所認之股份，對公司負其責任（公二Ⅰ4），故屬有限責任。

㈣股份之轉讓性　公司股份之轉讓，除本法另有規定外，不得以章程禁止或限制之。但非於公司設立登記後，不得轉讓（公一六三）。

㈤股份之證券性　股份有限公司之股份，以股票表彰之。公司股票為有價證券，故股份因股票而具有有價證券之性質（證交六）。

㈥股份之不可分性　本法雖無明文規定股份之不可分性，但本法既認股份金額，應歸一律，倘許股份分割，則顯與此項原則相衝突，且本法第一六二條第一項規定，發行股票之公司印製股票，應載明股數及每股金額，

顯屬否定就每股得再分幾分之幾股份，否則無法貫徹一股一權之原則（公一七九）。故每一股份為構成資本之最小單位，不得再行分割。

三、股份之種類

(一)**普通股與特別股** 乃就股東權利為區分之標準：

1.**普通股** 普通股為公司所發行無特別權利之股份。此種股份之股東，其股東權一律平等，得享有分派盈餘權，行使表決權等。依本法規定特別股必須於章程記載之（公一三○Ⅰ），故凡未在章程明定為特別股之股份，均為普通股。

2.**特別股**

(1)意義及種類：凡較普通股對公司享有特別權利之股份，我國舊公司法稱為優先股，現行法以特別股不限於優先股一種，後配股及優先後配混合股亦可稱之，故改稱為特別股，以期概括。優先股者，股東得享受權利較普通股優先，其內容除股息、紅利、剩餘財產之分派外，兼及表決權之優先；後配股者，股東之權利，較普通股猶不如也。公司發行特別股時，應就下列各款於章程中定之（公一五七Ⅰ）：

①特別股分派股息及紅利之順序、定額或定率。

②特別股分派公司賸餘財產之順序、定額或定率。

③特別股之股東行使表決權之順序、限制或無表決權。

④複數表決權特別股或對於特定事項具否決權特別股。

⑤特別股股東被選舉為董事、監察人之禁止或限制，或當選一定名額董事之權利。

⑥特別股轉換成普通股之轉換股數、方法或轉換公式。

⑦特別股轉讓之限制。

⑧特別股權利、義務之其他事項。

前項第四款複數表決權特別股股東，於監察人選舉，與普通股股東之表決權同（公一五七Ⅱ）。

下列特別股，於公開發行股票之公司，不適用之（公一五七Ⅲ）：

①第一項第四款、第五款及第七款之特別股。

②得轉換成複數普通股之特別股。

(2)特別股發行時期：股份有限公司得以股份之一部為特別股，在公司設立初，固可發行（公一三〇、一五六Ⅰ後、Ⅱ），即於公司設立後，發行新股或增加資本時，亦可發行（公二六六Ⅰ）。

(3)發行特別股之規定

①章程必須訂定：公司發行特別股時，應就下列各款於章程中訂定之（公一五七Ⅰ）：A.特別股分派股息及紅利之順序，定額或定率；B.特別股分派公司賸餘財產之順序，定額或定率；C.特別股之股東，行使表決權之順序，限制或無表決權；D.複數表決權特別股或對於特定事項具否決權特別股；E.特別股股東被選舉為董事、監察人之禁止或限制，或當選一定名額董事之權利；F.特別股轉換成普通股之轉換股數、方法或轉換公式；G.特別股轉讓之限制；H.特別股權利、義務之其他事項。前項第D款複數表決權特別股股東，於監察人選舉，與普通股股東之表決權同（公一五七Ⅱ）。下列特別股，於公開發行股票之公司，不適用之：

一、第一項第D款、第E款及第G款之特別股。

二、得轉換成複數普通股之特別股（公一五七Ⅲ）。

公司設立後，發行新股，如有特別股者，應將其種類、股數、每股金額及第一五七條各款事項，申請證券管理機關核准，公開發行（公二六八Ⅰ6）。

②得以股款收回：本法規定公司發行之特別股，係股東平等原則之例外，倘長久存在，影響普通股之權益，故本法規定得以盈餘或發行新股所得之股款收回之；但不得損害特別股股東按照章程應有之權利（公一五八）。

③發行特別股之限制：公司有下列情形之一者，不得公開發行具有優先權利之特別股（公二六九）：A.最近三年或開業不及三年之開業年度課稅後之平均淨利，不足支付已發行或擬發行之特別股股息者；B.對於已發行之特別股約定利息，未能按期支付者。

④變更章程之特別決議：公司已發行特別股者，其章程之變更如

有損害特別股股東之權利時，除應有代表已發行股份總數三分之二以上股東出席之股東會，以出席股東表決權過半數之決議外，並應經特別股股東會之決議（公一五九 I）。公開發行股票之公司，出席股東之股份總數不足前述定額者，得以有代表已發行股份總數過半數股東之出席，出席股東表決權三分之二以上之同意行之，並應經特別股股東會之決議（公一五九 II）。前二項出席股東股份總數及表決權數，章程有較高之規定者，從其規定（公一五九 III）。特別股股東會準用關於股東會之規定（公一五九 IV）。

㈡**記名股與無記名股**　依股份之股票是否記載股東姓名為標準：

1.**記名股**　即將股東姓名記載於股票之股份，此種股份除所有人外，不得行使其權利。

2.**無記名股**　即於股票上不記載股東姓名之股份。凡持有股票之人，即為取得股東資格之人。本法已刪除無記名股票制度。

㈢**舊股與新股**　依發行時期而為區分之標準：

1.**舊股**　即公司設立時所發行之股份。

2.**新股**　即公司存續中，因增加資本所發行之股份。公司設立後得發行新股作為受讓他公司股份之對價，需經董事會三分之二以上董事出席，以出席董事過半數決議行之，不受第二六七條第一項至第三項之限制（公一五六之三）。本法對新股於本法第五章第八節「發行新股」提及。

㈣**額面股與無額面股**　依股份之股票，有無證明股份面額為區分之標準：

1.**額面股**　股票票面證明一定金額之股份而言。現行本法僅承認額面股，且每股金額應歸一律（公一五六 I 前）。同時在股票上應載明「發行股份總數及每股金額」（公一六二 I 3）。

2.**無額面股**　亦稱比例股、份額股或分數股，即股票票面不表一定金額之股票，而僅在票面表示其占公司全部資產之比例或若干分之幾。

㈤**表決權股與無表決權股**　依股東有無表決權為區分之標準：

1.**表決權股**　即股東有表決權之股份。

2.**無表決權股**　即在章程中對於股東應有之表決權，予以剝奪或限制

之股份。

㈥**償還股與非償還股**　以股份之發行，是否可以公司之收益予以收回，為區分之標準：

1.**償還股**　即得以公司之盈餘，或發行新股所得之股款，予以收回之股份。依本法第一五八條規定觀之，公司發行之特別股，得為償還股。

2.**非償還股**　即不得以公司之資金或盈餘予以收回之股份。依本法規定，原則上普通股即為非償還股，不得再將股份收回、收買或收為質物（公一六七Ⅰ前），僅在特殊情形，始得例外收回股份而成為償還股。

㈦**轉換股與非轉換股**　依股份之種類是否得轉換為區分之標準：

1.**轉換股**　某種股份得轉為他種股份。例如特別股可以轉換為普通股。

2.**非轉換股**　即股份不可轉換也。

四、股份之轉讓、設質及銷除

㈠**股份之轉讓**　本法規定，公司股份之轉讓，除本法另有規定外，不得以章程禁止或限制之（公一六三）。此為原則規定，許當事人之自由轉讓。但必須於公司設立登記後方得轉讓（公一六三Ⅰ但）。

1.**股份轉讓方法**　股份轉讓，只須當事人之合意即可成立。惟股份讓與人與受讓人，應向公司辦理股東名簿之變更，方對公司發生效力。受讓人得持股份讓與同意書或股款繳納憑證，向公司辦理過戶登記。至於股票轉讓之方法，由股票持有人以背書轉讓之，並應將受讓人之姓名或名稱記載於股票（公一六四），方為有效。關於背書事項，我國公司法之規定，與票據法所規定之記名背書轉讓相同。

2.**股份轉讓之效力**　股份轉讓，發生股東權利與義務移轉之效力。股票之轉讓，依本法第一六四條規定，由股票持有人以背書轉讓之，並將受讓人之姓名或名稱記載於股票，當事人間即生移轉效力。

㈡**股份之設質**

1.**股份設質之方法**　公司設立登記後，至股票發行前，股份設質之方法：股票發行前之股份既得轉讓，亦應解為得以設質。此之設質，依民法第九○二條準用民法第二九七條之規定，應解為非經通知公司，對公司不

生效力。

2.**股份設質之效力**　股份設質，屬於權利質權，故準用民法上權利質權之規定，即股份質權人占有股票時，對於此股份，得優先受清償（民九〇一、八八四）。同時，除當事人間另有特約外，股份質權人得收取股份所生之孳息。換言之，質權人對於公司得請求利益之分配（民九〇一、八八九），但應以公司已受質權設定之通知者為限。惟股份之質權人，並非該股份之股東，故不得行使股東權中之表決權。

(三)**股份之銷除**　股份之銷除者，即使公司股份之一部，予以消滅之謂。其方法有二：即股份收回與股份合併是。前者由公司備價收回；後者以二股或三股併成一股。二者均將使公司資本減少。股份有限公司基於資本不變及資本維持原則，公司非依股東會決議減少資本，不得銷除其股份。公司負責人違反上述規定銷除股份時，各處新臺幣二萬元以上十萬元以下罰鍰（公一六八）。

五、公司自行收回、收買或設質之禁止與例外

(一)**禁止之原則及理由**　本法第一六七條第一項前段規定，公司除依本法第一五八條、第一六七條之一、第一八六條、第二三五條之一及第三一七條規定得以收回股份外，不得自將股份收回、收買或收為質物。其理由如下：

1.公司如收回或收買自己之股份，則權利義務集於一身，其股份應因混同而消滅。

2.公司由收回、收買等行為，則股票價格，得自行任意維持，擾亂證券市場，足以釀成投機之弊。

3.股份即成本，如得自由收回、收買，則導致公司資本減少，損害債權人之權益。

(二)**禁止之例外**　依本法規定之情形有五：

1.**特別股之收回**　特別股得由公司以盈餘或發行新股所得之股款收回之（公一五八前）。詳閱本節前述特別股之規定。

2.**少數股東請求收買**　少數股東對於特定事項，在股東決議前已提出

反對，並以書面通知反對該項行為之意思表示，且於股東會已為反對者，得請求公司可以當時公平價格，收買其所有之股份（公一八六）。

3.**對合併異議股東股份之收買**　公司與他公司合併時，董事會應就合併有關事項，作成合併契約，提出於股東會，股東會在集會前或集會中，以書面表示異議或以口頭表示異議經紀錄者，得放棄表決權，而請求公司按當時公平價格收買其持有之股份（公三一七Ⅰ）。

4.**公司於股東清算，或受破產之宣告時，按市價收回其股份**　公司於股東清算或受破產之宣告時，得按市價收回其股份，抵償其於清算或受破產宣告前結欠公司之債務（公一六七Ⅰ但）。公司依前項但書、第一八六條規定，收回或收買之股份，應於六個月內，按市價將其出售，屆期未經出售者，視為公司未發行股份，並為變更登記（公一六七Ⅱ）。被持有已發行有表決權之股份總數或資本總額超過半數之從屬公司，不得將控制公司之股份收買或收為質物（公一六七Ⅲ）。前項控制公司及其從屬公司直接或間接持有他公司已發行有表決權之股份總數或資本總額合計超過半數者，他公司亦不得將控制公司及其從屬公司之股份收買或收為質物　（公一六七Ⅳ）。公司負責人違反前四項規定，將股份收回、收買或收為質物，或抬高價格抵償債務或抑低價格出售時，應負賠償責任（公一六七Ⅴ）。

5.**股份收回為庫藏股**　公司除法律另有規定者外，得經董事會以董事三分之二以上之出席及出席董事過半數同意之決議，於不超過該公司已發行股份總數百分之五之範圍內，收買其股份；收買股份之總金額，不得逾保留盈餘加已實現之資本公積之金額（公一六七之一Ⅰ）。前項公司收買之股份，應於三年內轉讓於員工，屆期未轉讓者，視為公司未發行股份，並為變更登記（公一六七之一Ⅱ）。公司依第一項規定收買之股份，不得享有股東權利（公一六七之一Ⅲ）。公司依第一六七條之一或其他法律規定收買自己之股份轉讓於員工者，得限制員工在一定期間內不得轉讓。但其期間最長不得超過二年（公一六七之三）。公司非依股東會決議減少資本，不得銷除其股份；減少資本，應依股東所持股份比例減少之。但本法或其他法律另有規定者，不在此限（公一六八Ⅰ）。公司減少資本，得以現金以外財

產退還股款；其退還之財產及抵充之數額，應經股東會決議，並經該收受財產股東之同意（公一六八II）。前項財產之價值及抵充之數額，董事會應於股東會前，送交會計師查核簽證（公一六八III）。

第二、股份有限公司之股票

一、股票之意義與性質　股票者，顯示股份，表彰股東權之要式的有價證券。茲將其性質，分述如下：

㈠**股票為證權證券**　股票係一種表彰已經發生股東權之憑證。因此股票非若票據之為設權證券，而僅是表彰股東權利之證權證券。

㈡**股票為要式證券**　發行股票之公司印製股票者，股票應編號，載明一定事項，由代表公司之董事簽名或蓋章，並經依法得擔任股票發行簽證人之銀行簽證後發行之（公一六二I），故為要式證券。

㈢**股票為有價證券**　所謂有價證券，即證券上表明其價值而得以金錢估計之證券。股票不論有無面額之記載，均有其一定之價值，故股票為有價證券。

㈣**股票為流通證券**　公司股份之轉讓，除本法另有規定外，不得以章程禁止或限制之（公一六三I前）。股份之轉讓與股票之占有不可分離。

二、股票之分類

㈠**記名股票與無記名股票**　記名股票者，記載股東姓名之股票。無記名股票者，不記載股東姓名之股票。本法已刪除無記名股票制度。

㈡**單一股票與複數股票**　單一股票者，每張表彰一股份之股票。複數股票者，每張表彰數股份之股票。如十股股票、百股股票、千股股票。

㈢**普通股票與特別股票**　普通股票者，乃表彰普通股權之股票。特別股票者，乃表彰特別股權之股票。

三、股票發行時期

㈠**消極規定**　公司非經設立登記或發行新股變更登記後，不得發行股票。但公開發行股票之公司，證券管理機關另有規定者，不在此限（公一六一I）。違反之而發行股票者，其股票無效。但持有人得對發行股票人請

求損害賠償（公一六一II）。

（二）**積極規定** 公開發行股票之公司，應於設立登記或發行新股變更登記後三個月內發行股票（公一六一之一I）。公司負責人違反前項規定，不發行股票者，除由證券主管機關令其限期發行外，各處新臺幣二十四萬元以上二百四十萬元以下罰鍰；屆期仍未發行者，得繼續令其限期發行，並按次處罰至發行股票為止（公一六一之一II）。

四、股票之公開發行 公司得依董事會之決議，向證券主管機關申請辦理公開發行程序；申請停止公開發行者，應有代表已發行股份總數三分之二以上股東出席之股東會，以出席股東表決權過半數之同意行之（公一五六之二I）。出席股東之股份總數不足前項定額者，得以有代表已發行股份總數過半數股東之出席，出席股東表決權三分之二以上之同意行之（公一五六之二II）。前二項出席股東股份總數及表決權數，章程有較高之規定者，從其規定（公一五六之二III）。公開發行股票之公司已解散、他遷不明或因不可歸責於公司之事由，致無法履行證券交易法規定有關公開發行股票公司之義務時，證券主管機關得停止其公開發行（公一五六之二IV）。公營事業之申請辦理公開發行及停止公開發行，應先經該公營事業之主管機關專案核定（公一五六之二V）。

五、股票應記載事項 發行股票之公司印製股票者，股票應編號，載明下列事項，由代表公司之董事簽名或蓋章，並經依法得擔任股票發行簽證人之銀行簽證後發行之（公一六二I）：

（一）公司名稱。（二）設立登記或發行新股變更登記之年月日。（三）採行票面金額股者，股份總數及每股金額；採行無票面金額股者，股份總數。（四）本次發行股數。（五）發起人股票應標明發起人股票字樣。（六）特別股票應標明其特別種類之字樣。（七）股票發行之年月日。

股票應用股東姓名，其為同一人所有者，應記載同一姓名，股票為政府或法人所有者，應記載政府或法人名稱，不得另立戶名或僅載代表人姓名（公一六二II）。股票之簽證規則，由中央主管機關定之。但公開發行股票之公司，證券主管機關另有規定者，不適用之（公一六二III）。

七、股票之強制執行、遺失、換發及繼承

㈠**股票之強制執行**　股票係有價證券之一種，股票或債券之占有，與其所表彰之權利，有不可分離之關係，應依強制執行法第五十九條之一規定，查封之有價證券，須於其所定之期限內為權利之行使或保全行為者，執行法院應於期限之始期屆至時，代債務人為該行為。又依強制執行法第六十條之一規定，查封之有價證券，執行法院認為適當時，得不經拍賣程序，準用強制執行法第一一五條至第一一七條之規定處理之。再者，執行法院於有價證券拍賣後，得代債務人為背書或變更名義與買受人之必要行為，並載明其意旨（強六八之一）。拍定人未繳足價金者，執行法院應再拍賣。再拍賣時原拍定人不得應買。如再拍賣之價金低於原拍賣價金及因再拍賣所生之費用者，原拍定人應負擔其差額（強六八之二 I）。前項差額，執行法院應依職權以裁定確定之（強六八之二 II）。原拍定人繳納之保證金不足抵償差額時，得依前項裁定對原拍定人強制執行（強六八之二III）。對於股息及紅利分派請求權之執行，準用強制執行法第一一五條至第一一六條之規定辦理。對事實上未發行股票之公司之股份執行，因無股票表彰其股東權，應依強制執行法第一一七條規定，對於其他財產權之執行程序辦理之。惟如公司已公開發行股票，由認股人向代收機構繳款，取得繳款憑證，雖未交付股票，但依證券交易法第六條第二項之規定，此種繳納憑證，視為有價證券，此時應就該繳納憑證，依對於動產之強制執行程序辦理之。

㈡**股票之遺失**　依記名股票之承購人於買進後未向發行公司辦理過戶手續，而遺失者，雖不得以其轉讓對抗公司（公一六五 I）。但此項買賣行為，依民法規定，已有效成立，並發生權利義務移轉之效力（民三四五、七六一），故該股票承購人即當然為能繼受股票主張權利之人。至於無記名股票，亦然。

㈢**股票之換發**　公司依法銷除股份而減資，即將原有之股票註銷，則不發生換發事宜。倘因合併股份而減資，或採取減少每股金額之方式，則發生股票之換取。茲分述如下：

1.**換取股票之通告**　因減少資本換發新股票時，公司應於減資登記後，

定六個月以上之期限，通知各股東換取，並聲明逾期不換取者，喪失其股東之權利（公二七九Ⅰ）。惟如在公司重整方面之減資，依同法第三〇九條第三款之規定，對於通知公告期間，得另作適當之處理。

2.**不換股票之效果**　股東於前述期限內不換取者，即喪失其股東之權利，公司得將其股份拍賣，以賣得之金額，給付該股東（公二七九Ⅱ），又因減少資本而合併股份時，其不適於合併之股份之處理，亦同（公二八〇）。

㈣**股票之繼承**　股票持有人即為股東，故該股東死亡，究由何人繼承，乃繼承人內部關係，公司無庸審究。至於記名股票，何人為該股票之繼承人，易生爭執。本法第一六五條僅就股票之轉讓而為規定。該條所謂轉讓，係指法律行為之轉讓而言。繼承為法律事實，並非為法律行為，是否應將繼承人之姓名，記載於股東名簿，始得對抗公司？理論上仍以類推適用轉讓之規定為宜，以免增加困擾，妨害其他股東權益。倘繼承人有數人時，在分割遺產前，依民法第一一五一條規定，股票為各繼承人公同共有，應由全體繼承人檢具繼承文件向公司請求過戶，並依本法第一六〇條第一項規定，推定一人行使股東之權利。

第三、股份有限公司之股東

一、概說　股份有限公司之股東，即為股份之所有人，基於其股份，對於公司得享有權利、負擔義務。關於股東之權義，其重要原則有二。茲分述如下：

㈠**股東有限責任之原則**　即股東對公司僅負出資義務，而照其所認股份繳足，對公司負責。惟對於公司債權人，則不負任何責任。公司章程或股東會之決議，違反此原則者，均屬無效。

㈡**股東平等原則**　即基於股東之資格，對公司享受權利負擔義務，概屬平等。所謂平等，係指按照股份數額依比例而受待遇，非謂按股東人數而受均一平等。蓋股份有限公司股東人數既多，又不重視個人之信用關係，為防止董事、監察人或少數股東之專橫，故採股東平等之原則。至於特別股之發行（公一五七），則屬例外。

二、股東之權利

㈠**股東權之概念**　股份之第二意義，係指股東權。關於股東權之意義，學者間之意見頗不一致，約之有下列五說：

1.**權義併合說**　謂股東權者，係一般私法上社員權之一種，乃基於股東之身分所享之權利與負擔義務，兩相併合而成之權利。

2.**權益集體說**　謂股東權者，係基於股東之身分而獲得之多數權利與義務之集體，而非單一之權利。

3.**法律地位說**　謂股東權乃屬一種可以發生權利義務之法律地位和資格，此項權利乃股東權之結果，而非股東權之內容。

4.**股東地位說**　謂股份係股東之地位，非股東之權利，股東與公司間，賴此地位相維繫。股東之共益權，乃股東應有之權限。自益權，乃股東基於社員之地位，所應有之權利與義務。

5.**新債權說**　謂股份係以請求分配利益為目的之附條件債權。因之，共益權乃屬人格權，不包括於股份之中。

前述 1、2、3 說均肯定股東權，乃屬肯定說，而 4、5 兩說均否認股東權，故又曰否認說。上述各說，均有所偏，本書認為股東權係基於股東資格而取得多種權利之團體財產權。

㈡**股東權之分類**　依其區分之標準不同，可分為四種。茲述之於下：

1.**固有權與非固有權**　依權利之性質為標準而區分：⑴固有權者，係依公司法之規定，不得以章程或股東會決議，予以剝奪或限制之股東權利者而言，故亦稱不可剝奪之權利，如特別權及共益權均屬之。⑵非固有權者，係指得依公司章程或股東會決議，加以剝奪或限制之權利。

2.**普通股股東權與特別股股東權**　依權利歸屬之主體為標準而區分：⑴普通股股東權者，係指一般股東所得享之權利。⑵特別股股東權者，係指專屬於特別股股東之權利，其權利之範圍，行使之順序、數額及定率、優待、限制或無表決權，均須於章程中訂定之（公一五七）。

3.**自益權與共益權**　依權利行使之目的為標準而區分：⑴自益權者，係指股東專為自己利益所行使之權利，例如股東過戶請求權（公一六五）、

股息及紅利分派請求權（公二三二Ⅰ）、剩餘財產分派請求權（公三三〇）、新股認購權（公二六七）、建業股息請求權（公二三四）等是。(2)共益權者，係指股東為自己利益，同時兼為公司利益，而行使之權利。例如請求召集股東臨時會或自行召集權（公一七三）、出席股東會表決權（公一七九）、請求法院宣告股東會之決議無效權（公一八九）、股東及公司之債權人得檢具利害關係證明文件，指定範圍，隨時請求查閱、抄錄或複製；其備置於股務代理機構者，公司應令股務代理機構提供（公二一〇Ⅱ、二二九）、對董事、監察人起訴權（公二一三、二一四）、聲請法院選派檢查人，於必要範圍內，檢查公司業務及財產狀況權（公二四五Ⅰ）、聲請法院對清算人之解任權（公三二三）等是。

4.**單獨股東權與少數股東權**　依行使權利之股數為標準而區分：(1)單獨股東權者，係指股東一人得單獨行使之權利。例如股東會議表決權（公一七九）、決議無效之宣告請求權（公一八九）、分派股息及紅利請求權（公二三二Ⅰ）等是。(2)少數股東權者，係指非達一定之股份數額，則不得行使之權利。例如股東臨時會召集請求權及自行召集權，須繼續一年以上持有已發行股份總數百分之三以上股份之股東，始得行使（公一七三）。繼續六個月以上，持有已發行股份總數百分之一以上之股東，得以書面請求監察人為公司對董事提起訴訟（公二一四Ⅰ、二二七）。檢查人選派請求權（公二四五），又公司重整之聲請，須繼續六個月以上持有已發行股份總數百分之十以上股份之股東始得為之（公二八二Ⅰ）。

三、股東權之內容

㈠**股份轉讓權**　依本法規定，公司股份之轉讓，除本法另有規定外，不得以章程禁止或限制之，故股東享受股份轉讓自由權（公一六三Ⅰ前）。

㈡**請求發給股票權**　股票為證明股東所有權之證券，股東有要求公司發給股票之權。按公開發行股票之公司，應於設立登記或發行新股變更登記後三個月內發行股票（公一六一之一Ⅰ）。

㈢**分派股利權**　公司為營利之法人，故分派股利，乃股東投資之主要目的。因此，公司於彌補虧損及依本法提出法定盈餘公積後，如有盈餘，

依例必須分派股利（公二三二），股東對股息及紅利之分派，除章程另有規定外，以各股東持有股份之比例為準分配之權利（公二三五）。

　　㈣**參與公司管理權**　股東平時對公司之業務不能親自參與，均委託其選任之董事、監察人負責執行，故股東僅能於股東會時，行使其對公司之管理權。依本法之規定，有關公司重要管理權，應由公司股東會多數決議或特別決議行之者有十二。茲分述於下：

　　1.任免董監權（公一九二、一九九、二一六、二二七）、決定其報酬（公一九六、二二七）、補選董事（公二〇一）、選任檢查人（公一八四II、一七三III、三三一II）。

　　2.決議分派股利權及查核表冊、報告權並決議……（公一八四I）。

　　3.行使同意權，即承認董事會或清算人所造之各項表冊（公二三〇I、三二六I、三三一I）。

　　4.行使歸入權（公二〇九V）。

　　5.許可董事為自己或他人為屬於公司營業範圍之行為（公二〇九II）。

　　6.股東名簿及重要文件之查閱權（公二一〇、二二九）、業務帳目、財產情形、特定事項、特定交易文件及紀錄之檢查權（公二四五）。

　　7.於股東會聽取董事報告權（公二一一I、二四六I但），及聽取監察人之報告（公二一九I）。

　　8.對董事起訴權（公一二五）及選代表公司訴訟之人（公二一三）。

　　9.以公積撥充增資，比例發給新股（公二四〇、二四一），或以股利發行新股（公二四〇I）。

　　10.變更章程（公二七七）。

　　11.公司之存續、消長及解散有關事項，如公司解散或合併之決議（公三一五、三一七），公司讓與或出租全部或主要之營業資產，或受讓他人全部營業或財產等公司營運有重大影響之事項（公一八五）。

　　㈤**檢查權**

　　1.**股東名簿及重要文件之查閱權**　除證券主管機關另有規定外，董事會應將章程及歷屆股東會議議事錄、財務報表備置於本公司，並將股東名

簿及公司債存根簿，備置於本公司或股務代理機構（公二一〇Ⅰ）。上述章程及簿冊，股東及公司之債權人得檢具利害關係證明文件，指定範圍，隨時請求查閱抄錄（公二一〇Ⅱ）。代表公司之董事，違反第一項規定，不備置章程、簿冊者，處新臺幣一萬元以上五萬元以下罰鍰。但公開發行股票之公司，由證券主管機關處代表公司之董事新臺幣二十四萬元以上二百四十萬元以下罰鍰（公二一〇Ⅲ）。代表公司之董事，違反第二項規定無正當理由而拒絕查閱、抄錄、複製或未令股務代理機構提供者，處新臺幣一萬元以上五萬元以下罰鍰。但公開發行股票之公司，由證券主管機關處代表公司之董事新臺幣二十四萬元以上二百四十萬元以下罰鍰（公二一〇Ⅳ）。前二項情形，主管機關或證券主管機關並應令其限期改正；屆期未改正者，繼續令其限期改正，並按次處罰至改正為止（公二一〇Ⅴ）。公司負責人所備置章程簿冊，有虛偽之記載時，依刑法或特別刑法有關規定處罰。又董事會所造具之各項表冊與監察人之報告書，應於股東常會開會十日前，備置於本公司，股東得隨時查閱，並得偕其委託之律師或會計師查閱（公二二九）。

　　2.**業務帳目及財產之檢查權**　繼續六個月以上持有已發行股份總數百分之一以上股東，得聲請法院選派檢查人，於必要範圍內檢查公司業務帳目、財產情形、特定交易文件及紀錄（公二四五Ⅰ）。法院對於檢查人之報告，認為必要時，得命監察人召集股東會（公二四五Ⅱ）。

　　㈥**優先認購新股權**　公司發行新股時，除經目的事業中央主管機關專案核定者外，應保留發行新股總數百分之十至十五之股份，由公司員工承購（公二六七Ⅰ），其餘於向外公開發行或洽由特定人認購之十日前，應公告及通知原有股東，按照原有股份比例儘先分認，並聲明逾期不認購者，喪失其權利，原有股東持有股份按比例有不足分認一新股者，得合併共同認購或歸併一人認購（公二六七Ⅰ、Ⅱ、Ⅲ）。

　　㈦**賸餘財產分配權**　公司清償債務後，賸餘之財產，應按各股東股份比例分派。但公司發行特別股，而章程中另有訂定者，從其訂定（公三三〇），是為「公司賸餘財產分配權」。

㈧**權利損害救濟權**　股東對公司應享之權益，如因公司不當行為，致股東有受損害之虞，或因而受損害者，股東均可依法請求排除或制止，或請求恢復原狀或損害賠償之權利，以資救濟，而實現保障股東之權益。因此股東自益權受到侵害時，股東固得依本法向公司要求救濟，亦得依民事訴訟法向法院提起訴訟。至於共益權受到侵害時，倘實際上已經發生損害，股東有損害賠償請求權。倘損害尚未發生，而有損害之虞時，股東亦有請求制止其發生之權利，例如本法第一九四條之違法制止權及第二一四條之對公司提起訴訟權。依本法第一九四條規定：「董事會決議，為違反法令或章程之行為時，繼續一年以上持有股份之股東，得請求董事會停止其行為。」本條僅規定繼續一年以上之股東即可，至於其持有股份數額多寡，則不受限制。同時制止權之行使，可逕行為之，不必向法院請求，故易造成股東濫用，妨礙公司業務之進行。

四、股東之義務　股份有限公司之股東，僅負出資之義務，即應照所填之認股書繳納股款（公一三九）。所謂股東之出資，除現金外，得以對公司所有之貨幣債權、公司事業所需之財產或技術抵充之；其抵充之數額需經董事會決議（公一五六V）。倘股份為數人共有者，則共有人對公司負連帶繳納股款之義務（公一六○II）。其次，股東濫用公司之法人地位，致公司負擔特定債務且清償顯有困難，其情節重大而有必要者，該股東應負清償之責（公一五四II）。

五、股東名簿

㈠**股東名簿之意義**　股東名簿者，公司因記載關於股東及股份之事項，而設置之簿冊。

㈡**股東名簿應記載之事項**　股東名簿應編號記載下列各款事項：1.各股東之姓名或名稱、住所或居所。2.各股東之股數；發行股票者，其股票號數。3.發給股票之年、月、日。4.發行特別股者，並應註明特別種類字樣（公一六九I）。按資本大眾化的結果，股權日益分散，股東人數及事務，迅速增加，人工操作，往往不足適應，採電腦作業或機器處理者，上述資料得以附表補充之（公一六九II）。

㈢股東名簿記載之變更　股東名簿記載之變更，於股東常會開會前三十日內，股東臨時會開會前十五日內，或公司決定分派股息及紅利或其他利益之基準日前五日內，不得為之（公一六五Ⅱ）。

第四節　股份有限公司之機關

第一款　概　說

公司為社團法人，雖得為權利義務之主體，惟本身不能活動，必賴其機關為之。此專門機關有三：㈠股東會，為公司之意思機關。㈡董事及董事會，為執行公司業務及代表公司之機關。㈢監察人與檢查人，為公司經常或臨時監督之機關。

第二款　股東會

第一、股東會之概述

一、股東會之意義　股東會者，乃全體股東組織而成，為決定公司意思之最高機關。股份有限公司之事務，雖由董事會執行，但董事會之執行業務，須服從股東會之決議（公一九三Ⅰ）。

二、股東會之種類　股東會通常分為下列二種（公一七〇）：

㈠股東常會　股東常會每年至少召集一次，應於每會計年度終了後六個月內召開之。但有正當理由經報請主管機關核准者，不在此限。代表公司之董事違反上述召集期間之規定，處新臺幣一萬元以上五萬元以下罰鍰。

㈡股東臨時會　股東臨時會於必要時召集之。所謂必要時，應依據事實由利害關係人認定之。

除上述股東常會及臨時會外，另有特別股股東會。按公司已發行特別股者，其章程之變更，如有損害特別股股東之權利時，除應有代表已發行股份總數三分之二以上股東出席之股東會，以出席股東表決權過半數之決議為之外，並應經特別股股東會之決議（公一五九Ⅰ）。公開發行股票之公

司，出席股東之股份總數不足前述定額者，得以有代表已發行股份總數過半數股東之出席，出席股東表決權三分之二以上同意行之，並應經特別股股東會之決議（公一五九II）。前二項出席股東股份總數及表決權數，章程有較高之規定者，從其規定（公一五九III）。特別股股東會，準用關於股東會之規定（公一五九IV）。

三、編製股東會議事手冊及應訂議事規則

公開發行股票之公司召開股東會，應編製股東會議事手冊，並應於股東會開會前將議事手冊及其他會議相關資料公告（公一七七之三I）。前項公告之時間、方式、議事手冊應記載之主要事項及其他應遵行事項之辦法，由證券管理機關定之（公一七七之三II）。至於不公開發行股票公司或不發行股票公司，本法並未明訂應編製股東會議事手冊。惟應訂議事規則（公一八二之一II前）。

四、股東會之召集

㈠召集人

1.**原則規定**　股東會不論為股東常會或股東臨時會，除本法另有規定外，由董事會召集之（公一七一）。因此無召集權人召集之股東會所為之決議，當然無效。

2.**例外規定**　約有下列三項：

⑴監察人之召集：監察人除董事會不為召集或不能召集股東會外，得為公司利益，於必要時，召集股東會（公二二〇）。法院對於檢查人之報告認為必要時，得命監察人召集股東會（公二四五II）。

⑵少數股東之召集：繼續一年以上持有已發行股份總數百分之三以上股份之股東，得以書面記明提議事項及其理由，請求董事會召集股東臨時會（公一七三I）。上述請求提出後十五日內，董事會不為召集之通知時，股東得報經主管機關許可，自行召集（公一七三II）。依前述規定召集之股東臨時會，為調查公司之業務及財產狀況，得選任檢查人（公一七三III）。再者，董事因股份轉讓或其他理由，致董事會不為召集或不能召集股東會時，得由持有已發行股份總數百分之三以上股份之股東，報經主管機關許

可，自行召集（公一七三Ⅳ）。

(3)清算人之召集：清算人在執行清算事務之範圍內，認為有必要時，亦得召集之。

㈡召集程序

1.**股東會之召集程序**　股東常會之召集，應於二十日前通知各股東（公一七二Ⅰ）。股東臨時會之召集，應於十日前通知各股東（公一七二Ⅱ）。股東會之召集程序或其決議方法，違反法令或章程時，如未依規定期間通知者，其決議並非當然無效。惟該公司股東自作成決議之日起三十日內，得訴請法院撤銷其決議（公一八九）。通知只須依股東名簿之住所，及在法定期限前，以書面發出，即生效力，即所謂發信主義。惟關於發出之事實，如有爭執，仍須證明。

通知應載明召集事由；其通知經相對人同意者，得以電子方式為之（公一七二Ⅳ）。選任或解任董事、監察人、變更章程、減資、申請停止公開發行、董事競業許可、盈餘轉增資、公積轉增資、公司解散、合併、分割或第一百八十五條第一項各款之事項，應在召集事由中列舉並說明其主要內容，不得以臨時動議提出；其主要內容得置於證券主管機關或公司指定之網站，並應將其網址載明於通知（公一七二Ⅴ）。至於電子方式通知，係為因應電子科技進步，節省公司以書面進行通知事務之成本，得依電子簽章法規定，經相對人同意，實有必要以電子方式為之。

代表公司之董事，違反第一項至第三項或前項規定者，處新臺幣一萬元以上五萬元以下罰鍰。但公開發行股票之公司，由證券主管機關處代表公司之董事新臺幣二十四萬元以上二百四十萬元以下罰鍰（公一七二Ⅵ）。又股東會決議在五日內延期或續行集會，不適用前述通知及公告之規定（公一八二）。

2.**股東臨時會之召集程序**

(1)董事會召集股東臨時會：股東臨時會之召集，應於十日前通知各股東（公一七二Ⅱ）。其餘參照股東常會之規定，茲不復贅。

(2)少數股東請求董事會召集股東臨時會：其情形有二：①繼續一年

以上持有已發行股份總數百分之三以上股份之股東,得以書面記明提議事項及其理由,請求董事會召集臨時會(公一七三I),前項請求提出後十五日內,董事會不為召集之通知時,股東得報經主管機關許可,自行召集(公一七三II)。此時所應具備之文件為:A.持有股份證件。B.書面通知董事會之證件。C.召集事項及理由。其次,對於董事會不為召集之通知,並應負舉證責任,以昭慎重,並防止糾紛。關於書面通知到達董事長即生效力,公司董事長是否拒收,不影響其效力。依前述規定召集之股東臨時會,為調查公司之業務及財產狀況,得選任檢查人(公一七三III)。②董事因股份轉讓或其他理由,致董事會不為召集或不能召集股東會時,得由持有已發行股份總數百分之三以上股份之股東,報經主管機關許可,自行召集(公一七三IV)。

3.**股東提出議案權**　鑑於現代公司法架構下,公司之經營權及決策權多賦予董事會,本法已明文規定,公司業務之執行,除本法或章程規定應由股東會決議者外,均應由董事會決議行之。若股東無提案權,則許多不得以臨時動議提出之議案,除非由董事會於開會通知列入,否則股東難有置喙之餘地。為使股東得積極參與公司之經營,故本法賦予股東提案權。因此本法明訂如下:

(1)持有已發行股份總數百分之一以上股份之股東,得向公司提出股東常會議案。但以一項為限,提案超過一項者,均不列入議案(公一七二之一I)。按公司處理股東提案需花費相當時間,為免造成股東臨時會召開過於費時,此次立法僅先就股東常會部分賦予股東提案權,又為避免提案過於浮濫,明定股東所提議案,以一項為限。若提二項以上議案者,所提全部議案均不列入議案。

(2)為使公司有充分時間處理股東提案,本法明訂公司應於股東常會召開前之停止股票過戶日前,公告受理股東之提案、書面或電子受理方式、受理處所及受理期間;其受理期間不得少於十日(公一七二之一II)。

(3)本法規定股東所提議案以三百字為限;提案股東應親自或委託他人出席股東常會,並參與該項議案討論(公一七二之一III)。其立法理由,

係為防止提案過於冗長,且鑒於我國文字三百字已足表達一項議案之內容,特於第三項就提案之字數限制在三百字以內。所稱三百字,包括理由及標點符號。另,為使該股東提案有充分說明之機會,爰明定提案股東應親自或委託他人出席股東會,並參與該項議案討論。

(4)除有下列情事之一者外,股東所提議案,董事會應列為議案(公一七二之一Ⅳ):

①該議案非股東會所得決議者。

②提案股東於公司依第一六五條第二項或第三項停止股票過戶時,持股未達百分之一者。

③該議案於公告受理期間外提出者。

④該議案超過三百字或有第一項但書提案超過一項之情事者。

(5)公司應於股東會召集通知日前,將處理結果通知提案股東,並將合於本規定之議案列於開會通知。對於未列入議案之股東提案,董事會應於股東會說明未列入之理由(公一七二之一Ⅵ)。

(6)公司負責人違反第二項、第四項或前項規定者,各處新臺幣一萬元以上五萬元以下罰鍰。但公開發行股票之公司,由證券主管機關各處公司負責人新臺幣二十四萬元以上二百四十萬元以下罰鍰(公一七二之一Ⅶ)。

4.召集處所 關於召集處所,本法並無明文規定,如章程有規定者,自應從其所定,如章程無規定時,應於本公司所在地為之。

5.開會時間 公司開會之時間,本法無明文規定。惟參照一般公務機關集會或商業營業時間,均為白天內之一定時間。

6.股東會之議事錄 股東會之議決事項,應作成議事錄,由主席簽名或蓋章,並於會後二十日內,將議事錄分發各股東(公一八三Ⅰ)。公開發行股票之公司對於持有記名股票未滿一千股之股東,前項議事錄之分發,得以公告方式為之(公一八三Ⅲ)。議事錄應記載會議之年、月、日及場所,主席之姓名及決議之方法、議事經過之要領及其結果,在公司存續期間,應永久保存(公一八三Ⅳ)。出席股東之簽名簿及代理出席之委託書一併保

存，其保存期限至少為一年。但經股東依第一八九條提起訴訟者，應保存至訴訟終結為止（公一八三Ｖ）。代表公司之董事違反上述規定，不分發議事錄，與保存股東出席簽名簿，及代表出席委託書者，處新臺幣一萬元以上五萬元以下罰鍰（公一八三Ⅵ）。公司負責人有虛偽記載時，依刑法或特別刑法有關規定處罰。

第二、股東會之職權

依現行公司法規定，股東會有下列之職權：

一、查核董事會造具之表冊及監察人之報告　監察人對於董事會編造提出於股東會之各項表冊，應予查核，並報告意見於股東會（公二一九Ⅰ）。董事會應將其所造具之各項表冊，提出於股東常會，請求承認（公二三〇Ⅰ前）。各項表冊經股東會決議承認後，視為公司已解除董事及監察人之責任（公二三一前）。股東會就上項表冊及報告有查核之權。執行此項查核時，股東會得選任檢查人，對於查核有妨礙、拒絕或規避之行為，各處新臺幣二萬元以上十萬元以下罰鍰（公一八四）。

二、聽取報告　依本法規定之報告事項，分述如下：

㈠**聽取董事會之報告**

1.公司虧損達實收資本額二分之一時，董事會應於最近股東會報告（公二一一Ⅰ）。

2.董事會決議募集公司債後，應將募集公司債之原因及有關事項報告股東會（公二四六Ⅰ）。

㈡**聽取監察人或檢查人之報告**

1.監察人對董事會所造送之各種表冊，經核對簿據調查實況，報告意見於股東會（公一八四Ⅰ、Ⅱ、二一九Ⅰ）。

2.清算完結時，監察人或檢查人應行檢查簿冊並報告於股東會（公三三一Ⅰ、Ⅱ）。

三、決議事項　股東會決議事項，可分普通決議事項及特別決議事項。茲分述於下：

　　㈠**普通決議事項**　1.董事之選任、解任及其報酬（公一九二、一九六）。2.決議分派盈餘及股息、紅利（公一八四Ⅰ）。3.檢查人之選任（公一七三Ⅲ、一八四Ⅱ、三三一）。4.董事之補選（公二〇一）。5.監察人之選任、解任及其報酬（公二一六、二二七）。6.對董事、監察人提起訴訟，另選代表公司為訴訟之人（公二一三、二二五）。7.決議承認董事會所造具之各項表冊（公二三〇）。8.清算人之選任、解任及其報酬（公三二二Ⅰ、三二三、三二五）。9.承認清算人提交之各項表冊（公三三一Ⅰ）。

　　㈡**特別決議事項**　1.締結、變更或終止關於出租全部營業，委託經營或與他人經常共同經營之契約（公一八五Ⅰ1）。2.讓與全部或主要部分之營業或財產（公一八五Ⅰ2）。3.受讓他人全部營業或財產，對公司營運有重大影響者（公一八五Ⅰ3）。4.董事得由股東會之特別決議，隨時解任（公一九九Ⅰ、Ⅱ）。5.董事競業禁止之許可及行使歸入權（公二〇九）。6.以應分派之股息及紅利之全部或一部發行新股（公二四〇）。7.公司之變更章程與增減資本（公二七七）。8.公司之解散、合併或分割（公三一五、三一六Ⅰ）。

第三、股東會之表決權與決議方法

一、股東會之表決權

　　㈠**表決權之計算**　表決權者，為股東就公司事務表示其意思之權利，屬於共益權之一。表決權除法律另有規定外，不得依章程或決議限制或剝奪之。公司各股東，除本法另有規定外，每一股有一表決權（公一七九Ⅰ）。蓋避免股東會為大股東或公司負責人所操縱，有下列情形之一者，其股份無表決權（公一七九Ⅱ）：

　　　1.公司依法持有自己之股份。

　　　2.被持有已發行有表決權之股份總數或資本總額超過半數之從屬公司，所持有控制公司之股份。

　　　3.控制公司及其從屬公司直接或間接持有他公司已發行有表決權之股份總數或資本總額合計超過半數之他公司，所持有控制公司及其從屬公司

之股份。

　　政府或法人為股東之表決權，當政府或法人為股東時，其代表人不限於一人，但其表決權之行使，仍以其所持有之股份綜合計算（公一八一Ⅰ）。法人之代表人有二人以上時，其代表人行使表決權應共同為之（公一八一Ⅱ）。公開發行公司之股東係為他人持有股份時，股東得主張分別行使表決權（公一八一Ⅲ）。前項分別行使表決權之資格條件、適用範圍、行使方式、作業程序及其他應遵行事項之辦法，由證券主管機關定之（公一八一Ⅳ）。股東會之決議，對無表決權股東之股份數，不算入已發行股份之總數。對依本法第一七八條規定不得行使表決權之股份，不算入已出席股東之表決權數（公一八〇）。

　　㈡**表決權之代理**　股東得於每次股東會，出具公司印發之委託書，載明授權範圍，委託代理人，出席股東會。公開發行股票之公司，證券主管機關另有規定者，從其規定（公一七七Ⅰ）。除信託事業或經證券主管機關核准之股務代理機構外，一人同時受二人以上股東委託時，其代理之表決權，不得超過已發行股份總數表決權之百分之三，超過時其超過之表決權，不予計算（公一七七Ⅱ）。一股東以出具一委託書，並以委託一人為限，應於股東會開會五日前送達公司；委託書有重複時，以最先送達者為準，但聲明撤銷前委託者，不在此限（公一七七Ⅲ）。藉糾正收買弊端，防止操縱。所謂已發行股份總數表決權，乃指實際得行使表決權之股份而言。委託書送達公司後，股東欲親自出席股東會或欲以書面或電子方式行使表決權者，應於股東會開會二日前，以書面向公司為撤銷委託之通知；逾期撤銷者，以委託代理人出席行使之表決權為準（公一七七Ⅳ），俾避免股東於股東會召開當日，受託人已報到並將出席證及選票領取後，股東又親自出席股東會要求當場撤銷委託，造成股務作業之困擾。

　　㈢**書面或電子方式行使表決權**　股東出席股東會之方式，除有親自出席及委託出席外，尚有為鼓勵股東參與股東會之議決，股東以書面或依電子簽章法規定之電子方式行使表決權。因本法規定公司召開股東會時，採行以書面或電子方式行使其表決權者；其以書面或電子方式行使表決權時，

其行使方法應載明於股東會召集通知。但公開發行股票之公司，符合證券主管機關依公司規模、股東人數與結構及其他必要情況所定之條件者，應將電子方式列為表決權行使方式之一（公一七七之一 I）。前項以書面或電子方式行使表決權之股東，視為親自出席股東會。但就該次股東會之臨時動議及原議案之修正，視為棄權（公一七七之一 II）。

其次，股東以書面或電子方式行使表決權者，其意思表示應於股東會開會二日前送達公司，意思表示有重覆時，以最先送達者為準。但聲明撤銷前意思表示者，不在此限（公一七七之二 I）。股東以書面或電子方式行使表決權後，欲親自出席股東會者，應於股東會開會二日前，以與行使表決權相同之方式撤銷前項行使表決權之意思表示；逾期撤銷者，以書面或電子方式行使之表決權為準（公一七七之二 II）。俾可避免股務作業之不便與爭議。又股東以書面或電子方式行使表決權，並以委託書委託代理人出席股東會者，以委託代理人出席行使之表決權為準（公一七七之二 III）。

㈣**表決權行使之迴避**　股東對於會議之事項，有自身利害關係，致有害於公司利益之虞時，不得加入表決，並不得代理他股東行使其表決權（公一七八）。所謂利害關係，乃因其事項之決議，該股東特別取得權利或負擔義務，抑或喪失權利或免除負擔義務之謂。凡股東充當職員得受獎金之分配者，視為有特別利害關係。又無記名股票之股東，非於股東開會五日前，將其股票交存公司，不得出席（公一七六），以昭慎重，並免操縱之虞。

二、**股東會決議之方法**　股東會決議之方法，本法明定可分為下列三種：

㈠**普通決議**　即股東會決議公司普通決議事項，除法律另有規定外，應有代表已發行股份總數過半數股東之出席，以出席股東過半數之同意行之（公一七四）。

㈡**假決議**　指普通決議事項，出席股東所代表之股份，未超過已發行股份總數二分之一，而有代表已發行股份總數三分之一以上股東出席時，得以出席股東表決權過半數之同意為假決議，並將假決議通知各股東，於一個月內再行召集股東會，其發有無記名股票者，並應將假決議公告之。

上述股東會，對於假決議，如仍有已發行股份總數三分之一以上股東出席，並經出席股東表決權過半數之同意，視同前條之決議（公一七五）。蓋股東人數眾多，召集不易，故設此救濟辦法，以濟其窮。

　　㈢**特別決議**　茲將股東會應為之特別決議，分別列舉如下：

　　1.**輕度之特別決議**　應經代表已發行股份總數三分之二以上股東出席之股東會，以出席股東表決權過半數之同意行之（公一八五Ⅰ）。公開發行股票之公司，出席股東之股份總數不足前述定額者，得以有代表已發行股份總數過半數股東之出席，出席股東表決權三分之二以上之同意行之（公一八五Ⅱ）。

　　⑴更新設備或締結出租營業者：

　　　　①締結變更或終止關於出租全部營業，委託經營與他人經常共同經營之契約。

　　　　②讓與全部或主要部分之營業或財產。蓋公司董事無讓與全部財產或營業之權限，倘僅讓與部分之營業或財產，則依本法第二〇二條規定由董事會決議行之。

　　　　③受讓他人全部營業或財產，對公司營運有重大影響者。

　　上述議案應由有三分之二以上董事出席之董事會，以出席董事過半數之決議提出之（公一八五Ⅳ）。

　　⑵董事競業之許可（公二〇九）。

　　⑶決議將分派股息及紅利之全部或一部，以發行新股之方式為之（公二四〇）。

　　⑷將公積全部或一部撥充資本之決議（公二四一）。

　　⑸公開發行股票之公司發行限制員工權利新股者，不適用公司法第二六七條第一項至第六項（公二六七Ⅸ）。

　　⑹變更章程之決議（公一五九、二七七）。

　　⑺股東會對於公司解散、合併或分割之決議（公三一六）。

　　2.**重度之特別決議**　對於輕度特別決議事項，關於出席股東股份總數及表決權數，章程有較高之規定者，從其規定（公一九九Ⅳ、三一六Ⅲ）。

第四、少數股東收買其股份之請求權

一、得請求收買之原因

㈠股東於股東會為下列三項決議，即 1.締結、變更或終止關於出租全部營業，委託經營或與他人經常共同經營之契約。 2.讓與全部或主要部分之營業或財產。 3.受讓他人全部營業或財產，對公司營運有重大影響者等之決議前，已以書面通知公司反對該項行為之意思表示，並於股東會已為反對者，得請求公司以當時公平價格，收買其所有之股份。但股東會為讓與全部或主要部分之營業或財產之決議，同時決議解散時，不在此限（公一八六）。

㈡公司分割或與他公司合併時，董事會應就分割、合併有關事項，作成分割計劃、合併契約，提出於股東會。股東在集會前或集會中，以書面表示異議，或以口頭表示異議經紀錄者，得放棄表決權，而請求公司按當時公平價格，收買其持有之股份（公三一七Ⅰ）。

二、請求收買期間及收買價款之支付　股東以公平價格收買所有股份之請求，應自上述決議日起二十日內，以書面向公司提出記載股份種類及數額，否則喪失其請求權（公一八七Ⅰ、一八八Ⅱ）。股東與公司間協議決定收買股份價格者，倘達成協議，公司應自決議日起九十日內交付價款。倘自前述決議日起六十日內未達成協議，股東應於此期間經過後三十日內，聲請法院為價格之裁定（公一八七Ⅱ）。公司對法院裁定之價格，自決議時算至九十日為期間屆滿日。自期間屆滿日起，應支付法定利息，股份價款之支付，應與股票之支付同時為之，股份之移轉於價款支付時生效（公一八七Ⅲ）。

三、請求收買行為之失效　少數股東收買股份之請求權，係基於前述法定原因所生，如在收買之股份移轉及價款支付前，其原因已不存在時，則其請求自亦失所依據，故此項股東之請求，於公司取銷其前述收買原因行為時，失其效力（公一八八）。

第五、股東會之議事錄

股東會之議決事項，應作成議事錄，由主席簽名或蓋章，並於會後二十日內，將議事錄分發各股東（公一八三Ⅰ）。前項議事錄之製作及分發，得以電子方式為之（公一八三Ⅱ）。第一項議事錄之分發，公開發行股票之公司，得以公告方式為之（公一八三Ⅲ）。議事錄應記載會議年、月、日及場所，主席之姓名及決議之方法、議事經過之要領及其結果，在公司存續期間，應永久保存（公一八三Ⅳ）。出席股東之簽名簿及代理出席之委託書，其保存期限至少為一年。但經股東依第一八九條提起訴訟者，應保存至訴訟終結為止（公一八三Ⅴ）。代表公司之董事違反上述規定，不保存議事錄，與股東出席簽名簿及代表出席委託書者，處新臺幣一萬元以上五萬元以下罰鍰（公一八三Ⅵ）；公司負責人有虛偽記載時，依刑法或特別刑法有關規定處罰。

第六、股東會決議瑕疵之救濟

一、決議之程序違法時，得訴請撤銷　股東會之召集程序或其決議方法，違反法令或章程時，股東自決議之日起三十日內，訴請法院撤銷其決議（公一八九）。所謂召集程序違反法令，例如未為通知或公告，或通知、公告未載明召集事由，或通知逾規定期限（公一七二）、或無記名股票之股東不將股票交存公司而出席（公一七六）、或未具委託書代理人出席（公一七七）。所謂決議方法之違反法令，例如利害關係股東加入表決（公一七八）、無記名股票股東不將股票交存公司，仍出席並加入表決（公一七六）。惟違反法令或規章之決議，並非當然無效，如未經法院裁判撤銷，仍屬有效，股東仍應受其拘束；但苟經撤銷確定，其效力溯及既往而無效，並及於該決議有利害關係之第三人。此時決議事項已為登記者，經法院為撤銷決議之判決確定後，主管機關經法院之通知或利害關係人之申請時，應撤銷其登記（公一九〇），提起撤銷決議之訴之原告，在起訴時，須具有股東身分。

二、決議之內容違法時，當然無效　股東會之決議內容，違反法令或

章程者，無效（公一九一）。例如違反關於股東固有權之規定，或違反股東平等原則，或違反股東有限責任原則，或有悖公序良俗者是也。

三、**決議不成立**　若法律規定，決議必須有一定數額以上股份之股東出席時，此一定數額以上股份之股東出席，即為該法律行為成立之要件。股東會決議欠缺此項要件，尚非單純之決議方法違法，而是決議不成立，亦即決議根本不存在，自始不生效力，無須訴請法院撤銷。

第七、股東會與創立會之不同

一、**組成分子不同**　股東會由全體股東所組成。創立會由發起人與認股人所組成，此時發起人與認股人尚未具有股東之資格，必須於公司成立之決議時，始成為股東。

二、**人格不同**　股東會召集時，公司已有法人人格，股東會為公司之最高意思機關。創立會召集時，公司尚未設立，無法人人格，創立會自不可能為公司之機關。

三、**召集條件不同**　股東會者，其股東常會每年至少召集一次。必要時並得召集股東臨時會（公一七〇Ⅰ），或特別股東會（公一五九Ⅰ）。至於創立會並無常會、臨時會或特別會之分。召集次數本法亦不復規定，乃屬公司未成立前之會議。

四、**召集人不同**　股東會原則由董事會召集（公一七一），例外亦得以監察人、清算人、股東召集（公二二〇、二四五Ⅰ、三二六Ⅰ、三三一Ⅰ、一七三Ⅱ）。創立會由發起人召集（公一四三）。本法第一四四條規定創立會之程序，得準用股東會之規定。惟本法第一七三條不在準用之列，故認股人無召集創立會之權。

五、**召集程序不同**　關於股東會之召集程序，本法有明文規定。至於創立會之召集程序，本法僅規定準用股東會之規定。

六、**權限不同**　股東會有聽取董事會報告、任免董事、監察人、修改章程、為公司合併或解散分割之決議（公三一六）等權。創立會有聽取發起人報告、任免董事、監察人、修改章程等權，但不可能有決議公司合併或解散

之權，但有為決議公司設立或不設立之權限。

第三款　董事及董事會

第一、董　事

一、**董事之意義**　董事者，乃公司之必要而常設之執行機關。股東會之決議事項，必須交由董事執行。惟股份有限公司之董事至少三人，由股東會就有行為能力之人選任之（公一九二Ⅰ）。然董事至少三人，其意見易生紛爭，事權難以統一，故董事必須組織董事會，並以董事長為公司之代表，公司業務由董事會執行。至於董事與公司之關係，除本法另有規定外，從民法關於委任之規定（公一九二Ⅴ）。

二、**董事之選任與解任**

㈠**選　任**

1.**董事之資格及選任方法**　公司董事會，設置董事不得少於三人，由股東會就有行為能力之人選任之（公一九二Ⅰ）。公司得依章程規定不設董事會，置董事一人或二人。置董事一人者，以其為董事長，董事會之職權並由該董事行使，不適用本法有關董事會之規定；置董事二人者，準用本法有關董事會之規定（公一九二Ⅱ）。公開發行股票之公司依第一項選任之董事，其全體董事合計持股比例，證券主管機關另有規定者，從其規定（公一九二Ⅲ）。民法第十五條之二及第八十五條之規定，對於第一項行為能力，不適用之（公一九二Ⅳ）。公司與董事間之關係，除本法另有規定外，依民法關於委任之規定（公一九二Ⅴ）。公司法第三十條之規定，對董事準用之。即對經理人消極資格之規定（指公三〇），於董事準用之（公一九二Ⅵ）。在發起設立之公司，其董事由發起人互選之。在募集設立，由創立會選任之（公一三一、一四六）。股東會選任董事時，每一股份有與應選出董事人數相同之選舉權，得集中選舉一人，或分配選舉數人，由所得選票代表選舉權較多者，當選為董事（公一九八Ⅰ）。所謂得集中選舉一人，乃指累積選舉制而言。例如某公司有一百股之股份出席，應選出董事三人，如採用

聯選制多數方法,則能控制五十一股之多數集團,即可操縱全部董事之選任,但以累積選舉制,其結果則完全不同,此五十一股之多數集團僅有一五三選舉權,最多僅能選出二人,另四十九股之少數集團亦有一四七之選舉權,至少可選出一人,所得票數比較多數集團為高。若上述多數集團將選票分散分投三人,每人僅得五十一票,少數集團選舉二人,則每人可得七三‧五票,少數集團可有兩人當選,多數集團反僅一人當選,故適用此項選舉方法大股東將很難操縱全部董事選任。累積選舉制之優點有二:(1)使少數股東有被選任之機會。(2)可以防止股東操縱全部董事之選任。至於其缺點因少數股東亦有被選任機會,故往往使董事會內部壁壘分明,派系對立,遇事不能協調,引起公司經營上之困難。

2.董事候選人之提名

(1)公司董事選舉,採候選人提名制度者,應載明於章程,股東應就董事候選人名單中選任之。但公開發行股票之公司,符合證券主管機關依公司規模、股東人數與結構及其他必要情況所定之條件者,應於章程載明採董事候選人提名制度(公一九二之一 I)。

(2)公司應於股東會召開前之停止股票過戶日前,公告受理董事候選人提名之期間、董事應選名額、其受理處所及其他必要事項,受理期間不得少於十日(公一九二之一 II)。

(3)又為防止提名過於浮濫,且考量董事選任須有一定持股數之支持,始得當選,故本法規定,持有已發行股份總數百分之一以上股份之股東,得以書面向公司提出董事候選人名單,提名人數不得超過董事應選名額;董事會提名董事候選人之人數,亦同(公一九二之一 III)。

前項提名股東應檢附被提名人姓名、學歷、經歷(公一九二之一 IV)。

(4)董事會或其他召集權人召集股東會者,除有下列情事之一者外,應將其列入董事候選人名單(公一九二之一 V):

①提名股東於公告受理期間外提出。

②提名股東於公司依第一六五條第二項或第三項停止股票過戶時,持股未達百分之一。

③提名人數超過董事應選名額。

④未檢附第四項規定之相關證明文件。

(5)公司應於股東常會開會二十五日前或股東臨時會開會十五日前，將董事候選人名單及其學歷、經歷公告。但公開發行股票之公司應於股東常會開會四十日前或股東臨時會開會二十五日前為之（公一九二之一Ⅵ）。

(6)公司負責人或其他召集權人違反第二項或前二項規定者，各處新臺幣一萬元以上五萬元以下罰鍰。但公開發行股票之公司，由證券主管機關各處公司負責人或其他召集權人新臺幣二十四萬元以上二百四十萬元以下罰鍰（公一九二之一Ⅶ）。

(二)解　任

1.解任之原因

(1)因股份轉讓而當然解任：董事經選任後，應向主管機關申報，其選任當時所持有之公司股份數額，公開發行股票之公司董事在任期中轉讓超過選任當時所持有之公司股份數額二分之一時，其董事當然解任（公一九七Ⅰ），自不以變更股東名簿之時為準。所謂超過二分之一，並不包括本數在內。

董事在任期中其股份有增減時，應向主管機關申報並公告之（公一九七Ⅱ）。公開發行股票之公司董事當選後，於就任前轉讓超過選任當時所持有之公司股份數額二分之一時，或於股東會召開前之停止股票過戶期間內，轉讓持股超過二分之一時，其當選失其效力（公一九七Ⅲ）。蓋為防止股東取得董事後大量將股份出讓，而猶保持董事席位，或董事知悉公司業務不振財務狀況欠佳，預為拋出其股份，致他人遭受損害，故董事在任期中其股份應由公司申報並公告之。又董事之股份設定或解除質權者，應即通知公司，公司應於質權設定或解除後十五日內，將其質權變動情形，向主管機關申報並公告之。但公開發行股票之公司，證券管理機關另有規定者，不在此限（公一九七之一Ⅰ）。公開發行股票之公司董事以股份設定質權超過選任當時所持有之公司股份數額二分之一時，其超過之股份不得行使表決權，不算入已出席股東之表決權數（公一九七之一Ⅱ）。

(2)股東會決議解任：董事得由股東會之決議，隨時解任；如無正當理由而於任滿前將其解任時，董事得向公司請求賠償因此所受之損害（公一九九 I）。股東會為前項解任之決議，應有代表已發行股份總數三分之二以上股東之出席，以出席股東表決權過半數之同意行之（公一九九 II）。公開發行股票之公司，出席股東之股份總數不足前項定額者，得以有代表已發行股份總數過半數股東之出席，出席股東表決權三分之二以上之同意行之（公一九九 III）。前二項出席股東股份總數及表決權數，章程有較高之規定者，從其規定（公一九九 IV）。舊董事即行解任。所謂正當理由者，例如下列情形：①公開發行股票之公司董事在任期中轉讓超過選任當時所持有之公司股份數額二分之一時（公一九七 I 後）；②執行業務不依法令、章程、或股東會之決議（公一九三）；③不依章程或股東會決議支領報酬（公一九六）；④董事執行業務，有重大損害公司的行為（公二〇〇）；⑤董事經常不出席董事會，亦無委託他人代理出席（公二〇五）；⑥董事為自己或為他人屬於公司營業範圍內之行為，未經股東會之許可（公二〇九）；⑦除證券主管機關另有規定外，不備置章程及歷屆股東會議事錄、股東名簿、財務報表、公司債存根簿於本公司或股務代理人營業處所，或拒絕股東查閱或抄錄（公二一〇）；⑧董事會應召集股東會而不召集，由股東自行召集時（公一七三）；⑨召集股東會不依本法第一七二條規定之程序；⑩會計年度終了，董事會不編造各項表冊，或不在股東常會開會三十日前交監察人查核（公二二八）；⑪章程簿冊等有虛偽的記載等。再者，股東會於董事任期未屆滿前，改選全體董事者，如未決議董事於任期屆滿始為解任，視為提前解任（公一九九之一 I）。前項改選，應有代表已發行股份總數過半數股東之出席（公一九九之一 II）。

(3)少數股東訴請法院判決解任：董事執行業務，有重大損害公司之行為，或違反法令或章程之重大事項，股東會未為決議將其解任時，得由持有已發行股份總數百分之三以上股份之股東，於股東會後三十日內，訴請法院裁判之（公二〇〇）。俾強化少數股東權，保障股東利益。

(4)其他原因解任：董事之解任，除上述三種原因外，尚有董事任期屆

滿、自行辭職、死亡、破產、喪失行為能力、公司或董事破產，亦為董事解任之原因。蓋公司與董事間之關係，基於委任之關係，委任契約終止之事由（民五四九、五五〇），亦適用於董事之解任。至於董事辭職，應向何人為之，本法規定，解釋上應向有權代表公司之董事長為之（公二〇八III）。若董事長辭職，或董事長不能行使職權，則可依本法第二〇八條第三項產生有權代表公司之人為之。

　　2.**解任董事登記**　董事在解任原因發生後，公司即應就其解任為變更登記，否則董事仍代表公司為法律行為者，對公司雖屬無效，但不得對抗第三人（公一二）。

三、董事之資格

　　(一)**積極資格**　董事由股東會就有行為能力之人選任之（公一九二I後）。惟民法第十五條之二規定：「受輔助宣告之人為下列行為時，應經輔助人同意。但純獲法律上利益，或依其年齡及身分，日常生活所必需者，不在此限：一、為獨資、合夥營業或為法人之負責人。……」及民法第八十五條之規定：「法定代理人允許限制行為能力人獨立營業者，限制行為能力人，關於其營業，有行為能力」，對於上述第一九二條第一項行為能力不適用之（公一九二IV），故董事之積極資格必須有行為能力之人。

　　(二)**消極資格**　依本法第一九二條第五項之規定，本法第三十條對經理人消極資格之限制規定，對董事準用之。因此董事確有不得任經理人原因之一者，自不得充任董事，已當選者解任之，且由主管機關撤銷其董事登記。

四、董事之人數、任期及報酬

　　(一)**人數**　公司董事會設董事，其人數不得少於三人（公一九二I前）。惟最多人數並未限制，但以奇數為宜，俾便於決議。董事缺額達三分之一時，董事會應於三十日內召開股東臨時會補選之。但公開發行股票之公司，董事會應於六十日內召開股東臨時會補選之。

　　(二)**任期**　董事任期不得逾三年，但連選得連任。董事任期屆滿而不及改選時，延長其執行職務至改選董事就任時為止；但主管機關得依職權限

期令公司改選；屆期仍不改選者，自限期屆滿時，當然解任（公一九五）。董事任期制之優點有：1.使股份多，利害關係較深之他股東，有被選舉機會；2.防止董事日久倦勤，必有改選之機會以便新陳代謝；3.人事更易，以適應公司情況之變遷。

⑶**報酬**　董事之報酬，未經章程訂明者，應由股東會議決定，不得事後追認（公一九六Ⅰ）。

公司設立後，為改善財務結構或回復正常營運，而參與政府專案核定之紓困方案時，得發行新股轉讓於政府，作為接受政府財務上協助之對價者，專案核定之主管機關應要求參與政府專案紓困方案之公司提具自救計畫，並得限制其發給經理人報酬或為其他必要之處置或限制；其辦法，由中央主管機關定之（公一九六Ⅱ準二九Ⅱ）。

五、董事之職權

㈠**出席董事會**　董事會開會時，董事應親自出席（公二○五Ⅰ前），除因會議之事項有自身利害關係，致有害該公司利益之虞時，不得加入表決外，均有表決權（公二○六Ⅱ、一七八）。

㈡**對經理人之委任與解任之同意**　經理人之委任、解任及報酬，須有董事過半數之同意（公二九Ⅰ3）。

㈢**股票發行之簽名或蓋章**　股票之發行應由代表公司之董事簽名或蓋章（公一六二Ⅰ）。

㈣**公司債券發行之簽名或蓋章**　公司債之債券應由代表公司之董事簽名或蓋章（公二五七Ⅰ）。

㈤**調查報告募集設立之情形於創立會**　董事應切實調查報告公司發起之情形於創立會（公一四六Ⅰ）。

㈥**為公司對監察人起訴之代表**　公司對監察人提起訴訟時，原則上應由董事代表（公二二五Ⅱ）。

六、董事之義務

㈠**執行職務之義務**　董事負有執行職務之義務。惟其應以何種態度執行職務？按董事與公司間基於委任關係，依我國民法第五三五條之規定，

有報酬之委任，自應以善良管理人之注意履行其執行職務之義務，即負抽象的輕過失責任。然如係無報酬者，則僅以與處理自己事務負同一之注意即可，亦得僅負具體之輕過失責任。此種責任公司與董事間仍不妨得以契約加重或減輕之。惟本法規定董事應忠實執行業務並盡善良管理人之注意義務，如有違反致公司受有損害者，負損害賠償責任（公二三Ⅰ、八Ⅰ）。不因有無報酬而作區別。

　　㈡**董事競業禁止之義務**　董事為自己或他人為屬於公司營業範圍內之行為，應對股東會說明其行為之重要內容並取得其許可。股東會為前項許可之決議，應有代表已發行股份總數三分之二以上股東之出席，以出席的股東表決權過半數之同意行之。公開發行股票之公司，出席股東之股份總數不足前項定額者，得以有代表已發行股份總數過半數股東之出席，出席股東表決權三分之二以上同意行之。前述出席股東股份總數及表決權數，章程有較高之規定者，從其規定。董事違反前述之規定，為自己或他人為該行為時，股東會得以決議，將該行為之所得，視為公司之所得，但自所得產生後逾一年者，不在此限（公二〇九），是為公司之介入權，俾保障公司與股東之權益。競業行為之禁止，係屬命令規定，而非效力規定，故其違反行為之本身，仍屬有效。

　　董事固不得為自己或他人為屬於公司營業範圍內之行為，惟是否得為他公司之董事？本法既未設有限制，如該他公司非經營同類營業者，則不在競業禁止之列。

　　七、對董事之訴訟

　　㈠**公司對董事之訴訟**　股東會決議對於董事提起訴訟時，公司應自決議之日起三十日內提起之（公二一二），以免拖延。此時訴訟當事人為公司與董事二者處於利害相反之地位，自不能仍由董事代表公司。因此公司與董事之訴訟，除法律另有規定外，由監察人代表公司，股東會亦得另選代表公司為訴訟之人（公二一三）。

　　㈡**少數股東對董事之訴訟**　繼續一年以上持有發行股份總數百分之一以上之股東，得以書面請求監察人為公司對董事提起訴訟。監察人自有上

述之請求日起，三十日內不提起訴訟時，前述之股東，得為公司提起訴訟，股東提起訴訟時，法院因被告之申請，得命起訴之股東，提供相當之擔保。如因敗訴，致公司受有損害時，起訴之股東，對於公司負賠償之責（公二一四）。蓋避免股東與董事勾結，控制少數股東。提起訴訟所依據之事實，顯屬虛構，經終局判決確定時，提起訴訟之股東，對於被訴之董事因此訴訟所受之損害，負賠償之責。提起訴訟所依據之事實，顯屬實在，經終局判決確定時，被訴之董事，對於起訴之股東，因此訴訟所受之損害，除負擔訴訟費外，尚應負賠償責任（公二一五）。

第二、董事會與董事長；常務董事與常務董事會

一、董事會　乃公司決議之執行機關，依現行本法規定，股份有限公司之董事，必須組織董事會。

二、董事長之意義　董事長乃股份有限公司必要之代表機關。董事長由董事或常務董事互選產生之（公二〇八 I 前、II），但其為公司之代表，而非董事會之代表。董事長之地位非常重要，對內對外事務極為繁雜，因此事實上大規模之公司，早有副董事長之設置以為輔佐，故本法第二〇八條第一項後段規定「並得依章程規定，以同一方式互選一人為副董事長。」以適應公司之需要，而資遵從。

三、董事長之選任　因其設有常務董事與否，而有不同：㈠公司董事會，應由三分之二以上董事之出席及出席董事過半數之同意，互選一人為董事長（公二〇八 I 前）。㈡公司設有常務董事者，董事長或副董事長由三分之二以上之常務董事出席，以出席常務董事過半數之同意互選之（公二〇八 II）。

四、董事長之職權　董事長對內為股東會、董事會及常務董事會主席。對外代表公司，董事長請假或因故不能行使職權時，由副董事長代理之，無副董事長或副董事長亦請假，或因故不能行使職權時，由董事長指定常務董事一人代理之。其未設常務董事者，指定董事一人代理之，董事長未指定代理人者，由常務董事或董事互推一人代理之（公二〇八 III）。所謂因

故不能行使職權者，例如訴訟兩造公司之董事長同屬一人即屬之。至於董事長因案被押，未指定代理人時，又無副董事長之設置時，應由常務董事或董事互推一人代理行使職權。惟董事長不得委任非董事又非經理人之第三人，代表公司處理業務，代表公司之董事，有關於公司營業上一切事務辦理之權，對此權限之限制，不得對抗善意第三人（公二〇八III、五七、五八）。

　　五、常務董事　董事會得設有常務董事。常務董事乃常務董事會之組成員，為股份有限公司得設經常執行業務機關。倘公司章程規定有常務董事者，則應由三分之二以上董事之出席，以出席董事過半數之同意，在董事人數中互選之，名額至少三人，最多不得超過董事人數三分之一（公二〇八II），關於選舉方式，本法並無明文規定，因此參照一般選舉方法之規定辦理，常務董事之設置，旨在董事眾多集會不易，故由常務董事會推行股東會及董事會決議事項。

　　六、常務董事會　常務董事於董事會休會時，依法令、章程、股東會決議及董事會決議，以集會方式經常執行董事會職權，由董事長隨時召集，以半數以上常務董事之出席，及出席過半數之決議行之（公二〇八IV）。

第三、董事會及常務董事會之召集，董事之出席及決議

　　一、召　集

　　㈠**董事會之召集**　1.每屆第一次董事會，由所得選票代表選舉權最多之董事於改選後十五日內召開之。但董事係於上屆董事任滿前改選，並決議自任期屆滿時解任者，應於上屆董事任滿後十五日內召開之（公二〇三I）。董事係於上屆董事任期屆滿前改選，並經決議自任期屆滿時解任者，其董事長、副董事長、常務董事之改選得於任期屆滿前為之，不受前項之限制（公二〇三II）。第一次董事會之召開，出席之董事未達選舉常務董事或董事長之最低出席人數時，原召集人應於十五日內繼續召開，並得適用第二〇六條之決議方法選舉之（公二〇三III）。得選票代表選舉權最多之董事，未在第一項或前項期限內召開董事會時，得由過半數當選之董事，自

行召集之（公二〇三IV）。2.董事會由董事長召集之（公二〇三之一I）。過半數之董事得以書面記明提議事項及理由，請求董事長召集董事會（公二〇三之一II）。前項請求提出後十五日內，董事長不為召開時，過半數之董事得自行召集（公二〇三之一III）。3.董事會之召集，應於三日前通知各董事及監察人。但章程有較高之規定者，從其規定（公二〇四I）。公開發行股票之公司董事會之召集，其通知各董事及監察人之期間，由證券主管機關定之，不適用前項規定（公二〇四II）。有緊急情事時，董事會之召集，得隨時為之（公二〇四III）。前三項召集之通知，經相對人同意者，得以電子方式為之（公二〇四IV）。董事會之召集，應載明事由（公二〇四V）。

㈡**常務董事會之召集**　常務董事會於董事會休會時，由董事長隨時召集之（公二〇八IV）。

二、董事之出席　董事會開會時，董事應親自出席。但公司章程訂定得由其他董事代理者，不在此限（公二〇五I）。董事會開會時，如以視訊會議為之，其董事以視訊參與會議者，視為親自出席（公二〇五II）。董事委託其他董事代理出席董事會時，應於每次出具委託書，並列舉召集事由之授權範圍（公二〇五III）。代理人以受一人之委託為限（公二〇五IV）。公司章程得訂明經全體董事同意，董事就當次董事會議案以書面方式行使其表決權，而不實際集會（公二〇五V）。前項情形，視為已召開董事會；以書面方式行使表決權之董事，視為親自出席董事會（公二〇五VI）。前二項規定，於公開發行股票之公司，不適用之（公二〇五VII）。

三、決　議

㈠**普通決議**　1.董事會之決議，除本法另有規定外，應有過半數董事之出席，出席董事過半數之同意行之（公二〇六I）。2.董事對於會議之事項，有自身利害關係時，應於當次董事會說明其自身利害關係之重要內容（公二〇六II）。3.董事之配偶、二親等內血親，或與董事具有控制從屬關係之公司，就前項會議之事項有利害關係者，視為董事就該事項有自身利害關係（公二〇六III）。4.第一七八條、第一八〇條第二項之規定，於第一項之決議準用之（公二〇六IV）。即董事對於會議之事項，有自身利害關係

致有害公司利益之虞時，不得加入表決，並不得代理他董事行使表決權（公二〇六IV、一七八）。董事會之決議對無表決權董事，不算入已出席董事之表決權數（公二〇六IV、一八〇II）。

㈡**特別決議**　本法第二〇六條所謂「本法另有規定」者，係指下列特別決議之規定，其應由三分之二以上之董事出席及出席董事過半數之同意行之：1.互選董事長和常務董事時（公二〇八I II）；2.決議募集公司債（公二四六）；3.決議發行新股（公二六六）；4.讓與、受讓或出租全部營業或財產（公一八五I）。

㈢**常務董事會之決議方法**　以半數以上常務董事之出席，及出席過半數之決議行之（公二〇八IV後）。

㈣**決議違法之制止**　董事會決議，為違反法令或章程之行為時，繼續一年以上持有股份之股東，得請求董事會停止其行為（公一九四）。

第四、董事會之權限與職務

一、董事會之權限

㈠**執行業務**　公司業務之執行，除本法或章程規定，應由股東會決議之事項外，均應由董事會決議行之（公二〇二）。關於應由董事會決議之事項，述之如下：1.推選董事長及常務董事（公二〇八）；2.經理人之委任、解任、報酬（公二九I）；3.募集公司債（公二四六）；4.發行新股（公二六六）。

董事會執行業務，應依照法令、章程及股東會之決議（公一九三I）。董事會決議之內容，違反法令章程及股東會之決議，致公司受損害時，參與決議之董事，對於公司負賠償之責任。但經表示異議之董事，有記錄或書面可證者，免其責任（公一九三II）。蓋董事會之權限，至為廣泛，為加強董事之責任，以求業務健全妥善，特以行為董事為負責對象。

㈡**代表公司**　董事長對外代表公司（公二〇八III），同時對於公司營業上一切事務有辦理權（公二〇八V準公五七）。公司對董事長代表權所加之限制，不得對抗善意第三人（公二〇八V準公五八）。至於其他董事代理董

事長時，亦同。

二、董事會之職務

㈠**召集股東會** （公一七一）。

㈡**作成並保存議事錄** 董事會之議事，應作成議事錄。

㈢**備置章程簿冊** 董事會應將章程及歷屆股東會議事錄、財務報表備置於本公司，並將股東名簿及公司債存根簿置於本公司或股務代理人營業處所（公二一○Ｉ）。上述章程及簿冊，股東及公司之債權人得檢具利害關係證明文件，指定範圍，隨時請求查閱、抄錄或複製；其備置於股務代理機構者，公司應令股務代理機構提供（公二一○ＩＩ）。代表公司之董事違反第一項規定，不備置章程、簿冊者，處新臺幣一萬元以上五萬元以下罰鍰。但公開發行股票之公司，由證券主管機關處代表公司之董事新臺幣二十四萬元以上二百四十萬元以下罰鍰（公二一○ＩＩＩ）。代表公司之董事，違反第二項規定無正當理由而拒絕查閱、抄錄、複製或未令股務代理機構提供者，處新臺幣一萬元以上五萬元以下罰鍰。但公開發行股票之公司，由證券主管機關處代表公司之董事新臺幣二十四萬元以上二百四十萬元以下罰鍰（公二一○ＩＶ）。前二項情形，主管機關或證券主管機關並應令其限期改正；屆期未改正者，繼續令其限期改正，並按次處罰至改正為止（公二一○Ｖ）。

㈣**報告公司有受重大損害之虞** 董事發現公司有受重大損害之虞時，應立即向監察人報告（公二一八之一）。監察人監察董事職務之執行，並得隨時調查公司業務及財務狀況，故董事有向監察人報告義務。

㈤**聲請公司破產** 公司虧損達實收資本額二分之一時，董事會應於最近一次股東會報告（公二一一Ｉ）。公司資產顯有不足抵償其所負債務時，除得依第二八二條辦理者外，董事會應即聲請宣告破產（公二一一ＩＩ）。代表公司之董事，違反前二項規定者，處新臺幣二萬元以上十萬元以下罰鍰（公二一一ＩＩＩ）。

㈥**公司債募集之決議報告、申請及公司債款之催繳** （公二四六、二四八、二五四）。

㈦**新股發行之決議** 公司發行新股時，應由董事會以董事三分之二以

上之出席，及出席董事過半數同意之決議行之（公二六六Ⅱ）。

　　㈧公司分割計劃或合併契約之提出　公司與他公司分割或合併時，董事會應就分割或合併有關事項，作成分割計劃或合併契約，提出於股東會（公三一七前）。

第四款　監察人與檢查人

第一、監察人概述

　　一、意義　監察人者，乃股份有限公司必要而常設監察機關。就常設而言，與董事之情形相同。惟與檢查人之為任意的臨時機關不同。所謂監察，不僅對於會計有審核之權，對董事執行業務亦有監察之權，故監察人不得兼任經理人或董事。監察人與公司之關係，從民法關於委任之關係（公二一六Ⅲ）。

　　二、資格　公司監察人由股東會選任之。監察人中至少須有一人在國內有住所（公二一六Ⅰ）。華僑回國投資或外國人投資者，不受此限制（華僑回國投資條例一六、外國人投資條例一五）。本法關於經理人消極資格規定（公三〇）及關於董事行為能力之規定（公一九二Ⅰ、Ⅲ），對監察人準用之（公二一六Ⅳ）。由此可知監察人之積極資格須有行為能力人。至於消極資格，準用本法經理人消極資格之規定（公三〇），茲不復述。

　　三、人數　本法並無明文規定，故最多人數不加限制，惟至少須有一人（公二一六）。

　　四、選任　公司之監察人由股東會就股東中選任之。其選任方法與董事同，即採用累積選舉法（公二二七準公一九八），詳閱前述，茲不復贅。公司監察人選舉，依章程規定採候選人提名制度者，準用第一九二條之一第一項至第六項規定（公二一六之一Ⅰ）。公司負責人或其他召集權人違反前項準用第一九二條之一第二項、第五項或第六項規定者，各處新臺幣一萬元以上五萬元以下罰鍰。但公開發行股票之公司，由證券主管機關各處公司負責人或其他召集權人新臺幣二十四萬元以上二百四十萬元以下罰鍰

（公二一六之一Ⅱ）。

五、**解任** 監察人解任之原因如下：

㈠**任期之屆滿** 監察人任期屆滿，應須解任，惟不及改選時，延長其執行職務至改選監察人就任時為止。但主管機關得依職權，限期令公司改選；屆期仍不改選者，自限期屆滿時，當然解任（公二一七Ⅱ）。

㈡**股份之轉讓** 公開發行公司之監察人經選任後，應向主管機關申報，其選任當時所持有之公司股份數額，任期中不得轉讓超過選任當時所持有之公司股份數額二分之一。超過二分之一時，其監察人當然解任（公二二七準公一九七Ⅰ）；公開發行股票之公司監察人當選後，就任前轉讓超過選任當時所持有之公司股份數額二分之一時，其當選失其效力（公二二七準一九七Ⅲ）。

㈢**股東會之決議** 股東會得隨時決議將監察人解任；但定有任期者，如無正當理由，而於任滿前將其解任時，監察人得向公司請求賠償因此所受之損害（公二二七準公一九九）。

㈣**自行辭職** 監察人與公司既為委任關係，自得隨時辭職。

㈤**裁判解任** 監察人執行職務，有重大損害公司之行為，或違反法令或章程之重大事項，股東未為決議將其解任時，得由持有已發行股份總數百分之三以上股份之股東，於股東會後三十日內，訴請法院裁判之（公二二七準公二〇〇）。

㈥**其他事由** 例如由委任關係消滅而解任。

六、**任期** 監察人任期不得逾三年，但得連選連任（公二一七Ⅰ），監察人任期屆滿而不及改選時，延長其執行職務至改選監察人就任時為止；但主管機關得依職權，限期令公司改選；屆期仍不改選者，自限期屆滿時，當然解任（公二一七Ⅱ）。監察人全體均解任時，董事會應於三十日內召開股東臨時會選任之。但公開發行股票之公司，董事會應於六十日內召開股東臨時會選任之（公二一七之一）。

七、**報酬** 監察人之報酬，未經章程訂明者，應由股東會議決定之（公二二七準公一九六）。

第二、監察人之職權

　　監察人於監督公司業務執行之範圍內，監察人各得單獨行使監察權（公二二一），自不必徵得他監察人之同意。此與董事執行業務以集體方式為之者有別。茲就其職權列舉如下：

　　一、監督業務之執行　監察人原則上係為監督業務而設，並不執行業務，故本法未設競業禁止之限制。本法對於監督業務之具體規定如下：

　　㈠**查核發起人報告**　股份有限公司於募集設立時，監察人應就 1.公司章程。 2.股東名簿。 3.已發行之股份總數。 4.以現金以外之財產、技術抵繳股款者，其姓名及其財產、技術之種類、數量、價格或估價之標準及公司核給之股數。 5.應歸公司負擔之設立費用；及發起人得受報酬。 6.發行特別股者，其總額及每股金額。 7.董事、監察人名單，並註明其住所或居所、國民身分證統一編號或其他經政府核發之身分證明文件字號。 8.董事對於設立之必要事項，調查後報告於創立會（公一四五、一四六）。

　　㈡**檢查業務及財務**　監察人應監督公司業務之執行，並得隨時調查公司業務及財產狀況，查核簿冊文件，並得請求董事會或經理人提出報告（公二一八Ⅰ）。監察人辦理前述事務，得代表公司委任律師、會計師審核之（公二一八Ⅱ）。違反第一項規定，規避、妨礙或拒絕監察人檢查行為者，代表公司之董事處新臺幣二萬元以上十萬元以下罰鍰。但公開發行股票之公司，由證券主管機關處代表公司之董事新臺幣二十四萬元以上二百四十萬元以下罰鍰（公二一八Ⅲ）。前項情形，主管機關或證券主管機關並應令其限期改正；屆期未改正者，繼續令其限期改正，並按次處罰至改正為止（公二一八Ⅳ）。再者董事發現公司有受重大損害之虞時，應立即向監察人報告（公二一八之一）。

　　㈢**列席董事會**　監察人得列席董事會陳述意見（公二一八之二Ⅰ）。

　　㈣**停止董事會之行為**　董事會執行業務有違反法令章程，或股東會決議之行為時，監察人應即通知董事會停止其行為（公二一八之二Ⅱ），此即為監察人之停止請求權。

(五)**查核表冊** 監察人對於董事會編造提出於股東會之各種表冊,應予查核,並報告意見於股東會(公二一九Ⅰ)。如有違反而為虛偽之報告時,各科新臺幣六萬元以下罰金(公二一九Ⅲ)。

(六)**召集股東會** 監察人除董事會不為召集或不能召集股東會外,得為公司利益,於必要時,得召集股東會(公二二〇)。所謂必要時,原則上應於董事會不能召開或不為召開情形下,始得為之。法院對於檢查人報告認為必要時,得命監察人召集股東會(公二四五Ⅱ)。

二、代表公司 監察人例外得代表公司,其情形如下:

(一)**代表公司訴訟** 公司與董事間之訴訟,除法律另有規定,或股東會另選代表人者外,由監察人代表公司(公二一三)。繼續六個月以上持有已發行股份總數百分之三以上之股東,得以書面請求監察人為公司,對董事提起訴訟(公二一四Ⅰ)。

(二)**代表公司委託律師會計師** 監察人為調查公司業務及財務狀況,查核簿冊文件,得代表公司委託律師會計師審核之(公二一九Ⅱ)。此時律師、會計師之酬金,僅得向公司請求。

(三)**代表公司與董事交涉** 董事為自己或他人與公司為買賣、借貸或其他法律行為時,由監察人為公司之代表(公二二三)。

第三、監察人之義務

一、**審核決算表冊之義務** 監察人對於董事編造提出於股東會之各種表冊,應予查核,並報告意見於股東會(公二一九Ⅰ)。

二、**審查清算表冊之義務** 普通清算完結時,清算人應於十五日內,造具清算期內收支表、損益表、連同各項簿冊,送經監察人審查之(公三三一Ⅰ)。

三、**不兼任董事、經理人或其他職員之義務** 監察人不得兼任公司之董事及經理人或其他職員(公二二二)。其立法意旨,在使監察人能以超然地位行使職權,並杜流弊。

第四、監察人之責任

一、對於公司之責任　監察人執行職務違反法令、章程或怠忽職務，致公司受有損害者，對於公司負賠償之責（公二二四）。例如為不實之報告或不檢舉董事之舞弊是。

二、對於第三人之責任　監察人應忠實執行業務並盡善良管理人之注意義務，如有違反法令，致第三人受有損害時，對他人應與公司負連帶賠償之責（公二三）。

三、對於股東之責任　由少數股東對監察人提起訴訟，其所訴屬實，經終局判決確定時，被訴之監察人對起訴之股東，因此訴訟所受之損害，負賠償之責（公二二七準公二一五）。

四、連帶責任　監察人對公司或第三人負損害賠償責任，而董事亦負其責任時，該監察人及董事為連帶債務人（公二二六）。

第五、對監察人之訴訟

股份有限公司對其監察人，如發生訴訟，依下列方式提起：

一、股東會起訴時　股東會決議，對於監察人向地方法院提起訴訟時，公司應自決議之日起三十日內提起之。前述起訴之代表，股東會得於董事外另行選任（公二二五）。

二、少數股東起訴時　繼續一年以上持有已發行股份總數百分之三以上之股東，得以書面請求董事會為公司對監察人提起之訴訟。董事會如於前述之請求之日起三十日內不提起時，前述股東，亦得為公司之利益，自行提起訴訟。關於訴訟提供擔保及賠償損害之規定，均準用有關董事之規定（公二二七準公二一四、二一五）。

第六、檢查人

一、檢查人之意義　檢查人者，係檢查公司業務及財務狀況之一種臨時監察機關。

二、選任方法

㈠**聲請法院選派** 繼續六個月以上，持有已發行股份總數百分之一以上之股東，得檢附理由、事證及說明其必要性，聲請法院選派檢查人，於必要範圍內，檢查公司業務帳目、財產情形、特定事項、特定交易文件及紀錄（公二四五Ⅰ），及公司於重整時依本法第二八五條所選任之檢查人；有應由主管機關選派者，如在發起設立，董事、監察人於就任後，主管機關得選任檢查人檢查。

㈡**由公司選任者** 檢查人有可由公司選任者，即如：1.募集設立，創立會得選任檢查人（公一四六）。2.因查核董事所造送之表冊，股東會亦得另選任檢查人（公一八四Ⅱ）。

三、檢查人之職權 檢查人之職權，顧名思義，為檢查業務或財務。其應行檢查之事項，主要者，不外乎會計表冊之編造是否確當、金錢之數額有無出入，款項之交付是否為法律、章程所許。至董事執行業務之當否，則檢查人無權過問，其權限亦與監察人不同。至於公司在重整中，法院所選任之檢查人，其職權依本法第二八五條之規定。

第五節　股份有限公司之會計

第一款　概　說

本法特設「會計」一節，凡就公司會計之程序與方法，作強行規定，此為股份有限公司之特色。因此本節有規定者，應優先適用。倘未規定時，始適用商業會計法及一般會計慣例。

第二款　會計人員及表冊

第一、主辦會計人員之任免

股份有限公司主辦會計人員之任免，本法並未規定，準用商業會計法

之規定，商業會計事務之處理，應置會計人員辦理之（商會五Ⅰ）。公司組織之商業，其主辦會計人員之任免，在股份有限公司，應由董事會以董事過半數之出席，及出席董事過半數之同意；在有限公司，應有全體股東過半數之同意；在無限公司、兩合公司，應有全體無限責任股東過半數之同意（商會五Ⅱ）。前項主辦會計人員之任免，公司章程有較高規定者，從其規定（商會五Ⅲ）。會計人員應依法處理會計事務，其離職或變更職務時，應於五日內辦理交代（商會五Ⅳ）。商業會計事務之處理，得委由會計師或依法取得代他人處理會計事務資格之人處理之；公司組織之商業，其委託處理商業會計事務之程序，準用第二項及第三項規定（商會五Ⅴ）。

第二、會計表冊之編造

每會計年度終了，董事會應依中央主管機關規定之規章編造下列各項表冊，於股東常會開會三十日前交監察人查核。監察人得請求董事會提前交付查核（公二二八Ⅰ、Ⅱ、Ⅲ）：

一、**營業報告書**　係報告公司該年度營業狀況之文書。

二、**財務報表。**

三、**盈餘分派或虧損撥補之議案**　即由董事會擬具盈餘分派及虧損撥補之議案，俾便提交股東會承認。

前述表冊應依中央主管機關規定之規章編造（公二二八Ⅱ）。

董事會應將前述所造具之各項表冊與監察人之報告書，於股東常會開會十日前，備置於本公司，股東得隨時查閱，並得偕同其所委託之律師或會計師查閱（公二二九）。

董事會應將其所造具之各項表冊，提出於股東常會，請求承認（公二三〇Ⅰ前）。股東會得查核董事會造具之表冊，監察人之報告書，或另選任檢查人查核，並決議盈餘分派或虧損撥補（公一八四Ⅰ、Ⅱ）。各項表冊經股東常會決議承認後，視為公司已解除董事及監察人責任，但董事或監察人有不法行為者，不在此限（公二三一）。

第三、會計表冊之公告

董事會應將其所造具之各項表冊，提出於股東常會請求承認，經股東常會承認後，董事會應將財務報表及盈餘分派或虧損撥補之決議，分發各股東（公二三〇I）。前項財務報表及盈餘分派或虧損撥補決議之分發，公開發行股票之公司，得以公告方式為之（公二三〇II）。上述表冊及決議，公司債權人得要求給予抄錄或複製（公二三〇III）。代表公司之董事，違反前述規定不為分發者，處新臺幣一萬元以上五萬元以下罰鍰（公二三〇IV）。經主管機關科罰後，仍不分發時，股東可向法院訴請發給。至於營業報告書及主要財產之財產目錄，在資產負債表、損益表及盈餘虧損撥補決議內已有記載，故無分發之必要。

第三款　公　積

第一、公積之意義

公積者，乃公司在決算時，提出若干盈餘，準備將來在公司虧損時，用以彌補公司之損失，或作其他特定用途，備為擴充資本或鞏固公司財務之謂。蓋股份有限公司全體股東對於公司債權人，除公司財產以外，別無其他擔保，為求公司資本維持，鞏固公司財產狀態，維持股票價格，乃有公積制度之設。

第二、公積之分類

通常可分為下列三種：

一、法定公積　指法律強制規定之公積，依我國現行公司法之規定，有下列二種：

㈠**法定盈餘公積**　又稱強制公積，乃公司營業上所獲之利益，於公司完納一切稅捐後，分派盈餘時，應先提出百分之十為法定盈餘公積。但法定盈餘公積已達實收資本總額時，不在此限（公二三七I）。所謂資本總額，

係指已發行股份總數之資本而言。公司負責人違反上述規定，不提法定盈餘公積時，各科新臺幣二萬元以上十萬元以下罰鍰（公二三七Ⅲ）。

　　㈡**資本公積**　資本公積者，指公司因股本交易所產生之權益，包括超過票面金額發行股票所得之溢價、庫藏股票交易溢價等項目。故資本公積，為公司盈餘外之財源中，所提存之公積。依商業會計法之規定，商業得依法令規定辦理資產重估價（商會五一）。此於民國一○五年一月一日施行。惟現行有效條文，「固定資產、遞耗資產及無形資產，得依法令規定辦理資產重估價，自用土地得按公告現值調整之。」因此固定資產、遞耗資產及無形資產，得依法令規定辦理資產重估價。自用土地得按公告現值調整之。依前條辦理重估或調整之資產而發生之增值，應列為未實現重估增值（商會五二Ⅰ）。經重估之資產，應按其重估後之價額入帳，自重估年度翌年起，其折舊、折耗或攤銷之計提，均應以重估價值為基礎（商會五二Ⅱ）。

　　二、**特別盈餘公積**　特別盈餘公積，又稱任意公積，係指公司於法定公積外，以章程訂定或股東會決議，另提之盈餘公積（公二三七Ⅱ）。本法對此，設有明文規定。此種公積，乃作特定之用途，例如或係作為資產折舊準備者，謂之折舊公積；或係填補損失者，謂之填補損失公積；或係平衡盈餘分派者，謂之分派平衡公積；或係作為償還公司債所用者，謂之償還公司債公積，或作為改良、修繕、保險等之公積。凡此均應視其章程或股東會決議積存之目的如何而定，嗣後用途如有變更，自可依變更章程方法，或股東會決議變更之，但與第三人有利害關係者，則不得變更。

　　三、**秘密公積與類似公積**　此係學說上之分類，茲分述如下：

　　㈠**秘密公積**　即有公積之實質而無公積之形式者，例如故意將公司積極財產之價格低估，或對公司消極財產（債務）價格故意提高是。資產負債表為虛偽記載者，依刑法或特別刑法有關規定處罰觀之，我國禁止秘密公積。

　　㈡**類似公積**　即在實質上雖不具有公積之性質，而在形式上則記載於資產負債表公積項下，例如折舊公積，在資產負債表資產欄內，所載營業上固定財產之原價，而於負債欄內，則所載折舊之價額是。我國公司法雖無類似此種規定，亦無禁止之規定，就理論言，應從德國商法，予以認許之。

第三、公積之作用

一、公積撥充資本 其情形有二：

㈠公司無虧損者，得依第二四〇條第一項至第三項規定股東會決議之方法，將法定盈餘公積及下列資本公積之全部或一部，按股東原有股份之比例發給新股或現金(公二四一Ⅰ)：1.超過票面金額發行股票所得之溢額。2.受領贈與之所得。本法第二四〇條第四項、第五項規定，於前項準用之(公二四一Ⅱ)。

㈡以法定盈餘公積發給新股或現金者，以該公積超過實收資本百分之二十五之部分為限(公二四一Ⅲ)。倘法定盈餘公積已達到實收資本百分之五十以上者，其超過實收資本百分之五十以上部分之法定公積轉作資本，並無限制。

二、公積填補虧損 公積之提存，原為彌補虧損轉作資本，或法律許可之其他用途。因之法定盈餘公積及資本公積，除填補公司虧損外，不得使用之。但依本法第二四一條規定或法律另有規定外，不在此限。公司非於盈餘公積填補資本虧損，仍有不足時，不得以資本公積補充之(公二三九)。是故各種公積在填補虧損時，盈餘公積應先使用，倘有不足時，再以資本公積補充。

第四、股息、紅利及酬勞之分派

一、股息、紅利及酬勞之定義

㈠**股息** 係指資本上計算之利息，公司得在章程訂定股息之比率，亦得在股票上載明之固定比率，依此比率分派盈餘，即為股息。

㈡**紅利** 公司除照規定股息比率分配盈餘外，尚有多餘，再以之分派於各股東者，即為紅利。

㈢**酬勞** 公司應於章程訂明以當年獲利狀況之定額或比率分配酬勞(公二三五之一Ⅰ前)

二、股息、紅利及酬勞之分派 以現金分派為原則。因公司有無盈餘，

而分下列兩種分派：

㈠公司有盈餘時股息、紅利及酬勞之分派

1.**分派之程序** 依本法分派盈餘時，應循下列規定（公二三二Ⅰ、二三七Ⅰ）：

⑴完納稅捐：本年度有盈餘時，應先完納稅捐。

⑵彌補虧損：本年度完納稅捐後，尚有所餘，應先彌補往年之虧損。

⑶提存法定盈餘公積：公司於完納一切稅捐及彌補虧損後，尚有盈餘，應提出百分之十作為法定盈餘公積。但法定盈餘公積，已達實收資本額時，不在此限（公二三七Ⅰ）。

⑷分派股息及紅利：公司依前述彌補虧損及提存法定盈餘公積後，始得就所剩盈餘分派股息及紅利（公二三二Ⅰ）。惟公司章程訂定或股東會議決另提特別盈餘公積者，其分派股息及紅利前，亦應先行提出特別盈餘公積。

2.**分派之比率** 股息及紅利之分派，除本法另有訂定外，以各股東持有股份之比例為準（公二三五）。至於勞工方面，公司應於章程訂明以當年度獲利狀況之定額或比率，分派員工酬勞。但公司尚有累積虧損時，應予彌補（公二三五之一Ⅰ）。公營事業除經該公營事業之主管機關專案核定於章程訂明分派員工酬勞之定額或比率外，不適用前項之規定（公二三五之一Ⅱ）。前二項員工酬勞以股票或現金為之，應由董事會以董事三分之二以上之出席及出席董事過半數同意之決議行之，並報告股東會（公二三五之一Ⅲ）。公司經前項董事會決議以股票之方式發給員工酬勞者，得同次決議以發行新股或收買自己之股份為之（公二三五之一Ⅳ）。章程得訂明前項發給股票或現金之對象，包括符合一定條件之控制或從屬公司員工（公二三五之一Ⅴ）。蓋公營事業之經營，係基於各種政策目的及公共利益，發揮經濟效能，其性質與民營事業有別，其員工得否參與酬勞分派應視個別專案情形而定。

3.**違法分派之處罰** 公司違反上述之規定分派股息及紅利時，公司之債權人得請求退還，並得請求賠償因此所受之損害（公二三三）。且公司負責人各處一年以下有期徒刑、拘役或科或併科新臺幣六萬元以下罰金（公二三二Ⅲ）。例如股息及紅利之分派超出盈餘總額。違法分派股息、紅利而

致公司債券跌價，債券持有人得依本法（公二三三）規定請求賠償其損失，此時除由被害人提起自訴外，應經檢察官起訴。

㈡公司無盈餘時股息及紅利之分派　公司無剩餘時，不得分派股息及紅利（公二三二II）。

公司負責人違反上列所述時，公司債權人得請求退還其股息及紅利於公司，並得請求賠償因此所受之損害（公二三三）。公司負責人各處一年以下有期徒刑、拘役或科或併科新臺幣六萬元以下之罰金（公二三二III）。

三、特殊情形之股息及紅利之分派　可分為未開始營業前之建設股息之分派及以發行新股之股份分派二種。茲述於下：

㈠建設股息之分派

1.建設股息之意義　建設股息又稱建業股息或建設利息或工事利息，乃股份有限公司於開始營業前，在一定條件下，經主管機關許可，將股息分派於股東之謂。

2.建設股息之立法理由及其分派　公司在開始營業前，原則上不得分派股息。惟例外為鼓勵大企業之設立與經營，對於非長期籌備無法完成之礦業、大工廠、鐵路、運河及水電等之經營，皆與國計民生有關。若於長期間內，無分派股息之機會，則人人將裹足不肯投資，致影響股東之招募。因此，本法規定公司依其業務性質，自設立登記後，如需二年以上之準備始能開始營業者，經主管機關之許可，得依章程訂明於開始營業前分派股息於股東（公二三四I）。惟此項股息之分派，實屬公司之虧損，故分派股息之金額，公司應以預付股息列入資產負債表之股東權益下，公司開始營業後，每屆分派股息及紅利超過實收資本額百分之六時，應以其超過之金額扣抵沖銷之（公二三四II）。

㈡以股份分派股息及紅利　分派股息及紅利，以現金給付為原則。惟公司得由代表已發行股份總數三分之二以上股東出席之股東會，以出席股東表決權過半數之決議，將應分派股息及紅利之全部或一部以發行新股方式為之，其不滿一股之金額，以現金分派之（公二四○I）。公開發行股票之公司，出席股東之股份總數不足前述定額者，得以有代表已發行股份總

數過半數股東之出席，出席股東表決權三分之二以上之同意行之（公二四〇II）。前二項出席股東股份總數及表決權數，章程有較高規定者，從其規定（公二四〇III）。依前述發行新股，除公開發行股票公司，應依證券管理機關之規定辦理者外，於決議之股東會終結時，即生效力。董事會應即分別通知各股東，或記載於股東名簿之質權人（公二四〇IV）。再者，為配合股票在證券市場上市的發行公司實際需要，本法復規定公開發行股票之公司，其股息及紅利之分派，章程訂明定額或比率並授權董事會決議辦理者，得以章程授權董事會之三分之二以上董事之出席，及出席董事過半數之決議，將應分派股息及紅利之全部或一部，以發行新股之方式為之，並報告股東會（公二四〇V）。蓋公開發行股票之公司其股東人數甚夥，召集股東會頗為不易，故有上述之規定，以資補救。

第六節　股份有限公司之公司債

第一、公司債之概說

　　一、公司債之意義　公司債者，股份有限公司因需用資金，依法定募集程序，發行流通性之有價證券，向大眾募集金錢之債。公司債係屬金錢之債，惟其具有流通性，故與一般金錢之債不同。

　　二、發行公司債之理由　股份有限公司之資金，原則上由股東繳納之股款而來。但有時為擴展業務或其他原因，需用大量資金，此時公司常以下列二種方式為之：㈠發行新股；㈡舉債。惟如以發行新股之方法增加資本，擴大公司組織，設日後不需大量資金時，公司之組織難以收縮。況發行新股，常因程序繁雜，緩不濟急。且增加資本之結果，董事與監察人常因股東會之改組而發生變動，對公司影響頗大。若以借貸方式，對外舉債，又因一般借貸數額不大，期限過短，利息較高，亦非良策。本法有鑑於此，乃設公司債之制度，在法定程序下公司發行公司債，大量吸收公眾游資，以達籌措之目的，復可鼓勵社會游資之投資，促進國民之儲蓄，並發展企

業，實屬一舉數得。

三、公司債之性質　公司債係依公司債契約而成立。以公司募債之公告為要約，以應募人之應募書為承諾，但應募人以現金當場購買無記名公司債券者，則免填應募書（公二五三），此時應募行為為承諾，契約因而成立。根據契約，應募人有繳款之義務，而公司有交付公司債之義務。公司債雖與消費借貸相似，惟法律性質不同，與股票之性質亦異。茲將公司債券與股票之區別，分述於下：

㈠公司債所有人乃為公司之債權人，僅有民法上規定債權人所有之權利；而股票之所有人非公司之債權人，乃為公司之股東，即公司之構成分子，對於公司則享有公司法所規定之權利及義務，如出席股東會之權利、利用公司設備之權利。

㈡公司債之認購，以金錢為限（公二五三）；發起人之出資，除現金外，得以公司事業所需之財產、技術抵充之。（公一三一Ⅲ、一五四Ⅰ）。

㈢公司債為債權證券；股票為非債權證券。

㈣公司得不募集公司債，故不一定必發行公司債證券。公司基於股份所有，須發行股票。

㈤公司債券所有人，對於公司有利息給付請求權，即使公司虧損，公司債之利息仍應給付；至於股票，其股票所有人，則須於公司有充分之盈餘時，方能分派股息及紅利。

㈥公司債券已屆清償期限，債券所有人即有請求返還之權；而股票所有人，則非因公司解散，不得申請退還股款。

㈦公司債券享有優先於股票之權利，公司債券所有人得先就公司盈餘或剩餘財產請求清償；而股票所有人必須於公司全部債務清償後，始得就盈餘或剩餘財產請求清償。

㈧公司債之利率固定不變；至於股票，其盈餘分派率，則常有變動。

第二、公司債之種類

一、記名公司債與無記名公司債　以公司債是否記載債權人之姓名，

為區分標準：

　　㈠**記名公司債**　公司債之債券上記載債權人之姓名者，謂記名公司債。

　　㈡**無記名公司債**　公司債之債券上不記載債權人之姓名者，謂無記名公司債。

　　就本法第二五五條、第二五八條規定觀之，本法得發行記名公司債與無記名公司債。

　　二、**有擔保公司債與無擔保公司債**　以公司債是否附有擔保，為區分標準：

　　㈠**有擔保公司債**　公司債之發行，以公司全部或部分資產作為償還本息之擔保者，謂有擔保公司債。

　　㈡**無擔保公司債**　公司債之發行，僅以公司信用為保證，並無其他財產擔保者，謂無擔保之公司債。

　　就本法第二四七條、第二四九條與第二五○條規定觀之，本法得發行有擔保公司債及無擔保公司債，但有限制與禁止條件。

　　三、**轉換公司債與非轉換公司債**　以公司債是否可轉換為股份，為區分標準：

　　㈠**轉換公司債**　公司債券之所有人，得以公司債券轉換公司股份者，謂轉換公司債。

　　㈡**非轉換公司債**　公司債券之所有人，不得以公司債券轉換公司股份者，謂非轉換公司債。

　　本法原則上採非轉換公司債，惟因採授權資本制，故例外亦承認轉換公司債，而規定於本法第二六二條。

　　四、**附保證公司債與不附保證公司債**　以公司債是否有第三人保證，為區分之標準：

　　㈠**附保證公司債**　公司債由第三人為償還本息擔保而發行者，謂附保證公司債。

　　㈡**不附保證公司債**　公司債之發行無第三人為償還本息之擔保者，謂不附保證之公司債。

本法第二四八條第一項第十六款明文規定：「有發行保證人者，其名稱及證明文件。」觀之，除附保證公司債外，當然亦承認不附保證之公司債。

五、一般公司債與利益公司債 以公司債債權人享有之利益，為區分標準：

㈠**一般公司債** 公司債定有確定利率支付利息，並有還本之期限者，謂一般公司債。

㈡**利益公司債** 公司債以公司利益之有無而定其利息者，謂利益公司債。

本法所規定之公司債均屬一般公司債。至於利益公司債，本法未予認許。

六、本國公司債與外國公司債 以公司募集地，為區分標準：

㈠**本國公司債** 公司債在本國募集者，謂本國公司債。

㈡**外國公司債** 公司債在外國募集者，謂外國公司債。

本法所規定之公司債，均屬本國公司債。至於外國公司債，本法對此並未明文規定，為促進本國經濟之發展，解釋上應認為可以。

此外，尚有所謂證券信託公司債，即以公司持有股票證券及其他抵押證書交付信託公司或受託之金融機關，作為抵押品所發行之債券，公司不依約履行償還本息，得將其抵押品變賣取債附股息公司債，即於債券利息外，更以公司盈餘之一部分付與各持券人為號召而發行之債券，此等公司債近乎股份化，故本法未予認許。

第三、募集公司債之限制與禁止

公司債之募集，對於股票及公司之利益，影響至鉅，故本法對公司債募集，設有下列限制及禁止規定：

一、募集有擔保公司債之限制及禁止條件

㈠**募集有擔保公司債之限制** 公開發行股票公司之公司債之總額，不得逾公司現有全部資產減去全部負債及無形資產之餘額（公二四七Ⅰ）。

㈡**有擔保公司債發行之禁止條件** 有下列情形之一者，禁止發行公司債（公二五〇）：

1.對於前已發行之公司債或其他債務有違約或遲延支付本息之事實，

尚在繼續中者　公司有此情形，因前債尚未清償，其信用顯已喪失，自不宜准其再舉新債，以免貽害債權人及影響社會利益。

　　2.最近三年或開業不及三年之開業年度課稅後之平均淨利，未達原定發行之公司債應負擔年息總額之百分之一百者　公司有此情形，其業務不振已可概見，如仍准其發行公司債，對於公司債之應募人，顯有不能清償之危險；但經銀行保證發行之公司債不受限制（公二五〇2但）。所謂平均淨利，係指公司財務報告所載之帳面盈餘，扣除實際繳稅後之平均淨利而言。

　　二、募集無擔保公司債之限制及禁止條件

　　㈠募集無擔保公司債之限制　無擔保公司債之總額，不得逾公司現有全部資產減去全部負債及無形資產後餘額二分之一（公二四七II）。蓋為保護公司債應募人之利益及證券交易安全起見，自應對發行無擔保公司債，予以較嚴限制，以免浮濫。

　　㈡無擔保公司債發行之禁止條件　公司有下列情形之一者，不得發行無擔保公司債（公二四九）：

　　1.對於前已發行之公司債或其他債務，曾有違約或遲延支付本息之事實已了結者，自了結之日起三年內　公司有此情形，其債信欠佳已可概見，若毫無擔保，遽准發行公司債，難免再有違約或遲延情事發行，故以發行有擔保公司債為宜，俾保護交易安全。本法第二四九條及第二五〇條所謂「其他債務」一詞包括欠繳稅款、罰金、罰鍰及追徵金等是。

　　2.最近三年或開業不及三年之開業年度課稅後之平均淨利，未達原定發行之公司債，應負擔年息總額百分之一百五十者　公司有此情形，其營業獲利能力薄弱，償付債息難免有遲延之虞，自不應許其發行無擔保公司債。所謂平均淨利之計算標準，本法並無明文，故可參照證券商管理辦法規定。

第四、公司債募集之程序

　　一、董事會之決議　公司債之募集，僅由董事會特別決議，無庸召開股東會為之，但董事會須將募集公司債之原因及有關事項報告股東會（公

二四六Ⅰ)。董事會為募集公司債之決議，應由三分之二以上董事之出席，及出席董事過半數之同意行之（公二四六II）。

二、申請主管機關審核　本法對於公司募集公司債時，應將下列各款事項，向證券主管機關辦理之（公二四八）：

㈠公司名稱。

㈡公司債之總額及債券每張之金額。

㈢公司債之利率。

㈣公司債償還方法及期限。

㈤償還公司債款之籌集計畫及其保管方法。

㈥公司債募得價款之用途及運用計畫。

公司募得公司債款後，未經申請核准變更，而用於規定事項以外者，處公司負責人一年以下有期徒刑、拘役或科或併科新臺幣六萬元以下之罰金，如公司因此受有損害時，對於公司並負賠償責任（公二五九）。上述限制之立法意旨，在預防公司負責人濫用職權，於不必要時擅行決議募集公司債，而於募集後變更其用途。

㈦前已募集公司債者，其未償還之數額：其未償還之數額，與本法第二四八條第一項第十款之限額有關，故應報明，以便知悉是否有本法第二四九條及第二五〇條禁止之條件。此款應由會計師查核簽證(公二四八Ⅴ)。

㈧公司債發行之價格或其最低價格。

㈨公司股份總數與已發行股份總數及其金額：公司雖有未發行之股份，仍得募集公司債，但已發行股份情形必須報明，並由會計師查核簽證，以憑審核（公二四八Ⅴ)。

㈩公司現有全部資產，減去全部負債及無形資產後之餘額：此餘額為發行公司債之最高限度，應由會計師查核簽證（公二四八Ⅴ)。

(十一)證券主管機關規定之財務報表：此項財務報表由會計師查核簽證(公二四八Ⅴ)。

(十二)公司債債權人之受託人名稱及其約定事項，公司債之私募不在此限：公司申請發行公司債時，應代債權人委託金融或信託事業之機關為受託人

並負擔其報酬（公二四八VI），約定由受託人負責主持有關全體債權人之利益事項，故應將其受託人名稱及約定事項，由律師查核簽證（公二四八V）。

(十三)代收款項之銀行或郵局名稱及地址：為便利公司債之募集，故應記載並由律師查核簽證。

(十四)有承銷或代銷機構者，其名稱及約定事項：公司得採間接發行，約定付給相當手續費，將公司債委託銀行或信託事業代理發行或承銷，此時應由律師查核簽證（公二四八V）。

(十五)有發行擔保者，其種類、名稱及證明文件：公司債之發行，為使募集順利，採有擔保之發行為佳，其擔保品為動產或不動產。其名稱、數量及有關之證明文件，例如不動產所有權登記文件，均應報明，並應由律師查核簽證（公二四八V）。

(十六)有發行保證人者，其名稱及證明文件：公司不得為任何保證人（公一六），故此之保證人應屬金融業之信託部保證之，並由律師查核簽證（公二四八V）。

(十七)對於前已發行之公司債或其他債務，曾有違約或遲延支付本息之事實或現況：此項應說明事實之經過及現在情形，並由會計師查核簽證（公二四八V）。

(十八)可轉換股份者，其轉換辦法：公司債轉換股份，其轉換辦法應予報明。倘可轉換股份數額加計已發行股份總數、已發行轉換公司債可轉換股份總數、已發行附認股權公司債可認購股份總數、已發行附認股權特別股可認購股份總數及已發行認股權憑證可認購股份總數，如超過公司章程所定股份總數時，應先完成變更章程增加資本額後，始得為之（公二四八VII）。

(十九)附認股權者，其認購辦法：倘可認購股份數額加計已發行股份總數、已發行轉換公司債可轉換股份總數、已發行附認股權公司債可認購股份總數、已發行附認股權特別股可認購股份總數及已發行認股權憑證可認購股份總數，如超過公司章程所定股份總數時，應先完成變更章程增加資本額後，始得為之（公二四八VII）。

(二十)董事會之議事錄：指董事會募集公司債之特別決議之議事錄或其副

本，以資證明。

㈢公司債其他發行事項，或證券主管機關規定之其他事項。

公司就上述各事項有變更時，應即向證券主管機關申請更正；公司負責人不為申請更正時，由證券主管機關各處新臺幣一萬元以上五萬元以下罰鍰（公二四八Ⅳ）。

公司申請發行公司債時，其申請事項，有違反法令或虛偽情事者，證券管理機關，應不予核准，其已核准者，應撤銷其核准（公二五一Ⅰ、Ⅲ準公一三五Ⅱ）。所謂違反法令者，例如違反本法第二五〇及二五一條第一項之規定者。

為前述撤銷核准時，未發行者，停止募集。已發行者，即時清償，其因此所發生之損害，公司負責人對公司及應募人，負連帶賠償責任（公二五一Ⅱ）。公司負責人申請事項有違反法令或虛偽情事者，各處新臺幣二萬元以上十萬元以下罰鍰（公二五一Ⅲ準公一三五Ⅱ）。

　　三、信託契約之訂立　本法規定募集公司債之公司，在募集前應與第三人成立一項利他性之信託契約（公二四八Ⅰ12），使受託人代表全體公司債之債權人。此受託人以金融或信託事業為限，由公司於申請發行時約定之，並負擔其報酬（公二四八Ⅵ）。

董事會在應募人請求繳足所認之金額前，應將全體記名債券應募人之姓名、住所或居所及其所認金額，及已發行之無記名債券張數、號碼及金額，開列清冊，連同本法第二四八條第一項各款所定之文件，送交公司債債權人之受託人（公二五五Ⅰ）。受託人之職權如下：

㈠查核及監督　受託人為應募人之利益，有查核及監督公司履行公司債發行事項之權（公二五五Ⅱ）。

㈡擔保權之取得實行及擔保品之保管　公司為發行公司債所設定之抵押權或質權，得由受託人為債權人取得，並得於公司債發行前先行設定。受託人對於前述之抵押權或質權或其擔保品，應負責實行或保管之（公二五六）。受託人於公司債不能如期履行時，對於抵押權既有負責實行之權。該抵押權又係以受託人名義設定之，故受託人當然得以自己名義聲請法院

拍賣抵押物。

㈢**召集債權人會議**　公司債債權人之受託人得為公司債債權人之共同利害關係事項，召集同次公司債債權人會議（公二六三Ⅰ）。

㈣**債權人會議決議事項之執行**　債權人會議事項，由受託人執行之（公二六四）。

四、募集之公告　公司發行公司債之申請經核准後，董事會應於核准通知到達之日起三十日內，備就公司債應募書，附載第二四八條第一項各款事項，加記核准之證券管理機關與年、月、日、文號，並同時將其公告，開始募集。但第二四八條第一項第十一款之財務報表，第十二款及第十四款之約定事項，第十五款及第十六款之證明文件，第二十款之議事錄等事項，得免予公告（公二五二Ⅰ）。超過上述期限未開始募集而仍須募集者，應重行申請（公二五二Ⅱ）。

五、債款之募集

㈠**發行之方法**　公司債發行之方法，有下列三種：

1.**直接發行**　即由公司發行公司債，直接向外推銷債券者而言。

2.**承受發行**　亦謂承銷發行，即由金融機構或證券商，依契約承銷公司債之總額，不問實際有無募足，均由承銷人自行負責而言。

3.**委託發行**　亦謂代銷發行，即發行公司委託特定人收取若干手續費，代為募集。如債款未募足時，受託人不負補足之責。

本法認許承銷發行及代銷發行（公二四八Ⅰ14），惟現在一般情形，多由公司直接發行。

㈡**應募書之備置**　公司募集公司債時，董事會應備置應募書載明上述應行公告之各事項，由證券管理機關加記核准之主管機關與年月日文號。董事違反上述規定，不備應募書者，處新臺幣一萬元以上五萬元以下罰鍰（公二五二Ⅲ）。應募人應在應募書上填寫所認金額及其住所或居所，簽名或蓋章，並照所填應募書負繳款之義務。應募人以現金當場購買無記名公司債券者，免填應募書（公二五三）。

㈢**債款之請求**　公司債經應募人認定後，該應募人即有照所認金額負

繳款之義務（公二五三Ⅰ）。應募人未照繳者，董事會應向其請求繳足其所認金額（公二五四）。

六、公司債款之使用　公司募集公司債款後，未經申請核准變更，而用於規定事項以外者，處公司負責人一年以下有期徒刑、拘役或科或併科新臺幣六萬元以下罰金，如公司因此受損害時，對公司並負賠償責任（公二五九）。

七、公司債之私募　普通公司債、轉換公司債或附認股權公司債之私募不受第二四九條第二款及第二五〇條第二款之限制，並於發行後十五日內檢附發行相關資料，向證券管理機關報備；私募之發行公司不以上市、上櫃、公開發行股票之公司為限（公二四八Ⅱ）。所謂不受第二四九條第二款及第二五〇條第二款之限制，即係不論其過去之獲利能力與否。蓋過去縱有獲利，不能保證將來一定獲利，而該公司是否值得投資，宜由投資人自行判斷，自行承擔投資風險，本法對於私募，不宜過度介入。又前述私募人數不得超過三十五人。但金融機構應募者，不在此限（公二四八Ⅲ）。至於公開發行股票之公司，其私募依證券交易法第四三條之六另有特別規定。

第五、公司債之債券及存根簿

一、債券之概念　公司債債券，乃表彰公司債權利之要式及流通的有價證券。其性質如下：

㈠債券為有價證券　公司債券無論為記名式或無記名式，均表明一定之金額，對於公司債之利用、處分與其債券占有有不可分離之關係，故為有價證券。

㈡債券為債權證券　公司債券乃因應募人給付一定金額而由公司作成債券，交付應募人，以表彰其債權之存在，故為債權證券。

㈢債券為要式證券　公司債券須記載法定事項（公二四八），故為要式證券。

㈣債券非設權證券　債券之發行，非公司債成立之要件，故非設權證

券，此與股票同，而與票據異。

(五)**債券為流通證券**　記名公司債券得依背書轉讓，無記名公司債券得依交付轉讓（公二六○），故公司債券為流通證券。

二、公司債券應記載之事項　公司債之債券不論為記名之公司債債券或無記名之公司債債券，應編號載明發行之年月日及下列事項：(一)公司名稱。(二)公司債之總額及債券每張之金額。(三)公司債之利率。(四)公司債償還方法及期限。(五)能轉換股份者，其轉換辦法。(六)附認股權者，其認購辦法。(七)有擔保或轉換或可認購股份者，載明擔保、轉換或可認購字樣等，由代表公司之董事簽名或蓋章，並經依法得擔任債券發行簽證人之銀行簽證發行之（公二五七Ⅰ）。公司負責人於公司債之債券內，為虛偽記載者，依刑法或特別刑法有關規定處罰。

三、公司債存根簿　公司債存根簿者，乃記載債權人及債券有關事項的公司之法定帳簿。公司債存根簿，應將所有債券依次編號，並載下列各款事項（公二五八Ⅰ）：

(一)公司債債權人之姓名或名稱及住所或居所。(二)公司債之總額及債券每張之金額。(三)公司債之利率。(四)公司債償還方法及期限。(五)受託人之名稱。(六)有發行擔保者，其種類、名稱。(七)有發行保證人者，其名稱。(八)能轉換股份者，其轉換辦法。(九)附認股權者，其認購辦法。(十)公司債發行之年、月、日。(十一)各債券持有人取得債券之年、月、日。

無記名債券，應以載明無記名字樣，替代前述之記載（公二五八Ⅱ）。

第六、公司債券轉換股份

公司債券得為股份之轉讓，乃本法所承認。其轉換權屬於債權人，故對公司債之募集，頗具吸引性。發行轉換股份之公司債，由董事會特別決議，即生效力。

一、決定公司債券轉換股份之機構

(一)**董事會之決定發行**　公司債轉換股份，實係以發行新股方式以清償公司債。在授權資本制度下，董事會雖有權發行新股（公二六六Ⅱ），但僅

得在章程所定資本總額範圍內為之。

　　㈡**股東會之決定發行**　公司募集公司債時，可轉換股份數額或可認購股份數額加計已發行股份總數、已發行轉換公司債可轉換股份總數、已發行附認股權公司債可認購股份總數、已發行附認股權特別股可認購股份總數及已發行認股權憑證可認購股份總數，如超過公司章程所定股份總數時，應先完成變更章程增加資本額後，始得為之（公二四八Ⅶ）。惟變更章程應經股東會特別決議。

　　二、**轉換權之性質**　公司債規定得轉換股份者，公司有依其規定之轉換辦法核給股份之義務，但公司債債權人有選擇權（公二六二）。轉換權因公司債債權人一方之意思表示而生效力，故其性質為形成權。倘以公司債券為設定質權之標的，出質人能否選擇行使轉換權，本法無明文規定。依民法第九○三條之意旨，則非經質權人同意，出質人不得任意轉換股份。

第七、公司債券之轉讓、設質及強制執行

　　一、**公司債券之轉讓**　公司債券為表彰公司債權利之有價證券，故無論為記名式或無記名式，其就債券權利之轉讓，均與債券之占有有不可分離之關係，故就公司債成立讓與契約者，均應將公司債券交付，始生讓與效力。在記名式之債券得由持有人以背書轉讓之，但非將受讓人姓名或名稱記載於債券，並將受讓人之姓名或名稱及住所或居所記載於公司債存根簿，不得以其轉讓對抗公司（公二六○）。

　　二、**公司債券之設質**　公司債券為有價證券，故得為質權之標的。其設質之方式，依民法第九○八條及本法第二六○條前段之規定如下：

　　㈠以無記名債券為設定質權之標的者，應交付債券於質權人，始生質權之效力。

　　㈡以記名債券為設定質權之標的者，除應交付債券於質權人外，並應依背書方法為之。

　　㈢公司債所擔保之債權，雖未屆清償期，質權人亦得向公司收取債券上應受之給付，如有預先通知公司之必要，並應通知之。此際公司僅得向

質權人為給付。

　　三、公司債券為強制執行之標的　公司債券為表彰公司權利之有價證券，乃屬財產權，得自由轉讓與設質，故債券所有人之債權人，得以之為強制執行之標的，其執行方法與程序，與股票同。

第八、公司債之付息與消滅

　　一、公司債之付息　公司債之付息，通常均於債券附以利息券，到期截下取息。亦有於清償原本時一次付息，而不先為給付者，要視發行債券時如何而定。關於公司債之利率，則應依債券之記載而定（公二四八 I 3）。

　　二、公司債之消滅　公司債屬於債務之一種，故一般債務消滅之原因，如民法上關於清償、提存、抵銷、免除、混同等，均得適用。此外，本法又有收買、銷除及轉換股份之規定。茲分述如下：

　　㈠本法所規定公司債之清償　公司債之原本，因清償而消滅。至清償之方法及期限，應依債券之記載而定（公二四八 I 4）。清償完畢，債權人應將債券交還公司。

　　㈡收買銷除　公司債為公司之債務，與股份不同，故公司債未屆期前，公司亦得將債券收買，但此種情形，公司債不能混同而消滅。蓋公司得將該債券再賣出，故與屆滿清償期後之收買不同。然若收買後，公司將債券銷除時，則公司債消滅。

第九、公司債券之喪失

　　無論為記名公司債券或無記名公司債券，如因遺失、被盜或滅失之原因而喪失者，均得依民事訴訟法之規定，聲請法院為公示催告及除權判決，然後請求公司補發新債券。

第十、公司負責人就公司債募集之責任

　　公司負責人就公司債之募集應負相當責任，其就應募書為虛偽之記載，或就其聲請主管機關核准事項有違反法令或虛偽情形，或募集公司債款後，

不用於所規定事項者，除為虛偽之記載者，依刑法或特別刑法有關規定處罰外，其餘均規定有刑罰之制裁，或並應負賠償責任（公二五一Ⅲ、二五九）。

第十一、公司債債權人會議

一、債權人會議之意義　公司債債權人會議者，乃同次公司債債權人為公司債債權人之共同利害關係事項，而組成之臨時團體之會議。

二、會議之召集

㈠**會議之召集權人**　公司債債權人會議之召集權人有三　（公二六三Ⅰ）：1.發行公司債之公司。2.公司債債權人之受託人。3.同次公司債總數百分之五以上之公司債債權人。

㈡**會議之召集原因**　凡屬公司債債權人之共同利害關係事項，均得召集同次公司債債權人會議（公二六三Ⅰ後）。

㈢**召集之時間及程序**　公司債債權人會議為臨時性之會議，故召集時間本法並無規定，應於必要時召集之。至於召集程序，本法亦無規定，解釋上可類推適用股東臨時會召集程序之規定（公一七二Ⅱ）。

㈣**會議之費用**　公司債債權人會議之費用的負擔，本法並無規定，解釋上應認為原則上由發行公司債之公司負擔。但法院得依利害關係人之聲請或以職權，就其全部或一部，另定負擔之人。

三、決議之方法

㈠公司債債權人會議之決議方法，應有代表公司債債權總額四分之三以上債權人之出席，以出席債權人表決權三分之二以上之同意行之，並按每一公司債券最低票面金額有一表決權（公二六三Ⅱ）。

㈡無記名公司債債權人，出席第一項股東會者，非於開會五日前，將其債券交存公司，不得出席（公二六三Ⅲ）。

四、決議之認可　公司債債權人會議之決議，應製成議事錄，由主席簽名，經申報公司所在地之法院認可並公告後，對全體公司債債權人發生效力，由公司債債權人之受託人執行之，但債權人會議另有指定者，從其指定（公二六四）。關於認可之申請時，得依非訟事件法第三二條至第三五

條之規定，為事實及證據之調查。惟公司債債權人會議之決議，有下列情形之一者，法院不予認可（公二六五）：

㈠召集公司債債權人會議之手續或其決議方法，違反法令或應募書之記載者。㈡決議不依正當方法達成者。㈢決議顯失公正者。㈣決議違反債權人一般利益者。

五、決議經認可之效力

㈠公司債債權人會議之決議，應製成議事錄，由主席簽名，經申報公司所在地之法院認可並公告後，對全體公司債債權人發生效力（公二六四前）。惟其決議事項違反應募書之記載時，縱經法院認可，公司亦不受其拘束。蓋公司債債權人與公司間之權利義務關係，依應募書或債券之記載為準據。

㈡公司債債權人會議決議之事項，應製作成議事錄，經法院認可後，由公司債債權人之受託人執行之，但債權人會議另有指定者，從其指定（公二六四但）。

第七節　股份有限公司之發行新股

第一、概　說

發行新股者，乃股份有限公司於成立後，再度為公開或不公開的發行股份之謂。按本法採授權資本制，公司依第一五六條第四項分次發行新股，依本節之規定（公二六六Ⅰ）。因此，依本法之規定，對於發行新股有下列兩種情形：

一、非增資之分次發行新股　非增資之分次發行新股者，乃公司依章程所定股份總數，得以分次發行之股份而言。本法對公司之資本總額採授權資本制，因此章程所定股份總數，得分次發行（公二六六Ⅰ、一五六Ⅱ），是故股份有限公司發行其股份總數中尚未發行之部分，係屬董事會之權限。公司發行新股，應由董事會以董事三分之二以上之出席，及出席董事過半

數同意之決議發行（公二六六Ⅱ）。

　　二、增資後發行新股　　公司將已規定之股份總數全數發行後，不得增加資本。（二七八Ⅰ）。股份有限公司欲增加資本發行新股，必先變更章程，故應有代表已發行股份總數三分之二以上之股東出席，以出席股東表決權過半數之同意（公二七七Ⅱ），始得為新股之發行。惟公開發行股票之公司，出席股東之股份總數不足前述定額者，得以有代表已發行股份總數過半數股東之出席，出席股東表決權三分之二以上之同意發行新股（公二七七Ⅲ）。前二項出席股東股份總數及表決權數，章程有較高之規定者，從其規定（公二七七Ⅳ）。又增加資本後之股份總數，得分次發行其發行並無最低數額之限制，俾便利資金之籌措，並避免募集之資金超過其營運所需之資金，產生閒置之流弊。（公二七八Ⅱ）。

第二、發行新股之程序

　　一、不公開發行新股之程序　　股份有限公司非必對外公開招募，發行新股，如由原有股東及員工全部認足，或由特定人協議認購時，則不必對外公開發行（公二七二）。茲將不公開發行新股之程序，述之於下：

　　㈠董事會之決議　　公司非增資之分次發行新股，無庸股東會決議。惟應由董事會董事三分之二以上之出席，及出席董事過半數之同意決議行之（公二六六Ⅱ），但增資之發行新股，必先經股東會之決議，變更章程後，董事會方能依上述方法決議，為增資後之發行新股。

　　㈡新股之承購與認購

　　1.由本公司員工承購　　公司發行新股時，除經目的事業中央主管機關專案核定者外，應保留發行新股總數百分之十至十五之股份，由公司員工承購（公二六七Ⅰ）。又公營事業經該公營事業之主管機關專案核定者，得保留發行新股由員工承購，其保留股份不得超過發行新股總數百分之十（公二六七Ⅱ）。公司發行新股時，除依前二項保留者外，應公告及通知原有股東，按照原有股份比例儘先分認，並聲明逾期不認購者，喪失其權利；原有股東持有股份按比例不足分認一新股者，得合併共同認購或歸併一人認

購；原有股東未認購者，得公開發行或洽由特定人認購（公二六七III）。前三項新股認購權利，除保留由員工承購者外，得與原有股份分離而獨立轉讓（公二六七IV）。至於公司如何分配股份與員工承購，由公司自行決定。惟員工承購辦法，是否按職位高低分購，或任由各員工承購，法無明文，習慣上由董事會決定，並按職位高低比例分購。本法第二六七條第一項第二項所定保留員工承購股份之規定，在使員工成為股東而與公司業務發生直接利害關係，以激勵員工之工作情緒，減少勞資糾紛。惟此項保留員工承購股份之規定，於以公積抵充，核發新股予原有股東者，不適用之（公二六七V）。公司對員工依第一項、第二項承購之股份，得限制在一定期間內不得轉讓。但其期間最長不得超過二年（公二六七VI）。章程得訂明依第一項規定承購股份之員工，包括符合一定條件之控制或從屬公司員工（公二六七VII）。本條規定，對因合併他公司、分割、公司重整或依第一六七條之二、第二三五條之一、第二六二條、第二六八條之一第一項而增發新股者，不適用之（公二六七VIII）。至於員工於取得股票後轉讓他人，則非法所禁。

　　2. **由原股東比例認購**　公司發行新股時，除保留員工承購部分外，應公告及通知原有股東，按照原有股份比例儘先分認，並聲明逾期不認購者，喪失權利。原有股東持有股份按照比例有不足分認一新股者，得合併共同認購或歸併一人認購，原有股東未認購者，得公開發行或洽由特定人認購（公二六七III）。至於董事會決定不公開發行新股，而限定應由原有股東比例分認時，董事會得同時決定認購期間，公告及通知原有股東比例分認，並聲明逾期不認購者，喪失其權利，俾發行新股手續，可早日結束。又上述失權後之新股餘額，依法並無須全部認足之規定，故此時公司儘可將該餘額停止發行，但如董事會認為仍有發行必要時，應解為得依董事會之決議，將此等失權後之新股，再提請其他股東比例承認，至全部認足為止。

　　上述新股認購權，係基於原有股份而生，屬於一種財產權，在董事會未決定為新股發行前，原有股東所享有之抽象新股認購權利，不得與原有股份分離而獨立轉讓，但如在董事會決定為新股發行後，原有股東之新股

認購權利，得與原有股份分離而獨立轉讓（公二六七IV）。又公司設立後得發行新股作為受讓他公司股份之對價，需經董事會以三分之二以上董事之出席，出席董事過半數決議行之，不受本法第二六七條第一項至第三項規定之限制（公一五六之三）。

3.**由特定人協議認購**　公司發行新股，原有股東逾期不認購或認購不足時，得不限身分、人數由特定人協議認購，而不公開發行。

以上三種認股行為，均屬與公司間之契約行為。

其次，公司發行限制員工權利新股者，不適用第一項至第六項之規定，應有代表已發行股份總數三分之二以上股東出席之股東會，以出席股東表決權過半數之同意行之（公二六七IX）。公開發行股票之公司出席股東之股份總數不足前項定額者，得以有代表已發行股份總數過半數股東之出席，出席股東表決權三分之二以上之同意行之（公二六七X）。公開發行股票之公司依前三項規定發行新股者，其發行數量、發行價格、發行條件及其他應遵行事項，由證券主管機關定之（公二六七XII）。

㈢**認股書之備置**　公司不公開發行新股，而由股東分認或特定人協議認購，仍應比照公開發行新股之規定備置認股書。有以現金以外之財產抵繳股款者，並於認股書加載其姓名或名稱及其財產之種類、數量、價格或估價之標準及公司核給之股數（公二七四I）。在員工承購時，其承購之意思表示，自以有文書為其表示之方式為妥，故認股書之備置與填寫實不可免。

㈣**股款之催繳**　公司不公開發行新股，由原有股東認購或由特定人協議認購者，得以現金或以公司事業所需之財產為出資（公二七二但）。以工資為股款者，必係公司所結欠未支付於工人而將應付款轉為資本尚無不可，如以預估工資抵繳股款，仍為法所不許。上述之財產出資實行後，董事會應送請監察人查核加具意見，報請主管機關核定之（公二七四II）。

公司發行新股，關於催繳股款及逾期失權等，均準用公司募集設立時有關規定（公二六六III、一四一、一四二）。故在預定發行股份總數募足時，公司應向各認股人催繳股款。以超過票面金額發行新股時，其溢額應與股款同時繳納（公二六六III準公一四一）。認股人延欠應繳之股款時，公司應

訂一個月以上之期限催告認股人照繳，並聲明逾期不繳，即喪失其認股之權利，所認股份另行募集，如有損害仍得向認股人請求賠償（公二六六III準公一四二）。

公司發行新股超過股款繳納期限，而仍有未經認購或已認購而撤回或未繳股款者，其已認購而繳款之股東，得定一個月以上之期限催告公司使認購足額並繳足股款，逾期不能完成時，得撤回認股，由公司返回其股款，並加給法定利息。有行為之董事，對於前述情事所致公司之損害，應負連帶賠償責任（公二七六）。所謂法定利息，依中央銀行核定之放款日折二分之一計算。

(五)**新股票之發行**　發行新股之股款收足後，公司即應為新股票之發行，並將新股東記入股東名簿。

二、公開發行新股之程序

(一)**董事會之決議**　公司公開發行新股，與不公開發行新股，均無庸經股東會之決議，僅須董事會之特別決議。即以董事三分之二以上出席，及出席董事過半數同意之決議行之（公二六六II）。

(二)**主管機關之核准**　公司發行新股時，除由原有股東及員工全部認足或由特定人協議認購而不公開發行者外，應將下列事項，申請證券主管機關核准，公開發行（公二六八I）：1.公司名稱。2.原定股份總數、已發行數額及其金額。3.發行新股總數、每股金額及其他發行條件。4.證券管理機關規定之財務報表。5.增資計劃。6.發行特別股者，其種類、股數、每股金額及第一五七條第一項第一款至第三款、第六款及第八款事項。7.發行認股權憑證或附認股權特別股者，其可認購股份數額及其認股辦法。8.代收股款之銀行或郵局名稱及地址。9.有承銷或代銷機構者，其名稱及約定事項。10.發行新股決議之議事錄。11.證券主管機關規定之其他事項。

公司就上述各款事項有變更時，應即向證券管理機關申請更正，公司負責人不為更正者，由證券管理機關各處新臺幣一萬元以上五萬元以下罰鍰（公二六八II），俾貫徹上述之規定。上述第2款至第4款及第6款，由會計師查核簽證；第8款、第9款由律師查核簽證（公二六八III）。至於公

營事業之公司，依審計法之規定，由審計機關審核，不須經會計師簽證，故公司法不需規定之。對於本法第二六七條第五項以公積或資產增值抵充核發新股予原有股東，不適用保留員工承購股份之規定及認購期限之規定，亦不適用前述之規定（公二六八Ⅳ）。公司發行新股之股數、認股權憑證或附認股權特別股可認購股份數額加計已發行股份總數、已發行轉換公司債可轉換股份總數、已發行附認股權公司債可認購股份總數、已發行附認股權特別股可認購股份總數及已發行認股權憑證可認購股份總數，如超過公司章程所定股份總數時，應先完成變更章程增加資本額後，始得為之（公二六八Ⅴ）。公司發行認股權憑證或附認股權特別股者，有依其認股辦法核給股份之義務，不受第二六九條及第二七〇條規定之限制。但認股權憑證持有人有選擇權（公二六八之一Ⅰ）。第二六六條第二項、第二七一條第一項、第二項、第二七二條及第二七三條第二項、第三項之規定，於公司發行認股權憑證時，準用之（公二六八之一Ⅱ）。

（三）**公開發行新股之禁止條件**

1.**公開發行普通股之禁止條件**　公司有下列情形之一者，不得公開發行新股（公二七〇）：

(1)最近連續二年有虧損者：連續二年有虧損者，不得公開發行新股；但公司依其事業性質，須有較長準備時間；或具有健全之營業計劃，確能改善營利能力者，縱有虧損情形，仍得予以核准。

(2)資產不足抵償債務者：如有此情形，即有重整或破產原因，自不宜准許公開發行新股。

2.**公開發行優先權利特別股之禁止條件**　公司有下列情形之一者，不得公開發行優先權利之特別股（公二六九）：

(1)最近三年或開業不及三年之開業年度課稅後之平均淨利，不足支付已發行及擬發行之特別股息者。

(2)對於已發行之特別股約定股息，未能按期支付者。

（四）**招募新股之公告**　公司公開發行新股時，除在認股書加記證券主管機關核准文號及年月日外，並應將前項各款事項，於證券主管機關核准通

知到達三十日內，加記核准文號及年、月、日公告並發行之。但營業報告、財產目錄、議事錄、承銷或代銷機構約定事項，得免於公告（公二七三II）。超過前項限期仍須公開發行時，應重行申請（公二七三III）。所謂「發行」，乃指完成認股之手續而非發行股票之意。

　　㈤**認股書之備置**　公司公開發行新股時，董事會應備置認股書，載明下列事項，由認股人填寫所認股數、種類、金額及其住所或居所，簽名或蓋章：1.第一二九條及第一三〇條第一項之事項；2.原定股份總數，或增加資本後股份總數中已發行之數額及其金額；3.第二六八條第一項第三款至第十一款之事項；4.股款繳納日期（公二七三I）。公司公開發行新股時，除在前項認股書加記證券主管機關核准文號及年、月、日外，並應將前項各款事項，於證券主管機關核准通知到達後三十日內，加記核准文號及年、月、日，公告並發行之。但營業報告、財產目錄、議事錄、承銷或代銷機構約定事項，得免予公告（公二七三II）。超過前項期限仍須公開發行時，應重行申請（公二七三III）。代表公司之董事違反上述規定，不備認股書者，由證券主管機關處新臺幣一萬元以上五萬元以下罰鍰（公二七三IV）。

　　㈥**股款之催繳**　公司公開發行新股時，應以現金為股款，不得以現金以外財產充之（公二七二前），此與原股東認購或由特定人協議認購，得以公司事業所需之財產為其出資（公二七二後），迥不相同。

　　㈦**新股票之發行**　公司公開發行新股，於股款已收足，公司即應為新股票之發行，並將新股東記入股東名簿。

　　㈧**董事監察人之改選**　公司公開發行新股，收足股款後，關於董事及監察人之改選，與不公開發行新股之程序同。

　　三、公開發行股票公司之私募　公開發行股票公司依證券交易法第四三條之六規定，經股東會之特別決議，得對特定身份之人進行私募（證交四三之六I），其股票之價格得低於票面之合理價格（證交四三之六VI1）。

　　四、特殊發行新股

　　㈠**股權交換**　公司設立後得發行新股作為受讓他公司股份之對價，需經董事會三分之二以上董事出席，以出席董事過半數決議行之，不受第二

六七條第一項至第三項之限制（公一五六之三）。

　　㈡**專案紓困發行新股轉讓與政府**　公司設立後，為改善財務結構或回復正常營運，而參與政府專案核定之紓困方案時，得發行新股轉讓於政府，作為接受政府財務上協助之對價；其發行程序不受本法有關發行新股規定之限制，其相關辦法由中央主管機關定之（公一五六之四Ｉ）。前項紓困方案達新臺幣十億元以上者，應由專案核定之主管機關會同受紓困之公司，向立法院報告其自救計畫（公一五六之四ＩＩ）。

第三、發行新股核准之撤銷

　　公司公開發行新股，經核准後，如發現其申請事項，有違反法令或虛偽情形時，證券管理機關得撤銷其核准（公二七一Ｉ）。為前述撤銷核准時，未發行者，停止發行。已發行者，股份持有人得於撤銷時起，向公司依股票原定發行金額加算法定利息，請求返還。因此所發生之損害，並得請求賠償（公二七一ＩＩ）。

第四、股份有限公司公開與不公開發行新股之區別

　　關於股份有限公司公開發行新股與不公開發行新股之區別如下：

　　一、**發行性質不同**　股份有限公司之公開發行，乃公司之發起人，或發行公司，以公告方法向社會不特定之公眾，公開招募認股之要約。至於不公開發行者，乃發行不公開，故不須公告，僅向特定人請為認股之要約。

　　二、**出資種類不同**　股份有限公司之公開發行，應以現金為股款之出資（公二七二前），不必報請主管機關核定。不公開發行者，得以公司事業所需之財產為出資（公二七二後）。如以現金以外之財產抵繳股款者，其種類、數量、價格、核准之股數是否為公司事業所需，應報經主管機關核定（公二七四）。

　　三、**是否需核准不同**　公司發行新股時，除由原有股東及員工全部認足或由特定人協議認購而不公開發行者外，應將法定事項，申請證券主管機關核准，公開發行（公二六八Ｉ）。不公開發行新股，不必報請核准（公

二六八Ⅰ前）。

四、發行之順序不同　股份有限公司公開發行新股時，除經政府核定之公營事業及目的事業主管機關專案核定者外，應先為不公開發行，並保留員工發行新股總數百分之十至十五之承購權限期儘先由原有股東分認，或洽由特定人認購，然後始得申請核准公開發行（公二六七Ⅰ、二六八Ⅰ）。

五、虧損或負債時之發行不同　股份有限公司之公開發行，在公司最近連續有兩年之虧損，或資產不足抵償債務時，為保障投資人之利益，不得公開發行新股（公二七〇）；不公開發行，雖有上述情事，本法亦不予限制。

六、具有優先權之特別股之發行　股份有限公司公開發行新股，公司如最近三年或開業不及三年之開業年度課稅後之平均淨利，不足支付已發行及擬發行之特別股股息者，或對於已發行之特別股約定股息，未能按期支付者，不得公開發行具有優先權利之特別股（公二六九）。不公開發行者，無此限制。

第八節　股份有限公司之變更章程

第一、概　說

一、變更章程之意義　變更章程者，乃對公司章程之內容，加以變更之謂。由於社會經濟之變化與營業情形之變動，章程之規定往往無法適應，因而有變更之必要。

二、變更章程之原因　公司變更章程之原因頗多，或因董事、監察人人數之增減者，或因所營事業更改者，或因公司住所地變更者。惟本法特設專節變更章程之規定，而以增加資本與減少資本之變更章程為主要內涵。至於其他特殊事項之變更章程，如變更組織之變更章程（公三一五），及公司重整成立之變更章程（公三〇四），則別有專節述之，茲不贅及。

三、變更章程之程序

㈠變更之決議

1.原則　應經股東會之特別決議，即須有代表已發行股份總數三分之

二以上股東出席，以出席股東表決權過半數之決議行之（公二七七 II）。但公開發行股票之公司，出席股東之股份總數不足前述定額者，得有代表已發行股份總數過半數股東之出席，出席股東表決權三分之二以上之同意變更章程（公二七七 III）。前二項出席股東股份總數及表決權數，章程有較高之規定者，從其規定（公二七七 IV）。公司發行特別股者，其章程變更如有損害特別股股東之權利時，除股東會特別決議外，更應經特別股股東會之決議（公一五九）。本法並未禁止優先權之特別股股東出席股東會行使表決權之權利，優先權之特別股股東自非不得出席股東常會或股東臨時會行使表決權。

　　2.例外　有下列情形之一者，不必經股東會之決議：

　　　⑴公司重整中，得經重整人聲請法院，由法院裁定予以變更章程，以資適應。

　　　⑵因事實之變更，而章程當然變更者。例如本公司住所地，行政區劃之變更，則章程上所載住所地，亦當然隨之變更。

　　㈡**變更章程之登記**　公司變更章程，原設之登記事項即有變更，公司負責人應即為變更之登記（公一二）。

第二、增加資本之變更章程

　　一、增加資本之意義　增加資本者，乃股份有限公司因業務之需要，經變更章程而增加資本總額。採行票面金額股者，股份總數及每股金額；採行無票面金額股者，股份總數為章程必要記載事項（公一六二 I 3）。公司資本增加，股份之總額則有變更，故增加資本，必須變更章程。

　　二、增加資本之限制

　　㈠增加資本之變更章程，應經股東會之特別決議（公二七七 I），並將章程已規定之股份總數，全數發行後，不得增加資本（公二七八 I）。

　　㈡公司增加資本後之股份總數，得分次發行（公二七八 II）。第一次發行之股份，其數額本法未加限制。

　　公司章程載有公司債可轉換股份之數額者，前述㈠㈡股份總數之計算，

不包括公司債可轉換股份及認股權憑證可認購股份之數額。至於轉換股份公司債，債權人對轉換股份有選擇權及可認購股份公司債、認股權憑證，認股權憑證持有人有選擇權（公二六二），因此公司每次發行新股時，是否有債權人或認股權憑證持有人願意轉換及轉換股份之數額，均無法事先確定，前述規定，不適用於轉換股份公司債。

　　三、增加資本之方法　其方法有三：

　　㈠增加股份數額　例如股份總數原為五千股，現增為七千股，增加二千股是。

　　㈡增加股份金額　例如原每股為三十元，現每股增為四十元是。

　　㈢增加股份金額及數額　例如原為五千股，每股三十元，現增為七千股，每股四十元。

　　上述㈠之方法得對外發行，㈡之方法僅得由股東比例認定，二者相較以㈠之方法為優。本法將增加股份數額，為增加資本之方法（公二七八），亦即採前㈠之方法。

　　四、增資後發行新股之程序　須依前節發行新股規定之程序辦理。

　　五、增資之撤銷　公司增資如未經股東會之特別決議（公二七七Ⅰ），或未將章程已規定之股份總數全數發行而逕行增資（公二七八），僅得撤銷，並非當然無效，故本法第二七七條及第二七八條乃屬命令規定。

第三、減少資本之變更章程

　　一、減少資本之定義　減少資本者，股份有限公司因業務之需要，變更章程而減少資本之總額。

　　二、減少資本之限制

　　㈠原則　股份有限公司係屬資合公司。公司資本為公司信用基礎，原則上不得任意減少。

　　㈡例外　公司之事業，如因經濟情事變遷，預定之資本過多，形成資金過剩之情形，或因公司虧損過鉅，以減資方式彌補損失而縮小營業範圍，則為法所許。惟須遵循本節之法定程序。

三、減少資本之方法

㈠依有否現實返還出資為標準 可分為下列兩種：

1.**實質上之減資** 公司以發還過剩資金於股東為目的而減少資本時，此際其積極財產隨之減少之謂。

2.**名義上之減資** 公司因虧損過鉅，減少資本使公司之資本總額與公司現在之積極財產相一致者，謂之名義上之減資或計算上之減資。

㈡依減少資本之方法為標準 可分為下列三種：

1.**減少股份之數額** 即每股金額不變，而減少其股份總數。其方法有下列二種：

⑴股份之銷除：即取銷股份之一部。

⑵股份之合併：例如將二股或三股併為一股，或將三股併為二股是。本法規定公司因減少資本而合併股份時，其不適於合併之股份之處理，準用第二七九條第二項之規定（公二八〇準公二七九Ⅱ）。換言之，即公司得將其畸零之數拍賣，而返還賣價於該股東。

2.**減少股份金額** 即減少每股之金額而不減少股份之總數，其方法有下列三種：

⑴免除：即對於尚未繳納之股份金額，免除其全部或一部繳納之義務是。

⑵發還：即將每股核減之金額，返還於股東。

⑶註銷：即為減除虧損，而減少每股份之金額，予以註銷。例如公司資本總額為四百萬元，現已虧損二百萬元，則將原每股金額一千元減為五百元，以彌補其損害是。

3.**減少股款及股數** 即上述減少股份數額及減少股份金額兩種方法，同時並行之。例如原為二百萬股，每股二百元，現減為一百萬股，每股一百元是。

上述三種方法，依本法之規定均得採用之。蓋其方法既無違反本法之決議強制規定，亦與股份有限公司之性質並無牴觸。惟究應採用何種方式而減資，端賴股東會之特別決議。

四、減少資本之程序

㈠**股東會之決議**　公司之減少資本應變更章程，故應經股東會之特別決議（公二七七II）。惟公司之減少資本方法、數額，應由股東會作具體之決議。

㈡**通知及公告**

1.公司決議減少資本時，應即編造資產負債表及財產目錄（公二八一準公七三I）。

2.應將減資方法向各債權人分別通知及公告，指定三十日以上期限，聲明債權人得於期限內提出異議（公二八一準公七三II）。

3.公司不對債權人通知及公告，或對於其在指定之期限內提出異議之債權人不為清償，或不提供相當之擔保者，不得以其減資對抗債權人（公二八一準公七四）。

㈢**減資之實行**　減資之實行，因減資之方法不同而異。在減少股份金額之註銷及股份之強制銷除，皆係以公司之單獨行為為之，對於減少股份金額所為股款之發還，應先為發還之通知及公告，然後為現實之發還。在股份之任意銷除，則為公司與股東間之契約。

㈣**換發新股**　公司因減少資本換發新股票時，應於減資登記後，定六個月以上之期限，通知各股東換取，並聲明逾期不換取者，喪失其股東之權利（公二七九I）。股東於前述期限內不換取者，即喪失其股東之權利，公司得將其股份拍賣，以賣得之金額，給付該股東（公二七九II）。公司負責人違反第一項通知或公告期限之規定時，各處新臺幣三千元以上一萬五千元以下罰鍰（公二七九III）。

㈤**減少資本之撤銷**　股東會未為減少資本之決議，或雖為減少資本之決議而未為減少資本方法之決議者，以及減少資本方法違反股東平等原則者，均為減資撤銷之原因。減資撤銷，亦可由股東提起撤銷決議之訴，以資救濟。

第九節　股份有限公司之重整

第一、概　說

　　一、公司重整之意義　公司重整者，乃依本法公開發行股票或公司債之股份有限公司，因財務困難，暫停營業或有停業之虞，而有重建更生之可能，因公司或其他關係人之聲請，法院裁定准予重整，俾調整其債權人、股東及其他利害關係人之利益，使陷於困境之公司，得以維持與更新其事業為目的之制度。

　　二、公司重整之立法理由　近代大規模企業，大抵採用公司制度，俾便於募集鉅額資本，達到資本大眾化。然則各類公司經緯交織，相互連鎖，彼此影響。就社會經濟觀點言，企業經營之成敗，非僅為企業本身或其投資個人問題，恆與社會大眾之利益相關。大公司之倒閉，不獨其股東及債權人受損，其員工因之失業，甚且牽累平常往來之企業連鎖倒閉。由於生產工作停頓，無法供應貨品，則社會、國家均受其害，故現代立法特設公司重整規定，協助瀕臨倒閉之公司謀求對策，預防其破產，使公司得以維持並求發展。

　　三、公司重整之性質

　　㈠**公司重整在實體法上之性質**　關於公司重整在實體法上之性質，其學說可分為二：1.和解契約說認為重整人提出重整計畫，乃屬民法上之要約行為，關係人會議之可決重整計劃為承諾行為，契約因而成立。 2.共同行為說認為公司重整之目的，係利害關係人之共同行為，其目的在於公司之重整。俾與公司成立之性質相符，本書以共同行為說較妥。

　　㈡**公司重整在程序法上之性質**　公司重整，論其性質為非訟事件。蓋非訟事件法第五章商事非訟事件第一節公司事件內，列有關於重整事件之規定（非訟一八五、一八六、一八七、一八八）。然則，本法第三一四條規定：「關於本節之管轄及聲請通知送達公告裁定或抗告等，應履行之程序，

準用民事訴訟法之規定。」本條之準用，並非完全適用，應解釋為不牴觸非訟事件法之範圍內，方可引用。是故解釋上公司重整，具有非訟事件及民事訴訟之性質。

第二、公司重整之原因及要件

公司重整之原因有二（公二八二Ⅰ），茲分述如下：

一、公司財務困難，暫停營業而有重建更生之可能　此時公司已有停止營業之事實，自易認定，故公司不能清償債務或已停止支付而有破產原因，已暫停營業者，得認為有重整原因。

二、公司財務困難，有停業之虞而有重建更生之可能　此時公司雖尚未停止營業，但已有停業之危險，例如公司財務周轉不靈，利息不勝負擔或需變賣重要資產維持公司開銷，如仍照原定方式經營將使公司之困難日益加重，而將有停業之危險者，亦認為有重整原因。

凡有上述二種原因之一外，尚須有下列二要件，方得聲請重整：

一、依公司業務及財務狀況有重建更生之可能（公二八五之一Ⅲ）
即公司營業狀況，依合理財務費用負擔標準，仍有經營價值。若無經營價值者，法院應駁回，故具有經營之價值，應屬公司重整要件之一。

二、公司重整須以公開發行股票或公司債之公司為限者，始得聲請重整（公二八二Ⅰ）　公司重整之目的，乃在協助大規模企業之重建，使瀕臨困難而有經營價值之公司得以重振旗鼓。至於非公開發行股票或公司債之公司，多為家族公司，其股東不多，涉及公眾關係與社會秩序之安寧者較少，自無扶持重整必要。所謂「公開發行」之意義，應指公司曾依本法公開招募股份（公一三三），或依本法募集公司債（公二四八），或依本法公開發行新股（公二六八）者而言，並不以股票債券上市證券市場為必要。

第三、公司重整之聲請

一、聲請權人　得為公司重整之聲請者有三（公二八二），茲述於下：

㈠公司　公司為聲請人時，應經董事會以董事三分之二以上出席，及

出席董事過半數同意之決議行之（公二八二II）。公司為聲請時，應提出重整之具體方案為之（公二八三III）。

　　㈡**少數股東**　公司經營之成敗，影響股東之利益甚鉅，故股東與公司之關係，最為密切。因之繼續六個月以上持有已發行股份總數百分之十以上股份之股東得聲請法院裁定准予重整（公二八二I 1）。所謂「已發行股份總數百分之十以上股份」之數目，法無明文排斥一股東之情形，故認為僅股份總數百分之十以上股份即可，姑不論其為一人抑數人。前述股東聲請時，應檢同釋明其資格文件，但對於「公司所營事業及業務狀況」與「公司最近一年度依第二百二十八條規定所編造之表冊；聲請日期已逾年度開始六個月者，應另送上半年之資產負債表」之事項，得免予記載（公二八三IV）。

　　㈢**公司債權人**　本法規定法院得依相當於已發行之股份總數金額百分之十以上之公司債權人之聲請，裁定准予重整（公二八二I 2）。所謂「相當於已發行股份總數金額百分之十以上之債權」，係指不論債權人一人之所有債權額，抑係數債權人合併計算已達此數額均可。

　　二、**管轄法院**　本法第三一四條之規定準用民事訴訟法之規定，應由公司之本公司所在地之法院管轄（民訴二II）。惟公司重整，性質上為非訟事件，自應由地方法院管轄。重整程序涉及公益，其利害關係不僅限於公司或重整聲請人而已，故解釋上合意管轄之規定，在重整事件上不應適用之。

　　三、**聲請之書狀**　公司重整之聲請，應由聲請人以書狀連同副本五份載明下列事項向管轄法院為之（公二八三I）：㈠聲請人之姓名及住所或居所；聲請人為法人、其他團體或機關者，其名稱及公務所、事務所或營業所。㈡有法定代理人、代理人者，其姓名、住所或居所，及法定代理人與聲請人之關係。㈢公司名稱、所在地、事務所或營業所及代表公司之負責人姓名、住所或居所。㈣聲請之原因及事實。㈤公司所營事業及業務狀況。㈥公司最近一年度依第二二八條規定所編造之表冊；聲請日期已逾年度開始六個月者，應另送上半年之資產負債表。㈦對於公司重整之具體意見。前述㈤至㈦之事項，得以附件補充之（公二八三II）。公司為聲請時，應提

出重整之具體方案（公二八三III）。公司為聲請時，應提出重整之具體方案。股東、債權人、工會或受僱員工為聲請時，應檢同釋明其資格之文件，對第一項第五款及第六款之事項，得免予記載（公二八三IV）。

第四、法院對公司重整之裁定

一、裁定前之審查

㈠**形式上之審查**　法院受理重整之聲請後，首先應就此聲請加以形式上之審查，即審查該聲請有否下列不合法之情形，如有，法院應裁定駁回： 1.聲請程序不合者，但可以補正者，應限期命其補正。 2.公司未依本法公開發行股票或公司債者。 3.公司經宣告破產已確定者。 4.公司依破產法所為之和解決議已確定者。5.公司已解散者。6.公司被勒令停業限期清理者。

倘有上述不合法情形之一者，如可補正，應即定期命其補正，已定期間命其補正而逾期不補正者，或無管轄權而又不能移送，或其不合法情形不能補正者，應即駁回其聲請。

㈡**實質上之審查**　法院為前述形式上之審核後，如無不合之情形時，應即進而為實質上之審查，即審查是否確有重整之原因，亦即重整之要件有無欠缺，此項審查得行任意之言詞辯論，並得依職權為必要之調查，其調查之方法本法有明文者，述之如下：

1.**徵詢主管機關之意見**　法院對於受理重整之聲請除依前條之規定裁定駁回者外，應將聲請書狀副本，檢送中央主管機關、目的事業中央主管機關、中央金融主管機關及證券管理機關，並徵詢其關於應否重整之具體意見（公二八四I）。所謂中央主管機關，係指經濟部。按經濟部主管全國工商業，對於公司之業務情形，及影響社會安定與發展程度之分析，甚為透徹，且因平日監督之機會，當有所了解。至於目的事業之中央主管機關，如藥業公司為衛生署、航業公司為交通部、保險公司為財政部，其對公司營業及業務狀況較為熟悉，故法院應徵詢其意見，作為裁定重整與否之參考。法院並不受其意見之拘束，仍應依職權斟酌是否准予重整。所謂「證券管理機關」，係指行政院金融管理委員會證券暨期貨局。

2.**徵詢稅捐機關及其他有關機關** 法院對於重整之聲請，並得徵詢本公司所在地之稅捐稽徵機關及其他有關機關、團體之意見（公二八四 II）。前二項被徵詢意見之機關，應於三十日內提出意見（公二八四 III）。

3.**通知被聲請重整之公司** 重整之聲請人為股東或債權人時，法院應檢同聲請書狀副本，通知該公司（公二八四 IV），以使公司陳述意見或提供資料。

4.**選任檢查人為調查報告** 法院為期發現真實，除徵詢中央主管機關、目的事業主管機關及證券管理機關外，應為相當之調查。然推事對於公司之經營及帳目未必均具有該項知識，故得選任檢查人調查有關重整之資料。檢查人之設，並非重整之必要程序，選任與否，由法院斟酌實際情形，選任之。檢查人之選任，以對公司業務具有專門知識、經營經驗而非利害關係人者，充任為檢查人（公二八五 I 前）。所謂利害關係，應以有相當理由，足認為執行業務有偏頗之虞者為標準。通常公司負責人，或巨額債權人、股東，均應認為有利害關係。再者，檢查應於法院選任後三十日內，就下列事項調查完畢報告法院（公二八五 I 後）：

(1)公司業務、財務狀況與資產估價。

(2)依公司業務、財務、資產及生產設備之分析，是否尚有重建更生之可能。

(3)公司以往業務經營之得失及公司負責人執行業務有無怠忽或不當情形。

(4)聲請書狀所記載事項有無虛偽不實情形。

(5)聲請人為公司者，其所提重整方案之可行性。

(6)其他有關重整之方案。

前述三十日之期限，檢查人事實上常無法如期完成，故解釋上，應認為法院有權依實際情形延長之。

其次，檢查人對於公司業務或財務有關之一切簿冊、文件及財產，得加以檢查，公司之董事、監察人、經理人或其他職員，對於檢查人關於業務之詢問，有答覆之義務（公二八五 II）。公司之董事、監察人、經理人或

其他職員，拒絕對上述檢查或對上述詢問，無正當理由不為答覆或為虛偽陳述者，處新臺幣二萬元以上十萬元以下罰鍰（公二八五III）。

法院依檢查人之報告，並參考目的事業中央主管機關、證券管理機關、中央金融主管機關及其他有關機關、團體之意見，應於收受重整聲請後一百二十日內，為准許或駁回重整之裁定，並通知各有關機關（公二八五之一I）。前項一百二十日之期間，法院得以裁定延長之，每次延長不得超過三十日。但以二次為限（公二八五之一II）。

檢查人應以善良管理人之注意，執行其職務，其報酬由法院依其職務之繁簡定之。檢查人執行職務有違反法令，致公司受有損害時，對於公司應負賠償責任。檢查人對於職務上之行為有虛偽陳述時，各處一年以下有期徒刑、拘役或科或併科新臺幣六萬元以下罰金（公三一三）。

5.命造報名之債權人及股東名冊　法院於裁定公司重整前，得命公司負責人，於七日內就公司債權人及股東，依其權利之性質，分別造報名冊，並註明住所或居所及債權或股份總金額（公二八六）。

二、裁定前之處分——權利之保全　法院為公司重整之裁定前，得由公司或利害關係人之聲請或依職權，以裁定為必要之處分（公二八七I）。所謂「利害關係人」，凡與公司之存續有直接利害關係之人，例如債權人、股東、保證人等，均得為聲請人。法院為重整之裁定前，以裁定所為之處分如下（公二八七I）：

㈠公司財產之保全處分　依本法規定，受理重整之法院得依職權為之。所為財產之保全處分，如其財產依法應登記者，應囑託登記機關登記其事由；其財產依法應註冊者亦同（非訟一八六I）。蓋公司應否重整，其財產有否保全處分之必要，唯有受理聲請之法院知之最詳，故並無理由，由標的物所在地之法院為裁定。

㈡公司業務限制之處分　所謂公司業務，不僅限於公司之營業範圍。凡依特殊情事可認為營業上之行為者，亦在限制之例。例如對外舉債，嚴格言之，並非公司之營業行為，然公司擅自對外借款，影響重整之順利進行至鉅，自應限制。

㈢公司履行債務及對公司行使債權之限制 法院為重整裁定前，如任令債權人向公司行使債權或公司自動向部分債權人清償，則有失公平原則，且窒礙重整之進行。因此本法特設此項限制，其目的乃在維持公司財產之現狀。所謂對公司行使債權之限制，應指在訴訟外由公司為現實給付行為以履行債務，不包括債權人起訴請求公司履行債務在內。

㈣公司破產、和解或強制執行等程序之停止 法院為重整裁定後，破產、和解或強制執行程序原應當然停止。惟在裁定前，如為破產宣告裁定或和解之決議已經確定，則重整程序即屬無從開始，當然不適用本項之停止。所謂停止強制執行程序，須其程序尚未終結前，始有停止可言。

㈤公司記名式股票轉讓之禁止處分 公司重整裁定前，為便利重整程序之進行，公司股東不宜變動，故法院得為此項禁止處分。

㈥公司負責人對於公司損害賠償責任之查定及其財產之保全處分 公司財務困難，致暫停營業或有停止營業之虞時，公司負責人往往與有過失，應對公司負賠償之責，故法院為公司重整裁定前，得因利害關係人聲請或依職權，對公司負責人為對於公司損害賠償責任查定之裁定，以免負責人隱匿或毀壞不利於己之證據。且為防止該負責人之脫產行為，亦得就其財產，予以假扣押、假處分等保全處分。

上述之處分，除法院准予重整外，其期間不得超過九十日；必要時，法院得由公司或利害關係人之聲請，或依職權以裁定延長之，其延長期間，不得超過九十日（公二八七II）。前項期間屆滿前，重整之聲請駁回確定者，第一項之裁定失其效力（公二八七III）。法院為第一項之裁定時，應將裁定通知證券管理機關及相關之目的事業中央主管機關（公二八七IV）。前述之處分，所以限制各該處分之期間，無非以該項處分有妨害第三人權利之虞，故在不妨礙公司重整目的之前提下，為保護第三人之利益，斟酌其立法意旨，亦應允許法院另以裁定變更或撤銷原處分。按法院於重整裁定前所為之保全處分，無非保全公司重整之價值，如為處分之後，因情事變遷，已無繼續處分之必要時，因公司重整為非訟事件，兼採職權主義之原則，解釋上法院自可另以裁定變更或撤銷之。

三、駁回重整聲請之裁定　法院受理公司重整之聲請，首先應就形式上審查，即審查該聲請是否合法。倘有不合法，除依情形可補正者，應定期間命其補正外，否則應駁回其聲請。茲就本法規定，法院應駁回重整聲請之事由，述之於下（公二八三之一）：

㈠聲請程序不合法者　無聲請權人之聲請，或聲請書狀未齊全者，倘可以補正者，未於限期內補正。因本款之情事駁回者，不受一事不再理之原則，仍可聲請。

㈡公司未依本法公開發行股票或公司債者。

㈢公司宣告破產已確定者　公司經宣告破產已確定者，法院應裁定駁回重整之聲請。惟公司破產之宣告尚未確定前，仍可為重整之裁定。倘公司宣告破產尚未確定，而破產程序已終結者，則公司實質上已不存在，其所為重整之裁定，於事無補，故解釋上應以無重整之可能，予以駁回較妥。

㈣公司依破產法所為之和解決議已確定者　所謂和解決議已確定者，並非指法院許可和解聲請之裁定之確定，而是指法院之和解方案經債權人會議可決，並經法院為認可之裁定已確定，或商會之和解已經債權人會議之可決，並訂立書面契約，由商會主席署名加蓋商會戳記者而言。

㈤公司已解散者　公司已解散而清算完畢，自無重整可言。法院當駁回重整之聲請。惟公司依法解散而尚未清算完畢前，得否依股東會決議聲請重整，向有肯定與否定二種不同之見解，通說以肯定說為當，但法院仍有斟酌之權。

㈥公司被勒令停業限期清理者。

㈦聲請書狀所記載事項有虛偽不實者　（公二八五之一Ⅲ1）。

㈧依公司業務及財務狀況無重建更生之可能者　（公二八五之一Ⅲ2）。

法院依前項第二款於裁定駁回時，其合於破產規定者，法院得依職權宣告破產（公二八五之一Ⅳ）。

除上述外，法院首須依職權作管轄權有無之審查，無管轄權者，亦以裁定駁回重整之聲請。法院駁回重整聲請之裁定，如依本法第二八七條所為已確定，自已無保全之必要，各項保全處分之裁定，應解為當然失其效

力，毋庸另以裁定撤銷。

四、准許重整之裁定 法院認為重整之聲請合法，並有重整原因，應為重整之裁定時，並應就公司業務，具有專門學識及經營經驗者或金融機構，選任為重整監督人，並決定下列事項（公二八九I）：

㈠債權及股東權申報期間及場所，其期間應在裁定之日起十日以上三十日以下。

㈡所申報之債權及股東權之審查期日及場所，其期間應在前款申報期間屆滿後十日以內。

㈢第一次關係人會議期日及場所，其期日應在第一款申報期間屆滿後三十日以內。

准許重整之裁定，應於何時生效，本法無明文規定。惟其性質上不能適用民事訴訟法之規定，即宣示之裁定於宣示時發生效力，不宣示者，於送達時發生效力。蓋利害關係人不計其數，對之一一送達，事實上有所困難，故解釋上重整之裁定，僅須公告，不以送達為必要。裁定發生效力之時間，以法官作成裁定書及署名之年月日之中午，為公司開始重整之時，亦即於此際發生重整之效力。

五、重整裁定之公告 法院為重整裁定後，應即公告下列事項（公二九一I）：㈠重整裁定之主文及年月日。㈡重整監督人、重整人之姓名或名稱、住址或處所。㈢本法第二八九條所定期間、期日及場所。㈣公司債權人怠於申報權利時，其法律效果。

法院對於重整監督人、重整人、公司、已知之公司債權人及股東，仍應將前項裁定及所列各事項，以書面送達之（公二九一II）。

法院於前項裁定送達公司時，應派書記官於公司帳簿，記明截止意旨，簽名或蓋章，並作成節略，載明帳簿狀況（公二九一III）。

六、重整裁定之效力

㈠對於公司之效力

1.重整開始之登記 法院為重整裁定後，應檢同裁定書，通知主管機關，為重整開始之登記並由公司將裁定書影本黏貼於該公司所在地公告處

（公二九二）。公司毋庸辦理公司變更登記。蓋公司之股東會及董事、監察人，依本法之規定雖應停止職權，並將公司業務之經營及財產之管理處分權移屬於重整人（公二九三Ｉ），惟此時重整人與重整公司之關係，乃基於法律規定之特別關係，並非實際取代為公司之負責人，故毋庸辦理變更登記，應俟重整計劃經關係人會議可決及法院裁定認可後，公司重整人，應於重整計劃所定期限內完成重整工作；重整完成時，應聲請法院為重整完成之裁定，並於裁定確定後，召集重整後之股東會選任董事、監察人（公三一〇Ｉ）。前項董事、監察人於就任後，應會同重整人向主管機關申請登記或變更登記（公三一〇ＩＩ）。

　　2.**公司帳簿之處置**　法院於重整裁定送達公司時，應派書記官於公司帳簿記明截止意旨，簽名或蓋章，並作成節略，載明帳簿狀況（公二九一ＩＩＩ），以劃分重整前後之情形。

　　3.**業務及財產之移交**　⑴重整裁定送達公司後，公司業務之經營及財產之管理處分權移屬於重整人，由重整監督人監督交接，並聲報法院，公司股東會、董事及監察人之職權，應予停止（公二九三Ｉ）。按公司原有之負責人，既因重整裁定後喪失其管理權及處分權，如仍以公司名義與他人為法律行為者，應認為無效，債務人亦不得對之為清償行為。惟債務人若不知重整裁定之事實而清償，實屬情有可原，應解為債務人得以不知重整之事實對抗重整人，而主張有效。但債務人就不知重整之事實，應負舉證責任。至債務人明知已有重整之事實，仍向公司原有負責人為清償者，應解為僅以公司所受之利益為限，始得對抗重整人。⑵為前述交接時，公司董事及經理人應將有關公司業務及財務之一切帳冊、文件與公司之一切財產，移交重整人（公二九三ＩＩ）。公司之董事、監察人、經理人或其他職員，對於重整監督人或重整人所為關於業務或財務狀況之詢問，有答復之義務（公二九三ＩＩＩ）。⑶公司之董事、監察人、經理人或其他職員有下列行為之一者，各處一年以下有期徒刑、拘役或科或併科新臺幣六萬元以下罰金（公二九三ＩＶ）：①拒絕移交；②隱匿或毀損有關公司業務或財務狀況之帳冊文件；③隱匿或毀棄公司財產或為其他不利於債權人之處分；④對於重整監

督人或重整人所為關於業務或財務狀況之詢問，無故不為答復；或⑤捏造債務或承認不真實債務者。

4.上市股票仍未必下市　因本法並無明定股票上市之股份有限公司，其股票一部或全部應行下市等情事，倘無證券交易法第一五六條所列之情事之一，而有影響市場秩序或損害公益之虞者，得命令停止其一部或全部之買賣，或對證券自營商、證券經紀商之買賣數量加以限制（證交一五六），主管機關不能命令其停止一部或全部買賣或對買賣數量加以限制。

㈡**對於債權人之效力**　公司在重整裁定前成立之債權為重整債權，該債權非依重整程序，不得行使其權利（公二九六Ⅰ）。惟破產法破產債權之規定，於前項債權準用之；但有別除權及優先權之規定者，不在此限（公二九六Ⅱ）。取回權、解除權或抵銷權之行使，應向重整人為之（公二九六Ⅲ）。重整債權人，應提出足資證明其權利存在之文件，向重整監督人申報，經申報者，其時效中斷，未經申報者，不得依重整程序受清償（公二九七Ⅰ）。但未在公告期間申報者，其債權並非當然消滅，將來公司經法院裁定終止重整時，仍得行使其權利（公三〇八2）。為使公司債權人在關係人會議中，樂於贊同重整計畫，本法復規定，公司債權人對公司債務之保證人及其他共同債務人之權利，不因重整而受影響（公三一一Ⅱ）。再者，重整裁定成立後，為維持公司業務繼續營運所發生之債務（公三一二Ⅰ1），及進行重整程序所發生之費用，為公司之重整債務，優先於重整債權而為清償（公三一二Ⅰ2）。前述優先受償權之效力，不因裁定終止重整而受影響（公三一二Ⅱ）。

㈢**對於股東之效力**　應為申報之人，因不可歸責於自己之事由，致未依限申報者，得於事由終止後十五日內補報之，但重整計劃已經關係人會議可決時，不得補報（公二九七Ⅱ）。股東之權利，依股東名簿之記載（公二九七Ⅲ）。重整裁定送達公司後，公司股東會之職權應即停止（公二九三Ⅰ）。公司股東為公司重整之關係人（公三〇〇Ⅰ），則其股東權當由關係人會議行使之。惟公司無資本淨值時，在關係人會議，其股東組不得行使表決權（公三〇二Ⅱ）。

㈣**重整監督人對債權及股東權之審查**　重整監督人，於權利申報期間屆滿後，應依其初步審查之結果，分別製作優先重整債權人、有擔保重整債權人、無擔保重整債權人及股東清冊，載明權利之性質、金額及表決權數額，於第二八九條第一項第二款期日之三日前，聲報法院及備置於適當處所，並公告其開始備置日期及處所，以供重整債權人、股東及其他利害關係人查閱。重整債權人之表決權，以其債權之金額比例定之，股東表決權，依公司章程之規定（公二九八）。

法院審查重整債權及股東權之期日，重整監督人、重整人及公司負責人，應到場備詢，重整債權人、股東及其他利害關係人，得到場陳述意見。有異議之債權或股東權，由法院裁定之。就債權或股東權有實體上爭執者，應由有爭執之利害關係人，於前述裁定送達後二十日內提起確認之訴，並應向法院為起訴之證明，經起訴後在判決確定前，仍依前述裁定之內容及數額行使其權利。但依重整計劃受償時，應予提存。重整債權或股東權，在法院宣告審查終結前，未經異議者，視為確定，對公司及全體股東、債權人有確定判決同一之效力（公二九九）。

㈤**各項程序之停止**　公司經法院裁定重整後，公司之破產、和解、強制執行及因財產關係所生之訴訟等程序，當然停止（公二九四）。各債權人應依重整程序行使權利（公二九六）。所謂強制執行程序及因財產關係所生之訴訟程序，其範圍除取回權、解除權、抵銷權外，凡與重整債權有關之債權，其執行程序與訴訟程序均包括在內，甚至假扣押、假處分及拍賣抵押物之程序等，均包括在內。

㈥**得為各項保全處分**　法院在公司重整裁定前，依法所為之各項保全處分（即指公二八七Ｉ1、2、5、6），不因裁定重整而失其效力，其未為各該項處分者，於裁定重整後，仍得依利害關係人或重整監督人之聲請，或依職權裁定為之（公二九五）。

七、重整裁定之抗告　聲請重整之人對於重整之裁定當然不得抗告，惟因法院重整之裁定影響公司、股東、債權人之權利與義務甚鉅，故公司、股東、債權人依非訟事件法第四十一條第一項規定：「因裁定而權利受侵害

者，得為抗告。」解釋上，上列之人，均有抗告之權。抗告期間，應於裁定送達後十日之不變期間內為之。但送達前之抗告，亦有效力。未受裁定送達之人提起抗告，前項期間應自其知悉裁定時起算，但裁定達於受裁定之人後已逾六個月，或因裁定而生之程序已終結者，不得抗告（非訟四二）。

第五、重整之執行與監督

本法關於公司重整之執行，規定由重整人為之。至於重整之監督，由法院另派重整監督人為之。

一、重整人

㈠**重整人之意義及選任**　重整人者，公司開始重整後，因原有機關之職權當然停止，而另選適當之人，執行公司業務，進行重整工作，完成重整程序之人。

公司之重整人由法院就債權人、股東、董事、目的事業中央主管機關或證券管理機關推薦之專家中選派（公二九〇Ⅰ）。重整人之資格，本法明訂經理人之消極資格規定，重整人準用之（公二九〇Ⅱ準公三〇）。關係人會議，依第三〇二條分組行使表決權之結果，有二組以上主張另行選定重整人時，得提出候選人名單，聲請法院選派之（公二九〇Ⅲ）。又重整人執行業務，應受重整監督人之監督，其有違法或不當情事者，重整監督人得聲請法院解除職務，另行選派之（公二九〇Ⅴ）。

㈡**重整人之人數**　關於重整人之人數，本法並無明文規定，在解釋上，重整人由董事充任時，似應以董事之人數為準。如由法院選派債權人或股東為重整人，其人數由法院酌定之。重整人有數人時，其事務之執行，應以過半數之同意行之（公二九〇Ⅳ）。數重整人，非如董事會，設有董事長代表公司。此際究應共同代表或各得單獨代表，本法在「公司重整」節內，並無規定。惟依本法第八十五條規定，清算人有數人時，得推定一人或數人代表公司，如未推定時，各有對於第三人代表公司之權。關於清算事務之執行，取決於過半數之同意（公三三四準公八五）。

㈢**重整人之性質**　關於重整人之性質，學者之見解，約可分為二說：

　　1.**代理說**　認為重整人係利害關係人團體之執行機關，其職務在重整公司業務及管理之經營，性質上屬於利害關係人團體之代理人，而非重整公司之代表人。

　　2.**公吏說**　此說認為重整人係由法院所選任，依法律規定執行有關公司重整程序之業務，故依職務而言，應認為法院之公職人員。

　　本法第二九〇條第一項規定，公司重整人由法院就債權人、股東、董事、目的事業中央主管機關或證券管理機關推薦之專家中選派之。觀之，既由法院選派，實具公力救濟主義之精神，故以公吏說，解釋重整人之性質較當。

　　㈣**重整人之職權**

　　1.**重整人之職權**　重整程序中之重整人相當於重整前之董事，其職權除法律另有規定或其性質不適用董事之規定者外，有公司業務之經營權及財產管理處分權（公二九三Ⅰ）。重整人有數人時，關於重整事務之執行，以過半數之同意行之（公二九〇Ⅳ）。其執行之期限，不得超過一年（公三〇四Ⅳ）。至於為特定行為時，應得重整監督人之事先許可。茲將本法所規定重整人之職權，述之於下：

　　⑴對公司業務之經營權及財產管理處分權（公二九三Ⅰ）。

　　⑵在法院審查重整債權與股東權之期日到場備詢 （公二九九Ⅰ）。

　　⑶列席關係人會議備詢（公三〇〇Ⅳ）。

　　⑷擬定重整計畫：重整人應擬定重整計畫，連同公司業務及財務報表，提請第一次關係人會議審查（公三〇三Ⅰ）。

　　⑸聲請法院認可重整計畫：重整計畫經關係人會議可決者，重整人應聲請法院裁定認可後執行之，並報主管機關備查（公三〇五Ⅰ）。

　　⑹執行重整計畫：公司重整人應於重整計畫所定期限內，完成重整工作（公三一〇Ⅰ前）。

　　⑺聲請法院作適當之處理：公司重整中，就特定事項，如與事實確有扞格時，經重整人聲請法院，得裁定另作適當處理（公三〇九）。

　　⑻召集重整後之股東會：公司重整人完成重整工作時，應聲請法院

為重整完成之裁定，並於裁定確定後，召集重整後之股東會選任董事、監察人（公三一○Ｉ後）。

(9)報請法院為重整完成之裁定：重整後之公司董事、監察人於就任後，應會同重整人向主管機關申請登記或變更登記（公三一○Ⅱ）。

2.**重整人職權之限制**　公司重整人為下列行為，應得重整監督人之事前許可（公二九○Ⅵ）：(1)營業行為以外之公司財產之處分，例如將公司生產設備出售是。(2)公司業務或經營方法之變更，例如內銷改為外銷；批發改為零售是。(3)借款。(4)重要或長期性契約之訂立或解除，其範圍由重整監督人定之。(5)訴訟或仲裁之進行。(6)公司權利之拋棄或讓與。(7)他人行使取回權、解除權或抵銷權事件之處理。(8)公司重要人事之任免，例如經理人之任免是。(9)其他經法院限制之行為。

公司重整中之重整人為公司之負責人（公八Ⅱ），而重整人為前述各款之行為時，應得重整監督人事前之許可（公二九○Ⅵ）。

二、重整監督人

㈠**重整監督人之意義、任免及人數**　重整監督人者，乃法院為重整裁定時，應就對公司業務具有專門學識及經營經驗者或金融機關，加以選任（公二八九Ｉ），俾監督執行重整事務。依本法第二八九條第一項規定之意旨，公司重整監督人不限於自然人，且人數多寡亦無規定，故由法院斟酌事實需要決定之。至於重整監督人有數人時，對職務之執行，原則上以過半數決議行之。但重整監督人既由法院選任，法院自得規定重整監督人，各自分掌一部分事務。重整監督人有數人時，關於重整事務之監督執行，以其過半數之同意行之（公二八九Ⅲ）。重整監督人亦得由法院隨時予以解任（公二八九Ⅱ）。

㈡**重整監督人之性質**　重整監督人之規定，由法院選任重整監督人，予以監督。法院並不實際執行重整事務，俾得以超然立場，為關係人之利害、爭執，作公平合理之審理。重整監督人僅監督重整事務之進行，性質上應屬監督權之行使。

㈢**重整監督人之職權**　關於重整監督人之職權，約有下列數點：

1.**監督重整人執行職務，聲請法院解除重整人職務**　重整人執行職務應受重整監督人監督，其有違法或不當情事，重整監督人得聲請法院解除其職務，另行選派之（公二九○V）。

2.**對重整人為重要行為時之許可**　重整人為下列行為時，應於事前徵得重整監督人之許可（公二九○VI）：(1)營業行為以外之公司財產之處分。(2)公司業務或經營方法之變更。(3)借款。(4)重要或長期性契約之訂立或解除，其範圍由重整監督人定之。(5)訴訟或仲裁之進行。(6)公司權利之拋棄或讓與。(7)他人行使取回權，解除權或抵銷權事件之處理。(8)公司重要人事之任免。(9)其他經法院限制之行為。

3.**監督及詢問公司業務及財務交接**　重整裁定送達公司後，公司業務之經營及財產之管理處分權移屬於重整人，由重整監督人監督交接，並聲報法院。公司股東會、董事及監察人之職權，應予停止（公二九三I）。此後公司原負責人所為之法律行為，不生效力。

前述交接時，公司董事及經理人，應將有關公司業務及財務一切帳冊、文件與公司之一切財產，移交重整人（公二九三II）。公司之董事、監察人、經理人或其他職員，對於重整監督人或重整人所為關於業務或財務狀況之詢問，有答復之義務（公二九三III）。公司董事、監察人、經理人或其他職員如拒將公司業務及財產移交重整人時，得請求為裁定重整之法院，執行移交。上述之人拒絕移交者，各處一年以下有期徒刑、拘役或科或併科新臺幣六萬元以下之罰金（公二九三IV 1）。

4.**聲請法院為必要之保全處分**　法院依本法所為之保全處分（公二八七I 1、2、5、6），不因裁定重整失其效力，其未為各該款處分者，於裁定重整後，仍得依重整監督人之聲請裁定之（公二九五）。

5.**受理債權及股東權之申報**　重整債權人應提出足資證明其權利存在之文件，向重整監督人申報。經申報者，其時效中斷。未經申報者，不得依重整程序受清償（公二九七I）。前項應為申報之人，因不可歸責於自己之事由，致未依限申報者，得於事由終止後十五日內補報之。但重整計畫已經關係人會議可決時，不得補報（公二九七II）。股東之權利，依股東名

簿之記載（公二九七III）。

6.**製作表冊**　重整監督人應製作重整債權人及股東清冊，並聲報法院及備置於適當處所（公二九八）。

7.**通知並公告召集關係人會議**　關係人會議由重整監督人為主席，並召集除第一次以外之關係人會議（公三〇〇II）。重整監督人召集會議時，於五日前訂明會議事由，以通知及公告為之。一次集會未能結束，經重整監督人當場宣告連續或展期舉行者，得免為通知及公告（公三〇〇III）。

8.**向法院報告重整計畫**　未得關係人會議可決或聲請重行審查重整計畫未得關係人會議有表決權各組之可決時，重整監督人應即報告法院（公三〇六I前）。重整計畫因情勢變遷或有正當理由，致不能或無須執行時，得聲請法院裁定命關係人會議重行審查（公三〇六III前）。

9.**聲請裁定終止重整**　公司顯無重整之可能或必要時，法院得因重整監督人之聲請，以裁定終止重整（公三〇六III後）。

三、重整人及重整監督人之責任與報酬

㈠**重整人及重整監督人之責任**　1.在重整程序中，重整人及重整監督人之職權，極為重大，故應以善良管理人之注意，執行職務（公三一三I前）。2.其因違反法令致公司受有損害時，對於公司應負賠償責任（公三一三II）。3.對於職務上之行為有虛偽之陳述時，各處一年以下有期徒刑、拘役或科或併科新臺幣六萬元以下罰金（公三一三III）。

㈡**重整人及重整監督人之報酬**　重整人及重整監督人責重事繁，自應給與報酬，其報酬數額由法院依其職務之繁簡定之（公三一三I後），作為重整程序費用之報酬，有優先受償權之效力，不因裁定終止重整而受影響（公三一二）。

第六、重整債權、股東權與重整債務

一、重整債權

㈠**重整債權之意義**　重整債權可分為形式之意義與實質之意義。所謂形式之意義，係指依重整程序申報債權，並依此程序行使其權利之債權而

言。所謂實質之意義，係指在重整裁定前，對於公司享有之金錢債權或得以金錢評價之債權而言。本法第二九六條第一項前段規定：「對公司之債權，在重整裁定前成立者，為重整債權」，乃指重整債權之實質意義。重整裁定送達後，公司董事會之職權當然停止（公二九三 I），倘仍代表公司負擔債務，對於公司不生效力，自非重整債務（公三一二），亦非重整債權，故重整債權以重整裁定前成立者為限。茲就重整債權之實質意義，分述於後：

1.**重整債權者，係以在重整裁定前成立者為限**　不論其為附有期限或附條件之債權均屬之。

2.**重整債權者，係以財產上之請求權為限**　所謂財產上之請求權，係指金錢請求權及具有金錢價值，且可就債務人之一般財產以獲償之請求權為限。

3.**重整債權者，係以在實體法上得行使之債權為限**　因此對不法原因所生之債，或其本質上為自然債權（包括超過法定利率之利息），或履行道德義務之給付，債權人均不能請求給付，僅能由債務人任意給付，故不可為重整債權。

㈡**重整債權之種類**　有別除權與優先權之債權，均為重整債權。若不加區別，則在關係人會議各為與自己同類債權之利益，行使其表決權，則居於少數之他類債權人，將無法保護其權利，故本法將各類債權人，明確區分如下（公二九六 I）：

1.**依法享有優先受償權者，為優先重整債權**　例如海商法第二十四條第一項所列各款之債權。

2.**有抵押權、質權或留置權為擔保者，為有擔保重整債權**　例如破產法第一〇八條所規定之別除權，於本法重整節，屬於有擔保重整債權。

3.**其無擔保之一般債權，為無擔保重整債權**　我國實務上認為公司重整裁定前所欠之稅款，應為重整債權。惟本法未規定其申報手續，不無遺憾。

㈢**重整債權之範圍**　關於重整債權，本法明定準用破產法上破產債權節之規定。惟公司重整之目的與破產之目的不同，故別除權與優先權不得準用，仍應依重整程序行使權利（公二九六 II）。因之，關於重整債權之範

圍，須參酌破產法之規定決之。茲簡述於下：

1.附條件及附期限之債權

(1)附條件之債權：附條件之債權，其債權之發生或消滅，繫於將來客觀不確定事實之成否，故均處於不確定之狀態。附停止條件之債權，須條件成就時，始生效力。法院准許於條件成就前行使債權，乃特別優待，自應準用破產法第一四一條之規定，條件未成就前，應將得依重整計劃清償之金額提存之。至於附解除條件之債權，學者大多認為準用破產法第一四〇條之規定，依重整計劃清償時，應提供相當之擔保，無擔保時，應提存其金額，實屬允當。

(2)附期限之債權：附期限之債權，其債權係在重整裁定前成立，僅其履行期間尚未屆至，倘不許其依重整程序行使權利，有欠公平，故附期限之債權未到期者，於重整裁定時，視為已到期。附期限之債權，其附有利息者，在重整裁定前已發生之利息，則可併同原本為重整債權。

2.特殊重整債權

按公司債權之成立，倘發生在重整裁定之後，不得依重整程序行使權利。惟下列債權，或原不得行使或難認為在重整裁定前成立，但法律基於公平之理由，仍允許其得依重整程序行使權利，此即謂特殊重整債權（公二九六Ⅱ、破一〇四、一〇五、一〇七）。茲分析言之：

(1)將來之求償權：數人（公司與第三人）就同一給付各負全部履行之責任者，公司受重整裁定時，債權人得就其債權之總額，在重整程序中行使其權利。如各該債務人均為股份有限公司，並同時受重整裁定時，並得以其債權總額，在各種重整程序行使其權利（破一〇四）。

數人（公司與第三人）就同一給付各負全部履行之責任者，為共同債務人之公司，如受重整裁定時，其他共同債務人，得以將來求償權之總額為重整債權，而行使其權利，但債權人已以債權總額為重整債權，而行使其權利者，不在此限（破一〇五）。

(2)重整後之票據資金請求權：法律為保護票據之流通，及交易之安全，於公司為匯票發票人或背書人，而付款人或預備付款人在重整裁定後，不知其事實為承兌或付款者，其因此所生債權，得為重整債權而行使其權

利。此項規定於支票，及其他以給付金錢，或其他物件為標的之有價證券準用之（破一〇七）。上述不知之事實，由主張付款人或預備付款人知悉者，應負舉證責任。

3.**除斥債權**　公司之債權，於重整裁定前成立者，固得為重整債權。惟下列債權或成立於重整裁定後，或為公法上之債權，故不得為重整債權而為除斥債權（公二九六II準破一〇三）：

　　(1)重整裁定之利息。

　　(2)參加重整程序所支出之費用。

　　(3)因重整裁定後之不履行所生損害賠償及違約金。

　　(4)罰金、罰鍰、追徵金。

(四)**重整程序中之取回權、解除權與抵銷權**　依本法之規定，取回權、解除權或抵銷權之行使，應向重整人為之（公二九六III）。茲將取回權、解除權與抵銷權，分別述之於後：

1.**取回權**　取回權者，係指不依重整程序，向重整人取回不屬於公司財產之請求權（公二九六II準破一一〇）。蓋重整程序中，應移屬於重整人接管之財產，以公司所有財產為限。因此公司依委任、寄託、承攬等契約關係占有第三人財產時，所有人自可不依重整程序向重整人取回之。惟重整人就取回權事件之處理，應得重整監督人事前之許可（公二九〇VI）。

2.**解除權**　出賣人已將買賣標的物發送於買受人（即公司）而買受人（公司）尚未收到，亦未付全價而受重整裁定者，出賣人得向重整人為解除契約之表示，並取回其標的物，是謂出賣人之解除權與特殊取回權（公二九六II準破一一一）。惟重整人就解除事項之處理，亦應得重整監督人事前許可（公二九六、二九〇V7、破一一一）。倘重整人如清償全價而請求標的物之交付，此於出賣人並無不利，自為法之所許（公二九六II準破一一一但）。倘標的物已在重整公司占有中，此時出賣人不得取回，僅得主張重整債權而行使其權利。

3.**抵銷權**

　　(1)意義：抵銷權者，乃重整債權人於重整裁定時，對於公司負有債

務，縱令給付種類不同或其債權為附條件，均得不依重整程序而為抵銷之權利（公二九六Ⅱ準破一一三）。

(2)行使：抵銷權之行使，應由重整債權人以意思表示向重整人為之，重整人處理此項事件應得重整監督人之事先許可（公二九六Ⅲ、二九○Ⅴ7）。附有期限之債權，因重整人主張抵銷，視為拋棄期限利益，除原有利益之債權，其利息應算至重整人以意思表示抵銷時，其以到期無利息之債權為抵銷者，應扣除自抵銷時起至到期時止之法定利息；以附解除條件之債權抵銷者，應由債權人提供相當之擔保（破一○一、一四○）。以非同種類之債權抵銷者，應以評價額為其抵銷額。此項評價額，應以重整裁定時為準，並由重整債權人與重整人協議定之。惟重整人就此所為之協議，應於事前徵得重整監督人許可（公二九○Ⅵ），如協議不成時，因事涉實體上之爭執，應依訴訟程序確定其抵銷額。

㈤重整債權之行使與申報

1.**重整債權人之行使**　重整債權，非依重整程序，不得行使其權利（公二九六Ⅰ）。裁定重整後，公司之破產、和解、強制執行及因財產關係所生之訴訟等程序，當然停止（公二九四）。

2.**重整債權人之申報**

(1)申報之程序：重整債權人行使重整債權，首應在公告期間內，提出足資證明其權利存在之文件，向重整監督人申報（公二九七Ⅰ前）。至申報方法，或以書面，抑以言詞由重整監督人作成記錄，均得為之。申報時應敘明其債權額，或債權人自己之評價額，債之原因及其債權之種類，並提出足資證明其權利存在之文件（公二九七Ⅰ前）。至於債權人所提出之文件，是否足資證明其權利存在及其債權之性質，因重整監督人並無逐行審查決定之權，解釋上應不得以此理由拒絕申報，而應依本法第二九八條所規定之程序加以審查。

(2)申報之效力：重整債權經申報，有中斷時效之效力，其未經申報者，則不得依重整程序受清償（公二九七Ⅰ後）。惟未在公告期間申報債權，並非債權絕對消滅之原因，如將來公司裁定終止重整時，仍得行使其權利。

但如公司重整完成，其債權之請求權則為消滅（公三一一Ⅰ1）。

　　⑶非歸責於己逾期申報之補救：應為申報之人，因不可歸責於己之事由，致未能依限申報者，得於事由終止後，十五日內補報之。但重整計劃已經關係人會議可決時，不得補報（公二九七Ⅱ）。

　　㈥**重整債權之審查**

　　1.重整債權之審查：首由重整監督人為之。重整監督人於權利申報期間屆滿後，應依其初步審查之結果，分別製作優先重整債權人、有擔保重整債權人、無擔保重整債權人及股東清冊，載明權利之性質、金額及表決權數額，於審查債權期日之三日前，聲報法院及備置於適當處所，並公告其開始備置日期及處所，以供重整債權人、股東及其他利害關係人查閱（公二九八Ⅰ）。關於重整債權人之表決權，則以其債權之金額比例定之（公二九八Ⅱ前）。

　　2.重整監督人、重整人及公司負責人於審查日應到場備詢，重整債權人、股東及其他利害關係人，得到場陳述意見（公二九九Ⅰ）。

　　3.對重整債權有異議者，應在法院宣告審查終結前，向法院提出，逾時未經異議者，視為確定。對公司及全體股東、債權人有確定判決同一之效力（公二九九Ⅳ）。有異議者，則由法院裁定之（公二九九Ⅱ）。

　　4.就債權有實體上之爭執者，應由有爭執之利害關係人於裁定送達後二十日內提起確認之訴，並向法院為起訴之證明。經起訴後在判決確定前，仍依上述裁定之內容及數額行使其權利，但依重整計劃受清償時，應予提存（公二九九Ⅲ）。

　　二、**股東權**　法院為重整裁定後，股東行使其股東權必須依重整程序為之。

　　㈠**股東權之申報**　記名股東之權利，依股東名簿之記載，則不必再申報。無記名股票，以股票之持有人為股東，而股票輾轉流通，當非公司所能知悉，故公司發行無記名股票時，勢必由無記名股票所有人提出其股票，或足資證明其權利存在之文件，向重整監督人申報，倘未經申報者，不得依重整程序，行使其權利（公二九七Ⅱ）。

㈡**申報之效力** 無記名股東之權利，未經申報者，不得依重整程序行使其權利（公二九七Ⅱ後）。凡股東權經重整而變更或減除之部分，其權利消滅。（公三一一Ⅰ2）。

㈢**非可歸責於己逾期申報之補救** 應為申報之人，因不可歸責於自己之事由，致未依限申報者，得於事由終止後十五日內補報之，但重整計劃已經關係人會議可決時，不得補報（公二九七Ⅱ）。

㈣**股東權之審查** 法院審查股東權之期日，重整監督人、重整人及公司負責人，應到場備詢，重整債權人、股東及其他利害關係人，得到場陳述意見。有異議之股東權，由法院裁定之。就股東權有實體上之爭執者，應由有爭執之利害關係人，於裁定送達後二十日內提起確認之訴，並應向法院為起訴之證明。經起訴後在判決確定前，仍依裁定之內容及數額行使其權利，但依重整計劃受清償時，應予提存。股東權在法院宣告審查終結前，未經異議者，視為確定。對公司及全體股東、債權人有確定判決同一之效力（公二九九）。

三、重整債務

㈠**重整債務之意義** 公司在重整程序中所生之債務費用，得不依重整程序而優先於一切重整債權而受清償者，為重整債務。

㈡**重整債務之種類** 下列各款為重整債務（公三一二）：

1.**維持公司業務繼續營運所發生之債務** 例如重整人關於公司業務及財產向外借款，及其他行為所生之請求權。重整以後應繳納之稅捐，應屬於重整債務。惟發生在重整裁定前之稅捐，屬於重整債權。

2.**進行重整程序所發生之費用** 凡為重整債權人、重整擔保人及股東之共同利益而支付之裁判費用。執行重整計劃之費用，重整人、重整監督人、檢查人之報酬及墊付金，以及其他公司不得已支出之費用，均應包括在內。

㈢**重整債務之效力** 重整債務優先於重整債權而清償，且此等債權人優先受償權之效力，不因裁定終止重整而受影響（公三一二Ⅱ）。至於准予重整裁定，經抗告法院廢棄，駁回重整之聲請，與終止重整之裁定相類似，優先清償之效力亦不受影響。除法院終止重整時，認為有破產原因，依職

權宣告破產外，二者皆使公司恢復重整前之狀態。

第七、關係人會議

一、關係人會議之意義 關係人會議者，乃公司重整程序中，重整債權人及股東，以決議方式，而參與重整工作之進行，及重整計劃可否決議之會議。

二、關係人會議之組織

㈠**立法理由** 公司重整之目的與公司破產之目的不同。破產程序著重於保障債權人之利益，破產公司之股東，並無表示意見之機會；而公司重整則兼顧公司股東之利益，其目的在維持公司促其重生，因此股東得參與重整工作之進行及決議重整計劃之可否，故本法特設關係人會議。

㈡**構成員** 公司重整程序中，重整債權人及公司股東，均為公司重整之關係人，出席關係人會議，因故不能出席者，得委託他人代理出席（公三〇〇Ⅰ）。所謂債權人，包括優先債權人、有擔保債權人、無擔保債權人。所謂股東，包括普通股股東及特別股股東。

三、關係人會議之任務 依本法之規定，有下列三種（公三〇一）：

㈠聽取關於公司業務與財務狀況之報告，及對於公司重整之意見（公三〇一1）。

㈡審議及表決重整計劃（公三〇一2）：此為關係人會議之最主要任務。審議結果，獲得可決，經法院認可者，有拘束所有關係人及公司之效力（公三〇五Ⅱ），重整人即得據以執行。

㈢決議其他有關重整之事項（公三〇一3）：例如建議法院改選重整人或重整監督人，以及聲請法院為本法第二八七條所規定之保全處分。

四、關係人會議之召集

㈠**第一次之召集** 第一次關係人會議期日及場所，由法院為重整裁定時決定之。其期日應在債權及股東權申報期間屆滿後三十日內，並應公告之（公二八九Ⅰ3）。對於已知之債權人及股東，則仍應以書面送達之（公二九一Ⅱ）。第一次關係人會議期日，係在債權申報期間屆滿後三十日內（公二八

九 I 3），而審查債權期日又在債權申報期間屆滿後十日以內 （公二八九 I 2），故俟債權審查確定時至第一次關係人會議期日，可能有二十日之期間。

㈡**第一次以外之召集** 第一次以外之關係人會議，由重整監督人召集並為會議之主席（公三〇〇II）。召集會議時，應於五日前訂明會議事由，以通知及公告為之。一次集會未能結束，經重整監督人當場宣告連續或展期舉行者，得免通知及公告（公三〇〇III）。

㈢**不為召集之補救** 第一次以外關係人會議之召集權，惟重整監督人有之。重整人及關係人認有召集關係人會議之必要，應請重整監督人召集，但重整監督人無正當理由，而不召集時，法無明文規定許重整人或關係人聲請法院召集之。解釋上，應認為有向法院聲請召集之權限。同時法院得基於監督權，命重整監督人召集，其不遵守者，法院得隨時將之改選（公二八九II）。

五、關係人會議之表決權

㈠關係人會議之構成員，有債權人亦有股東。至於債權人中又有優先權或有無擔保權而不同。股東亦有普通股或特別股之別，為求公平計，關係人會議之表決權，係依其權利性質分組行使其表決權（公三〇二 I 前），即分為優先債權人組、有擔保債權人組、無擔保債權人組，以上係自重整債權而分者。

㈡關係人會議開會時，重整人及公司負責人應列席備詢(公三〇〇IV)。公司負責人無正當理由對前項詢問不為答復或為虛偽之答復者，各處一年以下有期徒刑、拘役或科或併科新臺幣六萬元以下罰金 （公三〇〇V）。

㈢關於股東之分組，本法僅規定應與上述債權人分組，但因普通股與特別股之權利內容不同，依本法第一五九條之同一法律上理由，重整計劃如損害特別股股東之權利時，則特別股股東與普通股股東應分組行使表決權。

㈣重整債權人之表決權以其債權人金額之比例定之，股東表決權則依公司章程之規定（公二九八II）。惟公司無資本淨值時，股東組則不得行使表決權（公三〇二II），此際股東組，自不計算在內。

六、關係人會議之決議方法

㈠**通常決議**　以經各組表決權總額二分之一以上之同意行之（公三〇二Ⅰ後）。如有一組未可決者，則不認為已獲得關係人會議可決。

㈡**特別決議**　關於重整計劃之可決，應分別經各組權利人（公二九八Ⅰ）分組表決權總額三分之二以上之同意行之（公三〇二Ⅰ）。倘有一組未可決同意者，則不能認為已獲得關係人會議可決，至於另選重整人之決議，須有二組以上主張另行選定重整人時，得提出候選人名單聲請法院選派之（公二九〇Ⅲ）。至關係人得否由代理人出席，應否受本法第一七七條委託代理人出席之限制，因關係人會議之性質與一般公司股東會不同，本法既無禁止之明文，自不受本法第一七七條之限制。

第八、重整計畫

一、重整計畫之擬訂與提出

㈠**重整計畫之擬訂人與擬訂原則**　專屬於重整人（公三〇三Ⅰ前）。其他利害關係人，自無妨向重整人陳述關於重整計畫之意見，但不得逕行擬訂重整計畫。重整人擬訂重整計畫，除須合法外，應以公平而切實可行為原則。

㈡**重整計畫之提出人**

1.重整人擬訂重整計畫，應連同公司業務及財務報表，提請第一次關係人會議審查（公三〇三Ⅰ）。

2.重整人如經法院另行選定者，重整計畫應由新任重整人於一個月內提出之（公三〇三Ⅱ）。蓋新任重整人必須先對公司業務經營，與財務情形有相當之了解，始能為重整計畫之擬訂。

二、重整計畫之內容

重整計畫之擬訂，由重整人酌定。公司重整如有下列事項，應訂明於重整計畫，而重整計畫之執行，除債務清償期限外，自法院裁定認可確定之日起算不得超過一年；其有正當理由，不能於一年內完成時，得經重整監督人許可，聲請法院裁定延展期限；期限屆滿仍未完成者，法院得依職權或依關係人之聲請裁定終止重整（公三〇四Ⅱ）。

㈠**全部或一部重整債權人或股東權利之變更**　關於權利變更之內容、權利變更之方法，或某類債權不予變更者，均須明訂之。例如重整債權人為一部債務之免除，或利息免除、有擔保債權人捨棄其一部擔保、股東按比例減少其股份等事項之變更，均須明訂於重整計畫。

㈡**全部或一部營業之變更**　重整人斟酌實際之情形，如認有必須變更全部或一部之營業者，不論其為變更營業之種類、營業之方法或營業之範圍，例如將營業範圍縮小，或原為零售業務現改為批發等是，均應說明於重整計劃。

㈢**財產之處分**　例如將公司財產處分充作清償債款，或重整有關費用是。關於財產之處分，於重整計畫內，僅訂明其原則為已足。至於其他細則，不妨授權重整人斟酌處理。倘重整計畫未訂明者，重整人於行為前，應經重整監督人之事前許可。

㈣**債務清償方法及其資金來源**　例如將債務清償期限展延，或分期為之。甚至折扣償還或產品抵付，抑以處分財產或發行新股之方法籌措資金償債，均應分類酌情訂明於計畫。

㈤**公司資產之估價標準及方法**　公司固定資產之估價標準、房屋、各項設備之折舊方法、有價證券之計價方法、應收票據、應收帳款之有壞帳發生者，其壞帳準備之攤提方法、比率均宜明訂。

㈥**章程之變更**　章程之變更者，例如變更章程之內容，或增資、減資有所變更。

㈦**員工之調整或裁減**　例如重要職員之任免，因營業範圍縮小而裁減部分員工是。

㈧**新股或公司債之發行**　例如以發行新股或公司債所得價款，以解決公司財務之困難，或將債權轉為公司債等均屬之。

㈨**其他必要事項**　例如借款（公二九〇VI 3），或公司營業之出租或委託他人經營是。

三、重整計畫之可決與再審查

㈠重整計畫之可決

1. 重整計畫之可決應於關係人會議，以各組表決權總額二分之一以上之同意行之。公司無資本淨值時，股東組不得行使表決權（公三〇二II）。

2. 重整計畫經關係人會議可決者，重整人應聲請法院認可，並報主管機關備查（公三〇五I）。

3. 重整計畫之審查及可決與否，本法未明定其期限。因此無形中，操之於重整監督人召開關係人會議與否而定（公三〇〇II）。惟法院可以其監督權加以督促，以資補救（公二八九II）。

㈡重整計畫之再審查

1. 重整計畫如未得關係人會議有表決權各組之可決時，重整監督人應即報告法院。法院徵詢主管機關、目的事業中央主管機關及證券管理機關之意見後，得依公正合理之原則指示變更方針，命關係人會議在一個月內再予審查（公三〇六I、三〇七I）。

2. 重整計畫經法院指示變更再予審查，仍未獲關係人會議可決時，應裁定終止重整（公三〇六II前）。法院所為終止重整之裁定，應公告之，毋庸送達。利害關係人之抗告期間，應自公告之翌日起算（非訟一八八I、II）。

四、重整計畫之認可

㈠**認可之聲請**　重整計畫因關係人會議之可決而成立，但須經法院之認可始生效力，故關係人會議可決為其成立要件，法院認可為其生效要件。重整計畫經關係人可決者，重整人應聲請法院裁定認可後執行之。其經認可者，並報請主管機關備查（公三〇五I）。

㈡**法院之處理**　法院據重整人聲請後，應就重整計畫之內容是否適法、公平、有無執行之可能，及關係人會議之召開與重整計畫之決議方法是否合法，加以審查，並徵詢主管機關、目的事業中央主管機關及證券管理機關之意見後，而為認可與否之裁定（公三〇七I）。重整計畫如有本法第三〇九條各款列舉之情形者，經重整人聲請法院，得裁定另作適當之處理。

㈢**重整計畫之修正認可**　重整計畫未獲可決時，重整監督人應即報告

法院，由法院依公正合理之原則，指示重整計畫變更原則，命關係人會議再審查，仍未獲可決時，如公司確有重整之價值者，法院經徵詢主管機關、目的事業中央主管機關及證券管理機關之意見後（公三〇七 I），就其不同意之組，得以下列方法之一，修正重整計畫裁定認可之（公三〇六 II）：

1.有擔保重整債權人之擔保財產，隨同債權移轉於重整後之公司，其權利仍存續不變。

2.有擔保重整債權人，對於擔保之財產；無擔保重整債權人，對於可充清償其債權之財產，股東對於可充分派之剩餘財產，均得分別依公正交易價額，各按應得之份處分、清償或分派承受或提存之。

3.其他有利於公司業務維持及債權人權利保障之公正合理方法。

4.重整計畫之重行審查：重整計畫之重行審查與重整計畫之再審查不同。重整計畫之再審查者，係指未經關係人會議可決之重整計畫，加以審查（公三〇六 I、II）。至於重整計畫之重行審查，係指已經法院認可或係法院變更修正後以裁定認可之重整計畫，因情事變遷或有正當理由，致不能或無須執行時，法院得因重整監督人、重整人或關係人之聲請，以裁定命關係人會議重行審查（公三〇六 III 前）而言。例如以發行新股為重整計畫，結果新股無人問津。又如公司供生產所需之廠房及設備因火焚毀，或執行中公司之產品突然漲價，足供依執行計畫清償全部債務等是。重行審查可決之重整計畫，其仍應聲請法院裁定認可（公三〇六 IV）。法院為裁定前，應徵詢主管機關、目的事業中央主管機關及證券管理機關之意見（公三〇七 I）。

㈣法院之裁定

1.裁定之公告　法院就重整計畫所為認可或駁回之裁定，究應以公告方式對外表示，抑或以送達方法為之，或二者併行，本法並無明文規定。惟公司重整之關係人，人數頗多，無從一一送達，如送達未周，反足影響裁定之確定，當非立法之本意。因此非訟事件法第一八八條第一項規定法院就重整計畫所為認可或駁回之裁定，應公告之，毋庸送達，法院所為上述之裁定，應黏貼法院牌示處，自牌示之日起發生效力；必要時，並得登

載本公司所在地之新聞紙（非訟一八八III準非訟一八七 I）。

　　2.**裁定認可之效力**　法院認可之重整計畫，對於公司及關係人均有拘束力，其所載之給付義務，適於為強制執行之標的者，並得逕予強制執行（公三〇五II），因此重整計畫於裁定認可後，有拘束力及執行力二者。茲分述於下：

　　　⑴拘束力：所謂拘束力，乃指重整計畫經裁定認可後，不論關係人是否出席關係人會議，或是否在會議中同意重整計畫，公司及關係人就重整債權或股東之一切法律關係，均以重整計畫之內容為準，不得為相異之主張。已申報之債權未受清償部分，除依重整計畫處理，移轉重整後之公司承受者外，其請求權消滅；未申報之債權亦同（公三一一 I 1）。股東股權經重整而變更或減除之部分，其權利消滅（公三一一 I 2）。重整裁定前，公司之破產、和解、強制執行及因財產關係所生之訴訟等程序，即行失其效力（公三一一 I 3）。公司債權人對公司債務之保證人及其他共同債務人之權利，不因公司重整而受影響（公三一一II）。換言之，即不受重整裁定之拘束。

　　　⑵執行力：重整計畫之裁定，縱其具有拘束力，若無執行力，則無法發揮其效用，故本法特別明文規定，重整計畫所載之給付義務，適於為強制執行之標的者，得逕予強制執行（公三〇五II後）。

　　五、重整計畫之執行　重整計畫，由重整人以善良管理人之注意執行之，並報中央主管機關備查。重整工作應在重整計畫所訂一年之期限內完成之。

　　至於重整計畫之執行時，有並非不能或無須執行，僅係計畫之執行與實際情形不合，執行有所困難者，自不宜再命重行審查，徒增程序上之拖延。因此本法特別規定下列各條之規定，如與事實確有扞格時，法院經重整人之聲請，得裁定另作適當之處理（公三〇九）。茲分述如下：

　　　㈠**本法第二七七條變更章程之規定**　例如計畫中原規定變更章程，須經股東組關係人之決議者，法院得裁定另作適當之處理。

　　　㈡**本法第二七九條及第二八一條減資之通知及公告期間及限制之規定**　上述條文原規定減少資本須通知並公告股東限期換取股票，其不換取者，

即失股東權，法院得裁定不受此項限制。

㈢**本法第二六八條至第二七〇條及第二七六條發行新股之規定** 上述各該條，屬有關發行新股之限制規定，經重整人聲請法院，得裁定另作適當之處理。蓋依一般限制發行新股，手續繁複，限制較嚴，事實上有困難，妨礙公司資金之籌集，如經聲請，法院得裁定另作適當處理。

㈣**本法第二四八條至第二五〇條發行公司債之規定** 法院對於有關發行公司債之程序規定（公二四八），及發行之限制規定（公二四九、二五〇），均得以裁定予以適當之變更處理，不受該條規定之限制。

㈤**本法第一二八條、第一三三條、第一四八條至第一五〇條及第一五五條設立公司之規定** 例如法院得裁定縱令發起人不足七人，並無半數以上在國內有住所，亦得設立新公司，或發起人對於公司之設立費用，不必負連帶責任等。

㈥**本法第二七二條出資之種類** 重整公司所以財務上發生困難，主要原因為鉅額負債與沉重之利息負擔，挽救之道，自須增資，而其吸收資金確有困難，如經公司債權人及關係人同意發行新股時，出資種類不以現金為限，或可以債權抵繳股款，確能紓減財務負擔，增加重整可行性。

第九、重整程序之終止

一、終止重整之原因

㈠**重整計畫之未認可** 重整計畫經關係人會議可決後，聲請法院認可時，法院認為該計畫有違公正、可行之原則，或有其他重大違法之情形，自得裁定不予認可。俟該裁定確定，則重整計畫即無法進行，重整程序應歸終止。

㈡**重整計畫未獲可決之裁定終止** 重整計畫因情事變遷，或有正當理由致不能或無須執行時，其公司又顯無重整可能或必要者，於徵詢主管機關、目的事業中央主管機關及證券管理機關之意見後，得裁定終止重整（公三〇六Ⅲ、三〇七Ⅰ）。

㈢**未能於一年內可決重整計畫** 關係人會議，未能於重整裁定送達公

司後一年內可決重整計畫者，法院得依聲請或依職權裁定終止重整；其經法院依本法第三〇六條第三項裁定命重行審查，而未能於裁定送達後一年內可決重整計畫者，亦同。（公三〇六V）

　　二、終止重整裁定時法院之處理　　法院為終止重整之裁定時，應檢同裁定書通知主管機關，裁定確定時，主管機關應即為終止重整之登記；其合於破產規定者，法院得依職權宣告其破產（公三〇七II）。對此裁定之抗告程序，則準用民事訴訟法之規定。

　　三、裁定終止重整之效力

　　㈠積極之效力　　法院裁定終止重整，除依職權宣告公司破產者，並有如下之效力（公三〇八）：

　　1.法院所為之各項保全或緊急處分，均當然失其效力　　法院裁定終止重整後，依本法第二八七條、第二九四條、第二九五條或第二九六條所為之處分或所生之效力，均失效力，即法院所為之處分（如公司財產之保全處分）均失其效力，而破產、和解、強制執行及因財產關係所生之訴訟程序，均恢復繼續進行。

　　2.非怠於申報權利，而不能行使權利者，可補報　　重整債權人，應提出足資證明其權利存在之文件，向重整監督人申報，經申報者，其時效中斷；未經申報者，不得依重整程序受清償（公二九七I）。前項應為申報之人，因不可歸責於自己之事由，致未依限申報者，得於事由終止後十五日內補報之。但重整計畫已經關係人會議可決時，不得補報（公二九七II）。

　　3.因裁定重整，而停止之股東會、董事及監察人之職權，應即恢復此時重整人應將其接收之業務或財產，移還與董事會。

　　㈡消極之效力　　公司雖經終止重整而生前述效力，然其效力之生效，並無溯及力，僅屬嗣後生效，俾終結重整程序之效力，故重整人在終止重整前，代表公司於職權範圍內，與第三人所為之法律行為，仍屬有效。其在重整程序中，他人本於取回權、解除權或抵銷權所為之行為，亦不因終止重整而失其效力。重整債務優先受償之效力，並不因裁定重整而受影響。所謂優先受償之效力，應指實質意義之重整債權而言。至於重整債務在終

止重整後，仍應優先於其他優先權或擔保物權而受償（公三一二II）。此之優先受償者，限於終止重整時公司之財務狀況為準，至於裁定終止重整後，對公司新取得或新發生之優先權或擔保物權，重整債務對之不能優先受償。

第十、重整之完成

一、重整完成之程序

㈠公司重整人，應於重整計畫所定期限內，完成重整工作，重整完成時，應聲請法院為重整完成之裁定，並於裁定確定後，召集重整後之股東會（公三一〇I）。股東會應改選重整後之董事及監察人。

㈡重整後之公司董事、監察人於就任後，應會同重整人向主管機關申請登記或變更登記，並會同重整人報請法院為重整完成之裁定(公三一〇II)。

㈢經法院為公司重整完成之裁定後，公司重整之程序即告終結。

二、重整完成之效力

公司重整之目的，在使公司繼續經營，與破產或公司清算程序，在使公司之人格消滅者不同。重整前之公司與重整完成後之公司，其法人人格仍一貫連續，其同一性質並不因重整程序而受影響。茲將公司重整完成後之效力，述之於下（公三一一）：

㈠**對債權人之效力** 已申報之債權未受清償部分，除依重整計畫處理，移轉重整後之公司承受者外，其請求權消滅。未申報之債權亦同（公三一一I 1）。所謂請求權消滅，學者有主張係請求權消滅者，惟本書認為應以權利消滅為當。

㈡**對股東之效力** 股東權經重整而變更或減除之部分，其權利消滅(公三一一I 2)。

㈢**對訴訟程序中斷之效力** 法院裁定重整後，公司之破產、和解、強制執行及因財產關係所生之訴訟等程序，當然停止（公二九四）。公司重整完成後，重整計畫對於債權人權利之行使已有解決之辦法，自毋庸當事人或法院進行重整裁定前，公司之破產、和解、強制執行及因財產關係所生之訴訟等程序，即失其效力（公三一一I 3）。

㈣**對於重整機關之效力** 重整完成後，重整人、監督人及關係人會議

之任務，均告終了，自應解除其職務。惟關於重整職務之解除，究於何時，法無明文，解釋上自應認為於法院裁定重整完成時，始行解除。

第十一、公司重整與公司變更組織之主要區別

公司重整與公司變更組織之主要不同點，述之於下：

一、發生原因不同　公司重整之原因，由於公司財務困難，暫停營業或有停業之虞為限；公司變更組織之原因，由於股東未滿法定人數或經全體股東之同意。

二、適用對象不同　公司重整為股份有限公司獨有之制度；公司變更組織適用於無限公司、有限公司、兩合公司、股份有限公司。

三、程序開始不同　公司重整因法定之人的聲請而開始，法院不得依職權而開始；公司變更組織，經股東全體之同意而開始。

四、目的不同　公司重整在使陷於困境之公司，得以維持與更新經營為目的；公司變更組織以責任相同之公司變更組織，避免清算程序為目的。

五、監督不同　公司重整在法院監督之下為之；公司變更組織係公司內部事宜，法院並不參與其事。

六、保護對象不同　公司重整在兼顧股東、債權人與公司三者之利益；公司變更組織著重於股東利益之保護。

第十節　股份有限公司之解散、合併及分割

第一、股份有限公司之解散

一、解散事由　股份有限公司有下列情形之一者，應予解散（公三一五 I）：

㈠**章程所定解散事由之發生**　有章程所定解散事由時，應予解散。惟得經股東會變更章程後繼續經營（公三一五 II）。

㈡**公司所營事業已成就或不能成就。**

㈢**股東會為解散之決議** 此之決議應有代表已發行股份總數三分之二以上股東出席，以出席股東表決權過半數之同意為之（公三一六Ⅰ），故不得以假決議或普通決議為之。惟公開發行股票之公司，出席股東之股份總數不足前述定額者，得以有代表已發行股份總數過半數股東之出席，出席股東表決權三分之二以上之同意行之（公三一六Ⅱ）。但前二項出席股東股份總數及表決權數，章程有較高之規定者，從其規定（公三一六Ⅲ）。

㈣**有記名股票之股東不滿二人** 有記名股票之股東不滿二人，但政府或法人股東一人者，不在此限。應予解散，惟得增加記名股東繼續經營（公三一五Ⅱ後）。

㈤**與他公司合併** 未經特別決議，擅為合併處分行為，應屬無效。

㈥**分割** 公司分割時，如公司未消滅者，自毋庸辦理解散。如公司因分割而消滅者，則辦理解散。

㈦**破產** 法院為破產宣告時，就破產人或破產財團有關之登記，應即通知該登記所，囑託為破產之登記（破六六），不必再辦理解散登記。

㈧**解散之命令或裁判** 例如本法第九、十、十一條之規定。

以上解散事由，除㈢㈣兩款外，均與無限公司之解散事由相同。

二、**解散之決議** 股東會對於解散之決議，應有代表已發行股份總數三分之二以上股東之出席，以出席股東表決權過半數之同意行之（公三一六Ⅰ），以昭慎重。惟公開發行股票之公司，出席股東之股份總數不足前述定額者，得以有代表已發行股份總數過半數股東之出席，出席股東表決權三分之二以上之同意行之（公三一六Ⅱ）。但前二項出席股東股份總數及表決權數，章程有較高之規定者，從其規定（公三一六Ⅲ）。

三、**解散之通知及公告** 公司解散，除破產外，董事會應即將解散之要旨，通知各股東（公三一六Ⅳ）。

四、**清算之開始** 公司解散時，除因合併、分割或破產而解散外，應行清算（公二四）。

五、**解散登記** 公司之解散，除破產外，命令解散或裁定解散應於處分或裁定後十五日內，其他情形之解散應於開始後十五日內，敘明解散事

由，向主管機關申請為解散之登記（公三八七、公司之登記及認許辦法四）。公司解散後，不向主管機關申請解散登記者，主管機關得依職權或據利害關係人申請，廢止其登記（公三九七Ⅰ）。主管機關對於前述之申請，除命令解散或裁定解散外，應定三十日之期間，催告公司負責人聲明異議，逾期不為聲明或聲明理由不充分者，即廢止其登記（公三九七Ⅱ）。

第二、股份有限公司之合併

一、合併之決議　董事會將合併之議案，請求股東會決議時，應就分割、合併有關事項，作成合併契約，提出於股東會（公三一七Ⅰ前）。此之合併契約，應以書面為之，並記載下列事項（公三一七之一Ⅰ）：

㈠合併之公司名稱，合併後存續公司之名稱或新設公司之名稱。

㈡存續公司或新設公司因合併發行股份之總數、種類及數量。

㈢存續公司或新設公司因合併對於消滅公司股東配發新股之總數、種類及數量與配發之方法及其他有關之事項。

㈣對於合併後消滅之公司其股東配發之股份不滿一股應支付現金者，其有關規定。

㈤存續公司之章程需變更者或新設公司依第一二九條應訂立之章程。

上述之合併契約書，應於發送合併承認決議股東會之召集通知時，一併發送於股東（公三一七之一Ⅱ），俾股東對應否同意合併，作一正確判斷。

依本法之規定股份有限公司之合併，應有代表已發行股份總數三分之二以上股東之出席，以出席股東表決權過半數之同意行之（公三一六Ⅰ後）。但公開發行股票之公司，出席股東之股份總數不足前項定額者，得以有代表已發行股份總數過半數股東之出席，出席股東表決權三分之二以上之同意行之（公三一六Ⅱ）。前二項出席股東股份總數及表決權數，章程有較高之規定者，從其規定（公三一六Ⅲ）。此之合併之主體，均以公司組織合併為限。倘非公司之組織將資產作價併入，應依一般增資之規定辦理。股份有限公司相互間合併，或股份有限公司與有限公司合併者，其存續或新設公司以股份有限公司為限（公三一六之一Ⅰ）。

二、不同意合併之股東股份收買請求權　股東在股東會之集會前或集會中，以書面表示異議，或以口頭表示異議經記錄者，得放棄表決權，而請求公司按當時公平價格，收買其持有之股份（公三一七Ⅰ），不得將異議股份實行減資退還資金，此為少數股東權之一。請求收買期間、請求價格裁定期間，準用本法第一八七條及第一八八條之規定（公三一七Ⅲ）。

三、合併之公告及通知　股份有限公司關於合併應為公告與通知，對異議之債權人提供擔保，以及權利義務由合併後存續公司承受等規定，均準用無限公司之規定（公三一九準公七三、七四、七五）。

四、合併後存續或新設公司應循之程序　公司合併後，存續公司之董事會，或新設公司之發起人，於完成催告債權人程序後，其因合併而有股份合併者，應於股份合併生效後，其不適於合併者，應於該股份為處分後，分別依下列程序行之（公三一八Ⅰ）：

㈠存續公司，應即召集合併後之股東會，為合併事項之報告，其有變更章程必要者，並為變更章程。

㈡新設公司，應即召集發起人會議，訂立章程。

無論為存續公司或新設公司，其章程之訂立，均不得違反合併契約之規定（公三一八Ⅱ）。

五、合併之登記　公司為合併時，應於實行後十五日內，向主管機關分別依下列各款申請登記。但經目的事業主管機關核准應於合併基準日核准合併登記者，不在此限（公三八七、公司之登記及認許辦法五）：

㈠存續之公司為變更之登記。

㈡消滅之公司為解散之登記。

㈢另立之公司為設立之登記。

六、控制公司與從屬公司之合併

㈠控制公司持有從屬公司百分之九十以上已發行股份者，得經控制公司及從屬公司之董事會以董事三分之二以上出席，及出席董事過半數之決議，與其從屬公司合併。其合併之決議，不適用第三一六條第一項至第三項有關股東會決議之規定（公三一六之二Ⅰ）。

㈡從屬公司董事會為前項決議後，應即通知其股東，並指定三十日以上期限，聲明其股東得於期限內提出書面異議，請求從屬公司按當時公平價格，收買其持有之股份（公三一六之二Ⅱ）。

㈢從屬公司股東與從屬公司間依前項規定協議決定股份價格者，公司應自董事會決議日起九十日內支付價款；其自董事會決議日起六十日內未達協議者，股東應於此期間經過後三十日內，聲請法院為價格之裁定（公三一六之二Ⅲ）。

㈣第二項從屬公司股東收買股份之請求，於公司取銷合併之決議時，失其效力。股東於第二項及第三項規定期間內不為請求或聲請時，亦同（公三一六之二Ⅳ）。

㈤第三一七條有關收買異議股東所持股份之規定，於控制公司不適用之（公三一六之二Ⅴ）。

㈥控制公司因合併而修正其公司章程者，仍應依第二七七條規定辦理（公三一六之二Ⅵ）。

第三、股份有限公司之分割

詳閱第三章公司總則第十二節公司之分割所述。

第十一節　股份有限公司之清算

第一、概　說

股份有限公司之清算，有普通清算與特別清算兩種程序，而特別清算事項，本法規定於「特別清算」內，未規定者，仍準用普通清算之規定（公三五六）。

第二、清算中之公司機關

一、**普通清算**　普通清算之機關，有清算人、監察人、股東會等三機

關。至於執行業務之董事已因公司解散而退職，其職務則由清算人執行，而監察人及股東會之行使權，則以清算事務為限。清算人執行清算事務之範圍，除本節另有規定外，其權利義務與董事同（公三二四）。

二、**特別清算** 特別清算之機關，有清算人、債權人會議、監理人等三機關。

第三、普通清算

一、**普通清算之意義** 普通清算者，乃股份有限公司因破產或合併以外之事由而解散，依一定方法處分公司財產，以了結公司法律關係之程序。

二、**清算人之任免及報酬**

㈠**清算人之選任** 有下列四種：

1.**法定清算人** 股份有限公司之清算，以董事充任清算人為原則（公三二二 I），謂之法定清算人。所謂董事，係指全體董事而言。

2.**章程訂定之清算人** 股份有限公司之章程，原已規定公司解散時之清算人者，從其規定（公三二二 I 但）。

3.**選任清算人** 章程如未定清算人者，股東會得另選清算人（公三二二 I 但）。

4.**選派清算人** 章程未定清算人，股東會亦未選任清算人，董事又因故不能任清算人者，法院得因利害關係人之聲請，選派清算人。至於保險公司之解散，其清算人由主管機關選派（保一四九 V）。

前述清算人應於就任後十五日內，將其姓名、住所或居所及就任日期，向本公司所在地之地方法院聲報（公三三四準公八三 I），其聲請程序，適用非訟事件法之規定。清算人如係由法院選派時，則應公告之（公三三四準公八三 III）。

㈡**清算人之解任**

1.**股東會決議之解任** 清算人除由法院選派者外，得由股東會以普通決議解任（公三二三 I）。

2.**法院裁定解任** 法定清算人、股東會選任之清算人及法院選派之清

算人，法院均得因監察人或繼續一年以上持有已發行股份總數百分之三以上股東之聲請，將之解任（公三二三II）。法院認公司解散後之清算人有違法或不稱職，而有解除任務之必要者，得解除其任務。解任時，應公告之（公三三四準公八三III）。前述清算人之解任，應由監察人於十五日內向法院聲報（公三三四準公八三II）。普通清算之清算人就任或解任，未向法院聲報者，於清算完結後，無法依本法第三三一條第四項為清算完結之聲報，其公司人格無從消滅，但其清算程序仍屬有效。此時依本法第三三四條準用第八十三條第四項之規定，各處清算人新臺幣三千元以上一萬五千元以下罰鍰。

　　㈢**清算人之報酬**　清算人之報酬，由法院選派者，應由法院決定之。非由法院選派者，由股東會議定（公三二五I）。清算費用及清算人之報酬，由公司現存財產中儘先給付（公三二五II）。其效力應優先於擔保物權，否則無人願與清算中之公司為法律行為，將妨礙清算程序之進行。至於保險公司之清算，依保險法第一四九條之五第一項規定：「監管人、接管人、清理人或清算人之報酬及因執行職務所生之費用，由受監管、接管、清理、清算之保險業負擔，並優先於其他債權受清償。」

　　三、清算人之職務與權限

　　㈠**清算人之職務**

　　1.**檢查公司財產**　清算人就任後，應即檢查公司財產情形，造具財務報表及財產目錄，於股東會集會前十日送經監察人審查。並於提請股東承認後，即報法院。妨礙、拒絕或規避清算人之檢查行為者，各處新臺幣二萬元以上十萬元以下罰鍰（公三二六）。

　　2.**了結現務**　清算人於就任後，應了結公司解散時，已經開始尚未終了之事務（公三三四準公八四I）。

　　3.**召集股東會**　清算人依規定造具財務報表及財產目錄後，應即提請股東會請求承認（公三二六I）。清算完結時，清算人應於十五日內，造具清算期內收支表、損益表連同各項簿冊送經監察人審查後，並提請股東會承認（公三三一I）。

4.**公告催報債權**　清算人於就任後,應即以三次以上之公告,催告債權人於三個月內申報其債權,並應聲明逾期不申報者,不列入清算之內,但為清算人所明知者,不在此限。債權人為清算人所明知者,並應分別通知之(公三二七)。

5.**收取債權**　公司對於第三人享有債權者,清算人應予收取(公三三四準公八四Ⅰ2)。在公司解散前,股東未繳之股款,已經催告者,其與通常債權相同,亦應一併收取。

6.**清償債務**　茲分述於下:(1)清算人清償公司債務,應於公告申報債權期限屆滿後為之。在申報期限內,不得對任何債權人為清償,但對於有擔保之債權,經法院許可者,不在此限(公三二八Ⅰ)。(2)公司對於期限屆滿之債權未為清償者,仍應負遲延給付之損害賠償責任(公三二八Ⅱ)。(3)惟公司之資產顯足抵償負債者,對於前述足致損害賠償責任之債權,得經法院許可後先行清償(公三二八Ⅲ)。

7.**分派賸餘財產**　清算人將公司已有財產清償債務後,賸餘之財產,應按各股東股份比例分派;但公司發行特別股,而章程另有訂定者,從其訂定(公三三〇)。清算人非清償公司債務後,不得將公司財產分派於各股東,如有違反之而分派公司財產時,各處一年以下有期徒刑、拘役或科或併科新臺幣六萬元以下罰金(公三三四準公九〇)。

8.**聲請宣告破產**　公司財產不足清償其債務時,清算人應即聲請宣告破產(公三三四準公八九Ⅰ)。俟法院宣告破產時,清算人移交其事務與破產管理人時,其職務即為終了(公三三四準公八九Ⅱ)。清算人如違反規定,不即聲請宣告破產者,各處新臺幣二萬元以上十萬元以下罰鍰(公三三四準公八九Ⅲ)。

(二)清算人之權限

1.清算人在執行職務之範圍內,除將公司營業包括資產負債轉讓於他人時,應得全體股東同意外,有代表公司為訴訟上或訴訟外一切行為之權(公三三四準公八四Ⅱ)。依本法第八條規定之公司清算人,在執行其職務之範圍內,亦為公司之負責人。

2.清算人有數人時，得推定一人或數人代表公司，其推定之代表人應於就任後十五日內向本公司所在地法院聲報，如未能推定時，各有代表公司之權。關於清算事務之執行，取決於過半數之同意(公三三四準公八五)。

3.對於清算人代表權所加之限制，不得對抗善意第三人（公三三四準公八六）。

四、清算人之權利義務

㈠**清算人之權利**　清算人與公司之關係，基於委任契約，故依委任之法律關係定之。在執行清算事務之範圍內，其一切權利與董事同（公三二四）。是以清算人得請求報酬，其報酬數額，除由法院選派者，由法院決定外，餘均由股東會議定之。清算費用及清算人之報酬，由公司現存財產儘先給付（公三二五）。

㈡**清算人之義務**　清算人對公司之義務，亦應依委任之規定，對執行之職務，應遵守法令章程及股東會之決議，此與董事同（公三二四）。惟清算人係執行清算事務之機關，其性質與董事不同，故不受競業禁止之限制。清算人應於六個月內完結清算，不能於六個月內完結清算時，清算人得申敘理由，向法院聲請展期(公三三四準公八七Ⅲ)。清算人遇有股東詢問時，應將清算情形隨時答復(公三三四準公八七Ⅴ)。清算人不於前述規定期限內清算完結者，各處新臺幣一萬元以上五萬元以下罰鍰（公三三四準公八七Ⅳ），以示警戒。

五、清算之完結

㈠**清算完結之期限**　準用無限公司原則上應於六個月內完結清算之規定（公三三四準公八七Ⅲ）。

㈡**清算完結時清算人之工作**　清算完結時，清算人應於十五日內，造具清算期內收支表、損益表連同各項簿冊，送經監察人審查，並提請股東會承認(公三三一Ⅰ)。股東會並得另選檢查人，檢查前項簿冊是否確當(公三三一Ⅱ)。對於此項之檢查有妨礙、拒絕或規避行為者，各處新臺幣二萬元以上十萬元以下罰鍰(公三三一Ⅵ)。簿冊經股東會承認後，除清算人有不法行為外，視為公司已解除清算人之責任（公三三一Ⅲ）。其清算期內收

支表及損益表，應於股東會承認後十五日內，向法院聲報（公三三一IV）。清算人違反此項聲報期限之規定時，各處新臺幣一萬元以上五萬元以下罰鍰（公三三一V）。

㈢**簿冊文件之保存** 公司應自清算完結聲報法院之日起，將各項簿冊及文件保存十年，其保存人，由清算人及其他利害關係人聲請法院指定之（公三三二）。

㈣**重行分派財產** 清算完結後，如有可以分派之財產，法院因利害關係人之聲請，得選派清算人重行分派（公三三三）。對此並無期間之限制。

第四、特別清算

一、**特別清算之意義** 特別清算者，解散之股份有限公司，於實行普通清算發生顯著之障礙時，法院依債權人或清算人或股東之聲請或依職權，命令公司開始特別清算，或公司負債超過資本，有不實之嫌疑時，由清算人之聲請而開始特別清算程序（公三三五I）。

二、**特別清算發生之原因** 特別清算發生之原因，亦稱為特別清算實質要件。茲分述如下（公三三五）：

㈠**普通清算之實行發生顯著之障礙時** 倘無普通清算，自無發生清算之實行有顯著之障礙可言。按普通清算程序發生顯著之障礙時，恆有強制執行或破產等程序存在，為使特別清算程序得順利進行對於破產、和解及強制執行程序當然停止之規定，於特別清算準用（公三三五II）。所謂發生顯著之障礙者，指清算之實行，遇有法律上或事實上顯著障礙，無法依清理方針，順利完結清算而言。所謂法律上之顯著障礙者，如債權人已獲有執行名義，對公司之財產已進行強制執行查封程序，或公司部分財產已非由公司占有，致無法處分等事由。所謂事實上之顯著障礙者，如處分公司財產無法變現，或乏人問津，或公司之財產業已滅失，且無損害賠償請求權者等事由而言。

㈡**公司負債超過資產有不實之嫌疑時** 例如所負之債額並非真正，係勾串而為申報之假債權，或雖有債權，而其數額並不實；或帳面上資產價

值較市價為低等情事。論者有謂此一原因，不僅限於負債超過資產有不實之嫌疑，亦可類推適用於資產超過負債有不實之嫌疑。至於公司資產，形式上雖超過負債，但實際上是否超過有疑問時，亦應屬於特別清算之原因。

三、特別清算程序之開始

㈠法院依聲請命令開始特別清算程序

1.因普通清算之實行發生顯著之障礙為特別清算之原因者，法院依債權人或清算人或股東之聲請而開始（公三三五 I 前），故不論普通股股東抑特別股股東，債權人有無擔保均得為之。惟清算人有數人時，解釋上先經清算人過半數之同意（公三三四準公八五 I），始向法院為之。蓋因普通清算程序轉為特別清算程序，事關公司重大，應如此以示慎重。

2.因負債超過資產：有不實嫌疑為特別清算原因者，其聲請人僅限於普通清算之清算人（公三三五）。

㈡法院依職權命令開始特別清算程序

1.公司如有法定特別清算原因，不論其為清算之實行，發生顯著障礙，或負債超過資產有不實之嫌疑，法院在職權上知悉時，均得依職權命令開始特別清算。

2.公司負債超過資產，有不實之嫌疑時，其聲請權人雖限於清算人，但其他利害關係人，如債權人或股東於認為公司有此項特別清算原因，則不妨向法院陳述意見，促請法院為職權之發動。

3.公司之監督機關或其他事業主管機關，雖無此項聲請權，但亦可向法院陳述意見，促請法院為職權之發動。

㈢特別清算程序開始前之保全處分　法院得依有聲請權人之聲請或依職權於命令開始特別清算前，為下列保全處分（公三三六）：

1.公司財產之保全處分：例如禁止公司就其財產為處分行為或設定負擔。

2.記名式股份轉讓之禁止。

3.基於公司發起人、董事、監察人、經理人或清算人責任所生之損害賠償請求權，對其財產為保全處分。

四、特別清算程序中之機關

㈠清算人（即特別清算人）

1.**清算人之任免** 特別清算人之選任與解任，本法未作特別規定，原則上準用普通清算人之規定（公三五六），惟特別清算程序開始之原因，清算人本身即與有責任，如仍以之為清算人，難期為公平誠實之清算，故不論其清算人係如何產生，有重大事由時，法院均得解任之。因解任或其他原因而生之清算人缺額，或有增加人數之必要時，由法院選派之（公三三七）。所謂缺額，係指法院解任後之缺額，或其他原因如死亡等情事而生之缺額而言。至於所謂增加人數之必要，係指清算事務過於繁雜，原有清算人數不足而言。是故特別清算程序，除由原有清算人繼續執行清算事務外，如有變動，僅限於法院選派清算人而已。

2.**清算人之職務** 清算人之職務，除於普通清算程序中，清算人之職務性質許可範圍內，亦可準用外（公三五六），其在特別清算程序中，尚有下列特別職務：

⑴聲請法院在開始特別清算前為保全處分：清算人得於命令開始特別清算前，聲請法院對公司財產、公司負責人之財產為保全處分及記名式股份轉讓之禁止處分（公三三六、三三九、三五四Ⅰ1、2、6）。

⑵清算事務之報告及調查：法院得隨時命令清算人，為清算事務及財產狀況之報告，並得為其他清算監督上必要之調查（公三三八）。

⑶依債務之比例清償：公司對於其債務之清償，應依其債權額比例為之，但依法得行使優先受償權或別除權之債權，不在此限（公三四〇）。

⑷召集債權人會議：在特別清算程序中，清算人認為有必要時，有召集債權人會議之權（公三四一Ⅰ）。

⑸造具書表：造具公司業務及財務狀況之調查書、資產負債表及財產目錄，提交債權人會議（公三四四前）。

⑹陳述意見：就清算實行之方針與預定事項向債權人會議陳述其意見（公三四四後）。

⑺協定之提出或變更協定之建議：清算人得徵詢監理人之意見，對

於債權人會議提出協定之建議（公三四七）。協定在實行上遇有必要時，清算人得提出變更其條件之建議於債權人會議（公三五一）。

　　(8)通知優先權人、別除權人列席參加：認為作成協定有必要時，請求優先權人或別除權人參加債權人會議（公三四九）。

　　(9)聲請法院檢查公司：聲請法院命令檢查公司之業務及財產（公三五二Ｉ）。

　　3.**清算人之權限**　普通清算，以自行清算為原則，而特別清算，不僅法院採積極之干涉態度，而且債權人亦參與監督，故對清算人執行清算之事務權限，亦加以縮小。清算人為下列行為之一時，應得監理人之同意（公三四六Ｉ）：

　　(1)公司財產之處分：所謂處分，包括法律行為之處分與事實行為之處分。其處分不以動產或不動產為限。凡有經濟價值之財產均屬之。

　　(2)借款：公司在清算程序中，因清算費用或其他必要費用之支出均需款項，借款使用係使公司負債增加，故應得監理人之同意。

　　(3)訴之提起：訴訟之勝負，影響公司之財產甚鉅，故應得監理人之同意。此之訴訟，當指民事訴訟而言，不包括強制執行。

　　(4)成立和解或仲裁契約：和解須互相讓步，仲裁亦足使公司受不利益之虞，故不得任意為之。此之和解，當指民法第七三六條至第七五六條有關和解之規定。至於仲裁契約，則參閱仲裁法第一條、第二十九條、第四十四條之規定。

　　(5)權利之拋棄：拋棄權利，足致公司資產減少，自不許任意為之。

　　清算人所為上述五項行為，如其標的價額在資產總值千分之一以下者，與債權人利害關係不大，則不受限制（公三四六Ｉ）。上述應經監理人同意之行為，如監理人不同意時，清算人可召集債權人會議決之（公三四六Ｉ前）。惟召集債權人會議需時甚久，如有迫不及待之情形，得經法院之許可為前開之行為（公三四六ＩＩ）。清算人如未得監理人之同意，或未經債權人會議決議，或未經法院之許可而為前述行為時，應與公司對於善意第三人負連帶責任（公三四六ＩＩＩ）。關於普通清算程序中清算人將公司營業包括資

產負債轉讓他人，應得全體股東同意之限制，於特別清算不適用之（公三四六IV）。蓋特別清算程序就清算人之權限，已有特別之限制。

㈡債權人會議

1.**意義** 債權人會議者，謂特別清算程序中，由公司債權人臨時集會，決定意思之最高機關。公司債權人往往人數眾多，意見紛紜，故本法特定債權人會議，以為債權人之意思機關。同時本法復規定特別清算事項，未規定者，準用普通清算之規定（公三五六）。至於普通清算程序，得召開股東會（公三二二），本法並無排斥特別清算程序，不得召開股東會之規定，故公司股東仍得召開。然則股東會之職權甚小，僅限於清算目的範圍內之公司事項，故其職權與債權人會議不同者，並無衝突。

2.**構成員**

⑴凡已經申報債權或為公司所明知債權之一般債權人，均為債權人會議之構成員。未在期限內申報之債權，又為清算人不知之債權，不列入清算之內，均非債權人會議之構成員（公三五六準公三二七）。有優先受償權或別除權之債權人，僅得由債權人會議之召集人通知其列席債權人會議徵詢意見，而無表決權（公三四二）。

⑵附條件之債權，附期限之債權，連帶債權或不可分之債權，亦應認為債權人會議之構成員（公二九六、破一〇〇至一〇二、一〇四、一〇五）。

3.**會議之召集**

⑴種類：債權人會議之召集，有下列三種（公三四二）：

①清算人自行召集：清算人於清算中認為必要時，得召集債權人會議（公三四一Ⅰ）。

②少數債權人請求清算人召集：占有公司明知之債權總額百分之十以上之債權人，得以書面載明事由，請求清算人召集債權人會議（公三四一Ⅱ）。所謂明知之債權總額，並非客觀存在之債權總額，僅指明知者即可。

③少數債權人自行召集：前述債權人請求清算人召集債權人會議，自其提出後十五日內，清算人不為召集時，得由債權人報請本公司所在地之主管機關許可，自行召集（公三四一Ⅲ準公一七三Ⅱ）。

(2)召集程序

臨時會議之召集應於十日前通知各債權人（公二四七準公一七二II）。通知應載明召集事由；其通知經相對人同意，得以電子方式為之（公三四三準公一七二II）。蓋本法規定第一七二條第二項、第四項、第一八三條第一項至第五項、第二九八條第二項及破產法第一二三條之規定，於特別清算準用之（公三四三I）。債權人會議之召集人違反前項準用第一七二條第二項規定，或違反前項準用第一八三條第一項、第四項或第五項規定者，處新臺幣一萬元以上五萬元以下罰鍰（公三四三II）。

4.出席會議及表決權與其決議方法

(1)出席及表決權：依法得為債權人會議之構成員者，除有優先受償權或別除權之債權人外，在債權人會議均得出席而有表決權，優先債權人或有別除權之債權人，僅得列席債權人會議徵詢意見，而無表決權（公三四二）。債權人之出席不限於親自出席，委託他人代理出席亦可。

(2)決議方法：債權人之表決權依其債權之金額比例定之（公三四三準公二九八II）。在一般事項之決議，應有出席債權人過半數，而其所代表之債權額超過總債權額之半數之同意行之（公三四三準破一二三）。但協定可決之決議，應有得行使表決權之債權人過半數之出席，及得行使表決權之債權總額四分之三以上之同意行之（公三五〇I）。

5.債權人會議之議事錄　債權人會議應作成議事錄，該議事錄準用股東會關於議事錄之規定（公三四三準公一八三）。

6.債權人會議之權限　債權人會議之職權，依法有明文規定者如下：

(1)徵詢優先債權或別除權之債權人意見（公三四二）。

(2)查閱清算人造具公司業務及財產狀況之調查書、資產負債表及財產目錄，並聽取清算人陳述清算實行之方針與預定事項之意見(公三四四)。

(3)對監理人選任與解任之決議（公三四五）。

(4)清算人所為重要事項之同意（公三四六I）。

(5)協定可決之決議（公三五〇）。

(6)變更協定條件之決議（公三五一）。

㈢監理人

1.意義 監理人者，為保護公司債權人之共同利益，而代表債權人監督清算人執行特別清算事務之人。在債權人會議不開會期間，特別清算事務之監督，悉由監理人任之。

2.立法理由 債權人會議並非常設之機關，為保護債權人共同利益與代表債權人為清算實行之監督，故本法特設監理人。惟監理人非清算程序中之必要機關，其是否設置，由債權人會議酌情定之。

3.資格 債權人會議，得經決議選任監理人（公三四五）。至於監理人之資格，本法無明文規定，原則上應由債權人中選任，倘債權人中無適當人選，則例外就債權人以外之人選任之。

4.任免 監理人由債權人會議選任，並得隨時由其解任。惟債權人會議為上述決議應得法院之認可（公三四五），始生法律上效力。

5.監理人之職務 可分為下列五點：

⑴監督清算人事務之進行及清算協定之執行。

⑵清算人為公司財產之處分、借款、訴之提起、成立和解或仲裁契約及權利之拋棄等行為，應事先得監理人之同意（公三四六Ⅰ）。

⑶對清算人提供意見，以便清算人在債權人會議所提出協定之建議（公三四七）。

⑷應清算人之徵詢，提供變更協定條件之意見（公三五一）。

⑸列席債權人會議，陳述意見。

五、特別清算程序中法院之監督 特別清算實行中，法院對於清算事務加以嚴格之監督，並積極的干預清算事務，此與普通清算有別。茲就其有關事項，分述如下：

㈠基於職權為一般監督

1.法院得隨時命令清算人，為清算事務及財產狀況之報告，並得為其他清算監督上必要之調查（公三三八），以便明瞭清算事務之進行及公司之財產狀況。

2.法院在清算監督上認為必要時，得為下列處分（公三三九）：

　　(1)公司財產之保全處分：特別清算程序中，本法並無明文規定，可以中止強制執行，僅在本法第三三九條及第三五四條第一款規定認為必要時得對公司財產為保全處分。就實際而言，公司進行特別清算程序，如有債權人請求強制執行，事實上即不能進行特別清算，有關保全處分形同具文。

　　(2)記名式股份轉讓之禁止。

　　(3)因基於發起人、董事、監察人、經理人或清算人責任所生損害賠償請求權，對其財產為保全處分。

(二)基於聲請或依職權為檢查命令

　　1.公司業務及財產之檢查　在特別清算期間，依公司財產之狀況，如有必要時，法院得據清算人或監理人或繼續六個月以上持有已發行股份總數百分之三以上之股東，或曾為特別清算聲請之債權人，或占有公司明知之債權總額百分之十以上債權人之聲請，或依職權命令檢查公司之業務及財產（公三五二Ⅰ）。

　　2.選任檢查人執行職務

　　　(1)檢查人之選任及準用規定：法院於公司特別清算程序中，得依職權或依前述聲請人之聲請，於公司財產之狀況有檢查必要時，得就公司業務具有專門學識經驗而非利害關係人者，選任為檢查人，就特定事項（即本法第三五三條規定）於三十日內調查完畢，將其結果報告於法院（公三五二準公二八五Ⅰ）。至於檢查人對於公司業務或財務有關之一切簿冊、文件及財產，得加以檢查，公司之董事、監察人、經理人或其他職員，對於檢查人關於業務及財產之詢問，有答復之義務（公三五二準公二八五Ⅱ）。公司之董事、監察人、經理人或其他職員拒絕前項檢查，或對前項詢問無故不答復，或為虛偽之陳述者，處新臺幣二萬以上十萬元以下罰鍰（公三五二Ⅱ準公二八五Ⅲ）。

　　　(2)檢查人之職務：檢查人就任後應檢查下列事項，報告於法院：

　　　　①公司業務及財務實況。

　　　　②發起人、董事、監察人、經理人或清算人有無依本法規定第三十四條、第一四八條、第一五五條、第一九三條及第二二四條應負責任與

否之事實（公三五三 1）。

　　③有無為公司財產保全處分之必要（公三五三 2）。

　　④為行使公司之損害賠償請求權，對於發起人、董事、監察人、經理人或清算人之財產有無為保全處分之必要（公三五三 3）。

　　(3)保全處分：法院據前述檢查人之報告，認為必要時，得為下列之處分（公三五四）：

　　①公司財產之保全處分。

　　②記名式股份轉讓之禁止。

　　③發起人、董事、監察人、經理人或清算人責任解除之禁止。例如依本法第二三一條前段規定「各項表冊經股東會決議承認後，視為公司已解除董事及監察人之責任」。又如第三三一條第三項前段規定「簿冊經股東會承認後，視為公司已解除清算人之責任」。至於經理人所負責任，如第三十五條之規定。發起人所負責任，如第一四八條之規定，均得由法院為責任解除之禁止。

　　④發起人、董事、監察人、經理人或清算人責任解除之撤銷，但於特別清算開始起一年前已為解除，而非出於不法之目的者，不在此限。例如董事、監察人之責任，已依本法第三三一條規定而解除，法院仍得撤銷其解除，重行追究其責任，但在特別清算開始時起一年前已為解除，且非出於不法之目的，則不得撤銷。

　　⑤基於發起人、董事、監察人、經理人或清算人責任所生之損害賠償請求權之查定。

　　⑥因前款損害賠償請求權，對於發起人、董事、監察人、經理人或清算人之財產為保全處分。

　　前述①②⑥之處分，法院認為對清算監督上有必要時，得為保全處分（公三三九），法院於命令開始特別清算前，得依職權或依聲請為保全處分（公三三六）。上述保全處分，如其財產依法應登記者，應通知登記機關登記其事由；其財產依法應註冊者亦同。

六、特別清算程序之協定

㈠**協定之意義**　指清算中之公司與債權人團體間，以協定之方式，為債務之清償，使清算程序終了而訂立強制和解契約，經法院認可而生效力者也。此與破產前之和解、破產程序中調協之意義相類似。

㈡**立法理由**　公司特別清算程序之發生，必因公司財產狀況不佳，在特別清算之結果，債權人恆難獲得十足之清償，為避免繁複費時之破產程序，只有互相讓步，以協調方式終結清算程序之必要。

㈢**協定之提出**　清算人得徵詢監理人之意見，對於債權人會議提出協定之建議（公三四七）。所謂徵詢監理人之意見者，僅作為參考而已，無絕對之拘束。清算人有數人時，協定之建議應解為須得過半數之同意。關於協定之條件，在各債權人間應屬平等，但有優先權或別除權之債權，不在此限（公三四八）。

㈣**協定之可決**　清算人認為作成協定有必要時，得請求有優先權或別除權之債權人參加陳述意見，但無表決權（公三四九）。依本法並未明文規定須經股東會之同意決之，解釋上以須經股東會之通過為宜（公三五六）。協定之可決，應提出於債權人會議為可決之決議，其決議方法應為得行使表決權之債權人過半數之出席，及得行使表決權之債權總額四分之三以上同意行之（公三五〇Ⅰ）。

㈤**協定之認可**　協定之可決為協定之成立要件，而協定之認可則為協定之生效要件，協定須經法院之認可，始生法律上之效力（公三五〇Ⅱ）。

㈥**協定條件之變更**　協定經可決並經法院認可後，如協定條件在實行上遇有必要時，得變更其條件；變更協定條件之程序，其提出、可決、認可均與原來協定相同（公三五一）。所謂協定實行上遇有必要時，得變更其條件，例如協定擬以出賣公司財產所得現金，比例清償債務，突因火災燒毀，故有變更原來協定之計劃。

㈦**協定認可之效力**　協定經法院認可後，對於債權人會議構成全體均發生法律上之拘束力（公三五〇準破一三六）。

七、特別清算之終結

㈠在特別清算程序中，各債權人如能獲得十足清償，亦無協定之可決與認可，則與普通清算程序之終結情形相同。

㈡若有協定之可決與認可，則在協定之條件實行完畢時，其特別清算程序亦為終結。

㈢如公司財產確有不足清償債務，法院於命令特別清算開始後，而協定為不可能，或雖經協定而在實行上有不可能，又不可能變更其條件時，法院應依職權就破產法為破產之宣告（公三五五），其特別清算程序，自然終結而移轉為破產程序，此時特別程序之費用，視為破產財團債務（非訟一九二）。

第五、特別清算與其他類似名詞之區別

一、普通清算與特別清算之異同

㈠主要相同點

1.兩者均為了結公司法律關係之方法（即公司人格之消滅）。

2.兩者性質均為非訟事件。

3.兩者均在法院監督之下為之。

4.兩者清算事務均由清算人執行。

5.兩者在程序進行中發現合於破產之規定時，應即適用破產法之規定，為公司破產之宣告。

6.特別清算事項，本法未規定者，可準用普通清算。因此在準用之範圍內，二者相同。

㈡主要不同點

1.特別清算發生之原因，須在普通清算之實行發生顯著之障礙，或公司負債超過資本有不實之嫌疑時，方可為之；普通清算之原因，則為公司之解散。

2.特別清算程序中公司機關有清算人、監理人、債權人會議三種；普通清算程序中公司之機關有清算人、監察人、股東會三種。二者之機關，

有所不同。

　　3.特別清算程序，法院依聲請或職權命令而開始；普通清算程序，則因公司解散所當然進行者。

　　4.特別清算，法院及債權人均積極監督並積極干涉清算事務之進行；普通清算除選派清算人外，法院及債權人並不直接干涉清算事務，法院僅作消極之監督。

　　5.特別清算著重保護公司債權人之利益；普通清算則兼顧股東與債權人之利益。

　　6.特別清算程序有協定之方式，以終結清算程序之規定；普通清算則否。

　　7.特別清算為股份有限公司獨有之程序；普通清算於各種公司均有之。

二、特別清算與公司重整之異同

(一)主要相同點

　　1.二者均為股份有限公司特有之制度，他類公司並無此規定。

　　2.二者性質均為非訟事件。

　　3.二者均在法院監督之下為之。

　　4.二者均由法院積極干涉事務之進行。

　　5.二者債權人均有參與表示意見之機會。

　　6.二者均得選任檢查人調查公司之業務及財產狀況，報告於法院。

　　7.二者均得為法定之保全處分。

　　8.公司重整有重整計劃之提出及法院可決認可，而特別清算有協定之建議及法院可決之認可。

　　9.二者程序進行中，如發現合於破產之規定者，均應依破產法為公司破產之宣告。

(二)主要不同點

　　1.**原因不同**　特別清算，以普通清算之實行發生顯著之障礙，或公司負債超過資本有不實之嫌疑為原因；至於公司重整，則以公司因財務困難，暫停營業，或有停業之虞為原因。

　　2.**目的不同**　特別清算，在使公司之人格消滅為目的；至於公司重整，

則以協助公司之重行建立，繼續經營為目的。

3.**程序開始不同**　特別清算，法院基於聲請命令或依職權命令而開始程序；至於公司重整之程序，必基於聲請，法院不得依職權為公司重整之裁定。

4.**機關不同**　特別清算程序中，公司機關有清算人、監理人、債權人會議三種；公司重整程序中，公司機關有重整人、重整監督人、關係人會議三種，各有不同之職務。二者機關及其構成員顯有不同。

5.**保護對象不同**　特別清算，著重於保護公司債權人之利益；公司重整，兼顧股東或公司與債權人之利益。

6.**終結方式不同**　特別清算程序有協定方式，以終結清算程序之規定；公司重整則否。

7.**公司適用範圍不同**　特別清算程序，以股份有限公司發生法定原因即為之；至於公司重整，則以公開發行股票或公司債之股份有限公司為限。

8.**終止規定不同**　特別清算程序無終止之規定；公司重整程序，則有終止之規定。

9.**準用規定不同**　本法明定特別清算，可準用公司重整規定，例如本法第三四三條規定準用第二九八條第二項，第三五二條第二項規定準用第二八五條。惟本法並未明定公司重整準用特別清算之規定。

第六、股份有限公司（以下簡稱前者）與有限公司（以下簡稱後者）之異同

一、主要不同點

㈠**公司性質**　股份有限公司屬於資合公司；至於有限公司兼具資合公司與人合公司之性質。

㈡**設立程序**　前者發起設立以外有募集設立，故有創立會之組織；後者僅有發起設立一種，不得向外招募資本，根本無創立會組織。

㈢**股東人數**　前者最低額為二人以上，最高額法無明文限制；後者則為一人以上（公九八）。

㈣股東種類　前者除普通股股東以外，得有特別股股東。記名股東以外，得有無記名股東；後者則沒有特別股股東與無記名股東，僅有記名股東而已。

㈤董事人數　前者有董事會，設董事不得少於三人；後者未設董事會，其董事最多不逾三人。

㈥股權憑證　前者經核准後，股票得在證券市場轉讓；後者為股單不得上市。

㈦股權變更　前者除特別情形外，股份轉讓自由；後者股東非得其他股東過半數的同意，不得轉讓其出資之全部或一部。

㈧公司資本　前者資本均分為股份，每股金額一律，固得分次發行；後者資本並不分為股份，不得分次發行。

㈨表決權之計算　前者原則上以股份為計算表決權之標準，即每一股份有一表決權；後者原則上以人為計算表決權之標準，即不問出資多寡，每一股東有一表決權。

㈩資本公積　前者兼採授權資本制，有資本公積之規定，故增資、減資僅變更章程即可；後者資本由股東的出資額集合而成，因一次繳足股款，自無所謂授權資本制度。且僅能增資，不得減資，亦無資本公積之名稱。

(十一)新股之發行　前者特為發行新股而有規定；後者無此必要。

(十二)公司債之發行　前者得發行公司債；後者不得發行公司債。

(十三)公司重整　前者得為公司重整；後者不得為公司重整。

(十四)特別清算　前者得為特別清算；後者不得為特別清算。

二、主要相同點

㈠股東責任　股東不論以繳清其股份金額或以繳清其出資額，僅就出資為限，對公司負其責任，對外不負責任。

㈡股款繳納　無論為分次發行股份或一次繳納資本，均須全數繳足股款，不得分期繳納。

㈢股東名簿　二者均有股東名簿，並須備置於本公司。

㈣提出公積　二者均應依法提出法定盈餘公積，並得依章程或股東同

意，加提特別盈餘公積。

　　㈤**準用規定**　有限公司準用股份有限公司規定之部分，自屬相同。

第十二節　閉鎖性股份有限公司

第一、閉鎖性股份有限公司之概述

　　政府為鼓勵新創及中小型企業之發展，營造更有利之商業環境，另因應科技新創事業之需求，賦予企業有較大自治空間，爰引進英、美等國之閉鎖性公司制度，於第五章「股份有限公司」增訂「閉鎖性股份有限公司」專節，讓新創及中小型企業使用此種公司型態時，在股權安排及運作上更具彈性。閉鎖性股份有限公司應先適用本節之規定；本節未規定者，適用本法非閉鎖性之非公開發行股票公司之規定。

第二、閉鎖性股份有限公司之定義及公示

　　一、閉鎖性股份有限公司之定義　閉鎖性股份有限公司，指股東人數不超過五十人，並於章程定有股份轉讓限制之非公開發行股票公司（公三五六之一 I）。前述股東人數，中央主管機關得視社會經濟情況及實際需要增加之；其計算方式及認定範圍，由中央主管機關定之（公三五六之一 II）。

　　二、閉鎖性股份有限公司之公示　閉鎖性股份有限公司應於章程載明閉鎖性之屬性，並由中央主管機關公開於其資訊網站（公三五六之二）。

第三、閉鎖性股份有限公司股東之出資

　　一、原則上僅得採發起設立，認足第一次應發行之股份　發起人得以全體之同意，設立閉鎖性股份有限公司，並應全數認足第一次應發行之股份（公三五六之三 I）。

　　二、例外情形　發起人之出資除現金外，得以公司事業所需之財產、技術或勞務抵充之。但以勞務抵充之股數，不得超過公司發行股份總數之

一定比例（公三五六之三 II）。

　　前述所稱之一定比例，由中央主管機關定之（公三五六之三 III）。

　　三、非以現金出資者之特別規定　以技術或勞務出資者，應經全體股東同意，並於章程載明其種類、抵充之金額及公司核給之股數；主管機關應依該章程所載明之事項辦理登記，並公開於中央主管機關之資訊網站（公三五六之三 IV）。

第四、閉鎖性股份有限公司限採發起設立

　　一、不適用股份有限公司募集設立及創立會之規定　本法規定，募集設立（公一三二）、募集之申請審核事項（公一三三）、代收股款之證明（公一三四）、不予或撤銷募集核准之情形（公一三五）、撤銷核准之效力（公一三六）、招股章程應記載事項（公一三七）、備置認股書（公一三八）、認股人繳款之義務（公一三九）、股票發行之價格（公一四〇）、催繳股款（公一四一）、認股人延欠股款之效果（公一四二）、創立會之召集期限（公一四三）、創立會決議及程序（公一四四）、發起人報告事項（公一四五）、選任董事及監察人（公一四六）、創立會之裁減權（公一四七）、發起人連帶認股之義務（公一四八）、發起人損害賠償責任（公一四九）、創立會之權限（公一五一）、撤回認股（公一五二）、股份撤回之禁止（公一五三）等規定均不適用之。（公三五六之三 VI）換言之，閉鎖性股份有限公司僅得採發起設立。

　　二、董事及監察人之選任方式原則上採累積投票制　發起人選任董事及監察人之方式，除章程另有規定者外，準用第一九八條規定（公三五六之三 V）。

第五、不得公開發行或募集有價證券，但有例外規定

　　公司不得公開發行或募集有價證券。但經由證券主管機關許可之證券商經營股權群眾募資平臺募資者，不在此限（公三五六之四 I）。前述但書情形，仍受第三五六條之一之股東人數及公司章程所定股份轉讓之限制（公

三五六之四 II)。

第六、閉鎖性股份有限公司章程對股份之限制

一、章程載明股份轉讓之限制 閉鎖性股份有限公司股份轉讓之限制，應於章程載明（公三五六之五 I）。

二、股票明顯文字註記轉讓之限制等 閉鎖性股份有限公司股份轉讓之限制，公司印製股票者，應於股票以明顯文字註記；不發行股票者，讓與人應於交付受讓人之相關書面文件中載明（公三五六之五 II）。前述股份轉讓之受讓人得請求公司給與章程影本（公三五六之五 III）。

第七、閉鎖性股份有限公司股票面額之發行

一、得發行無票面金額股 依公司法第一二九條及第一五六條規定，所有股份有限公司均得採無票面金額股制，閉鎖性股份有限公司亦屬股份有限公司應以第一二九條及第一五一條為適用之依據。

二、特別股之發行 閉鎖性股份有限公司發行特別股時，應就下列各款於章程中定之（公三五六之七 I）：

㈠特別股分派股息及紅利之順序、定額或定率。

㈡特別股分派公司賸餘財產之順序、定額或定率。

㈢特別股之股東行使表決權之順序、限制、無表決權、複數表決權或對於特定事項之否決權。

㈣特別股股東被選舉為董事、監察人之禁止或限制，或當選一定名額之權利。

㈤特別股轉換成普通股之轉換股數、方法或轉換公式。

㈥特別股轉讓之限制。

㈦特別股權利、義務之其他事項。

本於閉鎖性之特質，股東之權利義務如何規劃始為妥適，宜允許閉鎖性股份有限公司有充足之企業自治空間。

此外，就科技新創事業而言，為因應其高風險、高報酬、知識密集之

特性，創業家與投資人間，或不同階段出資之認股人間，需要有更周密、更符合企業特質之權利義務安排，爰有特別股之存在及設計。另如擁有複數表決權之特別股、對於特定事項有否決權之特別股、可轉換成複數普通股之特別股，得隨意轉讓股份，對公司經營將造成重大影響，是以，第六款允許公司透過章程針對特別股之轉讓加以限制。

第八、閉鎖性股份有限公司之股東會

一、章程得訂明以視訊會議召開　閉鎖性股份有限公司章程得訂明股東會開會時，以視訊會議或其他經中央主管機關公告之方式為之（公三五六之八Ⅰ）。股東會開會時，如以視訊會議為之，其股東以視訊參與會議者，視為親自出席（公三五六之八Ⅱ）。

二、股東會議議事得以書面行使表決權　閉鎖性股份有限公司章程得訂明經全體股東同意，股東就當次股東會議案以書面方式行使其表決權，而不實際集會（公三五六之八Ⅲ）。前述情形，視為已召開股東會；以書面方式行使表決權之股東，視為親自出席股東會（公三五六之八Ⅳ）。

三、股東得訂立表決權拘束契約及表決權信託契約　為使閉鎖性股份有限公司之股東得以協議或信託之方式，匯聚具有相同理念之少數股東，以共同行使表決權方式，達到所需要之表決權數，鞏固經營團隊在公司之主導權，故本法規定，股東得以書面契約約定共同行使股東表決權之方式，亦得成立股東表決權信託，由受託人依書面信託契約之約定行使其股東表決權（公三五六之九Ⅰ）。前述受託人，除章程另有規定者外，以股東為限（公三五六之九Ⅱ）。

四、股東應將相關資料送交公司辦理登記　本法規定股東非將第一項書面信託契約、股東姓名或名稱、事務所、住所或居所與移轉股東表決權信託之股份總數、種類及數量於股東常會開會三十日前，或股東臨時會開會十五日前送交公司辦理登記，不得以其成立股東表決權信託對抗公司（公三五六之九Ⅲ）。

第九、閉鎖性股份有限公司之私募

一、公司私募之決議　閉鎖性股份有限公司私募普通公司債,應由董事會以董事三分之二以上之出席,及出席董事過半數同意之決議行之(公三五六之十一 I)。

二、公司私募轉換公司債或附認股權公司債　閉鎖性股份有限公司私募轉換公司債或附認股權公司債,應經前述董事會之決議,並經股東會決議。但章程規定無須經股東會決議者,從其規定(公三五六之十一 II)。至於公司債債權人行使轉換權或認購權後,仍受第三五六條之一之股東人數及公司章程所定股份轉讓之限制(公三五六之十一 III)。惟上述明定閉鎖性股份有限公司私募轉換公司債或附認股權公司債,在公司債債權人行使轉換權或認購權後,基於閉鎖性之特質,仍應受本法第三五六條之一之股東人數及公司章程所定股份轉讓之限制。

三、私募普通公司債、轉換公司債或附認股權公司債時之排除規定
本法第三五六條之十一第四項明定閉鎖性股份有限公司私募普通公司債、轉換公司債或附認股權公司債之發行,不適用本法第二四六條、第二四七條、第二四八條第一項、第四項至第七項、第二四八條之一、第二五一條至第二五五條、第二五七條之二、第二五九條及第二五七條第一項有關簽證之規定(公三五六之十一 IV)。

第十、閉鎖性股份有限公司發行新股之程序

閉鎖性股份有限公司發行新股,除章程另有規定者外,應由董事會以董事三分之二以上之出席,及出席董事過半數同意之決議行之(公三五六之十二 I)。至於新股認購人之出資方式,除準用第三五六條之三第二項至第四項規定外,並得以對公司所有之貨幣債權抵充之(公三五六之十二 II)。本法明定上述新股之發行,不適用第二六七條規定(公三五六之十二 III)。

第十一、閉鎖性股份有限公司變更為非閉鎖性股份有限公司

閉鎖性股份有限公司可能因企業規模、股東人數之擴張，而有變更之需求，故本法規定閉鎖性股份有限公司得經有代表已發行股份總數三分之二以上股東出席之股東會，以出席股東表決權過半數之同意，變更為非閉鎖性股份有限公司（公三五六之十三Ｉ）。前述出席股東股份總數及表決權數，章程有較高之規定者，從其規定（公三五六之十三ＩＩ）。

其次，閉鎖性股份有限公司不符合第三五六條之一規定時，應變更為非閉鎖性股份有限公司，並辦理變更登記（公三五六之十三ＩＩＩ）。倘公司未依前述規定辦理變更登記者，主管機關得依第三八七條第五項規定責令限期改正並按次處罰；其情節重大者，主管機關得依職權命令解散之（公三五六之十三ＩＶ）。

第十二、非公開發行股票之股份有限公司變更為閉鎖性股份有限公司

為使非公開發行股票之股份有限公司有變更為閉鎖性股份有限公司之機會，本法於第三五六條之十四第一項明定：「非公開發行股票之股份有限公司得經全體股東同意，變更為閉鎖性股份有限公司。」同條第二項規定：「全體股東為前項同意後，公司應即向各債權人分別通知及公告。」

其次，另依第一〇六條第三項規定，有限公司得經全體股東表決權過半數之同意變更其組織為股份有限公司，所定「股份有限公司」包括「閉鎖性股份有限公司」在內。

第八章　關係企業

　　我國公司法自民國十八年制定公布迄今，仍一貫以單一企業為規範對象，對關係企業之運作尚乏規定，已難因應目前實際需要。按關係企業於我國經濟發展上，現已具有舉足輕重之地位，在企業經營方式上，亦已取代單一企業，成為企業經營之主流。茲為維護大眾交易之安全，保障從屬公司少數股東及其債權人之權益，促進關係企業健全營運，以配合經濟發展，達成商業現代化之目的，我國公司法增訂關係企業之規定，終於在民國八十六年六月二十五日經立法院三讀通過，送請總統公布實施。

第一、關係企業之範圍

　　按公司法所稱關係企業，指獨立存在而相互間具有下列關係之企業（公三六九之一）：

一、有控制與從屬關係之公司。

二、相互投資之公司。

第二、控制公司及從屬公司之意義及推定

　　一、控制公司之意義　本法規定，公司直接或間接控制他公司之人事、財務或業務經營者（公三六九之二II前），以及公司持有他公司有表決權之股份或出資額，超過他公司已發行有表決權之股份總數或資本總額半數者，為控制公司（公三六九之二I前）。按控制公司與從屬公司之形成，基本上在於原各自獨立存在之公司間存有某種控制關係，而一公司對他公司所行使之控制，主要表現於任免董事及經理人等之人事權，或支配公司財務或業務經營。

　　二、從屬公司之意義　依本法規定，公司直接或間接控制他公司之人事、財務或業務經營者，或公司持有他公司有表決權之股份，或出資額超

過他公司已發行有表決權之股份總數或資本總額半數者，為控制公司，該他公司為從屬公司（公三六九之二）。

三、**控制與從屬關係之推定**　依本法規定，有下列情形之一者，推定為有控制與從屬關係（公三六九之三）：㈠公司與他公司之執行業務股東或董事有半數以上相同者。㈡公司與他公司之已發行有表決權之股份總數或資本總額，有半數以上為相同之股東持有或出資者。

第三、控制公司之責任

控制公司對從屬公司少數股東及債權人之保護與賠償責任如下：

一、**控制公司之賠償責任**　控制公司直接或間接使從屬公司為不合營業常規或其他不利益之經營，而未於會計年度終了時為適當補償，致從屬公司受有損害者，應負賠償責任（公三六九之四Ⅰ）。倘控制公司直接或間接使從屬公司為不合營業常規或其他不利益之經營者，如於會計年度終了前已為補償，則不生損害問題。

二、**控制公司負責人之連帶賠償責任**　控制公司負責人使從屬公司為前項之經營者，應與控制公司就前項損害負連帶賠償責任（公三六九之四Ⅱ）。此乃加重公司負責人之責任，俾保護從屬公司。

三、**從屬公司少數股東之賠償請求權**　控制公司未為前述一、之賠償，繼續一年以上持有從屬公司已發行有表決權股份總數或資本總額百分之一以上之股東，得以自己名義行使前述一、二、從屬公司之權利，請求對從屬公司為給付（公三六九之四Ⅲ）。上述權利之行使，不因從屬公司就前述一、請求賠償權利所為之和解或拋棄而受影響（公三六九之四Ⅳ）。此乃係為保障本法第三六九條之四第三項所規定從屬公司股東或債權人之權利，明定縱使從屬公司就本條第一項之請求權達成和解或拋棄時，上述股東或債權人之權利，亦不受影響。

四、**對從屬公司債權人之保護**

㈠控制公司直接或間接使從屬公司為不合營業常規或其他不利益之經營者，控制公司對從屬公司之債權，在控制公司對從屬公司應負擔之損害

賠償限度內，不得主張抵銷（公三六九之七 I）。

㈡控制公司直接或間接使從屬公司為不合營業常規或其他不利益之經營者，如控制公司對從屬公司有債權，此項債權無論其有無別除權或優先權，於從屬公司依破產法之規定為破產或和解，或依本法之規定為重整或特別清算時，應次於從屬公司之其他債權受清償（公三六九之七 II）。按從屬公司之財產為全體債權人之總擔保，為避免控制公司，利用其債權參與從屬公司破產財團之分配或於設立從屬公司時，濫用股東有限責任之原則，儘量壓低從屬公司資本，增加負債而規避責任，損及其他債權人之利益，特參考美國判例而訂之。

第四、受有利益從屬公司之連帶賠償責任

依本法規定，控制公司使從屬公司為不合營業常規或其他不利益之經營（指公三六九之四 I），致他從屬公司受有利益，受有利益之該他從屬公司於其所受利益限度內，就控制公司依規定應負之賠償（指公三六九之四），負連帶責任（公三六九之五）。本項之設，乃為避免控制公司本身無資產可供清償，而使受損害之從屬公司之股東及債權人蒙受損害，故規定受有利益之該他從屬公司應就控制公司依規定所應負之賠償（指公三六九之四），負連帶責任。惟為顧及受有利益之從屬公司股東及債權人之利益，該從屬公司賠償範圍，僅限於所受利益。

第五、關係企業損害賠償請求權之短期時效

為免控制公司及其負責人之責任久懸未決，本法規定從屬公司股東及其債權人之損害賠償請求權（指公三六九之四、三六九之五），自請求權人知控制公司有賠償責任及知有賠償義務人時起，二年間不行使而消滅。自控制公司賠償責任、發生時起，逾五年亦同（公三六九之六）。

第六、投資狀況之公開

一、持有他公司已發行有表決權之股份總數或資本總額三分之一通知

之義務　一公司持有他公司有表決權之股份或出資額超過該他公司已發行有表決權之股份總數或資本總額三分之一者，應於事實發生之日起一個月內以書面通知該他公司（公三六九之八 I）。按一公司持有他公司有表決權之股份或出資額，超過該他公司已發行有表決權之股份總數或資本總額三分之一者，對他公司亦有潛在之控制力量，故課以該公司有通知義務較妥。

　　二、再通知之義務　公司為前述一、通知後，有下列變動之一者，應於事實發生之日起五日內，以書面再為通知（公三六九之八 II）：

　　㈠有表決權之股份或出資額低於他公司已發行有表決權之股份總數或資本總額三分之一時。

　　㈡有表決權之股份或出資額，超過他公司已發行有表決權之股份總數或資本總額二分之一時。

　　㈢前款之有表決權之股份或出資額，再低於他公司已發行有表決權之股份總數或資本總額二分之一時。

　　三、受通知公司之公告　受通知之公司，應於收到前述再通知五日內公告之，公告中應載明通知公司名稱及其持有股份或出資額之額度（公三六九之八 III）。此乃為貫徹公開原則，以保護公司小股東及債權人，明定受通知之公司，應於收到通知後，五日內公告。

　　四、違反通知或公告之處分　公司負責人違反前述一、二、三、之通知或公告之規定者，各處新臺幣六千元以上三萬元以下罰鍰。主管機關並應責令限期辦理；期滿仍未辦理者，得責令限期辦理，並按次連續各處新臺幣九千元以上六萬元以下罰鍰至辦理為止（公三六九之八 IV）。此乃明定對公司負責人可處以罰鍰，以貫徹公司通知或公告之義務，並為避免主管機關責令公司限期辦理後，公司仍拖延未辦，主管機關得連續處罰。

第七、相互投資公司

　　一、相互投資公司之意義　一公司與他公司相互投資，各達對方有表決權之股份總數或資本總額三分之一以上者，為相互投資公司（公三六九之九 I）。

相互投資公司各持有對方已發行有表決權之股份總數或資本總額超過半數者，或互可直接或間接控制對方之人事、財務或業務經營者，互為控制公司與從屬公司（公三六九之九 II）。

二、相互投資公司表決權行使之限制

㈠**表決權行使之限制**　依本法規定，相互投資公司知有相互投資之事實者，其得行使之表決權，不得超過被投資公司已發行有表決權股份總數或資本總額之三分之一。但以盈餘或公積增資配股所得之股份，仍得行使表決權（公三六九之十 I）。此乃避免矯枉過正，妨礙公司正常之營運。

㈡**不適用表決權行使限制之規定**　公司依第三六九條之八規定通知他公司後，於未獲他公司相同之通知，亦未知有相互投資之事實者，其股權之行使不受前述不得超過被投資公司已發行有表決權股份總數或資本總額之三分之一的限制（公三六九之十 II）。此乃因公司已為第三六九條之八之通知後，在未得他公司之類似通知或公司知其相互投資之事實前，不宜限制其表決權之行使，否則公司行使表決權後，始接獲他公司通知或才知有互相投資之事實時，如仍就上述已行使之表決權為前述㈠之限制，將徒增困擾。

第八、適用本章之其他規定

一、**本章持股或出資之綜合計算**　依本法規定，計算本章一公司所持有他公司之股份或出資額，應連同下列各款之股份或出資額一併計入（公三六九之十一 I）：

㈠公司之從屬公司所持有他公司之股份或出資額。

㈡第三人為該公司而持有之股份或出資額。

㈢第三人為該公司之從屬公司而持有之股份或出資額。

按現行公司法對於股份或出資之計算，並未採綜合計算，為防止公司以迂迴間接之方法持有股份，以規避相互投資之規範，並為正確掌握關係企業之形成，乃參考德國股份法第十六條第四項規定所致。

二、關係報告書、合併財務報表

㈠依本法規定，從屬公司為公開發行股票之公司者，應於每會計年度終了，造具其與控制公司間之關係報告書，載明相互間之法律行為、資金往來及損益情形（公三六九之十二Ⅰ）。

㈡控制公司為公開發行股票公司者，應於每會計年度終了，編製關係企業合併營業報告書及合併財務報表（公三六九之十二Ⅱ）。按關係報告書及合併財務報表之編製，目的在於明瞭控制公司與從屬公司間之法律行為（如業務交易行為或不動產買賣等行為）及其他關係，以確定控制公司對從屬公司之責任，且為便於主管機關管理及保護少數股東與債權人，本法參考德國立法例，要求關係企業編製各種足以表現關係企業往來關係及財務狀況之書表，以資規範。

㈢前二項書表之編製準則，由證券主管機關定之（公三六九之十二Ⅲ）。

第九章　外國公司

第一、外國公司立法例

外國公司之異於國內公司者，其最主要者，乃在於公司國籍之認定。至於外國公司國籍之認定標準，學說紛紜。茲列舉重要之學說，述之於下：

一、**認許說**　此說以公司設立所認許之國家，為其國籍所屬。即其認許最後程序，經外國政府承認者，為外國公司。

二、**股東國籍說**　此說以公司多數股東或多數出資額之股東國籍，而決定其公司國籍之標準，是故以此說者，認定是否為外國公司，頗難固定。

三、**準據法說**　此說以公司之成立，係準據何國家之法律而組織登記者，其國籍即屬於該國，故準據外國法律組織登記而成立者，則為外國公司。

四、**設立行為地說**　此說以公司設立行為所在地之國籍，為公司國籍之所屬。換言之，公司之設立行為地在外國者，為外國公司。

五、**住所地國籍說**　此說以公司住所設於何國，以定其國籍所屬。換言之，住所設在外國者，為外國公司。

六、**資金募集地說**　此說以資金募集地為準，以定其國籍所屬，是故資本在外國募集者，為外國公司。

七、**營業中心地主義**　此說以公司主要營業中心地為準，以定其國籍所屬。是故主要營業中心在外國者，為外國公司。

綜上所述，外國公司與本國公司之區別，主要在以公司本身所隸屬之國籍為準，故本國公司之股東不妨有外國人，外國公司其股東亦不妨有本國人。

第二、本法所規定外國公司之意義

現行本法第七章外國公司，共計十六條，即從第三七〇條至第三八六條止，但刪除第三八三條。按本法第四條規定，外國公司者，謂以營利為目的，依照外國法律組織登記（公四Ⅰ）。外國公司，於法令限制內，與中華民國公司有同一之權利。依此意義，本法就外國公司國籍之認定，係採準據法說。茲將其意義分述如下：

一、**須以營利為目的之公司**　凡非以營利為目的之公司，縱其本國稱為公司，亦不得在我國申請認許為外國公司。

二、**須依外國法律組織登記之公司**　本法第四條所規定者，係採準據法說，為分公司設立之先決條件。換言之，外國公司並非依我國法律組織登記而成立之公司，乃係依據外國法律組織，並在該外國登記取得公司資格之公司。倘在該外國未取得公司資格，自不得在我國申請設立分公司。

三、**須經中華民國政府同意設立**　在國際化之趨勢下，國內外交流頻繁。依外國法設立之外國公司既在其本國取得法人人格，我國對此一既存事實宜予尊重，且為強化國內外公司之交流可能性，配合實際貿易需要及國際立法潮流趨勢，刪除公司認可制度。

四、**須在中華民國境內設立分公司營業**　他國之公司如不在我國境內營業，自無設立分公司之必要，僅得依本法第三八六條之規定，將一定事項報請中央主管機關備查即可，故外國公司須在我國境內營業，始有設立分公司之必要。

五、**須標明種類、國籍及中文名稱**　外國公司在中華民國境內設立分公司者，其名稱，應譯成中文，並標明其種類及國籍（公三七〇）。

第三、外國公司之設立分公司

一、**設立分公司之要件**　外國公司設立分公司之要件，可分為積極要件與消極要件。茲分述於下：

㈠**積極要件**　依本法規定，外國公司非經辦理分公司登記，不得以外

國公司名義在中華民國境內經營業務（公三七一Ⅰ）。茲分述如下：

　　1.須在其本國已設立登記之公司。

　　2.須已在其本國營業之公司。

　　3.在我國辦理分公司登記。

　　違反前述規定者，行為人處一年以下有期徒刑、拘役或科或併科新臺幣十五萬元以下罰金，並自負民事責任；行為人有二人以上者，連帶負民事責任，並由主管機關禁止其使用外國公司名稱（公三七一Ⅱ）。

　　㈡消極要件　凡外國公司具有下列情形之一者，不予分公司登記（公三七三）：

　　1.其目的或業務，違反中華民國法律、公共秩序或善良風俗者。例如販賣嗎啡或鴉片違反我國法律，出賣武器有礙公共秩序，介紹婚姻取佣金有礙中華民國善良風俗是。

　　2.申請登記事項或文件，有虛偽情事。

　　二、分公司設立之申請　主管機關對於分公司設立登記之申請，認為有違反本法或不合法定程式者，應令其改正，非俟改正合法後，不予登記（公三八八）。

　　三、分公司設立之效力

　　㈠取得外國法人之資格　依本法規定公司具有社團法人之資格（公一）。又外國公司依公司法之規定，謂以營利為目的，依照外國法律組織登記之公司（公四Ⅰ）。外國公司，於法令限制內，與中華民國公司有同一之權利能力（公四Ⅱ）。惟依本法之規定，應受下列限制（公三七七）：

　　本法第七條、第十二條、第十三條第一項、第十五條至第十八條、第二十條第一項至第四項、第二十一條第一項及第三項、第二十二條第一項、第二十三條至第二十六條之二，於外國公司在中華民國境內設立之分公司準用之（公三七七Ⅰ）。外國公司在中華民國境內之負責人違反前項準用第二十條第一項或第二項規定者，處新臺幣一萬元以上五萬元以下罰鍰；違反前項準用第二十條第四項規定，規避、妨礙或拒絕查核或屆期不申報者，處新臺幣二萬元以上十萬元以下罰鍰（公三七七Ⅱ）。外國公司在中華民國

境內之負責人違反第一項準用第二十一條第一項規定，規避、妨礙或拒絕檢查者，處新臺幣二萬元以上十萬元以下罰鍰。再次規避、妨礙或拒絕者，並按次處新臺幣四萬元以上二十萬元以下罰鍰（公三七七III）。外國公司在中華民國境內之負責人違反第一項準用第二十二條第一項規定，拒絕提出證明文件、單據、表冊及有關資料者，處新臺幣二萬元以上十萬元以下罰鍰。再次拒絕者，並按次處新臺幣四萬元以上二十萬元以下罰鍰（公三七七IV）。

　　㈡**在中華民國境內設立分公司營業**　1.外國公司非經辦理分公司登記，不得以外國公司名義在中華民國境內經營業務（公三七一I）。違反前項規定者，行為人處一年以下有期徒刑、拘役或科或併科新臺幣十五萬元以下罰金，並自負民事責任；行為人有二人以上者，連帶負民事責任，並由主管機關禁止其使用外國公司名稱（公三七一II）。2.外國公司在中華民國境內設立分公司者，應專撥其營業所用之資金，並指定代表為在中華民國境內之負責人（公三七二I）。外國公司在中華民國境內之負責人於登記後，將前項資金發還外國公司，或任由外國公司收回者，處五年以下有期徒刑、拘役或科或併科新臺幣五十萬元以上二百五十萬元以下罰金（公三七二II）。有前項情事時，外國公司在中華民國境內之負責人應與該外國公司連帶賠償第三人因此所受之損害（公三七二III）。第二項經法院判決有罪確定後，由中央主管機關撤銷或廢止其登記。但判決確定前，已為補正者，不在此限（公三七二IV）。外國公司之分公司之負責人、代理人、受僱人或其他從業人員以犯刑法偽造文書印文罪章之罪辦理設立或其他登記，經法院判決有罪確定後，由中央主管機關依職權或依利害關係人之申請撤銷或廢止其登記（公三七二V）。3.外國公司有下列情事之一者，不予分公司登記：⑴其目的或業務，違反中華民國法律、公共秩序或善良風俗（公三七三1）。⑵申請登記事項或文件，有虛偽情事（公三七三2）。4.外國公司在中華民國境內設立分公司者，應將章程備置於其分公司，如有無限責任股東者，並備置其名冊（公三七四I）。外國公司在中華民國境內之負責人違反前項規定者，處新臺幣一萬元以上五萬元以下罰鍰。再次拒不備置者，

並按次處新臺幣二萬元以上十萬元以下罰鍰（公三七四 II）。

四、廢止分公司登記

(一)廢止事由

1.外國公司在中華民國境內設立分公司後，無意在中華民國境內繼續營業者，應向主管機關申請廢止分公司登記，但不得免除廢止登記以前所負之責任或債務（公三七八）。

2.有下列情事之一者，主管機關得依職權或利害關係人之申請，廢止外國公司在中華民國境內之分公司登記（公三七九 I）：

    (1)外國公司已解散。

    (2)外國公司已受破產之宣告。

    (3)外國公司在中華民國境內之分公司，有第十條各款情事之一。前項廢止登記，不影響債權人之權利及外國公司之義務（公三七九 II）。

(二)廢止登記之效力

1.外國公司在中華民國境內設立之所有分公司，均經撤銷或廢止登記者，應就其在中華民國境內營業所生之債權債務清算了結，未了之債務，仍由該外國公司清償之（公三八〇 I）。前項清算，除外國公司另有指定清算人者外，以外國公司在中華民國境內之負責人或分公司經理人為清算人，並依外國公司性質，準用本法有關各種公司之清算程序（公三八〇 II）。

2.外國公司在中華民國境內之財產，在清算時期中，不得移出中華民國國境，除清算人為執行清算外，並不得處分（公三八一）。

3.外國公司在中華民國境內之負責人、分公司經理人或指定清算人，違反前二條規定（即公三八〇、公三八一）時，對於外國公司在中華民國境內營業，或分公司所生之債務，應與該外國公司負連帶責任（公三八二）。

第四、外國公司之負責人及其責任

一、外國公司在中華民國境內之負責人於登記後，將前項資金發還外國公司，或任由外國公司收回者，處五年以下有期徒刑、拘役或科或併科

新臺幣五十萬元以上二百五十萬元以下罰金(公三七二Ⅱ)。有前項情事時，外國公司在中華民國境內之負責人應與該外國公司連帶賠償第三人因此所受之損害（公三七二Ⅲ）。第二項經法院判決有罪確定後，由中央主管機關撤銷或廢止其登記。但判決確定前，已為補正者，不在此限（公三七二Ⅳ）。外國公司之分公司之負責人、代理人、受僱人或其他從業人員以犯刑法偽造文書印文罪章之罪辦理設立或其他登記，經法院判決有罪確定後，由中央主管機關依職權或依利害關係人之申請撤銷或廢止其登記 （公三七二Ⅴ）。

　　二、外國公司在中華民國境內設立分公司者，應將章程備置於其分公司，如有無限責任股東者，並備置其名冊（公三七四Ⅰ）。外國公司在中華民國境內之負責人違反前項規定者，處新臺幣一萬元以上五萬元以下罰鍰。再次拒不備置者，並按次處新臺幣二萬元以上十萬元以下罰鍰（公三七四Ⅱ）。

　　三、外國公司在中華民國境內之負責人在中華民國境內設立分公司違反準用第二十條第一項或第二項規定者，處新臺幣一萬元以上五萬元以下罰鍰；違反前項準用第二十條第四項規定，規避、妨礙或拒絕查核或屆期不申報者，處新臺幣二萬元以上十萬元以下罰鍰（公三七七Ⅱ）。外國公司在中華民國境內之負責人違反第一項準用第二十一條第一項規定，規避、妨礙或拒絕檢查者，處新臺幣二萬元以上十萬元以下罰鍰。再次規避、妨礙或拒絕者，並按次處新臺幣四萬元以上二十萬元以下罰鍰(公三七七Ⅲ)。外國公司在中華民國境內之負責人違反第一項準用第二十二條第一項規定，拒絕提出證明文件、單據、表冊及有關資料者，處新臺幣二萬元以上十萬元以下罰鍰。再次拒絕者，並按次處新臺幣四萬元以上二十萬元以下罰鍰（公三七七Ⅳ）。

　　四、外國公司在中華民國境內設立之所有分公司，均經撤銷或廢止登記者，應就其在中華民國境內營業所生之債權債務清算了結，未了之債務，仍由該外國公司清償之（公三八〇Ⅰ）。前項清算，除外國公司另有指定清算人者外，以外國公司在中華民國境內之負責人或分公司經理人為清算人，

並依外國公司性質，準用本法有關各種公司之清算程序（公三八〇II）。

第五、外國公司之清算

一、**清算之原因** 外國公司之清算原因，可分為下列二種情形：

㈠**撤銷或廢止認許之清算** 外國公司在中華民國境內設立之所有分公司，均經撤銷或廢止登記者，應就其在中華民國境內營業所生之債權債務清算了結，未了之債務，仍由該外國公司清償之（公三八〇I）。

㈡**解散之清算** 外國公司經解散者，除因合併、分割、破產而解散者外，應行清算（公三七七準公二四）。

二、**清算人及清算程序** 外國公司之分公司清算，除外國公司另有指定清算者外，以外國公司在中華民國境內之負責人或分公司經理人為清算人，並依外國公司性質，準用本法有關各種公司之清算程序（公三八〇II）。

三、**清算之效果** 約有下列四點：

㈠**清算範圍內，視為尚未解散** 解散之外國公司的分公司，應行清算（公二七七I準公二四），於清算範圍內，視為尚未解散（公二七七I準公二五），在清算時期中，得為了結現務及便利清算之目的，暫時經營業務（公二七七I準公二六）。

㈡**財產處分之限制** 外國公司在中華民國境內之財產，在清算中不得移出中華民國國境，除清算人為執行清算外，並不得處分（公三八一）。

㈢**清償未了債務** 外國公司之清算，倘有清算未了之債務，仍由該外國公司清償之（公三八〇I後）。

㈣**負責人之連帶責任** 外國公司在中華民國境內之負責人、分公司經理人或指定清算人，違反本法第三六〇條及第三八一條規定，對於外國公司在中華民國境內營業，或分公司所生債務，應與該外國公司負連帶責任（公三八二）。

第七、外國公司設置辦事處之登記

外國公司因無意在中華民國境內設分公司營業，未經申請分公司登記，

而派其代表人在中華民國境內設置辦事處者，應申請主管機關登記（公三八六 I）：

外國公司設置辦事處後，無意繼續設置者，應向主管機關申請廢止登記（公三八六 II）。辦事處代表人缺位或辦事處他遷不明時，主管機關得依職權限期令外國公司指派或辦理所在地變更；屆期仍不指派或辦理變更者，主管機關得廢止其辦事處之登記（公三八六 III）。

第十章 公司之登記

第一、概　述

一、**公司登記之意義**　公司登記者，公司依本法所定程序，就其公司營業資金之真實狀況及其他法定登記事項，向主管機關所為之登記。有此登記，俾使其權利義務得以確定，藉以保障公司本身及社會公眾之利益。公司之設立登記，係採登記要件主義，其他事項之登記，則採登記對抗主義（公一二）。

前二項之申請，得委任代理人，代理人以會計師、律師為限（公三八七Ⅲ）。代表公司之負責人或外國公司在中華民國境內之負責人申請登記，違反依第一項所定辦法規定之申請期限者，處新臺幣一萬元以上五萬元以下罰鍰（公三八七Ⅳ）。代表公司之負責人或外國公司在中華民國境內之負責人不依第一項所定辦法規定之申請期限辦理登記者，除由主管機關令其限期改正外，處新臺幣一萬元以上五萬元以下罰鍰；屆期未改正者，繼續令其限期改正，並按次處新臺幣二萬元以上十萬元以下罰鍰，至改正為止（公三八七Ⅴ）。

二、**公司登記之程序**

㈠**登記之申請**　申請本法各項登記之期限、應檢附之文件與書表及其他相關事項之辦法，由中央主管機關定之（公三八七Ⅰ）。前項登記之申請，得以電子方式為之；其實施辦法，由中央主管機關定之（公三八七Ⅱ）。

㈡**登記申請之改正**　主管機關對於各項公司登記之申請，認為有違反本法或不合法定程式者，應令其改正，非俟改正合法後，不予登記（公三八八）。所謂違反法令，係指有關本法之法律及命令而言。

㈢**登記事項之公開**　各項登記文件，公司負責人或利害關係人，得聲敘理由請求查閱、抄錄或複製。但主管機關認為必要時，得拒絕或限制其

範圍（公三九三 I）。下列事項，主管機關應予公開，任何人得向主管機關申請查閱、抄錄或複製（公三九三 II）：

1. 公司名稱；章程訂有外文名稱者，該名稱。

2. 所營事業。

3. 公司所在地；設有分公司者，其所在地。

4. 執行業務或代表公司之股東。

5. 董事、監察人姓名及持股。

6. 經理人姓名。

7. 資本總額或實收資本額。

8. 有無複數表決權特別股、對於特定事項具否決權特別股。

9. 有無第一五七條第一項第五款、第三五六條之七第一項第四款之特別股。

10. 公司章程。

前項第一款至第九款，任何人得至主管機關之資訊網站查閱；第十款，經公司同意者，亦同（公三九三 III）。

　　㈣**登記事項之更正**　申請人於登記後，確知其登記事項有錯誤或遺漏時，得申請更正（公三九一）。惟申請人漏未登記之事項，不得於登記後，申請更正。

　　㈤**登記證明書之核發**　公司之負責人或利害關係人，得請求各項證明登記事項，主管機關得核給證明書（公三九二）。此項證明書，僅在證明登記現況，未便規定證明書之有效期間。

　　㈥**登記事項之查閱、抄錄或複製**　公司登記文件，公司負責人或利害關係人，得聲敘理由請求查閱、抄錄或複製。但主管機關認為必要時，得拒絕抄閱或限制其抄閱之範圍（公三九三 I）。

第二、公司之登記辦法

　　申請本法各項登記之期限、應檢附之文件與書表及其他相關事項之辦法，由中央主管機關定之（公三八七 I）。前項登記之申請，得以電子方式

為之；其實施辦法，由中央主管機關定之（公三八七II）。前二項之申請，得委任代理人，代理人以會計師、律師為限（公三八七III）。

代表公司之負責人或外國公司在中華民國境內之負責人申請登記，違反依第一項所定辦法規定之申請期限者，處新臺幣一萬元以上五萬元以下罰鍰（公三八七IV）。代表公司之負責人或外國公司在中華民國境內之負責人不依第一項所定辦法規定之申請期限辦理登記者，除由主管機關令其限期改正外，處新臺幣一萬元以上五萬元以下罰鍰；屆期未改正者，繼續令其限期改正，並按次處新臺幣二萬元以上十萬元以下罰鍰，至改正為止（公三八七V）。

第三、規　費

依本法受理公司名稱及所營事業預查、登記、查閱、抄錄、複製及各種證明書等之各項申請，應收取費用；其費用之項目、費額及其他事項之準則，由中央主管機關定之（公四三八）。此乃作為收取規費之法律依據。現行法將各種規費，授權主管機關以行政命令訂之，以便賦予主管機關得依實際情況，隨時調整之彈性，貫徹使用者付費原則。

第十一章　附　則

第一、罰鍰之強制執行

本法所定之罰鍰，拒不繳納者，依法移送強制執行（公四四八）。此乃配合行政執行法而規定之。

第二、施行日

本法除中華民國八十六年六月二十五日修正公布之第三七三條及第三八三條、一〇四年七月一日修正公布之第五章第十三節條文、一〇七年七月六日修正之條文之施行日期由行政院定之，及九十八年五月二十七日修正公布之條文自九十八年十一月二十三日施行外，自公布日施行（公四四九）。觀之此乃鑒於閉鎖性股份有限公司相關規定之施行，尚需時準備及宣導，爰明定其施行日期由行政院定之。

第三編 票據法

第一章 票據法之意義

票據法有廣狹二義。所謂廣義票據法，係指一切關於票據可得適用之法規而言。此又可分為公票據法與私票據法兩種。茲述之於下：

一、公票據法　公票據法者，即係指公法上有關票據之規定，例如刑法中關於偽造、變造有價證券罪之規定（刑二〇一至二〇五），民事訴訟法中關於票據訴訟及訴訟程序之規定（民訴一三、五〇八以下、五三九以下、五五六以下）等皆屬之。

二、私票據法　私票據法者，係指私法上所有關於票據之規定。其內容除指固有之票據法外，尚包括在民法上有關票據之規定。例如民法上法律行為（民七一、七三）、行為能力（民七五以下）、代理行為（民一〇三以下）、權利設質（民九〇八、九〇九）、票據預約、票據資金、票據原因等皆屬之，此種規定稱為民事票據法。

至於狹義票據法，係指專以規律票據關係之固有法規。通常除指票據法法典外，尚及於其附屬法令。所謂附屬法令者，如票據法施行細則、財政部監督銀錢存款戶使用本名及行使支票辦法、支票存款戶處理辦法、銀行及票據交換所辦理支票存款限額支票業務注意事項、銀行辦理票據承兌、保證及貼現業務辦法、支票存款戶存款不足退票處理辦法、存款不足支票退票紀錄單移送法院辦法、票據掛失止付處理規範、偽報票據遺失防止辦法、銀行受託為本票擔當付款人辦理要點等是。茲將我國票據法上意義，分述如下：

　　一、**票據法者，係商事法之一種**　商事法可分為公司法、票據法、海商法、保險法及商業登記法等，故票據法為商事法之一種。

　　二、**票據法者，係以規律票據關係為對象之商事法**　票據法之所以別於其他類之商事法者，乃票據法係專以規律票據關係為對象。

第二章　票據法之性質

票據法之性質述之如下：

一、**票據法為國內法，但含有國際法**　按票據法乃由一國之主權所制定，並施行於其統治之領域故為國內法。惟今日世界，萬國通商，票據之流通於國際間，乃屬常事，故具有國際性。

二、**票據法為私法，但具有公法之色彩**　票據法所規律者，為票據關係之商事法，乃屬於規律社會生活之法律，故屬於私法。惟票據法所規律者，既為票據關係之商事法，因涉及工商經濟，為維護經濟秩序，安定社會，我國票據法規定對濫發空頭支票者，科以刑事制裁，故票據法具有公法之色彩。

三、**票據法為民法之特別法**　特別法者，僅施行於特殊區域，或僅適用於某特定人，或僅規律某特殊事項。票據法，乃規律票據事項，故票據法為民法之特別法。在適用法律時，票據法優先適用於民法。

四、**票據法為強行法**　我國票據法第一條規定，票據為本票、匯票、支票三種。各有必須具備之一定格式，同時票據關係人均有一定之權利與義務，其任由當事人意思所左右者甚少，與一般債法採用私法自治原則有別，故票據法為強行法。

五、**票據法乃非倫理法，具有技術性**　票據法為商事法中具有高度技術性之法，完全由立法專家所創設，其內容並非僅憑一般常識或倫理觀念所能了解。因之與民法、刑法之具有倫理性者，如殺人者死，欠債者還，為一般人所易熟知者，有所不同。

第三章　總　論

第一節　票據之意義

　　票據有廣狹二義。廣義之票據，係指商業上之憑證，如鈔票、發票、倉單、提單及保單等而言。狹義之票據，則限於支付一定金額為目的之特種證券。通常所謂票據，即指狹義而言。依我國票據法第一條規定：「本法所稱票據，為匯票、本票及支票。」質言之，即票據包括匯票、本票及支票三種。凡匯票、本票及支票以外之證券，皆非此之所謂票據。準此以解，票據者，發票人記載一定時日與地點，並簽名於票上，無條件約定由自己或委託他人，以支付一定金額為目的之有價證券。

第二節　票據之性質

　　票據之性質詳述如下：

　　一、**票據為設權證券**　所謂設權證券者，即指票據權利之發生必須作成證券。蓋票據非證明已存在之權利，而係創設權利，因此無票據，即無票據上之權利。設權證券與證權證券不同，後者如民法上之倉單（民六一五）、提單（民六二五），僅表彰倉庫寄託契約或運送契約所生返還請求權之性質，故與票據迥然不同。至於公司之股票，係於公司成立後，股東之權利義務已確定，始由公司發給股票，亦與票據有所不同。

　　二、**票據為有價證券**　所謂有價證券者，乃表彰財產權之證券。票據為表彰一定金額給付之證券，其權利之行使，以票據之占有為必要，若票據喪失，執票人既無由行使票據債權，故票據為完全之有價證券。

　　三、**票據為金錢證券**　票據為以一定金錢之給付為標的之證券（票二

四、一二〇、一二五），如以金錢以外給付為標的，雖形式上為票據，但須適用民法上指示證券或無記名證券，而與票據行為無關，故票據為金錢證券。

四、票據為債權證券　有價證券可分為物權證券、團體證券及債權證券等三種。票據既非證明社員之權義，亦非謂執票人即享有物權之證券，而是票據債權人占有票據，得就票據上所載一定之金額向特定票據債務人行使其請求權，故票據為債權證券。

五、票據為文義證券　票據上之權利義務須依票據上記載之文義而定，不得就文義以外之事項作為認定票據上之權利義務，在票據上簽名者，即應就票據上之文義負責（票五），故票據為文義證券。我國票據法第七條復強調票據上記載金額之文字與號碼不符時，以文字為準。所謂文義證券，係以票據法所規定範圍內，始生票據上之文義效力，故票據上記載本法所不規定之事項者，不生票據上之效力（票一二），其理即在此。

六、票據為要式證券　按票據之作成必依法定方式為之，始生票據效力，故票據為要式證券。倘票據之必要記載事項有所欠缺，除票據法另有規定外，其票據即屬無效。

七、票據為無因證券　無因證券者，乃票據執票人得不明示其原因所在，而主張享有證券上之權利。票據如已具備法定要件，其權利即行成立，至其法律行為發生之原因如何，在所不問，故票據為無因證券。因此簽名於票據之人，不問原因如何，均須依票上所載文義負責。

八、票據為流通證券　所謂流通證券者，乃指證券上之權利得依背書或交付方法自由轉讓之謂。票據得以背書或交付之方法轉讓，故為流通證券。

九、票據為提示證券　票據之執票人欲行使其票據之權利，必須對票據為付款之提示，票據債務人方知其票據內容而履行，故票據為提示證券。因此票據之執票人請求付款人為承兌，依法應為承兌之提示；請求付款人或承兌人為付款，應為付款之提示；對前手行使追索權時亦同（票四二、六九、八五）。

十、**票據為繳回證券** 票據債權人在受領票據上之給付後，應將原票據繳回於向其給付之人，俾使票據關係消滅或向前手再行使追索權，故票據為繳回證券。

第三節　票據之經濟效用

票據之經濟效用，約可分為四。茲述之於下：

一、**隔地匯兌之作用** 買賣貨物或其他情事，常須送款於遠地，倘隨身攜帶金錢，非但不方便，抑且不安全。若以匯票、本票、支票代為送款，既簡便又安全。例如用匯票以送款，通常由送款人繳納款項於銀行，請求發行匯票，銀行即作成匯票一紙，委託其送達地之自己分行或交易所，支付一定之金額於受款人。送款人取得匯票之後，即寄與受款人，受款人持該匯票，前往該行分行或交易所，即可兌取一定之金額。

二、**信用之作用** 商業發達，貿易日繁，買賣商品及其他一切交易，通常不用現金交易。例如甲向乙購貨十萬元，約定四個月後付款，此時甲可對乙發行四個月後付款之本票，乙於收受本票後，如有急需，可背書轉讓於他人，甲對乙十萬元於四個月後付款之信用，即以此本票代之，此所以有信用證券之稱也。

三、**有節約通貨之作用** 以票據代替現金作為支付之工具，可以節約通貨。況且票據經背書轉讓，輾轉流通，背書人對票據之付款，負有擔保之義務，因此背書愈多，價值愈高，幾與通用貨幣無異，故謂其有節約通貨之作用。

四、**債務抵銷之作用** 近年來國際貿易日益發達，債權債務之清算，若一一以現款匯兌，至感不便。倘以票據為工具，作為彼此間債權債務之抵銷，手續既簡便又安全。

第四節　票據之法律關係

票據之法律關係，分為票據本身所生之法律關係，及與票據有關之法律關係而言。前者屬於固有之票據關係，故稱為「票據關係」；後者非屬於固有之票據關係，故簡稱為非票據關係。茲將二者分述如下：

第一、票據關係

票據關係者，乃基於票據行為所發生法律上之債權債務關係。凡票據之執票人，即取得票據上權利，對於票據上簽名之人，得依據該票據證券行使及享有票據法上規定之權利。至於票據上簽名者，則各應負擔票據法上所規定之義務（票五）。茲將票據法上所規定因票據行為而發生之票據上之權利，舉其要者，述之於下：

一、對於票據上主債務人之付款請求權（票五二、一二一、一三八Ⅰ）。

二、對於參加承兌人及預備付款人之付款請求權（票五三、七九Ⅰ）。

三、對於背書人及其前手之追索權（票八五、九六、九七、九九）。

四、對於保證人之權利（票六一、六二）。

五、已履行債務之保證人，對於被保證人及其前手之追索權（票六四）。

六、參加付款人對於匯票之承兌人、被參加付款人及其前手，取得執票人之權利（票八四Ⅰ）。

第二、非票據關係

非票據關係者，乃指實際與票據行為有密切關係，而法律上不視為票據行為者而言，亦稱「票據行為之基礎」。此可分下列二種：

一、票據法上之非票據關係　票據法上之非票據關係，即指與票據行為相牽連而非票據行為本身所生之法律關係。茲將其主要者，述之於下：

㈠正當權利人對於因惡意或重大過失而取得票據者，有票據返還請求權（票一四Ⅰ）。

㈡因時效或手續之欠缺而喪失票據上權利之執票人，對於發票人或承兌人有利益償還請求權（票二二IV）。

㈢付款人對於票據之執票人，有請求交出票據權（票七四、一二四、一四四）。

㈣匯票受款人及受款人以外之執票人，有請求發行複本之權（票一一四）。

㈤匯票之複本執票人，對於複本接收人有交還請求權（票一一七II）。

㈥匯票之謄本執票人，對原本接收人有交還請求權（票一一九II）。

二、一般法上之非票據關係　　一般法上之非票據關係，不受票據法之拘束，而應依民法之規定解決之，故亦稱為民事票據法。此種關係稱為「票據之實質關係」。通常可分為「原因關係」、「預約關係」及「資金關係」三種。茲述之如下：

㈠票據原因關係

1.票據原因關係之意義　　票據原因關係者，指當事人所以為票據行為之緣由。此項緣由，即為票據原因。例如買賣、借貸、贈與、保證等原因而授受票據是。票據原因關係，亦稱票據原因或原因關係。我國票據法稱之為對價關係。

2.票據原因關係之效力

⑴原則——原因關係與票據行為分離：票據一經作成，其權利即產生，不因原因關係之欠缺而受影響。蓋票據上之權利義務，僅依票據行為而生，原因關係為民法上之法律關係，故與票據行為無關。因此票據之原因關係，乃民法上之法律關係，應依民法決之，而票據行為之權利義務，則依票據法決之。

⑵例外——原因關係與票據行為之牽連：原因關係與票據行為雖然分離，不受其票據行為之影響，但基於公平與誠信原則，二者仍有相當之牽連關係存在。茲分述於下：

①授受票據之直接當事人間，仍得基於原因關係而抗辯（票一三）。

②取得票據者，其原因若為無對價，或無相當之對價者，則不能

有優於前手之權利（票一四II）。

　　③為清償既存債務（原因關係）而交付票據時，原則上票據債務若不履行，既存債務仍不消滅（民三二〇），是為間接給付。

　　④票據上之請求權已罹於時效而消滅，乃可依民法上之關係請求。

㈡票據預約關係

　1.**票據預約之意義**　當事人在授受票據之前，必有一種合意，以為授受票據之依據，此項約定，即為票據預約。例如發票人與受款人間，關於票據之種類、金額、到期日、記名有無、付款地等事項，必須有一種預約。是故票據預約為票據行為之基礎，票據行為即為票據預約之實現。票據法僅規定票據行為成立後之事實，而不及於發生票據行為之預約，故票據預約之成立與否及遵守與否之問題，應依民法之規定決之。

　2.**票據預約關係之效力**　可分為二，茲述之於下：

　　⑴票據預約當事人，若不依約履行時，即可構成債務不履行之問題，應依民法之規定解決。

　　⑵票據預約若當事人履行（即為票據行為），則該項預約即因履行而歸於消滅，而對於既已發生或移轉之票據權利，不生影響。

㈢票據資金關係

　1.**票據資金關係之意義**　票據資金關係者，乃指匯票或支票之付款人，與發票人或其他資金義務人，彼此間之關係而言。匯票之付款人，原無承兌或付款之義務，必因補償，始願為承兌或付款，此補償之對價，即為票據資金關係。此關係僅為付款人（或承兌人）與發票人間之關係，資金關係之存在與否，與票據之權利義務不生影響，故發票人雖無資金而發行票據，其票據亦為有效。本票因無付款委託之事實，自無資金關係可言，但本票記有擔當付款人時，發票人亦應供給資金於擔當付款人，此稱為「準資金關係」。

　2.**票據資金關係之效力**

　　⑴原則：為助長票據流通資金關係與票據關係分離，因此有下列之效果：

①票據取得人非取得發票人對於付款人所有資金上之請求權，而係取得該票據獨立的權利。

②付款人未受領資金而已為票據之交付時，對於發票人或其他資金義務人固得請求補償，但此非票據關係，而係基於民法委任契約或無因管理之規定。

③發票人不得以已供資金於付款人為由，對於執票人或其他之後手拒絕其行使追索權。

④匯票之付款人縱自發票人受有為支付匯票之資金，亦不因之而當然成為票據債務人，但對匯票已為承兌之承兌人，縱未受領資金，亦不得以之為理由而免除其票據上之責任。

⑤無資金而發行票據時，其票據不因之而無效。惟在支票之發行，若無資金時，發票人應受刑事制裁，但該支票仍生效力，執票人自得以向發票人行使追索權。

⑥付款人或承兌人非為票據授受之當事人，故資金關係與票據之原因關係亦無關聯，因而不得利用票據原因關係對抗票據資金關係。

(2)例外：票據上之權利義務，因票據行為而成立，固不受其資金關係之影響，但仍有下列之牽連關係：

①匯票承兌人，縱未受領資金，亦不得以之為理由，對於執票人拒絕付款，但如發票人向其請求時，則得據此主張人的抗辯。

②匯票發票人或承兌人如因發票或承兌而受有資金，則執票人於票據上之權利，因時效或手續之欠缺而消滅後，仍得請求返還（票二二IV）。

③支票之付款人與發票人間有委託關係，因此付款人於發票人之存款或信用契約所約定之數，足敷支付支票金額時，應負支付之責（票一四三）。

第五節　票據行為之概述

第一、票據行為之意義

票據行為者，即票據之法律行為，乃指以負擔票據上債務為目的所為之要式法律行為。

第二、票據行為之種類

票據行為有基本行為與附屬行為之別。前者又稱為主票據行為，即指發票是也；後者又稱為從票據行為，可分為背書、承兌、參加承兌及保證等四種。簡述於下：

一、**發票**　發票者，為創設票據之基本行為。票據上之權利義務，均根據票據之發行，其他各種票據行為於發票後始得為之。此於匯票、本票及支票均須有之。

二、**背書**　背書者，乃背書人簽名於票據之背面，因而與其他票據債務人連帶負擔債務責任之行為，故為附屬之票據行為。此於匯票、本票及支票均有之。

三、**承兌**　承兌者，乃匯票之付款人承諾負擔票據債務之行為。此僅於匯票有之。

四、**參加承兌**　參加承兌者，乃參加承兌人承諾負擔票據債務之行為。此僅匯票有之。

五、**保證**　保證者，乃票據保證人保證負擔債務之法律行為。此僅匯票、本票有之。

第三、票據行為之性質

票據行為屬於法律行為，而法律行為依其內容之意思表示，說明票據行為之性質，可分為五種：一、契約行為說；二、單獨行為說；三、共同

行為說；四、權利外觀說；五、折衷說。大抵英、美學者，以契約行為說為主，而德、日學者以單獨行為說為通說。茲將二者，述之於下：

一、契約行為說　此說謂票據債務人之所以負擔票據上之債務，乃票據債務人與票據權利人締結契約所致，且必由票據債務人將票據交付債權人，而債權人又須受領其票據，始生票據上之法律關係，故票據本身即係契約，無須另以契約證明其存在。

二、單獨行為說　此說謂票據上之債務，因債務人之行為而成立，故為單獨行為。質言之，票據具有流通性，其執票人通常不定，故行為人作成票據，簽名於其上，乃對於不特定之執票人均為意思表示，無須得其承諾，亦無由得其承諾，自非契約而為單獨行為。

以上二說，互有利弊，各有其存在之理由，近代各國票據法例，對有關重點，悉已規定齊全，上述二說之結論及其優劣，實無再爭辯之必要。我國學者及實務上均認為本法採單獨行為說。蓋我國票據法第五條明定在票據上簽名者，依票據上所載文義負責。二人以上共同簽名時，應連帶負責。

第四、票據行為之特性

一、票據行為之要式性

(一)**要式性之意義**　票據為要式證券，在票據上所為之各種票據行為，均具有法定之形式與效力，不容許行為人任意加以選擇變更之，故一般學者又謂為「票據行為之定型性」。其目的在使票據之款式明確，易於辨認，便於授受，俾促進票據之流通。

(二)**要式性之內容**

1.**簽名**　無論發票（票二四、一二〇、一二五）、背書（票三一）、承兌（票四三）、參加承兌（票五四）、或保證（票五九），均須行為人簽名，始生效力。

2.**書面**　票據行為，或須於票據之正面為之者，例如發票、承兌、參加承兌是；或須於票據之背面為之者，例如背書是；或得於票據之黏單上

或謄本上為之者，例如背書、保證是。此等票據行為，均不能脫離書面而
為之。

　　3.**款式**　票據行為如發票、背書、承兌、參加承兌及保證等均有法定
之款式。

　　㈢**要式性之效力**

　　1.**欠缺要式時，除別有規定外，應為無效**　欠缺本法所規定票據上應
記載事項之一者，其票據無效（票一一Ⅰ），例如未載一定之金額於票據上
者，不能認為有票據之效力。但本法別有規定者，不在此限（票一一Ⅰ但）。
所謂別有規定，例如執票人善意取得已具備本法規定應記載事項之票據者，
得依票據文義行使權利；票據債務人不得以票據原係欠缺應記載事項為理
由，對於執票人主張票據無效（票一一Ⅱ）。

　　2.**票據上記載本法所不規定之事項者，不生票據上之效力**（票一二）
此之所謂不生票據上之效力，係限於票據上記載本法所不規定之事項，不
生票據上之效力，並非票據本身不生票據上之效力。至於票據上其他記載
法定事項，其效力不受影響。例如本票上有違約金及利息之記載，除請求
票款之利息外，因違約金非票據法所規定之事項，且不得解釋為遲延利息
而准許之。又倘票據上所記載者，非法定事項，而與票據之本質相牴觸者，
該記載即為無效。

　　二、票據行為之抽象性

　　㈠**抽象性之意義**　票據行為之抽象性，亦稱票據行為之「中性的性質」
或「無色性」。票據行為通常多以買賣、借貸或其他等實質原因關係為前提。
然於票據行為成立後，該項原因關係存在與否及其效力如何，於票據行為
之效力不生影響，故執票人不負證明給付原因之責任，是以票據關係與其
原因關係，在經濟上雖有密切之關係，但在法律上兩者完全分離，票據行
為僅為票據本身之目的而存在，並不沾染該原因關係之色彩，是為票據行
為之無色性。

　　㈡**抽象性之效力**　票據行為既有抽象性，故票據為無因證券，因此票
據債務人不得以自己與發票人或執票人之前手間所存抗辯之事由，對抗執

票人。但執票人取得票據出於惡意者，不在此限（票一三）。

三、票據行為之文義性

㈠**文義性之意義** 票據行為之文義性者，係指在票據簽名者，依票上所載文義負責（票五）。是以票據行為之內容，均以票據上所記載之文義為準。縱該項記載與實質關係不符，亦不許當事人以票據外之證明方法加以變更或補充，是為票據行為之文義性。

㈡**文義性之效力**

1.不得以票據上未記載之事項主張或對抗之。

2.票據行為具有文義性，不得依其他事實或證據探求當事人之真意，亦不得任意變更或補充當事人之意思。

四、票據行為之獨立性

㈠**獨立性之意義** 票據行為之獨立性者，係指就已具備基本形式要件之票據，於其票據上所為之各個票據行為，各依其在票據上所載文義分別獨立發生效力，不因其他票據行為之無效或被撤銷，或有其他瑕疵而受影響。此亦稱「票據行為獨立原則」，或稱「票據債務獨立原則」。

㈡**獨立性之效力** 本法對其獨立性而作具體規定之效力如下：

1.票據上雖有無行為能力人或限制行為能力人之簽名，不影響其他簽名之效力（票八）。

2.無代理權而以代理人名義簽名於票據者，應自負票據上之責任。代理人逾越權限時，就其權限外之部分，亦應自負票據上之責任（票一〇）。

3.票據之偽造或票據上簽名之偽造，不影響於真正簽名之效力（票一五）。

4.被保證人之債務縱為無效，保證人仍負擔其義務。但被保證人之債務，因方式之欠缺而為無效者，不在此限（票六一Ⅱ）。

5.匯票之背書人、承兌人，如就匯票之複本為背書或承兌者，對經其背書或承兌而未收回之複本應均負票據上責任（票一一六Ⅰ、Ⅱ）。

五、票據行為之協同性

㈠**協同性之意義** 票據為金錢證券，因此各種票據行為，均以確保一

定金額之付款為其共同目的，故為協同性，亦稱為連帶性。

　　㈡**協同性之效力**　票據行為因有連帶性，故本法對此作具體規定之效力如下：

　　1.二人以上共同簽名時，自應連帶負責（票五II）。

　　2.發票人、承兌人、背書人及其他票據債務人，對於執票人連帶負責（票九六I）。

第五、票據行為之解釋

　　票據行為具有無因性及文義性，故其解釋與民法第九十八條規定解釋意思表示，應探求當事人之真意，迥不相同。關於票據行為之解釋，應以下列三種原則為之：

　　一、票據外觀解釋之原則　票據行為注重外觀形式，倘行為具備法律所要求之形式要件，則其記載事項縱與事實不符，亦不影響該行為之效力。例如票上所載發票地或發票日期與實際發票地或發票日期不符，其發票行為仍屬有效。

　　二、票據客觀解釋之原則　票據為文義證券，因此票據行為之解釋，應依票上所載文義為客觀之判斷，而不得依票據以外之其他事實或證據，加以任意變更或補充。

　　三、票據有效解釋之原則　解釋票據行為，應儘量使其有效，俾助長票據之流通與保護交易之安全。此為學者所公認之原則。

第六節　空白授權票據

第一、空白授權票據之意義

　　空白授權票據者，係指票據行為人預行簽名於票據，而將票據上其他應記載事項之全部或一部，授權他人補充完成之票據行為。換言之，空白授權票據，乃就未完成之票據附有空白補充權，日後得依補充權之行使，

而成為完全票據，故與已完成但因欠缺應記載事項致歸無效（票一一Ⅰ）之不完全票據，有所不同；亦與社會上俗稱之空白票據，係指印妥票據款式之用紙有異。按空白授權票據，係授權於執票人日後補充記載完成，故其效力為票據行為人所預定；至於不完全票據，票據發票人自始並無預定，故其不發生票據上效力業已確定。反之，空白授權票據將來得轉為完全票據。

第二、空白授權票據之成立要件

空白授權票據之成立，須具備下列要件：

一、須空白授權票據行為人簽名於票據　空白授權票據之成立，須有空白票據行為人之簽名。倘行為人不為簽名，而授權第三人作成票據者，則成為票據行為之代理或代行。所謂行為人之簽名，並不以發票人先簽名為限，通說認為背書人、保證人或承兌人先為之，亦無不可。

二、須票據應記載事項全部或一部有所欠缺　空白授權票據須票據上應記載事項之全部或一部有所欠缺。至於欠缺之程度或態樣如何，則非所問。通常以金額、發票日或到期日之記載空白者，較為常見。倘所欠缺者，非為票據之絕對必要記載事項，縱未加補充，該票據自始有效，但發票人既對此等欠缺事項留待補充，自應解釋為得準用有關空白授權票據之規定，俾尊重發票人之意願。

三、須授與空白補充權　此種授權方式，記載在票據正面或由空白票據行為人發給補充授權書，均無不可。惟空白授權票據轉讓時，補充授權書亦必隨同轉讓，方能發生效果。

四、須有空白票據之交付　授權人須將具備上述諸要件之票據交付於被授權人，始得成立。從而未完成之票據未經交付，即因遺失或被盜等原因，違反票據行為人之意思而流通時，仍難謂係空白授權票據。

第三、補充權之意義及性質

所謂補充權，係指補充票據要件之欠缺，而形成完全票據之權利。此

種補充權，因權利人一方之行為，即能使未完成之票據變成完全票據之效果，故其性質上應屬形成權。至於如何判斷是否有補充權之授與，其認定之標準，約可分為三說：

一、主觀說　此說以票據行為人與相對人之間，有無授與補充權之合意決定之。若授與之合意有不明時，則應合理解釋當事人之意思以定之。

二、客觀說　此說乃從票據本身之外形上，是否預留空白補充而認定之。至於空白簽名者之意思，則非所論。

三、折衷說　就上述兩說加以選擇，或以簽名者之意思為標準，或以票據之外形為標準，應就實際情況而決定之。

綜上三說，因我國票據法第十一條之規定，並未以授權為前提，故非屬主觀說，解釋上應採折衷說較為允當。

第四、空白授權票據之效力

空白授權票據之效力，約可分為四：

一、空白授權票據在補充行為完成之前，縱可背書轉讓，惟其執票人不得據以行使票據上之權利。因此以未補充之空白授權票據提示付款，並不發生保全償還請求權之效力，而票據債務人縱未付款，亦不負遲延給付之責任。

二、法院對於遺失或被盜未完成補充權之空白授權票據，其發票人得為止付行為，但不得聲請公示催告及依除權判決手續宣告無效，且喪失票據之執票人，既不占有空白授權票據，自無從行使補充權。

三、未記載發票日之空白授權本票及匯票，可免罹於消滅時效。至於未記載到期日之空白授權本票，原視為即期本票（票一二〇II），必須於發票日起六個月內為付款之提示，否則對背書人將喪失追索權，然因本法承認空白授權票據，倘有補充授權書可資證明者，則不生此效果。

四、發票人明知已無存款，又未經付款人允許墊借，而對之簽發未載發票年月日之支票，是否構成濫發空頭支票罪（舊票一四一I），向有肯定說與否定說，實例上採否定說，認為本法既無處罰未遂犯之規定，故不成

立該條項之罪。惟就理論而言，空白授權支票，因補充權之行使，已成為完全支票，故授權人自應負責，故以肯定說為當。上述爭論，因原法規定，濫開空頭支票之處罰，以民國七十五年十二月三十一日為施行屆滿期限，故自民國七十六年起，票據法已無濫發空頭支票之罪刑(舊票一四四之一)。

第七節　票據行為之代理

票據行為屬於法律行為之一種，因此民法上關於代理之規定，亦得適用之，故得由他人代理，而為票據行為。惟因票據重在流通，為保護社會交易安全，另設特別規定。茲分別詳述之：

第一、票據行為代理之意義及要件

票據行為之代理者，係代理人基於本人之授權，載明為本人代理之旨，而簽名於票據之情形而言，亦即通稱之「有權代理」。因此票據行為代理之成立，須具備下列二個要件：

一、代理之形式要件

㈠明示本人之名義　票據行為之代理，必須在票據上明示本人之名義，始由本人負擔票據上責任。倘代理人未載明為本人代理之旨而簽名於票據者，應自負票據上之責任（票九）。所謂明示本人之名義，即指須表明本人之姓名或公司行號之名稱為已足，並不加蓋本人或公司行號之名章為必要。

㈡表示代理之旨　票據行為之代理，代理人除須將本人名義明示於票據外，尚須載明為本人代理之旨。本法並未就代理之旨，設有特定方式，依一般方式，應載明「某某之代理人某某」或「某某公司經理某某」字樣，最為適當，如記載「管理人」或「負責人」等字樣，亦無不可。惟實務上則從寬解釋，認為代理人於代理權限內，以本人名義蓋本人名章發行票據，並自行簽名或蓋章於票據者，縱未載有代理人字樣，而由票據全體記載之趣旨觀之，如依社會觀念，足認有為本人之代理關係存在者，則認為已有為本人代理之旨之載明。

㈢**代理人之簽名或蓋章**　票據行為之代理，亦須由代理人簽名或蓋章為之。倘欠缺代理人之簽名或蓋章者，代理人所為之票據行為無效，本人無須負票據責任。

二、**代理之實質要件**　民法上代理行為之能否對本人直接發生效力，須以代理權之存在為前提。票據行為之代理，亦復如此。因此所謂票據行為代理之實質要件，係指代理人於代理權限內，以本人名義所為之票據行為，使其效果直接歸屬本人。關於代理權發生之原因有二，茲分述於下：

㈠**意定代理**　代理人之代理權，係由本人之授權行為而發生者，謂之意定代理（民一六七）。

㈡**法定代理**　乃指代理權之發生，基於法律規定或法院之指定或選任而當然發生者謂之。例如父母管理未成年者之財產、監護人管理被監護人之財產，並為其法定代理人（民一○八六、一○八八、一○八九、一○九四、一一○○），票據行為得認為財產管理之手段，故其財產管理權，當然包括票據行為之代理權在內。遺囑執行人有管理遺產之責，遺囑執行人因其職務所為之行為，視為繼承人之代表人（民一二一五），在此範圍內，有代理票據行為之權限。惟夫妻於日常家務雖互為代理人（民一○○三Ⅰ），但票據行為不能認係日常家務，故不得視為法定代理，但夫妻之間，仍可基於授權行為，而為意定代理。

第二、自己代理或雙方代理

票據行為，係以負擔票據上之債務為目的之行為，故當事人間利害關係對立。因此民法上有關自己代理或雙方代理之限制（民一○六），於票據行為之代理，亦有適用。倘有自己代理或雙方代理之票據行為，僅於代理人與本人間無效，對於第三人仍應認為其代理行為有效，方不致阻礙票據之流通。

第三、隱名代理

隱名代理者，乃指未載明為本人代理之旨，而簽名於票據者而言。易

言之，即未明示被代理人之名義，而僅由代理人自己簽名之謂。對此，應由簽名於票據者，自負票據責任（票九）。

第四、無權代理

無權代理者，行為人無代理權，而以代理人名義簽名於票據之謂。無代理權人所為之票據行為，原則上對本人不生效力，自負票據上之責任（票一〇I）。

第五、越權代理

越權代理者，係指代理人逾越代理權限所為之票據行為。對此本法規定代理人應就其逾越權限外之部分，自負票據責任（票一〇II）。

第六、表見代理

無權代理人為票據行為時，如其行為具備民法上表見代理之要件時，可否適用民法上表見代理之規定，本法對此並無明文規定。惟就票據行為之要式性及文義性之特性觀之，票據行為較諸一般法律行為更為注重要式及外觀，故在一般法律行為，表見代理既得成立，則於票據行為當然更能成立。例如實際上本人並無授權，而由本人自己之行為，對第三人表示以代理權授與他人，或知他人表示為其代理人而不為反對之表示者（民一六九），本人應負授權人之責，而負票據之責任。在無權代理之際，復具備表見代理之要件時，則本人責任與無權代理人責任係屬競合存在，此時執票人得任意擇一行使之。

第八節　票據之偽造

第一、票據偽造之意義及要件

票據之偽造者，係指以行使之目的，假冒他人名義而為票據行為，依

此意義可析分為三。茲述之於下：

一、偽為票據行為　此之所謂偽為票據行為，不論其偽為發票、背書、承兌、參加承兌、保證等票據行為，均屬之。

二、假冒他人名義而為票據行為　所謂他人，不論係實在之人、已死亡人或假設人均是。偽造人是否具有故意或過失，則非所問。至於偽造之方法，或為摹擬他人之簽名，或偽刻他人印章，或盜用他人真正之印章，甚至濫用保管中之他人印章而為票據行為，均屬之。

三、須以行使為目的而偽為票據行為　票據之偽造須以行使為目的而為票據行為，若其目的並不在於行使，縱有假冒他人名義，亦不構成票據之偽造，如為教學之用，而製造票據之樣本是。

第二、票據偽造之效力

一、對被偽造人之效力　被偽造人因未簽名或蓋章於票據，故不負任何票據責任。此為絕對抗辯事由，得對抗一切執票人。縱使無惡意或重大過失而取得票據者，亦不得對被偽造人主張票據上之權利。

二、對偽造人之效力　偽造人因未在票據上簽名，故亦不負票據上責任（票五 I）。惟偽造人在刑事上應負偽造有價證券罪（刑二〇一），在民事上偽造人之行為屬於侵權行為，應負損害賠償責任（民一八四）。

三、真正簽名人之效力　票據偽造或票據上簽名之偽造，不影響於真正簽名之效力（票一五），因此真正簽名於票據者，仍應依票據上所載文義負責。

四、對於執票人之效力　執票人縱係善意取得票據，但對於被偽造者，亦不能取得票據上之權利，僅能向偽造者請求賠償。惟執票人如自真正簽名者之手取得票據，亦得對簽名在被偽造人之後者，行使票據上之追索權。上述二者，由執票人選擇行使之。

五、對付款人之效力　付款人對偽造票據之認定，如有過失而予以付款，應自負損失。

第九節　票據之變造

第一、票據變造之意義及要件

票據之變造者，係指無變更權限之人，以行使為目的，擅自變更票據上記載之事項而言。茲將其要件，分述於下：

一、**變造係無變更權人所為**　票據之變造，係無變更權人所為之變造。倘票據上所記載之內容，由有變更權人加以變更，則不生變造事宜。例如發票人自行變更發票日期是。

二、**變造係變更票據簽名以外之一切記載事項**　票據之變造者，不論發票人，或其他票據債務人，對於票據上記載之內容，加以變更者，均屬之。例如變更金額、到期日或其他記載事項等是。惟變造者，必使票據之內容發生不同之觀念，並使票據上權利之內容發生變更，始得謂之。

三、**變造係以行使之目的而為變更票據簽名以外之一切記載事項**　變更票據簽名以外之一切記載事項，其目的在行使該票據，倘變造後不行使，僅供觀賞之用，則不構成票據變造。

第二、變造之效果

票據為有價證券之一。倘票據之變造，構成刑法上之變造有價證券罪者，變造人自應依該法科處刑責。惟本法為維護票據之交易安全，對於在票據上簽名者，分別規定其責任範圍如下：

一、**簽名在變造前者之責任**　票據經變造者，簽名在變造前者，依原有文義負責（票一六Ⅰ前）。例如甲簽發匯票一紙與乙，面額為新臺幣壹萬元，乙背書轉讓與丙，丙將金額變造為壹拾萬元後，依背書轉讓於丁，丁又背書轉讓於戊，此時甲、乙既簽名於變造前，僅負壹萬元之責任。

二、**簽名在變造後者之責任**　簽名在變造後者，依變造文義負責（票一六Ⅰ中）。就前例丁，對執票人戊應負壹拾萬元之票據責任。

三、不能辨別簽名於變造前後時，所負之責任　票據經變造時，不能辨別前後時，推定簽名在變造前（票一六Ⅰ後）。

四、參與變造者或其同意者之責任　票據變造之參與或同意變造者，無論簽名在變造前或變造後，均應依變造之文義負責（票一六Ⅱ）。例如前例中之丙乃參與變造者，故其背書視為在變造後，應負壹拾萬元之責任。倘前例中之丙於變造時經乙之同意而變造為壹拾萬元，則乙因其同意之行為，故須負壹拾萬元，而非負簽名前之壹萬元責任。再者，變造人並未在票據上簽名時，變造人不負票據上之責任。惟此時變造人應負刑事上之責任（刑二〇一）及民法上之侵權行為責任（民一八四）。又執票人為變造人時，依法仍得對票據債務人行使權利，即執票人不因其變造而喪失從前已有之權利。

五、票據變造之付款責任　付款人對於變造之票據予以付款時，付款人是否應負損害賠償之責，應視其有無過失為斷。倘因變造人變造技術之精良，非肉眼所能判斷，必須用紫光檢查始能鑑定者，尚難謂怠於注意而應負責。過失之有無，應以是否欠缺善良管理人之注意，由法院依客觀情事認定之。

第十節　票據之塗銷

第一、票據塗銷之意義

所謂票據之塗銷者，係指將票據上之簽名或其他記載事項，加以塗抹或消除之謂。此與將票據內容加以變更之票據變造，有所不同。票據塗銷之方法，無論以濃墨重抹，以紙片糊蓋，以橡皮輕擦或用化學方法消除等均屬之。

第二、票據塗銷之效力

一、塗銷係由於票據權利人所為者之效力　此可分為二。茲述於下：

㈠**非故意之塗銷**　票據上之簽名或記載被塗銷，非由於票據權利人故意為之者，不影響票據上之效力（票一七）。蓋票據上之權利，既已有效成立，為維護票據之效力起見，自不因無意之塗銷而受影響。惟執票人行使票據權利時，應就塗銷非由權利人故意為之，及被塗銷之原文義內容，負舉證之責。

㈡**故意之塗銷**　票據權利人故意為之者，票據上之效力，自應受其影響（票一七）。蓋塗銷既由票據權利人為之，自可認為對塗銷部分之票據上權利，予以免除而歸於消滅。

二、塗銷非由於票據權利人所為者之效力　塗銷非由於票據權利人所為者，縱令他人故意加以塗銷，亦不影響票據之效力。惟被塗銷票據之執票人，如欲行使權利，應就塗銷有利於己之事實，負舉證責任。

第十一節　票據之毀損

第一、票據毀損之意義

所謂票據之毀損，即指毀破損壞票據之行為。此之毀損，係指對票據上之法定必要記載要件而言。

第二、票據毀損之效力

本法無明文規定票據毀損對票據之權利發生何種之效果，惟依通說，如毀損係由於權利人之故意為之者，應與票據塗銷同視，其效力即歸於消滅。否則，又當與票據喪失之例同論。至於票據之毀損，係由票據權利人以外之他人故意為之，則應構成刑法之毀損罪（刑三五四）。

第十二節　票據權利之概述

第一、票據權利之意義及要件

　　票據權利者，即執票人為取得票據金額為目的，依據票據法所賦予對票據行為之關係人所得行使之權利。因此，票據權利須具有下列三要件：

　　一、票據權利者，乃為直接達到支付票據金額為目的所賦予之權利
票據之目的，在於一定金額之支付，為直接達到此目的，依本法之規定，賦予之權利有二：即㈠付款請求權（票五二、一二一、一三八）與㈡追索權（票二九、三九、一二六）。

　　二、票據權利者，乃依票據始得行使之權利　票據為有價證券，其所表彰之權利，與票據本身有不可分離之關係，故票據權利之行使，勢必依票據為之。

　　三、票據權利者，係對票據行為之關係人所得行使之權利　所謂票據行為關係人，不以發票人為限，即使背書人、保證人、承兌人、參加承兌人等均屬之。

第二、票據權利之性質

　　一、固定性　票據權利之內容，自發票人交付後，仍應依票據所載文義為準，不得擴大或縮減，否則前後手之間，將無法連帶負責（票九六），故票據權利性質，具有固定性。

　　二、單一性　票據權利之內容，自票據發行後，其權利之行使，原則上應為單一不可分割。同時因票據權利與票據之占有，有不可分割之關係，故不能於一張票據上，同時存有二個以上之票據權利。因此票據權利之性質，具有單一性。

第十三節　票據權利之取得

票據權利之取得方法有二：即原始取得與繼受取得，茲分述於後：

第一、原始取得

票據權利之原始取得的方法有二。茲述之於下：

一、發票　發票者，乃發票人基於簽發票據行為，因而創設票據權利。發票既在創設票據權利，自屬於原始取得之一種。

二、善意取得

㈠**善意取得之意義**　票據之善意取得，亦稱票據之即時取得，即票據上之受讓人，依本法所規定之轉讓方法，善意的從無處分權人取得票據，因而得享受票據上之權利之謂。本法第十四條第一項規定：「以惡意或有重大過失取得票據者，不得享有票據上之權利。」觀之，此項規定之反面解釋，即為善意取得之規定。

㈡**善意取得之要件**

1.**須由無處分權人取得票據**　善意取得之首要條件，是從無處分權人取得票據。所謂無處分權人，以受讓人之直接前手為限，其間接前手有無處分權人，在所不論。倘受讓人由有處分權人取得票據者，當然享有票據上權利，自無適用善意取得規定之必要。

2.**須依票據法上之轉讓方法取得票據**　所謂票據法上之轉讓方法，即指背書轉讓或交付而言。若非依背書或交付而取得票據者，則不在適用之列。例如繼承、合併、普通債權轉讓或轉付命令而取得票據，即不屬之。記名匯票之發票人記載禁止轉讓者，該票據不得轉讓，自無善意取得之可言。

3.**須基於善意而取得票據，並有相當對價**　所謂善意者，係指無惡意或重大過失而言。所謂惡意，即明知讓與人無讓與之權利。所謂重大過失，即指欠缺通常人之注意；亦即若稍加注意，即可知之，而竟怠於注意，以

致不知之謂。有無惡意或重大過失，應就具體情事而定。惟受讓人（取得人）有無惡意或重大過失，以受讓票據時為準，以後為善意與否，或有無過失，在所不問。雖非惡意或重大過失取得票據，然其取得係無相當對價者，仍有善意取得，但取得人不得有優於其前手之權利（票一四II）。

㈢**善意取得之效力**　票據上之善意取得者，即取得票據上之權利，無論原執票人喪失票據之原因如何，均不得向取得人請求返還。且此種取得係原始取得，故票據上縱有負擔，概歸消滅，例如票據上所設定之質權，因善意取得而消滅是。惟無對價或以不相當之對價取得票據者，不得享有優於其前手之權利（票一四II）。所謂對價，即對待給付之意，其或以勞務之供給，買賣所付之價金，或債務之抵銷均屬之。所謂不得有優於前手之權利者，其情形有二：即 1. 為前手之權利如有瑕疵，則取得人應繼承其瑕疵，此乃屬於票據抗辯之問題（票一三）。2. 為從票據應受限之人取得者，則取得人亦不能取得權利，此即為善意取得之例外。此時，取得人縱已具備善意取得之要件，仍不能取得票據權利。

㈣**原票據權利人之保全**　票據之受讓人不具備上述善意取得之要件，或無對價或不以相當對價取得者，原權利人為保護其權利，依票據法施行細則第四條規定：「票據為不得享有票據上權利或票據權利應受限制之人獲得時，原票據權利人得依假處分程序，聲請法院為禁止占有票據之人向付款人請求付款之處分。」所謂不得享有票據上權利人者，係指無處分權之人或由該無處分權人以惡意或重大過失取得票據之第三人而言。所謂票據權利應受限制之人者，係指無對價或以不相當之對價取得票據而言（票一四II）。

第二、繼受取得

繼受取得者，係指執票人從有處分權人，受讓票據權利而取得票據所有權而言（票三〇、三二、一二四、一四四）。其取得方式有二。茲述之於下：

一、**票據法上之繼受取得**　即從有處分權之人，依背書轉讓或交付之

方式取得票據，或票據保證人因履行保證債務（票六四），或參加付款人因付款（票八四），及被追索人因償還（票九六Ⅳ），亦均取得票據上之權利。

二、非票據法上之繼受取得　即非基於票據法所規定之方式而取得票據。例如因普通債權之轉讓、繼承、公司合併、或轉付命令而取得票據權利者等是。

第十四節　票據權利之行使與保全

第一、票據權利行使與保全之意義

票據權利之行使者，係指票據權利人向票據債務人提示票據，請求履行票據債務所為之行為而言。例如請求承兌，行使付款請求權而為付款之提示，或行使追索權等是。又票據權利之保全者，係指票據權利人為防止票據上權利之喪失所為之行為。例如對於主債務人應中斷時效，以保全付款請求權與追索權；對於償還義務人應按期提示及作成拒絕證書，以保全追索權等是。票據權利之行使，同時亦多為票據權利之保全，故二者常相提並論。

第二、票據權利行使與保全之方法

票據權利之行使方法，即將票據依期提示。所謂提示，乃現實的出示票據於債務人，請求其履行之謂。提示並非一種權利，而係行使票據權利所應為之行為，故執票人對於付款人、擔當付款人等，縱無付款請求權存在，仍應履行提示程序，否則不能行使追索權（票六九、一三〇）。此之提示，其方法並無限制，以口頭或書面，均無不可。

第三、票據權利行使與保全之處所

依本法規定，其次序如下（票二〇）：

一、票據上有指定處所者，應在指定之處所為之：例如本法第二十七

條及第五十條所定之付款處所。

　　二、無指定處所者，在其票據關係人之營業所為之。

　　三、無營業所者，在票據關係人之住所或居所為之。

　　四、票據關係人之營業所、住所或居所不明時，為作成拒絕證書，得請求法院公證處、商會或其他公共會所（如銀行公會）調查其人之所在；若仍不明時，得在該法院公證處、商會或其他公共會所作成，以保全其追索權。

第四、票據權利行使與保全之時間

　　行使或保全票據權利，對於票據關係人應為之行為，應於營業日之營業時間內為之，如其無特定營業日或未訂有營業時間者，應於通常營業日之營業時間內為之（票二一）。

第十五節　票據之抗辯

第一、票據抗辯之意義

　　票據抗辯者，乃票據債務人對於票據債權人之請求，得提出抗辯之事由，而拒絕履行之謂。

第二、票據抗辯之種類

　　按票據抗辯之事由，可分為「物的抗辯」、「人的抗辯」、「惡意抗辯」、「對價抗辯」等四種。茲分述於下：

　　一、物的抗辯　所謂物的抗辯者，亦稱客觀之抗辯或絕對抗辯，即票據債務人得對抗一切執票人，並不因執票人之變更而受影響之抗辯之謂。此種情形有二，茲述之於下：

　　㈠**任何被請求人得對任何執票人主張之抗辯**　其情形詳述如下：

　　1.票據上應記載事項之欠缺的抗辯：票據欠缺法定應記載事項者，除

另有規定外，其票據無效（票一一I）。例如票據金額未記載等屬之。

2.到期日尚未屆至之抗辯：此項抗辯於匯票及本票之債務人得主張之（票七二I）。支票雖有發票日而無到期日，惟本法規定執票人不得於票載日期前提示付款（票一二八II），故亦得抗辯之。

3.票據因除權判決而宣告無效之抗辯（票一九、民訴五六四、五六五）。

4.票據已依法付款之抗辯（票七四、一三七）。

5.票款已依法提存之抗辯（票七六）。

(二)僅特定被請求人得對任何執票人主張之抗辯　其情形詳述如下：

1.欠缺票據行為能力之抗辯　無票據行為能力，或限制行為能力人未得法定代理人允許所為之票據行為無效（民七八）。此等行為人之法定代理人或其成為有行為能力人後，得以之對抗所有執票人。

2.無權代理之票據行為之抗辯　無權代理之票據行為，因本人未授與代理權，自不負票據上之責任（票一○I），故本人得據以對抗任何執票人。再者，代理人逾越權限時，就其權限外之部分亦同（票一○II）。

3.票據偽造及變造之抗辯　票據偽造時，因被偽造人並未在票據上簽名，依法不負票據之責任（票一五），故得以之對抗任何執票人。又簽名在票據變造前者，僅對變造前文義負責（票一六I），故得對變造後之文義提出抗辯。

4.保全手續欠缺之抗辯　執票人不於法定期限內，為行使或保全票據上權利之行為者（票二○、二一），僅償還義務人得以之抗辯。

5.票據權利因時效消滅之抗辯　票據上之權利因發票人與背書人之消滅時效期間的不同而各異（票二二），特定債務人得以時效消滅對任何執票人抗辯之。

6.撤銷承兌之抗辯　付款人雖在匯票上簽名承兌，未將匯票交還執票人以前，仍得撤銷其承兌（票五一前），故得以之對抗一切執票人。

二、人的抗辯　人的抗辯者，又稱相對抗辯，或主觀抗辯。乃票據債務人，僅得抗辯特定執票人而已。倘票據之執票人有所變更，票據債務人之抗辯即受影響。茲將本法對此之具體規定，述之於下：

㈠任何被請求人得對特定執票人主張之抗辯　其情形如下：

1.執票人欠缺受領能力之抗辯　執票人破產宣告，或票據債權人經法院扣押禁止付款等是。

2.執票人欠缺形式的受領資格之抗辯　在記名票據，執票人應以背書之連續，證明其權利（票三七Ⅰ），否則付款人得拒絕付款（票七一Ⅰ）。

3.執票人欠缺實質的受領資格之抗辯　付款人若知執票人，係以惡意或重大過失取得票據者，自可拒絕付款（票七一Ⅱ但），例如請求人非真正執票人是。

㈡特定被請求人得對特定執票人主張之抗辯　其情形如下：

1.原因關係之不法之抗辯　票據之直接當事人間，基於不法原因而授受票據者，得以此理由拒絕付款。例如以票據作為給付賭博所應付之款項。

2.原因關係之欠缺或消滅之抗辯　例如為給付貨款簽發票據後，該買賣契約業經解除（民二五四至二五六），或因給付不能致買賣歸於無效時（民二四六），在直接當事人間，均得以之拒絕給付票款。

3.票據行為無效之抗辯　例如票據作成後，尚未交付前，倘被盜或遺失而流通時，發票人雖對善意無過失之執票人應負票據上責任，惟對於竊取人或拾得人之請求付款，得以缺乏交付行為為由，拒絕付款。

4.基於當事人間特別約定之抗辯　票據之授受，在直接當事人間訂有特約者，直接當事人自可依特約抗辯之。例如票據債務之發生或消滅，繫於一定事實之特約，當事人自可抗辯之。

三、惡意抗辯　票據債務人得以自己與發票人或執票人之前手間，所存抗辯事由對抗執票人，謂之惡意抗辯。按票據為流通證券，本法為保護善意執票人，規定票據債務人對惡意之票據取得人，得加以抗辯。

四、對價抗辯　本法規定，無對價或以不相當之對價取得票據者，不得享有優於其前手之權利（票一四Ⅱ）。亦即被請求人得以自己與其前手間所存之抗辯，對抗該執票人。所謂前手，乃指直接前手而言。

第三、票據抗辯之限制

票據為流通證券，為使票據債務之迅速履行，以利票據之流通，確保交易安全，本法特別規定，票據債務人不得以自己與發票人，或執票人之前手間所存抗辯之事由，對抗執票人。但執票人取得票據出於惡意或詐欺時，不在此限（票一三），是故票據抗辯限制之事由有二。茲分述於下：

一、**票據債務人不得以自己與發票人間所存抗辯之事由對抗執票人** 所謂以自己與發票人間所存抗辯之事由對抗執票人，例如林一是建築商，為張三建屋一幢，因此張三應給付林一新臺幣壹佰萬元。適林一對梁二有欠款壹佰萬元，林一乃以壹佰萬元之數額，作成匯票一張，以梁二為受款人，而張三為付款人，由張三簽名承兌。此後張三不能以林一未依約建屋之理由，對抗梁二。蓋林一與張三之建屋關係為基礎關係，梁二與張三之關係為票據關係，付款人張三承兌後為承兌人，應負絕對付款之義務，故二者不相關，票據關係應依票據法規定解決。基礎關係乃屬民法範圍，應依民法規定辦理。

二、**票據債務人不得以自己與執票人之前手間所存抗辯之事由對抗執票人** 所謂以自己與執票人之前手間所存抗辯之事由，例如本票之發票人林一，雖得以原因之欠缺，或以被詐欺、被脅迫等事實，對直接當事人之受款人梁二，主張其本票得為撤銷。惟不得以此對抗因背書受讓票據權利之善意執票人張三。此時林一、張三關係乃屬票據關係，與林一、梁二之基礎關係，並不相關聯。

第四、票據善意取得與票據抗辯之區別

一、**法律根據之不同** 票據之善意取得，係根據本法第十四條之規定而來；至於票據抗辯係根據本法第十三條規定。

二、**犧牲對象之不同** 票據之善意取得乃在保護善意之執票人，而犧牲真正權利人，使之喪失其原有之權利；至於票據抗辯，乃使票據債務人不得以對抗前手之抗辯事由對抗後手，故犧牲者為票據債務人。

三、構成要件之不同　在票據之善意取得，其構成要件之一，須無重大過失而不知前手無轉讓票據之權；至於在票據抗辯之限制中之惡意抗辯，則取得人不論有無過失，只須不知抗辯事由之存在，票據債務人即不得對之主張。

四、系爭重點之不同　票據善意取得之重點，係在爭執原執票人與讓與人（即現在執票人之直接前手）間，孰為票據之真正權利人，如真正權利人為讓與人時，即不具備票據善意取得之要件；至於票據抗辯之限制，乃在於爭執票據債務人與對讓與人（即現在執票人之直接前手）是否得拒絕履行票據債務，倘票據債務人本不得拒絕履行，即無限制抗辯之必要。例如被告主張原告所提出之本票係其所遺失，且原告亦知悉，因而被告拒絕付款，此係屬善意取得之問題。反之，其主張因賭博而簽發與原告之前手，且為原告所知情，則屬惡意抗辯。

第十六節　票據喪失

第一、票據喪失之意義

票據喪失者，係執票人無拋棄之意思，而票據脫離其占有之謂。其情形可分為二：一、絕對喪失者，例如票據滅失；二、相對喪失者，例如票據被竊盜或遺失等。

第二、票據喪失之補救

票據權利雖不因票據之喪失而歸於消滅，但票據權利人非提示票據，不能行使票據上之權利（票六六）；非繳出票據，不能受領票載之金額。因此票據上權利之行使，與票據之占有，在票據法上有不可分離之關係，故執票人票據喪失，在未回復其占有前，不得提起請求支付票據金額之訴，僅得依下列方法救濟之：

一、止付通知　票據喪失時，票據權利人得為止付之通知，但應於提

出止付通知後五日內向付款人提出已為聲請公示催告之證明（票一八Ⅰ）。未依前述但書規定辦理者，止付通知失其效力（票一八Ⅱ）。

　　二、公示催告　執票人喪失票據時，除保付之支票外，得為公示催告之聲請（票一九Ⅰ）。所謂公示催告者，乃有管轄權之法院，依當事人之聲請，以公示之方法，催告不明之利害關係人，於一定期間內申報權利，如逾期不為申報，則產生失權效果之程序。換言之，即依民事訴訟法第三三九至五六七條所規定之程序辦理之。公示催告具有下列之效力：

　　㈠維持止付通知效力　票據喪失時，票據權利人於提出止付通知後五日內，應向付款人提出已為聲請公示催告之證明，否則止付通知失其效力。

　　㈡善意取得之防止　票據如被盜或遺失，雖可藉止付通知防止冒領，但究不能防止該票據落於善意第三人之手，斯時仍須對之付款，因此為防止他人善意取得，必須以公示催告程序救濟之。因公示催告不僅應黏貼於法院之牌示處，並登載於公報或新聞紙，且應黏貼於交易所（民訴五四二、五六一），故在公示催告開始前取得票據者，毋庸就自己之善意，負舉證責任（民九四四Ⅰ），但在公示催告開始後取得票據者，如主張善意取得，應使之負舉證責任為宜。

　　㈢支付或提存之請求　經法院之裁定准為公示催告，於公示催告程序開始後，其經到期之票據，聲請人得提供擔保，請求票據金額之支付，不能提供擔保時，得請求將票據金額依法提存（票一九Ⅱ前）。

　　㈣新票據給與之請求　喪失之票據，其期限尚未到期者，聲請人得提供擔保，請求給與新票據（票一九Ⅱ後），俾促進票據之流通。

　　㈤除權判決　所謂除權判決者，經公示催告期限屆滿後，無人申報權利及提出票據，法院對於受公示催告之人，依聲請宣示其喪失權利之判決，宣告票據無效之除權判決，則應宣告票據無效。除權判決後，喪失票據者即可依據該判決，對票據債務人主張票據上之權利（民訴五六五Ⅰ），而不必提示票據。

第十七節　票據時效

第一、票據時效之意義

　　票據時效者，係指票據上權利之消滅時效而言。按票據之交易，貴在流通，較諸普通商業，更重於敏捷。因此票據債務人較普通債務人所受之拘束，更為嚴苛，故票據債權人尤應從速行使其權利，俾免債務人久負其責，而使票據關係得以迅速了結。

第二、票據時效之期間

　　一、對匯票承兌人及本票發票人之付款請求權　票據上之權利，對匯票承兌人及本票發票人，自到期日起算；見票即付之本票，自發票日起算；三年間不行使，因時效而消滅（票二二Ⅰ前）。

　　二、對支票發票人之追索權　對支票發票人自發票日起算，一年間不行使，因時效而消滅（票二二Ⅰ後）。

　　三、執票人對前手之追索權　此可分為二：1.匯票、本票之執票人，對前手之追索權，自作成拒絕證書日起算，一年間不行使，因時效而消滅（票二二Ⅱ前）。此之前手，觀乎本法第二十二條第一項前段之規定，自應將匯票發票人包括在內。 2.支票之執票人，對前手之追索權，四個月間不行使，因時效而消滅（票二二Ⅱ中）。此之所謂前手，觀乎本法第二十二條第一項後段之規定，自應將發票人排除。其免除作成拒絕證書者，匯票、本票自到期日起算，支票自提示日起算（票二二Ⅱ後）。

　　四、背書人對前手之追索權　匯票、本票之背書人，對於前手之追索權，自為清償之日或被訴之日起算，六個月間不行使，因時效而消滅。支票之背書人，對前手之追索權，二個月間不行使，因時效而消滅（票二二Ⅲ）。

　　五、對於保證人之時效期間　執票人對於保證人之權利，其時效期間

如何,本法未設規定。惟就保證人之責任言,應與被保證人負同一責任(票六一Ⅰ),故解釋上須依被保證人之身分而定,如被保證人為承兌人,則與對承兌人之時效同。倘被保證人為背書人,則與對背書人之時效同。保證人於清償債務後,得行使執票人對於被保證人及其前手之追索權(票六四)。

六、**參加付款人之時效期間**　參加付款人對於承兌人、被參加付款人及其前手,取得執票人之權利(票八四Ⅰ)。其各該權利之時效如何,本法未規定,解釋上應依該權利之種類,分別準用本法第二十二條時效之規定。

第十八節　票據之利益償還請求權

第一、利益償還請求權之意義

利益償還請求權者,又稱之為「受益償還請求權」或「利得償還請求權」,係指票據上之權利,因時效或手續欠缺,致歸於消滅,而執票人對於發票人或承兌人,於其所受利益之限度內,得請求償還其利益之權利(票二二Ⅳ)。蓋執票人取得票據,通常付有對價,倘因短期時效或法定之手續欠缺而使發票人或承兌人享受意外之利益,執票人受有損失,殊非公平之道,故本法特設利益償還請求權,俾執票人仍有最後補救之機會。

第二、利益償還請求權之性質

利益償還請求權之性質如何,學說頗多,約可分為四:

一、**票據上權利說**　此說認為利益償還請求權之法律關係,係由票據而來,故謂之票據上權利說。

二、**民法上不當得利請求權說**　此說認為利益償還請求權,屬於民法上之不當得利。

三、**損害賠償請求權說**　此說認為利益償還請求權,實與損害賠償請求權之性質相同。

四、**票據法上之特種請求權說**　此說認為利益償還請求權,乃係票據

法上特種請求權，具有指名債權之性質，並非票據上之權利，亦非民法上之不當得利或損害賠償請求權。

綜上四說，就本法第二十二條第四項之規定觀之，乃採四、票據法上之特種請求權說。

第三、利益償還請求權之要件

一、主觀要件　此指當事人資格之條件而言，可分為二。茲述之於下：

㈠**請求權人須為執票人**　利益償還請求權之權利人，須為票據上權利消滅時之正當執票人，此執票人不以最後之被背書人為限，即被追索時已為償還，而後取得票據之背書人，或因清償債務而取得追索權之保證人（票六四），或因參加付款而取得執票人權利之參加付款人（票八四Ⅰ）等，均有請求權。縱令依繼承、合併、一般債權讓與、轉付命令或拍賣之移轉，以及期後背書等，而由上述執票人或背書人取得票據之執票人，亦皆享有此權利。

㈡**償還義務人須為發票人或承兌人**　利益償還請求權之償還義務人，為匯票、本票及支票之發票人，或匯票之承兌人；至於背書人則不屬之。

二、客觀要件　此指請求權成立之條件而言，可分為三。茲述之於下：

㈠**須票據在形式上有效成立**　票據欠缺票據上之形式要件，該票據自始無效，自無票據上之權利，當然亦無利益償還請求權。倘票據上之權利曾有效成立，票據義務人即應為利益之償還，其票據是否存在，在所不問。

㈡**須票據上之權利因時效完成或手續之欠缺而消滅**　票據上權利消滅之原因，須為時效之完成或保全手續之欠缺。所謂時效之完成，係指未在時效期間內行使權利而言。所謂手續之欠缺，則指執票人未在期限內提示或作成拒絕證書，以致不能對前手行使追索權而言。若票據權利因其他原因而消滅，則不得享有此種權利，例如債務之免除。

㈢**須發票人或承兌人因之而受有票據上之利益**　所謂票據上之利益，即指承兌人或發票人曾因發票或承兌，而實際上受有利益而言。其情形如下：1.匯票之發票人已因發行票據取得對價，但尚未供給資金於付款人；

2.本票發票人或匯票承兌人因票據權利消滅，享受免去付款義務所獲之利益；3.支票之發票人因票據權利消滅，而該款於銀行尚保存於自己帳戶之下。再者，發票人或承兌人是否受有利益，及其利益若干，應由請求償還利益之執票人，負舉證責任。倘發票人不爭執發票之原因者，執票人無庸舉證。至於發票人或承兌人所受之利益，是否由於權利人之損失，權利人與義務人是否屬於實質關係上之直接當事人，其利益現尚存在否，均非所問。

第四、利益償還請求權之效力

利益償還請求權，既非票據上之權利，其效力如下：

一、須依民法上之指名債權之轉讓方法轉讓 利益償還請求權之轉讓，應依民法上指名債權之轉讓方法為之，對於發票人或承兌人方生效力（民二九七）。即依當事人之合意而成立，不得依票據法所規定之背書方法而為讓與。

二、適用民法一般消滅時效期間 利益償還請求權之時效，本法對之既無規定，自應適用民法一般消滅時效期間之規定。因此執票人對於發票人或承兌人，於其所受利益之限度內償還請求權，倘未經過民法第一二五條所定十五年之期間，仍得合法行使。

三、發票人或承兌人之抗辯 凡發票人或承兌人所得對抗直接執票人之抗辯，執票人行使利益償還請求權時，發票人或承兌人亦得主張之。但發票人或承兌人之抗辯權，因票據之轉讓而被切斷，致不能對抗執票人者，不在此限。

四、利息之請求 利益償還請求權為索取債權，故發票人或承兌人應俟執票人之請求，始負遲延責任。其遲延利息，自遲延日起按法定利息計算（民二三三Ⅰ）。

第十九節　票據之黏單

第一、黏單之意義

票據之黏單者，係指發票人所發行票據的餘白不敷記載時，於票據之本體外，以空白紙片得延長之謂。蓋票據為流通證券，輾轉背書流通，為恐餘白不敷記載，而本法特設補救辦法。

第二、黏單之要件

一、**票據餘白不敷記載**　票據上對於某種票據行為，已無餘白足供記載，始得以黏單延長（票二三Ⅰ）。

二、**第一記載人須於票據黏單騎縫上簽名或加蓋印章**　黏單後之第一記載人，其記載不限定須在騎縫上，但應於騎縫處簽名，否則該黏單之記載，不生票據上之效力（票二三Ⅱ）。其目的在於預防黏單與票據分離，及偽造或變造。

第三、黏單之效力

在黏單上所為之票據行為，與在原票據上所為之行為，有同等之效力。

第四章　匯　票

第一節　總　說

第一、匯票之意義

匯票者，謂發票人簽發一定之金額，委託付款人於指定之到期日，無條件支付與受款人或執票人之票據（票二）。依此意義，分析其要件如下：

一、**匯票者，票據之一種**　本法第一條規定之票據有三：即匯票、本票及支票。因此匯票為票據之一種，乃由發票人簽發一定之金額，故屬於有價證券中的金錢證券。

二、**匯票者，委託他人支付之票據**　匯票之發票人僅屬票據之發票人，而非票據之付款人，必須另行委託他人為付款人，故匯票為委託證券，而非自付證券。匯票之付款人，並無資格之限制，任何人均可為之。

三、**匯票者，於指定之到期日無條件支付與受款人或執票人之票據**匯票上須指定到期日，而付款人須於指定之到期日為無條件付款，因此匯票之付款日，通常在於未到來之日期，故為信用證券。

第二、匯票之種類

匯票依各種區別標準之不同，得分類如下：

一、**依記載權利人之方式為標準**　可分為三。茲述之於下：

㈠**記名匯票**　亦稱抬頭匯票，即發票人載明受款人之姓名或商號之匯票。此種匯票，發票人發票後，應將該匯票交付票載之受款人，始生票據之效力。

㈡**指示匯票**　即不僅在匯票上記載受款人之姓名或商號，並且附加「或

其指定人」字樣之匯票。此種匯票，發票人得依背書交付轉讓之。

㈢**無記名匯票**　即匯票上未載受款人之姓名或商號，或僅記載「來人」字樣之匯票。此種匯票，執票人得僅依交付而轉讓之。執票人亦得記載自己或他人為受款人，變更為記名匯票（票二五II）。

二、依指定到期日方式之不同為標準　可分為二。茲述之於下：

㈠**即期匯票**　乃指見票即付之匯票（票六五Ⅰ3）。

㈡**遠期匯票**　非見票即付之匯票，可分為下列四種：

1.**定期匯票**　俗稱板期匯票，即定日付款之匯票（票六五Ⅰ1）。例如載明民國八十九年十一月十日付款之匯票。

2.**計期匯票**　指發票時未指定到期日，而於發票日後經過一定期間付款之匯票。換言之，即發票日後定期付款之匯票（票六五Ⅰ2）。例如發票後四個月付款之匯票是。

3.**註期匯票**　即見票後定期付款之匯票（票六五Ⅰ4）。所謂見票，係指承兌時之見票而言，其到期日以承兌日起算，例如見票後四個月付款先指定其到期日。

4.**分期付款匯票**　即將匯票金額區分為若干部分，並分別預先指定其到期日。例如匯票票面金額新臺幣參拾萬元，自民國八十八年三月起至十二月止，分十期付款。每期於每月一日各支付新臺幣參萬元者是。

三、依票據關係人之不同為標準　可分為二。茲述之於下：

㈠**一般匯票**　指發票人、付款人及受款人三者各異其人，而成為票據當事人之匯票。

㈡**變式匯票**　指發票人、付款人及受款人中有一人兼任數票據當事人身分之匯票。

1.**指己匯票**　又稱己受匯票，即發票人以自己為受款人之匯票（票二五Ⅰ前）。換言之，即發票人兼受款人之匯票。

2.**付受匯票**　即以付款人為受款人之匯票。例如以本公司為付款人，而以其分公司為受款人是。

3.**對己匯票**　又稱己付匯票，即發票人以自己為付款人之匯票（票二

五Ⅰ後)。依本法規定未載付款人者,以發票人為付款人(票二四Ⅲ)。例如張三利用臺中郵局開發匯票寄款至臺南,以自己或第三人為受款人,此時發票人為臺中郵局,付款人為臺南郵局,兩地郵局同屬一人是。

4.己受己付匯票　即發票人以自己為受款人兼為付款人之匯票。即三種資格集於一人。例如同一銀行之各分行間所簽發匯票是。

四、以通行之地域為標準　可分為二。茲述之於下:

㈠**國內匯票**　係指匯票之發票地及付款地,限於一國以內,輾轉流通。

㈡**國外匯票**　係指匯票之發票地及付款地,有一在外國,或二者均在外國,匯票之流通,恆涉及兩國以上而言。

五、以商業性質為標準　商業匯票 (Commercial Bills),可分為二。茲述之於下:

㈠**光票** (Clean Bills of Exchange)　乃無須附隨任何單據,付款人或承兌人即允許到期付款之匯票。換言之,指不附提單 (Bill of Lading)、倉單 (Warehouse Receipt)、及保險單 (Insurance Policy) 等附屬單據之匯票而言。

㈡**押匯匯票** (Documentary Bills of Exchange)　又稱跟單匯票,或信用狀匯票,乃指必須附隨與交易有關之一切單據,付款人或承兌人於到期日付款之匯票。

第三、匯票之格式

匯票之格式,各國不盡相同。在我國昔日採傳統的直格式。惟為配合電腦作業,政府建議各行庫,今後儘量改成橫格式。茲將我國目前通用之匯票格式列示如下:

```
┌─────────────────────────────────────────────┐
│          匯字第○○號                          │
│          憑票祈於民國一○七年十二月十二日給付梁二或其指 │
│          定人                                  │
│   匯     新臺幣壹拾萬元整                        │
│              此致                              │
│   票     張三　台照                            │
│                    發票人　林一 ㊞              │
│          中華民國一○七年九月五日                │
└─────────────────────────────────────────────┘
```

第二節　發　票

第一、發票之意義

　　發票者，乃發票人依本法所規定之一定款式作成票據，而創設票據上權利義務關係，並以之發行的票據行為。發票為基本票據行為，故學者稱為主票據行為，以別於背書、保證、承兌、參加承兌之附屬票據行為。至於匯票之發行者，乃係發票人依法定之款式作成匯票，並將之交付於受款人。倘無交付行為，縱令匯票製作完成，尚不能稱之為發行，故不生匯票之效力。

第二、發票之款式

　　發票之款式者，乃開發票據所記載之事項。依本法規定，匯票發票，除由發票人簽名外，其記載事項之情形有三：

　　一、應記載之事項　此可分為絕對必要記載事項與相對必要記載事項兩種。茲分述於下：

　　㈠**絕對必要記載事項**　欠缺絕對必要記載事項之一者，除本法另有規定外，其票據無效（票一一Ⅰ）。茲將本法所規定之絕對必要記載事項，述之於下：

　　1.**表明其為匯票之文字**　此即學者所稱之票據文句，以別於其他有價證券，而使人易於辨認其為匯票，故為絕對必要記載事項。至於表明之文字，不以「匯票」二字為限。凡其他意義相同，足以表明匯票之性質者，如匯兌券、匯單、商業承兌券等字樣，亦無不可。至其表明之處所，本法並無限制，通說認為中式橫格式之匯票應記載於匯票正面之左上端為宜。

　　2.**一定之金額**　票據為金錢證券，自須記載金額，如以金錢以外之物為給付標的，為法所不許。其記載金額，必須確定者。所謂確定者，其數額非浮動不居，抑且無選擇餘地者而言。

3.**無條件支付之委託** 所謂支付之委託 (Order to Pay)，指發票人委託付款人支付匯票金額之意思表示。所謂無條件 (Unconditional) 者，乃指單純委託而言，若附記條件，以限定其支付之資金或方法，均為法所不許。

4.**發票年月日** 發票年月日為絕對必要記載事項（票二四 I 7）。所謂發票年月日，即指形式上匯票發行之年月日，而於票面上所記載者。此年月日，縱與真實之發票年月日不符，亦與匯票之效力無關。

㈡**相對必要記載事項** 發票時，如未記載，本法設有補充規定，其匯票並不因之而無效。茲將本法之規定述之於下：

1.**付款人之姓名或商號** 票據未載付款人者，則以發票人為付款人（票二四III）。此時與記載自己為付款人之匯票，同為對己匯票（票二五 I）。

2.**受款人之姓名或商號** 匯票受款人者，乃票據最初之權利人，自應記載之。其記載方式有記名與指示兩種。倘未記載受款人者，則以執票人為受款人（票二四IV）。

3.**發票地** 發票地者，即發票人簽發匯票時，形式上所記載發票之處所，其記載縱與真實發票地不符，亦不影響票據之效力，而應以記載之發票地為準。發票地有決定發票行為準據法之作用，故為必要記載之事項（票二四 I 6）。未載發票地者，以發票人之營業所、住所或居所所在地為發票地（票二四V）。

4.**付款地** 即匯票金額所應支付之地域，若不記載付款地時，以付款人之營業所、住所或居所所在地為付款地（票二四VI）。付款地記載方法，本法無明文，通常記載最小之獨立行政區域（如臺北市、臺中市）。其記載必須單一，不得為複數之記載。

5.**到期日** 所謂到期日，乃匯票付款之日期，亦所以定債權人行使權利及債務人履行義務之時日，關係至鉅，自非記載不可。倘匯票未記載到期日者，視為見票即付（票二四II）。

二、得記載之事項 得記載之事項，亦稱為任意記載事項。依本法之規定，分述如下：

㈠**擔當付款人** 所謂擔當付款人，係指代付款人為付款行為之人，亦

即付款人之代理人。因此擔當付款人應由付款人指定之。倘發票人於發票時未記載，則付款人於承兌時，亦得指定擔當付款人（票四九Ⅰ）。惟發票人已指定擔當付款人者，付款人於承兌時，亦得塗銷或變更之（票四九Ⅱ）。擔當付款人並非票據債務人，故執票人請求承兌時，仍應向付款人為之。惟付款之提示，應向擔當付款人為之（票六九Ⅱ）。倘擔當付款人拒絕付款時，即得作成拒絕證書，行使追索權。

㈡**預備付款人**　預備付款人者，乃發票人於付款人外，記載在付款地之一人，預備於付款人因故不能承兌或如數支付金額，或拒絕付款時，以參加承兌或參加付款之謂。本法之所以規定預備付款人，須為付款人以外之人，且以付款地為限（票二六Ⅱ），同時背書人亦得為之（票三五），其目的在謀執票人之便利。此之預備付款人，實可稱之為第二付款人或從付款人，與多數付款人有異。擔當付款人（前者）與預備付款人（後者）之不同，茲分述如下：

　1.前者之目的，在圖實際上之利便而設；後者之目的，在鞏固票據之作用，俾免追索權之行使而設。

　2.前者僅代付款人付款而已；後者為第二付款人。

　3.前者係由發票人或付款人指定；後者係由發票人或背書人所指定。

　4.前者不限於付款地之人；後者限於付款地之人。

㈢**付款處所**　所謂付款處所者，乃發票人所記載付款地域內之特定付款地點。付款處所一經記載，即發生票據上之效力，票據關係人行使或保全票據上之權利，應於該處所為之（票二〇）。

㈣**利息及利率**　發票人得記載對於票據金額支付利息及利率，利率未載明時，定為年利六釐，利息自發票日起算，但有特約者，不在此限。

㈤**擔保承兌責任之免除**　發票人對於其所發之匯票，得依特約，免除擔保承兌之責（票二九Ⅰ但）。

㈥**分期付款之記載**　近來之商業發達，分期付款之交易，常賴票據為之，故本法規定分期付款之匯票，其中任何一期，到期不獲付款時，未到期部分，視為全部到期（票六五Ⅱ），故匯票得為分期付款之記載。

(七)**禁止轉讓文句**　記名匯票發票人得在匯票上記載禁止轉讓，此時該匯票即不得轉讓。

(八)承兌期限或期日之記載（票四四）。

(九)見票後定期付款之匯票，承兌提示期限延長或縮短之特約（票四五Ⅱ）。

(十)見票即付之匯票付款提示延長或縮短之記載（票六六準票四五）。

(土)指定付款貨幣種類之記載（票七五Ⅰ）。

(圭)免除拒絕事實通知之記載（票九〇）。

(圭)免除作成拒絕證書之記載（票九四Ⅰ）。

(圭)禁止發行回頭匯票之記載（票一〇二Ⅰ但）。

三、不得記載之事項

(一)**免除擔保付款之記載**　有此記載時，該記載無效，發票行為仍然有效。

(二)**本法所不規定或與匯票本質相牴觸之事項**　記載本法所不規定之事項者，不生票據上之效力。記載與匯票本質相牴觸之事項，則匯票無效。

第三、發票之效力

一、**對發票人之效力**　匯票係屬委託他人付款之證券，故匯票之發票人，應照匯票文義擔保承兌及付款之責任（票二九Ⅰ）。因此其擔保責任有二：

(一)**擔保承兌**　所謂擔保承兌，即匯票於到期日前，不獲承兌時，執票人得於作成拒絕承兌證書後，縱令在到期日前，亦得向發票人行使追索權，請求償還票款之謂。發票人不得以票據資金業已交與付款人為理由，對抗執票人，而主張拒絕償還。惟此項擔保承兌責任，發票人得依特約免除之（票二九Ⅰ但），並應載明於匯票，始生免責之效力（票二九Ⅱ）。

(二)**擔保付款**　所謂擔保付款者，即匯票到期不獲付款時，發票人應付償還之責。發票人對此種責任，應絕對負責。倘匯票上有免除擔保付款之記載者，其記載無效（票二九Ⅲ）。

發票人之責任，除上述外，尚負有票據利益償還之義務（票二二Ⅳ），

及交付複本之義務（票一一四、一一五）。

　　二、對受款人之效力　受款人接受票據後，取得付款請求權。此項請求權，未經承兌或參加承兌前，僅係一種期待權而已。至於匯票於到期日為付款之提示，被拒絕付款時，行使保全程序後，方可行使追索權。

　　三、對付款人之效力　匯票之發票，僅發票人單方之行為。匯票未經付款人承兌前，付款人無付款之責任，僅具有承兌之地位而已。縱令付款人與發票人有資金關係，付款人仍非票據之債務人。

第三節　背　書

第一、背書之意義

　　背書者，乃執票人以讓與票據上權利之意思，或其他目的，而記載於票據背面，並簽名於上，所為要式的附屬票據行為。茲將其意義分述如下：

　　一、背書者，乃附屬之票據行為　票據行為中，僅發票為基本票據行為，而背書須於發票為成立後，始能為之，故背書為附屬之票據行為。

　　二、背書者，乃以讓與票據權利之意思，或其他目的所為之票據行為　背書之主要目的，在於轉讓票據上之權利，故凡非為轉讓票據上之權利，當然不得認為背書，此為背書之常例。然背書亦有以委任取款或設定質權之目的而為之者，此乃屬背書之特例，而非通常之背書。

　　三、背書者，乃執票人之票據行為　背書者，係執票人所為之票據行為。所謂執票人，包括票據之受款人，或由背書人受讓票據之人，或償還債務或履行保證債務而收回票據之人。背書須執票人始有權為之。背書人因背書種類之不同，而異其地位。在讓與背書，為讓與人；在委任背書，為委任人；在設質背書，為出質人。此等人均屬執票人，故背書為執票人所為。倘非執票人所為，背書人不負背書責任，被背書人亦不因而取得執票人之地位。

　　四、背書者，應在票據之背面或黏單上為簽名或蓋章　票據之背書，

顧名思義,應在票據之背面或黏單上簽名,以別於發票人之發票行為,及付款人之承兌行為。

五、背書者,為要式行為 背書人必須在票據之背面或黏單上簽名,並得於記載票據讓與之意旨後,為交付行為,故為要式行為。

第二、背書之法律性質

背書之法律性質如何,論者不一,約有五說。茲述之如下:

一、債權讓與說 背書者,係屬票據上債權之讓與行為。

二、保證行為說 背書者,係使簽名人負擔保責任之書面行為。

三、所有權取得說 背書者,係使被背書人依取得票據所有權而原始取得票據權利。

四、債權及物權契約說 背書者,係背書人對取得票據所有權人負擔償還義務之債權的單獨行為,與票據所有權移轉的物權契約所構成。

五、有相對人之單獨行為說 此說認為背書與發票同為一種有相對人之單獨行為,而非契約。

以上諸說,以第五說為通說,本法亦採此說。

第三、背書之款式

背書之款式,可分為應記載事項、得記載事項及不得記載事項三種。茲分述於下:

一、應記載事項 背書應記載事項,因記名背書與無記名背書而異。記名背書者,應記載被背書人之姓名或商號,並由背書人簽名於票據背面。至於發票人禁止轉讓之背書,則不在此限。無記名背書者,僅由背書人簽名於票據背面即可(票三一II、III)。是故背書人之簽名,為背書共同之要件。此項簽名得以蓋章代之(票六),但不得以鉛字組成條戳為之。金融界實務上,對外國人之背書,必須與抬頭相符,應用英文加註中文譯名,惟憑英文簽名核付。

二、得記載事項 依本法之規定,無論為記名背書或無記名背書,除

記名匯票發票人禁止轉讓背書之情形外，背書人得於背書時任意記載之，而一經記載，即發生票據上效力之事項。茲將本法所規定得記載事項，述之於下：

㈠**禁止轉讓之記載**　背書人得於匯票上記載禁止轉讓者，仍得依背書而轉讓之。但禁止轉讓者，對於禁止後再由背書取得匯票之人，不負責任（票三〇III）。

㈡**背書年月日**　即背書人無論為記名背書或無記名背書，均得記載背書年月日（票三一IV）。

㈢**預備付款人之記載**　背書人得記載在付款地之一人為預備付款人（票三五）。

㈣**免除擔保承兌之記載**　背書人得為免除擔保承兌之記載（票三九準票二九）。

㈤**應請求承兌，並指定其期限之記載**　除見票即付之匯票外，背書人得在匯票上為應請求承兌之記載，並得指定其期限（票四四I）。

㈥**住所之記載**　背書人得於票上記載自己之住所，以便執票人於行使追索權前，向其發拒絕事由之通知，若未記載住所或記載不明時，其通知對背書人之前手為之（票八九IV）。此時形同免除拒絕事由通知。

㈦**免除拒絕事由通知之記載**　執票人應於拒絕證書作成後四日內，將拒絕事由通知背書人（票八九I）。惟背書人得在票上記載免除執票人通知之義務（票九〇）。

㈧**免除作成拒絕證書之記載**　背書人得為免除作成拒絕證書之記載（票九四I）。

三、**不得記載事項**　即背書人如記載之，或將致該背書無效，或視為無記載。關於此事項，本法有明文規定者如下：

㈠**就金額一部分轉讓所為之背書**　就匯票金額之一部分所為之背書，不生效力（票三六前），此即背書之不可分性使然。

㈡**票據金額分別轉讓數人之背書**　依本法規定將匯票金額分別轉讓於數人之背書，不生效力（票三六前），但如數被背書人係為選擇之記載或重

疊之記載者,則仍屬有效。所謂選擇之記載者,例如以甲或乙為被背書人,應以現實的占有票據之人為權利人,該占有人(執票人)亦得再背書轉讓。所謂重疊之記載者,例如甲及乙為被背書人,則票據權利之行使,須由全體被背書人共同背書後為之。

　　㈢**附條件背書**　背書不可附記條件,若附記條件,其條件視為無記載(票三六後)。所謂視為無記載者,即指條件之記載,就本法而言,不生效力。

　　㈣**免除擔保付款轉讓背書**　背書為免除擔保付款之記載者,其記載為無效(票三九、二九III、一二四、一四四)。

第四、背書之種類及其轉讓記載方式

　　一、概說　背書,除須於匯票之背面或其黏單上為之外(票三一I),在匯票之複本或謄本上所為之背書,亦有同一效力(票一一六II、一一八IV)。背書之種類複雜,為便於參考,茲列一表於後:

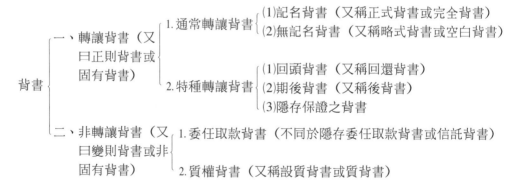

　　二、轉讓背書　轉讓背書者,乃以轉讓票據上權利為目的所為之背書。可分為通常轉讓背書與特種轉讓背書兩種,茲分述於下:

　　㈠**通常轉讓背書**

　　1.記名背書(如圖一)　意義及款式:記名背書者,又稱正式背書或完全背書,即背書人在匯票之背面或其黏單上,記載背書意旨及被背書人之姓名或商號,並簽名於匯票之背書(票三一I、II)。背書年、月、日之記載與否,得任由背書人為之(票三一IV)。因此其應記載事項為:(1)被背

書人姓名；(2)背書人簽名。至於背書之文句如「票面金額讓與」字樣，雖未記載，並不受影響，但票據背面上印有「請收款人填寫姓名」等字樣，收款人在此項下簽名，則與背書之性質有別，故不負背書人之責任。記名背書後之匯票，其執票人再轉讓時，必須再以記名背書或空白背書轉讓之。

票面金額讓與	
乙	甲（簽名或蓋章）
	（一〇七年五月六日）
票面金額讓與	
丙	乙（簽名或蓋章）
	（一〇七年六月七日）

圖一

　　2.空白背書（如圖二）　意義及款式：空白背書又曰無記名背書、略式背書或不完全背書，即背書人不記載被背書人之姓名或商號，僅簽名於匯票背面或黏單之背書（票三一Ⅰ、Ⅲ）。至於背書之文句（即票面金額讓與之意旨）與背書年月日之記載與否，得任由背書人為之（票三一Ⅳ）。

林一（簽名或蓋章）
梁二（簽名或蓋章）
張三（簽名或蓋章）

圖二

　　空白背書匯票之執票人於轉讓匯票時，得依下列方式之一為之：

　　　　(1)以交付轉讓：空白背書之匯票，執票人得依匯票之交付轉讓之（票三二Ⅰ）。

　　　　(2)以空白背書轉讓：空白背書匯票之執票人，轉讓該匯票時，得再以空白背書轉讓之（票三二Ⅱ前）。例如林一以空白背書轉讓與梁二，梁二亦可僅簽名於匯票而為空白背書，再轉讓張三。

　　　　(3)以記名背書轉讓：空白背書匯票之執票人於轉讓匯票時，就原有空白背書，記載被背書人姓名或商號而轉讓（票三二Ⅱ後）。

(4)變更為記名背書轉讓：空白背書之匯票或最後背書為空白背書之匯票，執票人得於原有空白背書匯票之背書空白內，記載自己或他人為被背書人，變更為記名背書，再為轉讓（票三三）。此一經記載，即為正式背書。所謂最後背書為空白背書者，指已經多次背書，不論其前之背書，均為記名背書或雜有空白背書，但最後之背書必須為空白背書。按執票人於最後背書空白內，記載自己為被背書人之作用有二：ⓐ以便再行轉讓；ⓑ以防匯票遺失，故記入自己姓名以資保障。

㈡**特種轉讓背書** 形式上與通常轉讓背書之款式，並無不同。惟其效力，則有異。此種情形可分為三，茲述於下：

1.回頭背書

(1)回頭背書之意義：回頭背書者，又稱回還背書、還原背書或逆背書，係以匯票上之債務人為被背書人所為之背書。

(2)回頭背書之效力：回頭背書亦為背書之一種，故具有關於轉讓背書之所有效力（即權利移轉效力、權利證明效力，及權利擔保效力）。因此被背書人仍可依背書再為轉讓，而排除民法上混同原則之適用，以促進票據之流通。由於被背書人，係票據上債務人，其得再背書之時間及得追索權之行使，均受限制。茲分述如下：

①再背書時間上之限制：受讓人於匯票到期日前，得再為轉讓（票三四II）。

②追索權之限制：回頭背書之執票人，其行使追索權所受之限制，因執票人之地位而異，故於回頭背書後，所生之效力亦異，茲分述如下：

A.執票人為發票人時：執票人為發票人時，對其前手無追索權（票九九Ⅰ）。所謂前手，並不以直接前手為限，所有之前手均包括之，以免重複循環追索。

B.執票人為背書人時：執票人為背書人時，對該背書之後手（中間背書人）無追索權（票九九II）。

C.執票人為承兌人時：執票人為承兌人時，其追索權之效力，本法無規定。惟承兌人係主債務人，應負絕對付款之責，故對任何人，均

無追索權。

　　　　D.執票人為保證人或參加承兌人時：執票人為保證人或參加承兌人時，其追索權如何，本法無明文規定。解釋上對於被保證人或被參加承兌人之後手，不得行使票據上之權利。

　　　　E.執票人為匯票付款人（未經承兌）、擔當付款人、或未經參加承兌之預備付款人時：上列之人僅為票據關係人，而非票據債務人，故如為回頭背書之執票人時，得對任何背書人行使追索權，實非真正的回頭背書。

　　2.**期後背書**　所謂期後之背書,乃票據所載到期日屆至後所為之背書。到期日後之背書，較通常背書之效力為弱，僅有通常債權轉讓之效力（票四一I），背書人不負票據上之責任。若背書未記明日期者，推定其作成於到期日前（票四一II）。背書既屬推定，當可反證推翻之。

　　3.**隱存保證之背書**　所謂隱存保證之背書，即不於票據上記明保證字樣，而依背書方法，達成保證目的之背書，蓋票據為文義證券，背書人對於善意執票人，仍應負擔保支付票款之責任（票五、二九、三九）。

　　三、非轉讓背書

　　㈠**委任背書**　即執票人行使票據上之權利為目的，而授與被背書人以代理權限所為之背書。依其委任意旨之明白記載與否,尚可分為下列兩種：

　　1.**委任取款背書**

　　⑴委任取款背書之意義：委任取款背書者，即執票人於匯票上載明委任被背書人取款為目的所為之背書（票四○I）。

　　⑵委任取款背書之效力：約可分為五，茲述之於後：

　　　　①被背書人受委任後，得行使票據上一切權利（票四○II前）。

　　　　②被背書人除取款外，並得以同一目的更為背書（票四○II後），即被背書人得更以委任取款為目的，而以背書移轉其代理權於第三人。

　　　　③委任取款背書僅授與被背書人（即受任人）收取票款之代理權，並非轉讓票據之所有權，故不生票據上權利移轉之效力，票據上之權利仍為背書人（即委任人）所有。

④被背書人行使權利時，票據債務人對於被背書人（受任人）所得提出之抗辯，以得對抗背書人（委任人）者為限（票四〇IV）。

⑤委任取款背書之被背書人對背書人應負何種義務，應依雙方之特約，如無特約又無慣例時，依一般契約之解決，與票據之付款人無涉。

2.隱存委任取款背書 又稱信託背書，即匯票執票人以取款為目的委任被背書人，但未將此目的記載於匯票所為之背書。此種背書，雖以委任取款為目的，但外觀上為通常之轉讓背書，故票據上之權利，應移轉於被背書人，其委任取款之合意，僅係直接當事人間之人的抗辯事由，並非票據上之問題。

㈡質權背書

1.質權背書之意義 又稱設質背書、質入背書、或質背書，即執票人以票據權利設定質權為目的所為之背書。

2.質權背書之效力 本法無明文規定，惟工商界使用質權背書之情形十分普通，解釋上應適用民法權利質權之規定（民九〇八、九〇九）。

第五、背書之禁止

背書之禁止者，又曰禁止背書，即發票人或背書人，在票據上記載禁止轉讓票據之權利。其情形有二：

一、**發票人禁止轉讓之背書** 匯票為流通證券，原則上得自由轉讓，惟記名匯票發票人有下列原因者，得禁止轉讓之記載者，則匯票不得轉讓（票三〇II）：

1.發票人不欲與受款人以外之人發生關係。

2.發票人對於受款人欲保留抗辯權。

3.發票人不欲於其他票據關係人不付款時，負擔額外費用。

禁止背書轉讓之記載方式，本法無明文規定，實務上，認為應將其禁止轉讓之意思明白敘述始可。倘使用與「禁止背書」之字樣同一意義之文句，如「轉讓禁止」、「限於某甲」或「謝絕來往」等均是。至於禁止背書記載之位置，法無明文。惟應於票據正面上記載禁止轉讓。昔日判決認為

須記載文義接處，簽蓋全部發票印鑑，始生效力。惟近年來判決認發票人之發票簽章可涵之，不須再於文義接處，簽蓋發票簽章。

　　二、背書人禁止轉讓之背書　背書人亦得於匯票上為禁止轉讓之記載，學理上稱之為禁止背書之背書，或禁轉背書。至於背書人之禁止轉讓之文句，須記載於匯票背面或黏單上，倘記載於票面，與背書人背書之意義有違，即難認定其為背書之一部分，故應認為無效。背書人於票上記載禁止轉讓者，仍得依背書而轉讓之。但禁止轉讓者，對於禁止以後，再由背書取得匯票之人，不負責任（票三〇III）。

第六、背書之連續

　　一、背書連續之意義　背書連續者，乃匯票上所記載之背書，自受款人至最後被背書人之執票人，在形式上均相連續無間斷之謂。詳言之，除第一次之背書人為受款人外，嗣後之背書，以前背書之被背書人為後背書之背書人。依本法之規定執票人應以背書之連續證明其權利（票三七I）。倘背書不連續，執票人即不得主張票據權利。

　　二、背書連續之認定　背書是否連續，須就下列要件認定之：

　　㈠**須各背書形式上為有效**　背書之連續，須各背書形式上為有效。若連續之背書中，有因形式不具備而無效時，將該背書無效部分除外，其餘背書連續者，其背書仍屬連續。

　　㈡**背書連續，係指轉讓背書之連續**　所謂背書連續，係指轉讓背書之連續而言。倘若背書中夾有質權背書或委任取款背書，亦不礙轉讓背書之連續。

　　㈢**須背書在票據上記載之順序有連續**　此因為記名背書與空白背書而不同。茲分述於下：

　　1.記名背書與背書之連續　記名背書時，為前背書之被背書人，乃為後背書之背書人，是為背書連續（請參閱圖三、圖四所示），否則背書不連續。

　　2.夾有記名背書與空白背書時的背書連續　背書中，除有記名背書外，尚夾有空白背書時，其次之背書人，視為前空白背書之被背書人（票三七I）。

	票面金額讓與	
乙		甲（簽名或蓋章）
	票面金額讓與	
丙		乙（簽名或蓋章）
	票面金額讓與	
丁		丙（簽名或蓋章）

圖三：背書連續

背書次數	被背書人	背書人		年　月　日
		姓　名	蓋　章	
1	乙	甲	印	
2	丙	乙	印	
3	丁	丙	印	
4				

圖四：背書連續

	票面金額讓與	
乙		甲（簽名或蓋章）
	票面金額讓與	
丙		戊（簽名或蓋章）
	票面金額讓與	
丁		丙（簽名或蓋章）

圖五：背書不連續

背　書 次　數	被　背　書　人	背　書　人		年　月　日
		姓　　名	蓋　　章	
1	乙	甲	印	
2	丙	戊	印	
3	丁	丙	印	
4				

圖六：背書不連續

3.全屬空白背書　本法對背書之地位並無規定，第二背書人之背書，或轉在第一背書人之上，或有為縱式、橫式，頗難識別。因此，空白背書之各背書人間之順序，僅得參酌背書之年月日及背書人之同一性，及客觀情形決定之。倘無背書之年月日及同一性，則無法決定其連續，此時空白背書，無所謂背書連續之問題。

㈣須各背書連續且有同一性　決定背書之連續，須先決定背書順序之連續，其次判斷背書人與受款人或前背書之被背書人是否具同一性。所謂同一性者，係指背書人之表示與前背書之被背書人之表示，就匯票上之記載，於社會觀念上得認為同一人為已足，故必須在形式上屬於同一；至於實質上縱令屬同一人，而其表示不能認為同一人時，即屬欠缺背書之連續。

三、塗銷背書與背書之連續　其關係可分為二，茲述之於下：

㈠塗銷之背書不影響背書之連續者，對於背書之連續，視為無記載（票三七Ⅱ）。例如背書人梁二擬先讓與王五，並為背書，但嗣後又改讓與張三，而將前背書塗銷是。

㈡塗銷之背書影響背書之連續者，對於背書之連續，視為未塗銷（票三七Ⅲ）。

四、背書連續在票據法上所生之效力

㈠背書連續之效力

1.**證明效力** 依本法規定，執票人應以背書之連續，證明其權利（票三七 I），故票據外觀形式上連續時，執票人無庸另行證明，即可行使票據上之權利。

2.**行使效力** 背書在實質上為連續，而形式上不連續時，該票據並非無效，僅背書間斷後之執票人不得主張票據上之權利。惟執票人得於證明背書之連續後，行使匯票上之權利。

3.**善意取得之效力** 依連續背書而取得票據之人，除有惡意或重大過失者外，縱背書人為無權利人，而背書無效時，被背書人亦能取得票據之權利，此即善意取得。

㈡背書不連續之效力

1.付款人對於背書不連續之匯票而付款者，應自負其責（票七一 I）。

2.付款人對於背書簽名之真偽及執票人是否票據權利人，不負認定之責。但有惡意或重大過失時，不在此限（票七一 II）。換言之，票據之背書，就形式上觀之雖為連續，但實質上不連續，倘付款人無惡意或重大過失而付款時，付款人不負任何責任。

第七、背書之效力

背書之效力，可分為轉讓背書之效力與非轉讓背書之效力。茲分述於下：

一、轉讓背書之效力 此可分為三種，茲述之於下：

㈠**權利移轉之效力** 背書成立後，票據上一切權利，由背書人移轉於被背書人，亦即被背書人取代背書人成為票據上之權利人。

㈡**權利證明之效力** 亦稱資格授與之效力。凡背書之連續，即足證明其權利，不必另求其他證據。從而執票人在實際上縱非權利人，付款人對之付款時，除有惡意或重大過失外，當可免除其責任。

㈢**責任擔保之效力** 背書人對於被背書人或其後手，應照匯票文義，

擔保承兌及付款之責任（票三九準票二九）。背書人此項擔保責任，不僅及於該背書人之直接後手（被背書人），而且及於其他全體後手。

二、**非轉讓背書之效力**　此又可分為二種。茲述之於下：

㈠**委任取款背書**　背書人對委任取款背書，僅賦予被背書人以行使票據上權利之「代理權」，故其性質上僅有代理權授與之效力，而無權利移轉之效力。因此被背書人對於票據無處分權，僅可對之再為委任取款背書，不得為讓與背書。

㈡**質權背書**　背書人於匯票上設定質權背書，僅使被背書人取得票上權利之質權而已，並不生權利移轉之效力。因此被背書人（質權人）對於票據雖無處分權，但仍有獨立之經濟利益（即質權），因此得以自己之名義，就質權行使票據上權利。

第八、背書之塗銷

一、**背書塗銷之意義**　背書之塗銷者，乃匯票之執票人，故意將背書抹去，使被塗銷人免除其背書責任之謂（票三八前）。倘塗銷非由於執票人之本意，或因過失錯誤所為，或由於執票人以外之人所為者，則票據上之效力不受影響（票一七）。但執票人主張塗銷非由其故意，則應負舉證之責。

二、**背書塗銷之效果**　此可分為執票人故意塗銷背書與背書人故意塗銷背書二種。茲分述於下：

㈠**執票人故意塗銷背書**　其效果如下：

1.被塗銷之背書人，因執票人故意塗銷其背書，即可免除票據上之義務（票三八前）。

2.背書人名次在被塗銷背書人之後，而於未塗銷前為背書者，亦可免除票據上之責任（票三八後）。蓋因其前手被塗銷而免責，則無從行使追索權，自應隨同被塗銷之背書人免除責任為當。

3.背書人名次在被塗銷背書人之前者，不因其後手之背書被塗銷而免責。蓋執票人並未對其有免除責任之表示。

4.在塗銷以後為背書者，縱其名次在被塗銷背書人之後，亦不免除其責

任。蓋其在執票人表示免除意思之後，始為背書，自應仍負背書人之責任。

5.執票人雖已為背書，然在該票據未交付於被背書人之前，得塗銷該背書。蓋票據上之塗銷非由票據權利人故意為之者，不影響於票據上之效力（票一七），但執票人應負舉證之責。

(二)背書人故意塗銷背書

1.**背書人清償時之塗銷**　背書人為清償時，得塗銷自己及其後手之背書（票一○○III）。倘不塗銷，萬一該票據落入善意第三人之手時，則將遭意外之追索。

2.**前背書人依回頭背書受讓匯票時之塗銷**　票據得依回頭背書再轉讓與原有背書人，此時若不依背書之方式，而以塗銷方法為之者，亦可。

第四節　承　兌

第一、承兌之意義

承兌者，匯票付款人在匯票上表示承諾負擔票面金額支付之義務，所為附屬票據行為之謂。茲依此分述其意義如下：

一、承兌者，係一種附屬的票據行為。

二、承兌者，係匯票付款人之票據行為。

三、承兌者，乃承諾負擔票面金額支付之義務，所為之票據行為。

四、承兌者，須付款人在票面上為之。

第二、承兌之性質

承兌之性質，與民法上指示證券之承擔（民七一一 I）似同而實異。蓋承兌為單獨行為，而民法上指示證券之承擔屬於契約行為。承兌為附屬票據行為之一種，故須在發票行為成立後始得為之。至於付款人之承兌，並非對發票人之委託而為，而係另一獨立行為。

第三、承兌之種類

一、依承兌之方式，為區分標準

㈠**正式承兌** 又稱完全承兌，即在匯票正面記載承兌字樣(票四三前)，由付款人簽名者，謂之正式承兌。所謂承兌字樣，不限於「承兌」二字，只須其文義相通即可。

㈡**略式承兌** 僅由付款人在票面簽名(票四三後)，不必記載任何文義者，謂之略式承兌。如匯票正面有付款人之簽名者，不論其是否以承兌之意旨為之，均視為承兌。

二、依承兌有無限制，為區分標準

㈠**單純承兌** 單純承兌者，係付款人完全依票據文義予以承兌，而不附加任何條件之限制。按承兌，以單純承兌為原則。

㈡**不單純承兌** 不單純承兌者，係付款人對票據文義加以限制，或變更而為承兌。不單純承兌，其情形如下：

1.**一部承兌** 付款人僅承兌匯票金額之一部分者，謂之一部承兌。一部承兌，須經執票人之同意，始得為之。同時執票人應將一部承兌之事由通知其前手(票四七Ⅰ)，俾使有所準備。對未獲承兌部分，並應請求作成拒絕證書證明之(票八六Ⅰ)，以便期前追索。

2.**附條件承兌** 付款人就匯票金額之承兌附有停止條件或解除條件者，謂之附條件承兌。承兌附條件者，視為承兌之拒絕(票四七Ⅱ)，執票人得據以向前手行使追索權，倘執票人不行使追索權，而願依該所附條件行使付款請求權者，則承兌人仍應依所附條件負其責任(票四七Ⅱ但)。

第四、承兌之款式

一、應記載之事項

㈠**絕對必要記載事項** 承兌應在匯票正面記載承兌字樣，由付款人簽名。承兌之位置，限於匯票原本及複本之正面(票一一六)，不得於票背、膳本或黏單上為之。承兌之方式，因有正式承兌與略式承兌之別，故其絕

對必要記載事項亦有不相同,茲分述如下:

1. **正式承兌** 付款人應在匯票正面記載承兌字樣,由付款人簽名(票四三前)。所謂承兌字樣,不限於「承兌」二字,凡是以表示承兌之文字,如「兌」、「照兌」、「兌付」或「照付」等字樣,即應認為有效。

2. **略式承兌** 付款人僅在票面簽名,而未記載承兌字樣者,本法規定視為承兌(票四三後),是為略式承兌。

㈡**相對必要記載事項** 本法並無明文規定,承兌必須記載承兌之日期,故無論正式承兌或略式承兌,可以不必記載承兌日期。惟在見票後定期付款或指定請求承兌期限之匯票,應記載承兌日期(票四六I),以便計算付款日期。倘付款人於承兌時,漏未記載承兌日期時,本法規定承兌仍屬有效。但執票人得請求作成拒絕證書,證明承兌日期。倘未作成拒絕證書者,以下列二種方法,決定其承兌日期:

1. 在見票後定期付款之匯票,以發票日起六個月承兌期限之末日為承兌日(票四五I)。

2. 在指定請求承兌期限之匯票,發票人所指定之承兌期限之末日為承兌日(票四六II)。

上述之規定,其目的在於避免紛爭,故其實際之承兌日期如何,則非所問。

二、得記載之事項

㈠**擔當付款人之記載** 擔當付款人者,乃代付款人擔當支付匯票金額之人。依本法規定付款人得於承兌時指定擔當付款人(票四九I)。發票人已指定擔當付款人者,付款人於承兌時,得塗銷或變更之(票四九II)。

㈡**付款處所之記載** 付款處所者,係於付款地內,所指定之特定付款地點。付款地,僅發票人得為記載(票二四I 8)。付款處所,不僅發票人得為記載(票二七),即付款人於承兌時,亦得為之(票五〇)。至於發票人已為付款處所之記載,付款人於承兌時,能否加以變更,本法無明文規定,解釋上承兌人為便利起見,在不妨礙執票人權利之行使下,自得變更之。

第五、承兌之提示

一、**承兌提示之意義**　承兌提示者，乃匯票執票人於到期日前，向付款人出示匯票，請求承兌之謂（票四二）。

二、**承兌提示之限制**　執票人雖有承兌提示之自由，惟得對此種自由加以限制，即承兌提示之命令或禁止之記載，應為有效。現就本法所規定之限制，述之於下：

㈠**發票人所為之限制**

1.**承兌之積極限制**　亦稱為承兌提示之命令，即除見票即付之匯票外，發票人得在匯票上為應請求承兌之記載，並得指定其期限（票四四I），是謂承兌之積極限制。執票人遲延上述期限時，對於發票人或背書人，即喪失追索權（票一〇四II）。惟發票人僅記載應請求承兌，並未指定期限者，應解為執票人於匯票到期日前為之即可。

2.**承兌之消極限制**　亦稱為承兌提示之禁止，即發票人得於一定日期前，禁止請求承兌之記載（票四四II），是謂承兌之消極限制。執票人於發票人禁止承兌期間內，為承兌之請求而被拒絕時，不得據以行使追索權。

㈡**背書人所為之限制**　除見票即付之匯票外，背書人得在匯票上為應請求承兌之記載，並得指定其期限（票四四I）。惟背書人所定應請求承兌之期限，不得在發票人所定禁止期限之內（票四四III）。執票人違反背書人所指定應請求承兌之期限者，對該背書人喪失追索權（票一〇四II）。

㈢**見票後定期付款匯票承兌提示之限制**

1.**見票後定期付款匯票之意義**　見票後定期付款之匯票者，指須經見票始能計算確定到期日之匯票而言。

2.**承兌之提示期限**　本法明定執票人應自發票日起六個月內，為承兌之提示（票四五I），以限制執票人承兌提示之自由。惟此項期限，非不變期間，倘因特殊事由，發票人得以特約縮短或延長之；但延長之期限不得逾六個月（票四五II）。見票後定期付款之匯票，或指定請求承兌期限之匯票，因須定到期日之起算點，並確定執票人是否於期限內請求承兌，故應

由付款人在承兌時記載其日期（票四六I）。付款人為承兌時，未記載承兌日期者，自發票日起六個月之末日，或發票人指定之承兌期限之末日為承兌日（票四六II），使承兌不致因日期記載之欠缺而無效。

　　3.遲誤提示期限之制裁　執票人不在法定承兌期限內為承兌之提示者，對於其前手喪失追索權；不於約定期限內為承兌之提示者，對於該約定之前手喪失追索權（票一〇四）。

第六、承兌之延期

　　承兌之延期者，乃係執票人請求承兌時，付款人得要求其延長至一定期限，始為承諾與否之謂。本法規定付款人於執票人請求承兌時，得請其延期為之，但以三日為限（票四八），俾付款人有所考慮。

第七、承兌之撤回

　　承兌之撤回者，係付款人表示撤回其承兌。承兌為一種意思表示。意思表示非具有法定原因，如錯誤、詐欺、脅迫等，則不得撤銷，但在發生效力前，均可撤回，故承兌亦然。本法規定，付款人雖在匯票上簽名承兌，未將匯票交還執票人以前，仍得撤銷其承兌。但已向執票人或匯票簽名人以書面通知承兌者，不在此限（票五一）。

第八、承兌之效力

　　一、**應負付款責任**　簽名在票據上者，應依票據上之文義負責（票五I），故付款人既在票上簽名承兌後，應照票載文義，負絕對付款之責任（票五二I）。換言之，付款人一經承兌，即成為主債務人，自須對執票人負如期付款之責，而不得以票款未經發票人給付，作為對抗之事由。

　　二、**原發票人亦得直接請求支付**　承兌人到期不付款者，普通之執票人，固得向其請求付款，即使原發票人為執票人時，亦得對之直接請求支付該匯票金額、利息及其他必要費用（票五二II、九七、九八）。

第五節　參加承兌

第一、參加承兌之意義

參加承兌者，謂匯票不獲承兌，或付款人、承兌人死亡、逃避，或其他原因，無從為承兌提示，或付款人受破產之宣告，為防止追索權之行使及保護票據債務人之利益，由預備付款人或票據債務人以外之第三人加入票據關係所為之附屬票據行為（票五三）。據此意義，分述如下：

一、**參加承兌，為一種附屬之票據行為**　參加承兌為附屬之票據行為，以基本之票據行為形式上有效之存在為前提。

二、**參加承兌，係為防止期前追索及保護債務人利益之附屬票據行為**匯票不獲承兌，或付款人、承兌人死亡、逃避或其他原因，無從為承兌提示，或付款人、承兌人受破產之宣告時，得於到期日前行使追索權（票八五II）。惟為防止追索權之行使，維持發票人、背書人及保證人之信用，本法特設參加承兌之制，俾保護票據債務人之利益。

三、**參加承兌，係由第三人加入於票據關係之附屬票據行為**　匯票遇有法定事由，執票人得於期前行使追索權，實出於不得已之行為，苟有第三人出而參加承兌加入票據關係，以維持票據之信用，致執票人不必於到期日前行使追索權，非特執票人蒙受利益，即前手亦得保全信譽。

第二、參加承兌之性質

參加承兌為匯票特有之制度，其性質如何，學者見解不一。舊說認係承兌之一種，屬於特別承兌。惟我國票據法將參加承兌規定於承兌之次節，故舊說之理論不適用於本法。至於新說，則認參加承兌係一種獨特之票據行為，與承兌並不相同，此說適合於本法之編制。茲將承兌與參加承兌之區別，分述如下：

一、**目的不同**　參加承兌之目的，在防止到期日前追索權之行使（票

五六Ⅰ）；而承兌之目的，則在確定付款人之付款責任（票五二Ⅰ）。

　　二、**本質不同**　參加承兌人僅於付款人或擔當付款人拒絕付款時，始負付款之責（票五七），故為匯票之第二債務人；至於承兌人則為票據之第一債務人，須負絕對付款之責。

　　三、**責任不同**　參加承兌人僅對被參加人及其後手負其義務；而承兌人則對所有之票據債權人，均負支付之義務。

　　四、**效力不同**　參加承兌人付款後，對承兌人、被參加人及其前手，仍取得執票人之權利（票八四Ⅰ），故僅對參加人後手之該部分票據關係消滅。至於票據上之權利，仍未全部消滅。再者，因承兌人為票據之主債務人，故其付款後，票據權利全歸消滅。縱發票人未提供資金，該承兌人亦僅能依民法規定求償而已。

　　五、**消滅原因不同**　參加承兌人為匯票之第二債務人，得因執票人之手續欠缺而消滅。倘執票人不於法定期限內為付款之提示，或不於法定期限內作成拒絕證書者，對參加承兌人喪失其請求付款之權利。承兌人為匯票之主債務人，須負絕對付款之責任，除消滅時效外，不因執票人之保全手續欠缺而消滅。

第三、參加承兌人之資格

　　凡預備付款人及票據債務人以外之第三人，均得為參加承兌人。

第四、參加承兌之款式

　　依本法之規定，參加承兌應在匯票正面為之，並記載下列之事項（票五四Ⅰ）：

　　一、**參加承兌之意旨**　即表明參加承兌之意思，此為參加承兌絕對必要記載事項。

　　二、**被參加人之姓名**　參加承兌應記載被參加人之姓名，以確定其為何人而參加，俾作將來行使追索權請求償還時之依據。如未記載時，視為發票人參加承兌（票五四Ⅱ），故被參加人之姓名為相對必要記載事項。又

本法規定者為預備付款人參加承兌時，則以指定預備付款人之人為被參加人（票五四III）。

三、年、月、日　記載參加承兌之年、月、日，俾便確定參加承兌生效之時期，及行為人當時有無行為能力。因此年、月、日為參加承兌絕對必要記載事項。

綜上所述，茲將參加承兌之格式，舉例如下圖：

```
┌─────────────────────────────────────────────────┐
│        匯字第○○號                               │
│     憑票祈於民國一○七年十二月十日給付林一或其指定人  │
│ 匯  新臺幣壹拾萬元整                               │
│        此致                                       │
│ 梁二          參加承兌  參加承兌人　張三　㊞       │
│                        民國一○七年十一月一日      │
│ 票            被參加人　○　○　○                 │
│                              發票人　甲　㊞       │
│     中華民國一○七年十月二日                       │
└─────────────────────────────────────────────────┘
```

第五、參加承兌之效力

一、**對參加承兌人之效力**　參加承兌對參加承兌人發生下列兩種義務：

㈠**通知義務**　參加承兌，有受被參加人之委託而參加者，有自動參加者。倘參加人非受被參加人之委託而為參加者，應於參加後四日內，將參加事由通知被參加人（票五五I）。倘參加人怠為參加承兌通知因而發生損害時，應負賠償之責（票五五II）。

㈡**償還責任**　付款人或擔當付款人不於到期日或其後二日內付款，或經執票人同意延期，而不於所延之三日內為付款時，參加承兌人應負支付匯票金額、利息作成拒絕證書及其他必要費用之責（票五七），此為參加承兌之積極效力。

二、**對於執票人之效力**　參加承兌之目的，在於防止期前追索權之行使，故執票人允許參加承兌後，不得於到期日前行使追索權（票五六I），此為參加承兌之消極效力。

三、**對被參加人及其前手之效力** 被參加人及其前手，仍得於參加承兌後，隨時向執票人支付匯票金額、利息及其他必要費用（即本法第九七條所定之金額），並請其交出匯票及拒絕證書，以便行使追索權(票五六II)。

四、**對於被參加人之後手之效力** 被參加人之後手，於參加承兌後，不僅免受期前追索，即將來參加承兌人為參加付款後，亦得因之而免除其債務（票八四II）。惟將來參加承兌人如未付款時，則被參加人之後手，仍不能免其義務。

第六節 保 證

第一、保證之意義

保證者，乃票據債務人以外之第三人，以擔保特定票據債務人履行票據債務為目的，而在票據或其謄本上所為之附屬票據行為。茲依意義，分述如下：

一、**保證為一種附屬之票據行為** 票據行為有基本票據行為與附屬票據行為。票據之保證，係以被保證之票據債務在形式上有效存在為前提，故為附屬的票據行為。

二、**保證係票據債務人以外之人所為之附屬票據行為** 保證人除票據債務人外，不問何人，均得為之（票五八II），故保證係票據債務人以外之人所為之附屬票據行為。

三、**保證為擔保票據債務之履行所為之附屬票據行為** 保證之目的在於擔保票據債務之履行。所謂票據債務者，係指承兌人、發票人、或背書人等所應償還之債務而言。

四、**保證須在票據上或其謄本上為之** 票據之保證行為，須保證人在票據上或其謄本上記載一定之事項，並簽名為之，故屬於要式之單獨行為。

第二、保證之種類

一、**全部保證與一部保證**　全部保證者，乃就匯票金額之全部所為之保證；一部保證，乃就匯票金額之一部所為之保證（票六三）。

二、**單獨保證與共同保證**　單獨保證者，係保證人僅有一人所為之保證，通常之保證多屬之。共同保證者，保證人有二人以上所為之保證。本法明定二人以上為保證時，均應連帶負責（票六二）。

三、**隱存的保證**　隱存的保證者，乃不於票據上記明保證字樣，而依發票、背書、承兌或參加承兌等方式，以達成保證目的之保證。

第三、保證之當事人

一、**保證人**　本法規定，保證人除票據債務人外，不問何人，均得為之（票五八 II）。至於公司除依其他法律或公司章程規定，以保證為業務者外，不得為任何保證人（公一六 I），倘為保證時，其保證無效。

二、**被保證人**　被保證人，以票據債務人為限，但付款人在承兌以前，不負票據上之責任，故無被保證人之資格。

第四、保證之款式

票據之保證，應由保證人在匯票或其謄本上記載下列事項並簽名（票五九）：

一、**保證之意旨**　票據保證應記載保證之意旨（票五九 I 1），惟其所用文句，非必限於「保證」二字。倘由所記載之意觀之，顯然可知其為保證而簽名者即可，例如記載「擔保」字樣亦可。

二、**被保證人之姓名**　票據保證須載明被保證人之姓名，若未載明被保證人時，視為承兌人保證。其未經承兌者，視為為發票人保證。但得推知其為何人保證者，不在此限（票六〇）。

三、**年、月、日**　票據保證之年、月、日應予記載，若未記載者，以發票年月日為年月日（票五九 II）。

第五、保證之效力

一、保證人之責任

㈠**被保證人債務有效時之責任** 被保證人債務有效，保證人與被保證人負同一責任（票六一Ⅰ）。所謂負同一責任，不僅在種類及數量上應完全相同，在性質上及時效上亦應完全相同，故通稱之為「票據保證之從屬性」。

㈡**被保證人之債務無效時之責任** 被保證人之債務，縱為無效，保證人仍負擔其義務，但被保證人之債務，因方式之欠缺而無效者，不在此限（票六一Ⅱ）。

㈢**共同保證之責任** 二人以上共同為保證時，均應連帶負責（票六二）。

二、保證人之權利
保證人清償債務後，得行使執票人對承兌人、被保證人及其前手之追索權（票六四）。

第七節　到期日

第一、到期日之意義

到期日者，乃匯票上所記載債務人履行付款之時期。通常到期日與付款日，固常相一致。惟到期日為法定休息日者，則應以其次日為付款日（民一二二），若票上所記載之貨幣於付款地不通用者，則其折算通用貨幣之行市，以付款日為準（票七五Ⅰ）。是故到期日與付款日，仍有不同。

第二、到期日之種類

匯票之到期日有四（票六五Ⅰ），當事人僅能於此四種方式中，選擇其一為之。茲分述於下：

一、定日付款
亦稱板期匯票，即記載確定之付款日期，例如載明某年某月某日為付款之日期是。

二、發票日後定期付款
即以發票日後一定期限之屆至為到期日。例

如載明發票日後一個月付款之匯票是。

三、**見票即付**　亦稱即期匯票，即以提示付款之日，為到期日。

四、**見票後定期付款**　即以提示承兌日，或拒絕承兌證書作成日後一定期限之屆至，為到期日。例如見票後一個月付款之匯票。

再者，近來工商業日趨發達，分期付款之買賣日見普通，為適應事實需要，以促進工商之發展，本法亦准許匯票得為分期付款。惟其中任何一期，到期不獲付款時，未到期部分，視為全部到期（票六五Ⅱ）。上述視為到期之匯票金額中，所含未到期之利息，於清償時，應扣減之（票六五Ⅲ），以免執票人藉此獲得不當利益。利息約定於匯票到期日前分期付款者，任何一期利息到期不獲付款時，全部匯票金額視為均已到期（票六五Ⅳ）。

第三、到期日之計算

匯票之到期日，除定日付款之匯票無需計算外，餘皆須經計算，始能確定。本法特規定其計算方法如下：

一、**見票後定期付款之匯票**　依承兌日或拒絕承兌證書作成日計算到期日。匯票經拒絕承兌而未作成拒絕承兌證書者，應自發票日起六個月內為承兌之提示。前項期限，發票人得以特約縮短或延長之，但延長之期限不得逾六個月（票六七、四五）。

二、**發票日後或見票日後一個月或數個月付款之匯票**　以在應付款之月與該日期相當之日為到期日。無相當日者，以該月末日為到期日。發票日後或見票日後一個月半或數個月半付款之匯票，應依前述規定計算全月後加十五日以其末日為到期日。票上僅載月初、月中、月底者，謂月之一日、十五日、末日（票六八）。

三、**見票即付之匯票**　以提示日為到期日（票六六Ⅰ），且應自發票日起六個月內為承兌之提示。是項期限，發票人得以特約縮短或延長之，但延長之期限不得逾六個月（票六六Ⅱ、四五）。

第八節　付　款

第一、付款之意義

付款者，乃付款人或擔當付款人或承兌人支付票據金額，以消滅票據關係之行為。故其要件如下：

一、付款者，係付款或擔當付款人之行為。

二、付款者，係屬支付票據金額之行為。

三、付款者，係消滅票據關係之行為。

第二、付款之提示

一、提示之期限　執票人應於到期日或其後二日內為付款之提示（票六九I）。惟在見票即付之匯票，應自發票日起六個月內為付款之提示（票六六II、四五）。

二、提示之當事人　付款之提示人為執票人或其代理人。受提示人為付款人或承兌人，但匯票上載有擔當付款人者，其付款之提示應向擔當付款人為之（票六九II）。為交換票據，向票據交換所提示者，與付款之提示有同一效力（票六九III），故票據交換所，亦有為受提示人之資格。

三、提示之效力　執票人未於規定期限內提示者，對於其前手喪失追索權（票一〇四I）。

第三、付款之時期

執票人於到期日為付款之提示時，付款人應即付款。惟如經執票人之同意，付款人得延期為之，但以提示後三日為限（票七〇）。

第四、付款之貨幣

匯票金額，原則上應以票上所載貨幣為標的。惟表示匯票金額之貨幣，

如為付款地不通用者，得依付款日行市，以付款地通用之貨幣支付之。但有特約者，從其特約（票七五Ⅰ）。至於表示匯票金額之貨幣，如在發票地與付款地名同價異者，推定其為付款地之貨幣（票七五Ⅱ）。

第五、付款之效力

付款之效力，可自付款人之責任及權利言之：

一、付款人之責任

㈠**審查票據形式之義務**　執票人應以背書之連續，證明其權利（票三七Ⅰ前）。倘付款人對於背書不連續之匯票而付款者，應自負其責（票七一）。蓋有背書之匯票，其背書之形式上，是否連續，一望而知，故使付款人負注意之責。惟付款人對於背書簽名之真偽及執票人是否為票據權利人，除有惡意及重大過失外，不負認定之責（票七一Ⅱ）。

㈡**期前付款之責任**　到期日前之付款，執票人得拒絕之。付款人於到期日前付款者，應自負其責（票七二）。是故付款人若於到期日前，對於無票據權利人為付款時，即使善意或無過失，其付款仍屬無效，仍應對真正之票據權利人，負付款之責。

二、付款人之權利

㈠**一部分付款之權利**　一部分之付款，執票人不得拒絕（票七三）。付款人為一部分之付款時，得要求執票人在票上記載所收金額，並另給收據（票七四Ⅱ）。

㈡**全部付款之權利**　付款人全部付款時，得要求執票人記載收訖字樣，簽名為證，並交出匯票（票七四Ⅰ）。

㈢**支付通用貨幣之權利**　表示匯票金額之貨幣如為付款地不適用者，得依付款日行市，以付款地通用之貨幣支付之。但有特約者，不在此限（票七五Ⅰ）。

㈣**提存匯票金額之權利**　執票人在提示期限內（票六九），不為付款之提示時，票據債務人得將匯票金額依法提存。其提存費用由執票人負擔之。前項提存，有免除提存人債務之效力（票七六）。

第九節　參加付款

第一、參加付款之意義

參加付款者，匯票付款人或擔當付款人不為付款時，為防止追索權之行使，以維護特定票據債務人之利益，由第三人代為付款之謂。茲將其意義，分述如下：

一、參加付款者，乃第三人所為之付款。

二、參加付款者，乃防止執票人追索權之行使行為之付款。

三、參加付款者，乃為特定之票據債務人之利益所為之付款。

第二、參加付款與類似行為之區別

一、付款與參加付款之區別

㈠**付款人不同**　付款者，由付款人或擔當付款人為之；至於參加付款者，則由付款人或擔當付款人以外之任何第三人，均得為之（票七八Ⅰ）。

㈡**得付款數額不同**　付款者，得就票載金額一部分之付款，執票人不得拒絕（票七三）；至於參加付款者，應就被參加人應支付金額之全部為之（票八一）。

㈢**票據關係消滅與否不同**　付款者，於付款後票據關係完全消滅；至於參加付款者，於參加付款後，其票據關係僅一部消滅而已。蓋參加付款人對於承兌人、被參加付款人及其前手，取得執票人之權利（票八四Ⅰ），得對之行使追索權。

二、參加付款與參加承兌之區別

㈠**現實付款之不同**　參加付款，係屬現實的付款；至於參加承兌，則於參加承兌時，並未現實付款，須於到期日後，付款人不為付款時，始行付款。

㈡**執票人能否拒絕參加之不同**　參加付款，任何人均得為之，執票人

不得予以拒絕。倘執票人拒絕參加付款者，對於被參加人及其後手喪失追索權（票七八），至於參加承兌，則須得執票人之同意。蓋參加承兌，參加人之信用如何，尚難預料，故預備付款人以外之第三人參加承兌，須得執票人之同意（票五三II）。

㈢**參加時期之不同**　參加付款，其防止追索權之行使，係於拒絕付款之時；至於參加承兌，其防止追索權之行使，則在拒絕承兌之時。

第三、參加付款之程序

一、參加付款人　參加付款，除承兌人因其為當然付款人，毋庸參加付款外，凡付款人或擔當付款人以外之人，不問何人均得為之（票七八I）。蓋因參加付款，係屬現實的支付，故任何人之付款，對於執票人均屬有益。茲詳述於下：

㈠**當然參加**　凡由參加承兌人或預備付款人參加付款者，謂之為「當然參加」。詳言之，付款人或擔當付款人不於到期日或其後二日內，或執票人同意延期之三日內付款者，有參加承兌人時，執票人應向參加承兌人為付款之提示；無參加承兌人而有預備付款人時，應向預備付款人為付款之提示（票七九I）。惟參加承兌人或預備付款人不於付款提示時為清償者，執票人應請作成拒絕付款證書之機關，於拒絕證書上載明之（票七九II）。倘執票人違反上述之規定時，對於被參加人與指定預備付款人之人及其後手，喪失追索權（票七九III）。

㈡**一般參加**　參加付款，不問何人均得為之（票七八I），謂之「任意參加」或「一般參加」。蓋票據之目的，在於付款，參加付款係現實支付票據上之金額，對於執票人有利無害，倘執票人竟予拒絕付款者，對被參加人及其後手喪失追索權（票七八II）。

㈢**競合參加**　請為參加付款者有數人時，其能免除最多數之債務者，有優先於其他參加人而參加之權利，是謂「競合參加」或「優先參加」。本法對於競合參加之規定有二，茲述之於下：

1.**免除債務最多者**　依本法規定，請為參加付款者有數人時，其能免

除最多數之債務者，有優先權（票八〇Ⅰ）。故意違反此項規定為參加付款者，對於因之未能免除債務之人，喪失追索權（票八〇Ⅱ）。

2.免除最多數之債務者有數人時　能免除最多數之債務者有數人時，應由受被參加人之委託者或預備付款人參加之（票八〇Ⅲ）。

二、**參加付款之時期**　參加付款，應於執票人得行使追索權時為之，但至遲不得逾拒絕證書作成期限之末日（票七七）。是故參加付款之時期有二：

㈠在拒絕承兌而為參加付款時，至遲應於匯票提示承兌期限之末日為之。

㈡在拒絕付款而為參加付款時，至遲應於拒絕付款日或其後五日內為之（票八七Ⅱ）。執票人允許延期付款時，應於延期之末日，或其後五日參加付款。

三、**參加付款之金額**　參加付款，應就被參加人應支付金額之全部為之（票八一）。所謂金額之全部，不限於票載金額，其利息、費用均包括在內（票九七）。倘一部參加付款，則為本法所禁。

四、**參加付款之款式**

㈠**應記載之事項**　參加付款，應於拒絕付款證書內記載之（票八二Ⅰ）。其應記載之事項，本法未設明文，解釋上應記載下列事項：

1.參加付款之意旨：即說明參加付款字樣即可。

2.被參加付款人之姓名：被參加付款人之姓名，應由參加付款人記載。惟參加承兌人付款，以被參加承兌人為被參加付款人。預備付款人之參加付款，以指定預備付款人之人為被參加付款人（票八二Ⅱ）。無參加承兌人或預備付款人，而匯票上未記載被參加付款人者，以發票人為被參加付款人（票八二Ⅲ）。

3.參加付款年、月、日。

4.參加付款人簽名或蓋章。

㈡**應記載之位置**　參加付款，應於拒絕付款證書內記載之（票八二Ⅰ）。至於到期前之追索，於拒絕承兌證書內記載之或有其他之證明，解釋上亦

可（票八五II）。

　　五、**參加付款之通知**　參加付款人非受被參加付款人之委託而參加者，應於參加後四日內，將參加事由通知被參加付款人。參加付款人怠於為通知，因而發生損害時，應負賠償之責（票八二IV、五五）。

第四、參加付款之效力

　　一、**對執票人之效力**　此可分為二，茲述之於下：

　　㈠**不得拒絕參加付款之義務**　執票人拒絕參加付款者，對於被參加人及其後手喪失追索權（票七八II），故執票人不得拒絕參加付款。

　　㈡**交付匯票及收款清單之義務**　參加付款人於參加付款後，執票人應將其票據權利，依法移轉於參加付款人。因此參加付款後，執票人應將匯票及收款清單（即收款收據）交付參加付款人，有拒絕證書者，應一併交付之（票八三I）。執票人違反上述規定不為交付時，對於參加付款人應負損害賠償之責（票八三II）。

　　二、**對參加付款人之效力**　此可分為二，茲述之於下：

　　㈠**取得執票人之票據權利**　參加付款人對於承兌人、被參加付款人及其前手，取得執票人之權利（票八四I）。所謂取得執票人之權利，係指付款請求權及追索權而言，並不包括背書權在內，故參加付款人不得以背書更為轉讓（票八四I但）。

　　㈡**負有通知之義務**　參加付款人非受被參加付款人之委託而為參加者，應於參加後四日內，將參加事由通知被參加付款人。倘參加付款人怠於為通知，因而發生損害時，應負賠償之責（票八二IV、五五）。

　　三、**對被參加付款人後手之效力**　被參加付款人之後手，因參加付款而免除債務（票八四II）。惟被參加付款人及其前手仍不能免除債務，此乃與票據付款不同之點。

第十節　追索權

第一、追索權之意義及性質

一、追索權之意義　乃票據到期不獲付款或期前不獲承兌，或有其他法定原因時，執票人於行使或保全票據上權利之行為後，得向其前手請求償還票據金額、利息及費用之一種票據權利。茲分析其意義如下：

㈠追索權者，乃票據上之一種權利。

㈡追索權者，乃票據到期不獲付款或到期前不獲承兌或有其他之法定原因時，始得行使之權利：追索權行使之法定原因有四。即：(1)到期不獲付款時；(2)匯票不獲承兌時；(3)付款人或承兌人死亡、逃避或其他原因無從為承兌或付款提示時；(4)付款人或承兌人受破產之宣告時。因此所謂其他法定原因，即指上述(3)、(4)之情形。

㈢追索權，須執票人於行使或保全票據上權利之行為後，始得行使之權利：倘執票人未行使或保全票據上權利時，其怠於行使或保全形同自動放棄權利，自無保護之必要。

㈣追索權者，乃執票人得向其前手請求償還票據金額、利息及費用之權利：所謂前手，不僅指執票人之直接前手，凡一切前手均包括在內。例如背書人、發票人及其他票據債務人屬之。

二、追索權之性質　依本法規定，發票人、承兌人、背書人，及其他票據債務人，對於執票人連帶負責（票九六Ⅰ）。因此追索權之性質有三。茲分述如下：

㈠**飛越性**　此又稱為選擇性。即執票人，得不依負擔債務之先後，對於債務人之一人或數人或全體，行使追索權（票九六Ⅱ）。

㈡**變向性**　此又稱為變更性。即執票人，對於債務人之一人或數人，已為追索者，對於其他票據債務人，仍得行使追索權（票九六Ⅲ）。

㈢**移轉性**　又稱為代位性。即被追索者，已為清償時，與執票人有同

一權利（票九六Ⅳ）。凡已為清償之被追索者，乃得向其前手請求償還，而其為償還之請求時，亦有上述之飛越請求權與變向請求權。

第二、追索權之當事人

此可分為追索權人與償還義務人二種。茲分述於下：

一、追索權人　追索權行使之權利有二。茲分述於下：

㈠**最後之執票人**　最後之執票人為票據債權人，其於到期不獲付款或於到期前有其他法定原因者，自得行使追索權（票八五），是為最初追索。

㈡**已為清償之票據債務人**　已為清償之票據債務人，與執票人有同一之權利（票九六Ⅳ），故得行使追索權，是為再追索。再追索之追索權人，包括背書人、保證人（票六四）及參加付款人（票八四）。

二、償還義務人　追索權之義務人，為有償還票據金額及其利息與費用責任之人，是謂償還義務人。此償還義務人可分為下列三種：

㈠**發票人**　匯票發票人應照匯票文義擔保承兌及付款（票二九Ⅰ），故為償還義務人，因此得為追索權行使之對象。

㈡**背書人**　匯票背書人負擔保承兌及付款之責任（票三九、二九Ⅰ），故為償還義務人。

㈢**其他票據債務人**　保證人（票六一）、參加承兌人（票五七），亦均為償還義務人。

第三、追索權行使之要件

追索權行使之要件，可分為實質要件與形式要件。茲分述於下：

一、實質要件　所謂實質要件，即追索權行使之原因，此種原因，由於追索權係到期日行使或到期日前行使，而有不同。茲分述如下：

㈠**到期日行使**　匯票到期不獲付款時，執票人於行使或保全匯票上權利之行為後，對於背書人、發票人及匯票上之其他債務人，得行使追索權（票八五Ⅰ）。

㈡**到期日前行使**　有下列情形之一者，雖在到期日前，執票人亦得行

使追索權（票八五II）：

1.匯票不獲承兌時（票八五II 1）。

2.付款人或承兌人死亡、逃避或其他原因，無從為承兌或付款之提示時（票八五II 2）。所謂其他原因，如心神喪失、經監護宣告，或犯罪被拘於監獄等情形即屬之。

3.付款人或承兌人受破產宣告時（票八五II 3）。

二、形式要件　所謂形式要件，即追索權行使之程序，係指追索權之行使，須履行追索權保全手續。其程序包括：㈠票據之提示。㈡拒絕證書之作成。㈢拒絕事由之通知。茲詳述如下：

㈠票據之提示

1.**原則**　票據為提示證券，執票人行使票據上之權利，應於一定期限內向付款人提示票據，請求承兌或付款（票四四、四五、六九）。匯票上雖有免除作成拒絕證書之記載，執票人仍應於所定期限內為承兌或付款之提示。但對於執票人主張未為提示者，應負舉證之責（票九五）。是故票據之提示，為追索權行使之前提。

2.**未為提示之制裁**　執票人未遵期限提示者，對於前手喪失追索權（票八五Ⅰ、一〇四）。

3.**例外**　有下列法定原因之一者，不必提示：

⑴付款人或承兌人死亡、逃避或其他原因，無從為承兌或付款之提示時（票八五II 2）。

⑵付款人或承兌人受破產宣告時（票八五II 3）。

⑶因不可抗力之事變：執票人因不可抗力之事變，不能於所定期限內為承兌或付款之提示者，應將其事由從速通知發票人、背書人及其他票據債務人（票一〇五Ⅰ）；並於事變終止後，應即對付款人提示（票一〇五III）。如事變延至到期日後三十日以外時，執票人得逕行使追索權，無須提示（票一〇五IV前）。惟若匯票為見票即付或見票後定期付款者，上述三十日之期限，自執票人通知其前手之日起算（票一〇五Ⅴ）。所謂不可抗力者，例如天災、戰爭、瘟疫等事變而言。

⑷依除權判決行使追索時：票據業已滅失，經法院為除權判決宣告票據無效者，則毋庸再提示票據，票據權利人僅得依除權判決書，行使權利。

口拒絕證書之作成

1. **原則**　應作成拒絕證書證明之。

2. **作成拒絕證書之期限**　作成拒絕證書之期限，因情況之不同，可分為三。茲述之於下：

⑴拒絕承兌證書：拒絕承兌證書，應於提示承兌期限內作成之（票八七Ⅰ）。在見票後定期付款之匯票，應於發票日後六個月內作成之，如發票人以特約縮短或延長者，則於期限內作成（票四五）。在指定請求承兌期限之匯票，應於指定之期限內作成之（票四四Ⅰ）。拒絕承兌證書作成後，無須再為付款之提示，亦無須再請求作成付款拒絕證書（票八八）。

⑵拒絕付款證書：拒絕付款證書，應於拒絕付款日或其後五日內作成之，但執票人允許延期付款時，應於延期之末日或其後五日內作成之（票八七Ⅱ）。

⑶無從為承兌或付款提示之拒絕證書：執票人無從為承兌或付款之提示時，應請求作成拒絕證書證明之（票八六Ⅰ）。

3. **未作成拒絕證書之制裁**　執票人未於法定期限內作成拒絕證書者，對於前手或對於該約定前手喪失追索權（票一○四）。

4. **例外（即拒絕證書之免除或代替）**　為行使追索權，原則上應先作成拒絕證書，但有下列情形之一者，則屬例外，無須作成拒絕證書：

⑴票據關係人有免除作成拒絕證書之記載。其情形有二：

①發票人為免除作成拒絕證書之記載時：即發票人為免除作成拒絕證書之記載時，對於其一切後手，均生絕對效力。執票人得不請求作成拒絕證書，而逕行使追索權。但執票人仍請求作成拒絕證書時，應自負擔其費用（票九四Ⅱ）。

②背書人為免除作成拒絕證書之記載時：背書人為免除作成拒絕證書之記載時，僅該為記載之背書人為追索時，無須作成拒絕證書；惟執

票人如欲對其他債務人行使追索權，仍應作成拒絕證書。此時執票人得向匯票上其他簽名人，要求償還其費用（票九四III）。

匯票上雖有免除作成拒絕證書之記載者，執票人仍應於所定期限內，為承兌或付款之提示（票九五）。所謂免除作成拒絕證書者，僅係執票人無庸證明提示未獲結果之事實，並未免除提示。但主張執票人未為提示者，應負舉證責任（票九五但）。

(2)因事變而法定免除作成證書者：執票人因不可抗力之事實，不能於所定期限內為承兌或付款之提示時，其事變延至到期日後三十日以外時，得逕行使追索權，無須提示或作成拒絕證書（票一〇五IV）。

(3)代替拒絕證書者：此又可分為二：

①略式拒絕證書者：付款人或承兌人在匯票上記載提示日期，及全部或一部承兌或付款之拒絕，經其簽名後，與作成拒絕證書，有同一效力（票八六II），此即所謂略式拒絕證書。

②破產宣告之裁定正本或節本：付款人或承兌人之破產，執票人應以宣告破產裁定之正本或節本證明之（票八六III）。

(4)已作成拒絕承兌證書者：付款人或承兌人拒絕承兌後，其付款之可能性甚微，故本法規定拒絕承兌證書作成後，無須再為付款之提示，亦無須再請求作成付款拒絕證書（票八八）。

㈢**拒絕事由之通知**　執票人應於拒絕證書作成後四日內，對於發票人、背書人及其他匯票上債務人，將拒絕事由通知之（票八九I）。此項通知，並非追索權行使之要件，僅屬程序之一部而已。

1.**通知義務人**　為(1)執票人，與(2)收到通知之背書人。至於受通知人，則為背書人、發票人及其他匯票上債務人。所謂其他匯票上債務人者，如保證人是（票八九I）。

2.**通知期限及順序**

(1)執票人：通知之義務人首為執票人。執票人應於拒絕證書作成後四日內，對於背書人、發票人及其他匯票上債務人，將拒絕事由通知之（票八九I），是謂直接通知。其四日期限，係自拒絕證書作成後起算，如有特

約免除作成拒絕證書時，執票人應於拒絕承兌或拒絕付款後四日內，為上述之通知（票八九II）。

(2)背書人：背書人應於收到拒絕事由之通知後四日內，再向其前手進行通知，直至發票人之直接後手為止（票八九III），此即所謂遞次通知。惟背書人未於票據上記載住所或記載不明時，其通知對於該背書人之前手為之（票八九IV），即毋庸依次通知。

(3)不可抗力時之通知：因不可抗力不能於第八十九條所定期限內，將通知發出者，應於障礙中止後四日內行之（票九二I）。證明於第八十九條所定期限內，已將通知發出者，認為遵守通知期限（票九二II）。

(4)通知之方法及內容：

①通知方法：通知之方法，本法並無限制，得由執票人自由選擇，言詞、書面、電報均無不可。惟主張於法定期限內為通知者，應負舉證之責（票九一I）。凡付郵遞送之通知，如封面所記載被通知人之住所無誤，視為已經通知（票九一II）。

②通知之內容：即拒絕 之事由為何，加以通知。

(5)通知義務之免除：發票人、背書人及匯票上其他債務人，自得在法定通知期限前，免除執票人通知之義務（票九○）。

(6)違反通知義務之效果：不於本法第八十九條所定期限內為通知者，仍得行使追索權。但因其怠於通知發生損害時，應負賠償之責。其賠償金額，不得超過匯票金額（票九三）。

第四、追索權之效力

一、對人之效力

㈠對追索權人之效力

1.**選擇追索權**　亦稱飛越追索權，即執票人得不依負擔債務之先後，對於匯票之發票人、承兌人、背書人及其他票據債務人中之一人或數人或全體，行使追索權（票九六II）。

2.**變更追索權**　亦稱轉向追索權，即執票人對於債務人中之一人或數

人，已為追索者，仍得對於其他債務人，行使追索權（票九六III），俾保障票據債權之安全。

3.**代位追索權**　亦稱再追索權，即被追索者已為清償者，與執票人有同一權利（票九六IV）。換言之，即對於其前手，得代位行使追索權。

4.**回頭匯票之發行**　票據追索權人，除得依一般程序，向其前手要求現實清償應追索之金額外，並得以發行回頭匯票之方式，了結其法律關係。此種匯票之發行，乃行使追索權之一種特殊方法。

㈡**對償還義務人之效力**

1.**對執票人連帶負責**　發票人、承兌人、背書人及其他票據債務人，對於執票人連帶負責（票九六Ⅰ）。

2.**匯票、償還計算書及拒絕證書之交付請求權**　執票人在匯票債務人為全部清償時，應交出匯票，有拒絕證書時，應一併交出（票一〇〇Ⅰ）。匯票債務人為清償時，如有利息及費用者，執票人應出具收據及償還計算書（票一〇〇II），俾使償還義務人向前手為再追索。

3.**記載清償部分請求權**　匯票金額一部分獲承兌時，清償未獲承兌部分之人，得要求執票人在匯票上記載其事由，並交出收據、匯票之謄本及拒絕承兌證書（票一〇一）。

4.**背書塗銷權**　背書人為清償時，得塗銷自己及其後手之背書（票一〇〇III）。

5.**再追索權之行使**　即行使前述之代位追索權。

二、對物之效力

㈠**最初追索之金額**　執票人向匯票債務人行使追索權時，得要求下列金額（票九七Ⅰ）：

1.被拒絕承兌或付款之匯票金額，如有約定利息者，其利息。

2.自到期日起，如無約定利率者，依年利六釐計算之利息。

3.作成拒絕證書與通知及其他必要費用。

於到期日前付款者，自付款日至到期日前之利息，應由匯票金額內扣除，無約定利率者，依年利六釐計算（票九七II），是為法定利率。

㈡再追索之金額　再追索之金額，述之如下（票九八Ⅰ）：

1. 所支付之總金額。

2. 前述金額之利息。

3. 所支出之必要費用。

發票人對於最初之追索金額（即票九七）為清償者，向承兌人要求之金額亦同（票九八Ⅱ）。

第五、回頭匯票之發行

一、回頭匯票之意義　回頭匯票又稱還原匯票或回溯匯票，即匯票之執票人或其他有追索權人，除有相反約定時，得以發票人，或前背書人之一人，或其他票據債務人為付款人，向其住所所在地發見票即付之匯票（票一〇二Ⅰ）謂之。

二、發行回頭匯票之要件　回頭匯票之發行，須具備下列要件（票一〇二）：

㈠須由有追索權人發行　發行人須為匯票之執票人，或其他有追索權之人。

㈡付款人須為償還義務人　付款人須為被追索者之償還義務人，即發票人、或前背書人之一，或其他票據債務人（票一〇二Ⅰ）。

㈢付款地須為償還義務人之住所所在地　付款地須為被追索人之住所所在地（票一〇二Ⅰ），以免付款時，輾轉周折，增加費用。

㈣須為見票即付之匯票　追索權既經行使，不容再遷延，故以見票即付之匯票（票一〇二Ⅰ）貼現率較高。

㈤須當事人無相反約定　須當事人間無不許發行回頭匯票之特約（票一〇二Ⅰ但）。

㈥應附原匯票、拒絕證書、收據及償還計算書（票一〇〇Ⅰ、Ⅱ）。

㈦票面金額須依法定　回頭匯票之票面金額，於本法第九十七條、第九十八條所列者外，得加經紀費及印花稅（票一〇二Ⅱ）。因此執票人為第一次追索時，其金額依本法第九十七條之規定，並加列經紀費及印花稅。

至於背書人之再追索時，其金額應依第九十八條所定，再加經紀費及印花稅。惟原匯票付款地與回頭匯票付款地因匯票市價之關係，其換算標準如下：

1.**執票人發行時** 執票人發行回頭匯票時，其金額依原匯票付款地匯往前手所在地之見票即付匯票之市價定之（票一○三I）。蓋執票人在原則上，以付款地為實現取得其應得之款，因此市價漲落之損益，應歸被追索者負擔。

2.**背書人發行時** 背書人發行回頭匯票時，其金額依其所在地匯往前手所在地之見票即付匯票之市價定之（票一○三II）。蓋背書人為償還之請求時，原則上應以所在地為實現取得其應得之款，因此市價漲落之損益，亦應歸被追索者負擔。所謂市價者，指當地證券市場交易之價格而言。然市價每日不同，故以發票日之市價為準（票一○三III），以期公允。

第六、追索權之喪失

追索權喪失者，係指票據債權人喪失其向票據債務人行使追索權而言。茲就喪失追索權之事由，分述於下：

一、不於期限內行使或保全票據權利。

二、票據權利之消滅時效完成 票據權利之消滅時效完成（票二二I、II、III），追索權因罹時效而消滅，自為喪失追索權之事由。

三、執票人拒絕參加付款 執票人拒絕參加付款者，對於被參加人及其後手，喪失追索權（票七八II）。

四、執票人應向參加承兌人或預備付款人為付款之提示，並作成拒絕證書，而違反之者 付款人或擔當付款人不於第六十九條及第七十條所定期限付款者，有參加承兌人時，執票人應向參加承兌人為付款之提示；無參加承兌人而有預備付款人時，應向預備付款人為付款之提示（票七九I）。參加承兌人或預備付款人，不於付款提示時為清償者，執票人應請求作成拒絕付款證書之機關，於拒絕證書上載明之（票七九II）。執票人違反上述規定時，對於被參加人與指定預備付款人之人及其後手，喪失追索權（票七九III）。

五、故意違反免除最多數之義務而參加付款　請求為參加付款者有數人時，其能免除最多數之債務者，有優先權（票八○ I）。執票人故意違反其規定為參加付款者，對於因之未能免除債務之人，喪失追索權（票八○ II）。

六、拋棄追索者　追索權屬於執票人之權利，自可放棄。經放棄者，追索權喪失。

第十一節　拒絕證書

第一、拒絕證書之意義

拒絕證書者，乃證明執票人已在法定或約定期限內行使或保全匯票上權利之必要行為，而其行為已被拒絕之一種要式公證書。茲將其意義，分述於下：

一、拒絕證書者，為要式的公證書　拒絕證書係證書，而非證券，僅能證明事實之存在，而不能表彰權利，其必須由法定機關依法律規定之記載作成，不能隨意為之。

二、拒絕證書者，證明執票人已在法定或約定期限內，行使或保全匯票之權利或無從行使票據權利之證書　拒絕證書之作用，在於證明執票人已在法定或約定期限內行使或保全匯票上之權利，例如執票人曾遵守期限為承兌，或付款之提示，或曾向參加承兌人或預備付款人為參加付款之提示（票七九），或曾經請求交還複本或原本（票一一七 II、一一九 II）等事實，均須以拒絕證書證明之。至於無從行使票據權利（票八六 I），亦須以證書證明之。

三、拒絕證書者，證明執票人未達行使票據權利目的之證書　執票人行使票據權利，不獲承兌，或不獲付款，或無從行使票據權利，始有證明之必要，以便行使追索權，使被追索人，不虞詐偽，而安心履行債務，致執票人能順利達到追索之目的。

第二、拒絕證書之種類

一、拒絕付款證書　拒絕付款證書，亦稱付款拒絕證書。此又可分為全部付款拒絕證書、一部付款拒絕證書及無從為付款提示之拒絕證書（票八六Ⅰ）等三種，此種拒絕證書，於各種票據均有之。

二、拒絕承兌證書　拒絕承兌證書，亦分全部拒絕承兌證書、一部拒絕承兌證書及無從為承兌提示之拒絕證書（票八六Ⅰ）三者。此種拒絕證書，惟匯票有之。

三、拒絕見票證書　拒絕見票證書，亦稱見票拒絕證書，此為本票所獨有之證書，匯票、支票則無此證書。所謂拒絕見票證書者，乃本票發票人於提示見票時，拒絕簽名者，執票人應於提示見票期限內，請求作成拒絕證書（票一二二Ⅲ）。

四、拒絕交還複本證書　拒絕交還複本證書者，乃複本接收人拒絕交還複本時，執票人應以拒絕證書證明特定事項，始得行使追索權（票一一七Ⅲ）。所謂特定事項者，係指曾向接收人請求交還複本而未經其交還，或以他複本為承兌或付款之提示，而不獲承兌或付款（票一一七Ⅲ）。此項證明書惟匯票有之，其他票據則無。

五、拒絕交還原本證書　拒絕交還原本證書者，乃原本接收人拒絕交還原本時，執票人非將曾向接收人請求交還原本而未經其交還之事由，以拒絕證書證明，不得行使追索權（票一一九Ⅲ）。此種證書於匯票與本票有之，而支票則無。

第三、拒絕證書之作成

一、作成機關及處所

㈠**法定處所**　拒絕證書，由執票人請求拒絕承兌地或拒絕付款地之法院公證處、商會或銀行公會作成之（票一〇六）。但票據關係人之營業所、住所或居所不明時，應作成拒絕證書；得請求法院公證處、商會或銀行公會調查其人之所在；若仍不明時，得在該法院公證處、商會或銀行公會作

成之（票一〇六後）。

㈡意定處所　除上述法定處所外，當事人亦得依合意定其處所。例如約定在發票人住所地之法院公證處作成。

二、作成份數　對數人行使追索權時，只須作成拒絕證書一份（票一一二）。拒絕承兌證書作成後，無須再作成拒絕付款證書（票八八），俾節省費用，避免煩累。

三、作成期限　拒絕承兌證書，應於提示承兌期限內作成之。

拒絕付款證書，應以拒絕付款日或其後五日內作成之。但執票人允許延期付款時，應於延期之末日，或其後五日內作成之（票八七）。

四、記載事項　拒絕證書應記載下列各款，由作成人簽名，並蓋作成機關之印章（票一〇七）。由作成人簽名者，表示負責；加蓋作成機關之印章者，表示其為公證書。至所謂記載下列各款者，茲述之如下：

㈠拒絕者及被拒絕者之姓名或商號。

㈡對於拒絕者雖為請求未得允許之意旨，或不能會晤拒絕者之事由，或其營業所、住所或居所不明之情形。

㈢為前款請求或不能為前款請求之地及其年月日。

㈣於法定處所外作成拒絕證書時，當事人之合意。

㈤有參加承兌時或參加付款時，參加之種類及參加人，並被參加人之姓名或商號。

㈥拒絕證書作成之處所及其年月日。

五、記載之位置及方法　拒絕證書之記載，因其種類之不同，加以分類。茲分述如下：

㈠付款拒絕證書　付款拒絕證書，應在匯票或其黏單上作成之（票一〇八Ⅰ）。然則匯票有複本或謄本者，於提示時，僅須在複本之一份或原本或其黏單上作成之。但可能時，應在其他複本之各份或謄本上，記載已作成拒絕證書之事由（票一〇八Ⅱ），俾資聯繫，以防意外。

㈡付款拒絕證書以外之拒絕證書　付款拒絕證書以外之拒絕證書，應照匯票或其謄本作成抄本，在該抄本或其黏單上作成之（票一〇九）。

㊂**拒絕交還原本證書**　執票人以匯票之原本請求承兌或付款而被拒絕，並未經返還原本時，其拒絕證書應在謄本或其黏單上作成之（票一一〇）。

綜上所述，拒絕證書之記載處所雖各有不同，惟無論何者，均應接續於匯票上、複本上或謄本上原有之最後記載作成之（票一一一Ⅰ）。在黏單上作成者，並應於騎縫處簽名（票一一一Ⅱ），俾防止弊端，避免偽造。

六、拒絕證書之抄存　拒絕證書作成人，應將證書原本交付執票人，並就證書全文另作抄本存於事務所，以備原本滅失時之用（票一一三Ⅰ）。抄本與原本均由作成人所作，故有同一效力（票一一三Ⅱ）。

第四、拒絕證書之效力

拒絕證書，係本法對於執票人，未能達到行使權利目的之證據，故有證明之效力。惟此並非絕對的證據，相對人如提出反證，自可推翻。同時發票人或背書人在匯票上預先為免除作成拒絕證書之記載時（票九四Ⅰ），執票人無須作成拒絕證書。

第十二節　複　本

第一、複本之意義

複本者，乃發票人就單一匯票關係，所發行之數份證券。此數份證券之每份，皆謂之複本。此為匯票所獨有之制度，本票及支票則無此規定。按數份複本，均表彰一個票據關係，則就一份為權利之行使者，其效力亦及於其他部分，故一份複本已為付款，則他份複本即失其效力。

第二、複本之作用

一、預防寄送遠地之遺失　若發行匯票時，有複本數份，分別交由各次輪船、飛機寄往，即可防止遺失之弊。

　　二、促進匯票之流通　有此複本之發行，則執票人一方面得將複本一份請求承兌，而另一方面又得以他份轉讓於人，承兌與轉讓同時並行，促進匯票之流通。

第三、複本之發行

　　匯票受款人得自行負擔費用，請求發票人發行複本。但受款人以外之執票人請求發行複本時，須依次經由前手請求之，並由其前手在各複本上為同樣之背書（票一一四Ｉ）。複本之發行份數，以三份為限（票一一四ＩＩ）。

第四、複本之款式

　　複本應記載同一文句，標明複本字樣，並編列號數，未經標明複本字樣並編列號數者，視為獨立之匯票（票一一五）。所謂應記載同一文句，指所製作之複本，應與原有之匯票文句相同。倘製作數份複本時，該數份複本所記載之文句，均應同一。

　　所謂標明複本字樣並編列號數者，例如「複本之一」、「複本之二」、「複本之三」，或「第一號匯票」、「第二號匯票」、「第三號匯票」，或「複本一」、「複本二」、「複本三」等，均屬之。

第五、複本之效力

　　一、對於承兌之效力　匯票之複本雖有數份，僅係表彰一個票據關係，故就複本之一份承兌者，其效力及於他份，執票人毋庸再為承兌之提示。承兌人在各份均為承兌者，亦僅負單一之付款責任，此乃複本之一體性。

　　二、對於付款之效力　付款人就複本之一付款時，其他複本失其效力。但承兌人對於經其承兌而未取回之複本，應負其責（票一一六Ｉ）。

　　三、對於轉讓之效力　票據有複本時，僅須在其中一份為背書，即生轉讓之效力。複本於轉讓時，以一併轉讓同一人為原則，如背書人將複本分別轉讓於二人以上時，對於經其背書而未收回之複本，應負其責（票一一六ＩＩ）。為提示承兌送出複本之一者，應於其他各份上載明接收人之姓名

或商號及其住址（票一一七 I），俾受讓人得逕行向其請求交還。

四、對於追索之效力　此可分為二，茲分述於下：

㈠將複本各份轉讓於同一人者　將複本各份背書轉讓於同一人者，該背書人為償還時，得請求執票人交出複本之各份（票一一六III）。此在避免執票人之前手不知有清償之事實，而就其他複本為清償。但執票人已立保證或提供擔保者，不在此限（票一一六III但）。

㈡為提示承兌送出複本之一者　為提示承兌送出複本之一者，應於其他各份上載明接收人之姓名或商號及其住址（票一一七 I），俾後手知其所在。匯票上有此記載者，執票人得請求接收人交還其所接收之複本（票一一七II）。接收人拒絕交還時，執票人應作成拒絕交還複本證書，證明下列事項始得行使追索權：(1)曾向接收人請求交還此項複本，而未經其交還。(2)以他複本為承兌或付款之提示，而不獲承兌或付款（票一一七III）。

第十三節　謄　本

第一、謄本之意義

謄本者，乃執票人以背書或保證為目的，自行依照票據原本所作成之謄寫本。匯票作成謄本時，應將已作成謄本之旨，記載於原本（票一一八III）。

第二、謄本之作成人及其款式

一、作成人　執票人有作成匯票謄本之權利（票一一八 I）。此之執票人，包括受款人及其他執票人而言。

二、作成款式　謄本應標明謄本字樣，謄寫原本上之一切事項，並註明迄於何處為謄寫部分（票一一八II）。執票人就匯票作成謄本時，應將已作成謄本之旨，記載於原本（票一一八III）。所謂標明謄本字樣，在使人一望即知，以別於原本。

第三、謄本之效力

一、**對於背書及保證之效力**　背書與保證，亦得在謄本上為之，與原本上所寫之背書及保證，有同一之效力。

二、**對於追索權之效力**　為提示承兌，送出原本者，應於謄本上載明原本接收人之姓名或商號及其住址，俾執票人得據以請求交還原本（票一一九Ⅰ、Ⅱ）。如接收人拒絕交還時，執票人應作成拒絕交還原本證書，證明曾向接收人請求交還原本，而未經其交還時，始得行使追索權（票一一九Ⅲ）。

第四、謄本與複本之不同

謄本與複本均為票據之複製，其不同之點如下：

一、**意義之不同**　謄本為票據之謄寫本；至於複本係就單一票據關係所發行之數份證券。

二、**發行款式不同**　謄本應謄寫原本上一切事項，並標明謄本字樣，及註明迄於何處為謄寫部分；至於複本應記載同一文句，標明複本字樣及編列號數。

三、**份數不同**　謄本之份數，法無限制；至於複本之份數，以三份為限。

四、**發行人不同**　謄本可由執票人及任何人為之；至於複本之作成者，則限於發票人。

五、**拒絕證書之不同**　謄本上可作成拒絕交還原本證書；至於複本上可作成拒絕付款證書。

六、**效用不同**　謄本僅限於背書及保證，始發生效力，其他票據行為不得為之；至於匯票之複本上，則可以為一切票據行為，與原本無異。

七、**目的不同**　謄本之目的在於促進票據之流通；至於複本在於防備票據喪失，助長票據流通。

八、**適用範圍不同**　謄本僅適用於匯票及本票；至於複本則僅適用於匯票。

第五章 本 票

第一節 概 述

第一、本票之意義

本票者，乃發票人簽發一定之金額，於指定之到期日，由自己無條件支付與受款人或執票人之票據（票三）。現將本票之意義，分述如下：

一、本票者，為票據之一種。

二、本票者，係由發票人自己支付之票據。

三、本票者，於指定之到期日，無條件支付與受款人或執票人之票據。

第二、本票之種類

本票依其區別標準之不同，可分類如下：

一、記名本票、指示本票、無記名本票 此種分類之區別標準及實益，與匯票之分類相同。

但本法特別規定，見票即付，並不記載受款人之本票，其金額須在五百元以上（票一二〇VI）。所謂五百元，係以國幣之銀元為準，折合新臺幣為一千五百元。

二、定期本票、計期本票、即期本票、註期本票 此種分類之區別標準與區別實益，亦與匯票之分類同。

惟即期本票（見票即付之本票）若為無記名者，則受有銀行五百元以上金額之限制。至註期本票（見票後定期付款之本票），因本票無承兌制度，乃設有見票制度（票一二二），以資適用，容後詳述。

第三、本票之式樣

一、關於我國本票之式樣，如下例所示：

例一：

<table>
<tr><td>本</td><td>一、憑票准於中華民國　　年　　月　　日交付　　　　　先生
　　或其指定人
　　新臺幣　　　　元整
二、本本票免除作成拒絕證書</td></tr>
<tr><td>票</td><td>　　　　　發票人：
　　　　　住　址：

中華民國　　年　　月　　日</td></tr>
</table>

例二：

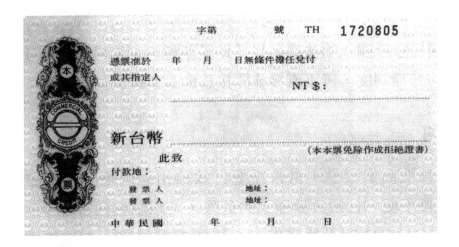

二、以金融業者為擔當付款人之本票：

例一：

例二：

憑票准於中華民國　　年　　月　　　日無條件交付
新臺幣　　　　　元整
　　特　約　事　項
一、本本票指定○○商業銀行股份有限公司（地址：臺北市○○
　　路○○號）為擔當付款人。

本

二、本本票免除作成拒絕證書及通知拒絕事由。

三、本本票利息自發票日起算按○○商業銀行基本放款利率加

票

　　年息百分之三計算，分期按月付息。嗣後該基本放款利率變
　　動時隨前述方式調整，惟應在當時法令限制範圍內。
四、本本票提示期限延長為一年。

發票人：　　　　　　　發票人：
住　址：　　　　　　　住　址：

發票人：　　　　　　　發票人：
住　址：　　　　　　　住　址：

發票人：　　　　　　　發票人：
住　址：　　　　　　　住　址：

中華民國　　　年　　　月　　　日

第二節　發　票

第一、發票之款式

發行本票，除必須由發票人簽名外（票一二○Ⅰ），其款式亦可分為應記載事項、得記載事項及不得記載事項等三種。其說明凡見於匯票者，於此從略。其餘略述於下：

一、應記載事項

㈠絕對必要記載事項

1.表明其為本票之文字（票一二○Ⅰ1）　所謂表明其為本票之文字，並非僅以本票二字為限，如以莊票、期票、信票、憑票等字樣亦屬之。倘未表明其為本票之文字者，不能認為有票據之效力。

2.一定之金額（票一二○Ⅰ2）　除見票即付之無記名本票，其金額須在銀元五百元以上（票一二○Ⅵ）外，其他各種本票之金額，並無最高或最低之限制。

3.無條件擔任支付（票一二○Ⅰ4）　即發票人約定由自己無條件支付一定金額之意思表示，故與匯票、支票係無條件委託他人支付者，有所不同。

4.發票年、月、日（票一二○Ⅰ6）。

㈡相對必要記載事項

1.受款人之姓名或商號　本票應記載受款人之姓名或商號（票一二○Ⅰ3）。若未記載時，即為無記名本票，以執票人為受款人（票一二○Ⅲ）。

2.發票地　本票應記載發票地（票一二○Ⅰ5），若未記載時，以發票人之營業所、住所或居所所在地為發票地（票一二○Ⅳ）。

3.付款地　本票應記載付款地（票一二○Ⅰ7），若未記載時，則以發票地為付款地（票一二○Ⅴ）。

4.到期日　本票應記載到期日（票一二○Ⅰ8），若未記載時，視為見

票即付（票一二〇II）。倘未記載受款人及到期日之本票，則為無記名見票即付之本票，其金額必須在國幣五百元以上（即新臺幣一千五百元以上），始能發行（票一二〇VI）。

二、**得記載事項**　本票得記載事項如下：

㈠擔當付款人（票一二四準票二六I）。

㈡利息、利率（票一二四準票二八）及違約金。

㈢禁止轉讓之記載（票一二四準票三〇II）。

㈣見票或付款提示期限縮短或延長之特約（票一二四、四五、六六）。

㈤應給付貨幣種類之特約（票一二四、七五I）。

㈥免除拒絕事實之通知（票一二四、九〇）。

㈦免除作成拒絕證書（票一二四、九四I）。

㈧禁止發行回頭本票（票一二四、一〇二I但）。

三、**不得記載之事項**　所謂不得記載之事項有二，茲分述於下：

㈠**為本法所不規定之事項**　例如本票上劃平行線，該平行線即不生票據上之效力。此乃因本票並無準用支票平行線之規定。

㈡**與本票性質相牴觸之事項**　例如在本票上對付款附記條件，則與無條件擔保支付之規定牴觸，其本票應屬無效。

第二、發票之效力

所謂發票之效力，即屬本票發票人之責任。此種責任，依本法規定本票發票人所負責任與匯票承兌人同（票一二一）。換言之，本票之發票人為主債務人，於發票後，應負絕對付款責任。

第三節　見票之程序與效力

第一、見票之意義

見票者，乃本票之發票人，因執票人之提示，為確定見票後定期付款

本票之到期日，於本票上記載見票字樣及日期並簽名之行為。

第二、見票之程序

一、**執票人應向發票人為見票之提示**　見票後定期付款之本票，應由執票人向發票人為見票之提示，請其簽名，並記載見票字樣及日期（票一二二Ⅰ前），藉以確定到期日之起算期。

二、**提示見票之期限**　見票後定期付款之本票，應自發票日起六個月內為見票之提示（票一二二Ⅰ準票四五Ⅰ）。但發票人得以特約縮短或延長之，延長之期限不得逾六個月（票一二二Ⅰ準票四五Ⅱ）。如未載見票日期者，應以所定提示見票期限之末日為見票日（票一二二Ⅱ）。換言之，上述六個月期限之末日，為見票日。

三、**作成見票拒絕證書之期限**　發票人於提示見票時，拒絕簽名者，執票人應於提示見票期限內，請求作成拒絕證書（票一二二Ⅲ），俾證明見票拒絕之事實。執票人依前述規定，作成見票拒絕證書後，無須再為付款之提示，亦無須再請求作成付款拒絕證書（票一二二Ⅳ）。

第三、見票之效力

一、**確定到期日之效力**　見票有確定見票後定期付款之本票的到期日之效力。倘在到期日時，發票人拒絕付款者，執票人應作成拒絕付款證書，俾行使追索權。

二、**未為見票之提示之效力**　執票人不於本法所定之法定期限（票四五）或約定期限內（票一二四準票一〇四Ⅱ），為見票之提示或作成拒絕證書者，對於發票人以外之前手，喪失追索權（票一二二Ⅴ）。

第四節　本票之強制執行

近來工商貿易日益發達，社會經濟更趨繁榮，使用票據愈見普遍，政府鑑於空頭支票之泛濫，有不可遏止之勢，形成社會嚴重之問題，深感票

據追索權之行使，如循通常民事訴訟程序，實緩不濟急，為減少遠期支票之發行，自應加強本票之索償性，促進本票之流通。因此民國四十九年修正票據法時，增訂第一二三條規定：「執票人向本票發票人行使追索權時，得聲請法院裁定後強制執行。」易言之，無須經過民事訴訟程序，取得法院判決後，始聲請強制執行，而得以便捷之非訟程序，達到求償票款之目的，俾疏減訟源，減輕訟累。惟不法之徒，往往利用此規定而行欺詐之實，應注意之。實務上，有鑑於不行言詞辯論，故執票人聲請時，須同時提出本票之原本，以便查對，並附具繕本附卷。

第五節　本票準用匯票之規定

本票之法律關係與匯票相類似，故除與本票之性質相牴觸者外，關於匯票之規定，均可準用於本票（票一二四）。茲列舉於下：

第一、發　票

匯票關於變更為記名匯票（票二五II）、擔當付款人（票二六I）及利息與利率（票二八）之規定，均準用之。

第二、背　書

匯票關於背書之規定，除預備付款人（票三五）外，均準用之。

第三、保　證

匯票關於保證之規定，均準用之。

第四、到期日

匯票關於到期日之規定，均準用之。

第五、付　款

匯票關於付款之規定，均準用之。

第六、參加付款

匯票關於參加付款之規定，除向參加承兌人或預備付款人為付款提示之規定（票七九、八二II）外，均準用之。

第七、追索權

匯票關於追索權之規定，除以承兌為基礎之追索規定（票八七I、八八、一〇一）外，均準用之。

第八、拒絕證書

匯票關於拒絕證書之規定，均準用之。

第九、謄　本

匯票關於謄本之規定，除以承兌為基礎之規定（票一一九）外，均準用之。

第六章 支 票

第一節 總 說

第一、支票之意義

　　支票者，謂發票人簽發一定之金額，委託金融業者於見票時，無條件支付與受款人或執票人之票據。前述金融業者，係指經財政部核准辦理支票存款業務之銀行、信用合作社、農會及漁會（票四）。茲分述其意義如下：

　　一、支票者，係票據之一種　依本法之規定，票據分為匯票、本票及支票三種（票一），故支票為其中之一種。

　　二、支票者，委託金融業者於見票時支付之票據　支票之關係人，除發票人與受款人外，尚有付款人，故與匯票同，均屬委託證券。惟支票之付款人，限於金融業者。所謂金融業者，係指經財政部核准辦理支票存款業務之銀行、信用合作社、農會及漁會（票四 II）。

　　三、支票者，於見票時無條件支付之票據　按支票為支付證券，以之代替現金使用，隨時可以兌現，故本法規定見票時無條件支付之。

第二、支票之種類

　　一、記名支票、指示支票、無記名支票　此與匯票之分類區別標準及實益相同，詳閱前述匯票種類之說明，茲不贅述。

　　二、指己支票、受付支票、對己支票　可分為三：

　　㈠**指己支票**　指己支票者，發票人得以自己為受款人而發行之支票（票一二五 IV 前）。

　　㈡**受付支票**　受付支票者，發票人得以付款人為受款人而發行之支票

（票一二五IV前）。

　　㈢**對己支票**　對己支票者，係指發票人得以自己為付款人而發行之支票（票一二五IV後）。

　　三、**即期支票、遠期支票**　此以支票上之發票日是否與實際發票日一致，為區分標準。即期支票與遠期支票，在法律上並無根據，僅一般習慣上之用語。所謂遠期支票者，乃發票人於簽發支票時，不記載實際發票日，以尚未到來之日期填為發票日，此種以尚未屆至之日期記載為發票日之支票，習慣上稱之為「遠期支票」。至於發票人所簽發之支票，其發票日與實際發票日相符者，是謂「即期支票」。

　　四、**普通支票、保付支票、平行線支票**　支票以其付款之有無特殊保障為標準，可分為普通支票、保付支票與平行線支票三種。普通支票在付款上，並無特殊保障；而保付支票與平行線支票則不然，其詳俟於付款節中述之。又臺灣銀行所發行的旅行支票，亦係普通支票之一種。

　　五、**不限額支票、限額支票、限額保證支票**　支票以其票面金額有無限制，須開發在一定數額之下，為區分之標準，可分為不限額支票與限額支票二種。依「銀行業辦理限額支票及限額保證支票存款業務辦法」（已廢止）第二條前段規定，稱「限額支票」，謂明定存戶簽發每張以新臺幣伍萬元為最高限額之支票。同條後段規定，稱「限額保證支票」，謂核准開立之「限額支票存款戶」經往來金融業核發該存戶簽發以壹萬元為最高限額，由金融業保證付款之支票。依上開辦法第十條規定，限額支票存款戶經提供金融業認可之擔保品或保證人，得申請金融業核定保證額度發給「限額保證支票」。同法第十六條規定，限額保證支票正面顯著部位應加印「本支票伍仟元限額內保證付款，逾額退票」字樣。惟中央銀行於民國九十年廢止「銀行業辦理限額支票及限額保證支票存款業務辦法」，故現行支票帳戶均屬不限額支票帳戶。

第三、支票之式樣

　　我國支票，通常由各行社印製支票提供存戶使用，故其式樣大致統一，

為配合電腦作業均採橫式,如下例所示:

第二節　發　票

第一、發票之款式

支票之付款人限於經財政部核准辦理支票存款業務之銀行、信用合作社、農會及漁會,故發票人必先與此等機構訂立支票存款之委任契約,設立帳戶,並留有簽名卡或印鑑,以便於日後付款人付款時,核對支票發票人之簽名。簽名通常以蓋章代之。支票為要式證書,其記載事項有三,如下所述(票一二五),其餘則詳閱匯票之說明。

一、**應記載之事項**　支票應記載之事項可分為二。茲分述如下:

㈠**絕對必要記載事項**　支票之絕對必要記載事項有六。茲述之於下:

1.表明其為支票之文字。

2.**一定之金額**　本法雖無規定一定之金額必以漢字大寫為之,惟為避免塗改,應以漢字大寫為佳。

3.**付款人之商號**　支票之付款人,依本法之規定,限於經財政部核准辦理支票存款業務之銀行、信用合作社、農會及漁會等金融業者(票一二七)。

4.**無條件支付之委託**　所謂無條件支付之委託者,凡未記明任何條件,

即屬無條件。實務上表示委託支付之文句，以「憑票祈付」等字樣為之。

5.**發票年月日**　為計算提示期限必須有發票日期之記載，故發票年月日為絕對必要記載事項。

6.**付款地**　支票因付款地之遠近不同，而異其提示期限。付款地之記載必須單一，不得為兩個月以上之記載。至於如何記載，法無規定，一般多記載最小之獨立行政區域。

(二)**相對必要記載事項**

1.**受款人之姓名或商號**　支票上未載受款人者，即為無記名支票。以執票人為受款人（票一二五Ⅱ）。

2.**發票地**　發票地亦應記載於支票上。倘未載發票地者，以發票人之營業所、住所或居所為發票地（票一二五Ⅲ）。

二、得記載事項　下列之事項，為任意記載事項：

1.平行線之記載（票一三九）。

2.禁止背書之記載（票一四四準票三○Ⅱ）。

3.應給付貨幣種類特約之記載（票一四四準票七五）。

4.免除拒絕事實通知之記載（票一四四準票九○）。

5.免除作成拒絕證書之記載（票一四四準票九四）。

6.禁止發行回頭支票（票一四四準票一○二Ⅰ但）。

7.自付款提示日起之利息及利率（票一三三）。

三、不得記載事項

(一)**記載則支票全歸無效**　例如支票記載有條件之支付委託或分期付款。

(二)**記載則僅其記載部分無效**　支票限於見票即付，有相反之記載者，其記載無效（票一二八Ⅰ）。例如支票因係見票即付，故無約定利息之必要。倘發票人對遠期支票記載利息，其記載無效。惟行使追索權時，要求遲延利息，依法認為有效。

第二、發票之效力

發票人簽發支票後，應照支票文義擔保支票之支付（票一二六）。所謂

擔保支票之支付，即係擔保付款人必為付款。倘付款人未為付款，則發票人應付償還之責任。此項擔保之責任，如經付款人保付後，則發票人之責任，即為免除（票一三八IV）。

第三節　支票之付款

支票因有普通支票、保付支票、平行線支票，及俗稱的「遠期支票」，故其付款之情形，亦因之而異。茲分述如後：

第一、普通支票

一、付款之提示

㈠**提示期限**　支票之執票人，應於下列期限內，為付款之提示（票一三〇）：

1.發票地與付款地在同一省（市）區內者，發票日後七日內。

2.發票地與付款地不在同一省（市）區內者，發票日後十五日內。

3.發票地在國外，付款地在國內者，發票日後二個月內：發票地及付款地，應以支票上記載者為準，至於是否實際之發票地，在所不問。但如支票上未記載發票地時，以發票人之營業所、住所或居所為發票地（票一二五III）。

支票之提示期限為除斥期間，一經期間屆滿，其權利當然歸於消滅，故與追索權之行使期間為消滅時效，有所不同。

㈡**提示人及被提示人**　付款提示之提示人為執票人（票一三〇），被提示人則為：

1.付款人：指經財政部核准辦理支票存款業務之銀行、信用合作社、農會及漁會（票四II）。

2.票據交換所（票一四四準票六九III）。

㈢**提示之效力**　執票人於法定期限內為付款之提示，有受領票面金額之權，倘付款之提示被拒絕時，對於前手得行使追索權。但應於拒絕付款

日或其後五日內，請求作成拒絕證書（票一三一 I）。其拒絕證書之作成，與匯票無異，詳閱本法第二章匯票第十節拒絕證書，茲不復贅。惟付款人於支票或黏單上記載拒絕文義及其年月日，並簽名者，與作成拒絕證書有同一效力（票一三一 II）。

㈣**怠於提示之效果**　執票人怠於為付款人之提示者，可生下列效果：

1.**對於發票人以外之前手喪失追索權**　執票人不於法定提示期限內為付款之提示，或不於拒絕付款日或其後五日內請求作成拒絕證書者，對於發票人以外之前手喪失追索權（票一三二）。

2.**對發票人仍得行使追索權**　執票人雖不遵期提示或作成拒絕證書，對於發票人亦得行使追索權，不問其後補行請求作成拒絕證書與否，對發票人均不喪失追索權。

3.**執票人怠於付款提示之賠償責任**　執票人怠於提示，致使發票人受損失時，應負賠償之責，其賠償金額，不得超過票面金額（票一三四）。例如執票人怠於提示，因而付款行社倒閉是。

二、付款之時期　因支票限於見票即付，故無延期付款之情事。但有下列情形之一者，不在此限（票一三六）：

㈠**發票人撤銷付款之委託時**

1.**付款委託之意義**　付款委託者，乃發票人對於付款人委託其付款之意思表示。此種意思表示，為支票絕對必要記載事項之一。因此付款之委託，依本法之規定，發票人於法定提示期限內，不得撤銷付款之委託（票一三五）。倘提示期限經過後，撤銷付款之委託，則無不可。

2.**撤銷付款委託之要件**　其要件可分為三，茲述之於下：

⑴須由支票發票人以意思表示為之。

⑵須已逾提示期限。

⑶須非保付支票：經付款人保付之支票，發票人不得撤銷付款之委託（票一三八 IV）。

3.**撤銷付款委託之效果**　撤銷付款之委託，並非發票人與付款行社間支票契約之終止，而是該支票契約仍然繼續存在，僅就發票人所簽發之特

定支票，禁止付款人依支票契約執行付款事務之行為而已。該支票本身，並非即因而無效，執票人對於發票人之票據權利，亦不受影響。付款人已為付款時，不得請求返還，亦不得將付款效果歸之於發票人。

(二)**發行滿一年時** 支票經發行滿一年時，付款人即不得再行付款。蓋支票之權利，對發票人而言，其消滅時效之期間，最長為一年（票二二）。倘發行滿一年時，則支票上權利，可能已罹消滅時效，故規定付款人不得再付款。

三、付款之方法 付款之方法可分為下列三種：

(一)**全部付款** 付款人付款時，得要求支票提示人簽名或蓋章記載收訖字樣，並交出支票（票一四四準票七四）。實務上，通常在支票背面印有收款人姓名處，由執票人簽名，以證明收訖之事實。此僅證明收款而已，並無背書之效力。

(二)**一部付款** 付款人於發票人之存款或信用契約所約定之數，不敷支付支票金額時，得就一部分支付之（票一三七 I）。所謂得就一部分支付之者，指執票人雖得請求一部分付款，惟其決定權在於付款人。付款人為一部分之付款時，執票人應於支票上記明實收之數目（票一三七 II）。

(三)**轉帳或抵銷** 付款人之付款，以現實支付為原則，但以支票轉帳或抵銷者，亦視為支票之支付（票一二九）。以支票轉帳或抵銷，均為銀行帳務實際上之作業方法。所謂支票轉帳者，乃指當事人間，藉支票之交付調整銀行帳務之數目。

四、付款人依約支付票款之意義 付款人於發票人之存款或信用契約所約定之數，足敷支付支票金額時，應負支付之責；但收到發票人受破產宣告之通知者，不在此限（票一四三）。

第二、保付支票

一、保付支票之意義 保付支票者，乃付款人因發票人或受款人之請求，於支票上記載照付或保付或其他同義字樣並簽名，則其付款責任，與匯票之承兌人相同之支票（票一三八 I）。易言之，支票經付款人保兌後，

付款人應負絕對付款之責任，發票人及背書人均免除其責任(票一三八II)。

　　二、保付支票之方式　本法並未規定支票之保付，必須於支票正面為之，故在支票背面為之，亦屬有效。保付行為係屬一種票據行為，除須記載照付或保付或其他同義字樣外，並須由付款人簽名（票一三八I）。至保付日期，則為非必要記載事項，縱未記載，亦屬無妨。

　　三、保付支票之效力　支票經保付後，有下列之效力：

　　㈠對付款人之效力　對於付款人之效力有二：

　　1.付款人為保付後，其付款責任與匯票承兌人同（票一三八I），立即負有絕對付款責任。縱支票之發行滿一年，付款人仍負付款之責（票一三八IV）。

　　2.付款人不得為存款額外或信用契約所約定數目以外之保付。倘有違反此項規定而為保付，仍具保付之效力，惟付款人應科以罰鍰，但其罰鍰不得超過支票金額（票一三八III）。

　　㈡對發票人之效力　對於發票人之效力有：

　　1.支票一經保付，則發票人免除其責任（票一三八II）。縱保付人不為付款，執票人亦不得對發票人行使追索權。

　　2.支票經保付後，發票人不得撤銷付款之委託（票一三八IV）。縱發票人受破產之宣告，亦不影響保付之效力。

　　㈢對背書人之效力　付款人於支票上已為保付之記載時，背書人即免除其責任（票一三八II）。

　　㈣對執票人之效力　對執票人之效力有二：

　　1.保付支票不適用本法第一三六條之規定（票一三八IV），故執票人在付款提示期限內未提示者，仍得請求付款。

　　2.保付支票縱有喪失，執票人亦應自負其責，而不得為止付之通知（票一三八IV）。

　　四、保付支票之時效　以三年時效說為通說。蓋保付支票之付款不受發行滿一年之限制（票一三八IV），付款人於發行滿一年仍應付款，故一年時效說，實不足採。又保付支票仍不失為支票，而支票為支付證券，限於

見票即付，為避免票據之湮滅及維護社會秩序，其權利之存續，不宜過長，故十五年時效說，實有欠當。

五、保付與票據保證之區別　支票之保付與匯票、本票之保證不同。茲述於下：

㈠保付僅適用於支票；至於票據之保證，則適用於匯票及本票，不適用於支票，故在支票上記載保證，不生票據上之效力。

㈡支票之保付，以付款人為限（票一三八Ⅰ）；至於票據之保證，除票據債務人外，任何人均得為之（票五八Ⅱ）。

㈢保付人為單獨的、絕對的票據債務人，因此支票一經保付後，其發票人與背書人均免除其責任；至於票據之保證，其保證人與被保證人則負同一責任（票六一Ⅰ）。

㈣支票之保付，保付人付款後，支票上之權利消滅，並無追索權可言，僅與發票人有資金關係存在；至於票據之保證，其保證人為償還後，得對於被保證人及其前手行使追索權（票六四），因此票據關係僅一部分消滅。

㈤支票之保付具有保證、承兌兩種作用；至於票據之保證，其作用僅在擔保票據債務之履行。

㈥支票經保付後，除由執票人同意外，保付人不得就支票金額之一部分為之；至於票據之保證，得就票據金額之一部分為之（票六三）。

六、保付與承兌之區別　支票經保付後，付款人之責任與匯票承兌人同，但二者仍有區別。茲將其區別，述之於下：

㈠保付制度僅支票有之；承兌制度則僅匯票有之。

㈡支票經保付後，執票人不受提示期限之限制，於提示期限經過後，仍得請求付款；匯票經承兌後，執票人仍應於到期日或其後二日內為付款之提示，否則對於前手喪失追索權。

㈢支票付款人縱拒絕保付，執票人亦不得以之為追索權行使之原因；惟匯票付款人若拒絕承兌，執票人得因之而行使追索權。

㈣支票之保付，經付款人保付後，不得為止付之通知；惟匯票經承兌後，仍得為止付之通知。

㈤支票之保付，付款人不得為發票人存款額外或信用契約所約定數目以外之保付（票一三八Ⅲ前）；匯票之承兌，無論付款人與發票人有無資金關係，均得為之。

第三、平行線支票

一、平行線支票之意義及效用　平行線支票亦稱橫線支票或劃線支票，即發票人、背書人或執票人於支票正面劃平行線二道，或於其線內並記載特定金融業者，則付款人僅得對金融業者或特定金融業者，支付票據金額之支票。

二、平行線支票之種類　平行線支票之種類有二，茲分述於下（票一三九）：

㈠**普通平行線支票**　普通平行線支票者，乃發票人、背書人或執票人在支票正面劃平行線二道之支票（票一三九Ⅰ前），如圖一所示。惟實務上常有於其線內並記載銀行、信用合作社或其他同義之文字，如圖二所示。

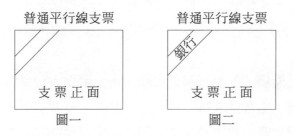

㈡**特別平行線支票**　特別平行線支票者，乃發票人、背書人或執票人在支票正面劃平行線二道，並於平行線內記載特定金融業者的支票（票一三九Ⅱ），如圖三所示。

三、平行線之記載方法　本法無明文規定，何人有權為平行線之記載，解釋上發票人、背書人或執票人均得為之。劃線無須劃線人簽名，不論何人所劃，其效力均屬相同。

四、平行線支票之效力

㈠普通平行線支票之效力　支票經在正面劃平行線二道者，付款人僅得對金融業者支付票據金額（票一三九Ⅰ）。因此執票人如非金融業者，應將該項支票存入其在金融業者之帳戶，委託其代為取款（票一三九Ⅲ）。

㈡特別平行線支票之效力　支票平行線內記載特定金融業者，付款人僅得對於該特定金融業者支付票據金額（票一三九Ⅱ前）。換言之，即僅該特定金融業者，始得為付款之提示；惟縱非該特定金融業者為執票人時，亦應存入其在該特定金融業者之帳戶，委託其代為取款（票一三九Ⅳ）。惟為便利計，平行線內之特定金融業者為執票人時，得以其他金融業者為被背書人，背書後委託其取款（票一三九Ⅱ後）。

付款人違反上述兩種平行線支票付款之規定而付款，致發票人或真正權利人遭受損害時，應負賠償之責。但賠償金額不得超過支票金額（票一四〇）。付款人縱違反上述之規定，但其付款確已向真正權利人為之者，其付款仍生效力。

五、平行線之撤銷　劃平行線之支票，得由發票人於平行線內記載照付現款或同義字樣，由發票人簽名或蓋章於其旁，支票上有此記載，視為平行線之撤銷。但支票經背書轉讓者，不在此限（票一三九Ⅴ）。

第四、遠期支票

「遠期支票」一詞，票據法上並無規定，僅係一般習慣上及判例上之用語。按支票係支付證券，其作用在於代替貨幣。因此，本法第一二八條第一項規定：「支票限於見票即付，有相反之記載者，其記載無效。」故支票上記載之年月日，為發票日，並非到期日，以別於匯票、本票之信用證券。因而理論上，執票人持有支票，得隨時提示請求付款，除執票人自己猶豫外，並不受「期限」或「到期日」之約束。惟實際上，發票人於簽發

支票時，其記載之發票日與實際發票日，常不符合。倘發票人不記載實際之發票日，而以尚未到來之日期預填為發票日者，此種以尚未屆至之日期記載為發票日之支票，習慣上乃稱之為「遠期支票」，以別於實際發票日之支票的即期支票。遠期支票之盛行，倘因一時周轉困難，導致空頭支票，影響工商界及金融市場甚鉅。我國乃於民國六十二年票據法修正時，改採英美立法例，增定本法第一二八條第二項規定：「支票在票載發票日前，執票人不得為付款之提示。」由於執票人不得為付款之提示，使付款人無法見票，勉強不致於違背支票「見票即付」之特性。因此本法形式上雖未直接明文承認遠期支票，事實上已承認遠期支票之合法地位。

第四節　支票之追索權

第一、追索權行使之原因

一、不獲付款　此可分為二：

㈠對發票人之追索權　發票人為支票之主債務人，故執票人縱未於提示期限（票一三〇）內為付款之提示，或不於拒絕付款日或其後五日內請求作成拒絕證書者，對於發票人仍得行使追索權（票一三二）。

㈡對前手之追索權　執票人於提示期限（票一三〇）內，為付款之提示，而被拒絕時，對於前手（發票人除外）得行使追索權。但應於拒絕付款日或其後五日內，請求作成拒絕證書（票一三一 I），否則喪失追索權（票一三二）。

二、付款人受破產宣告　付款人受破產宣告時，執票人亦得行使追索權（票一四四準票八五 II 3）。

第二、追索之金額

依本法第一四四條規定，除本法第九十七條第一項第二款及第二項外，均得準用於支票，故執票人對支票債務人得追索之金額如下：

一、支票所載之金額（票一四四準票九七Ⅰ1）。

二、作成拒絕證書與通知及其他必要費用（票一四四準票九七Ⅰ3）。

三、執票人向支票債務人行使追索權時，得請求自為付款提示日起之利息。提示後請求付款，因存款不足未獲兌現，嗣又連續數次提示，亦均遭退票，則其行使追索權時之法定遲延利息應自第一次付款提示日起算。其次，關於利率，如無約定利率者，依年利六釐計算（票一三三）。

第三、追索權之喪失

執票人不於提示期限內為付款之提示，或不於拒絕付款日或其後五日內，請求作成拒絕證書者，對於發票人以外之前手喪失追索權（票一三二），故背書人亦包括之。換言之，僅對於發票人以外之前手喪失追索權，至於對發票人則不喪失追索權。蓋支票不似匯票之有承兌人為第一債務人，故不得不加重發票人之責任，以保護執票人。

發票人於提示期限經過後，對於執票人仍負責任。但執票人怠於提示，致使發票人受損失時，應負賠償責任，其賠償金額不得超過票面金額（票一三四）。至於被追索者已為清償時，對其前手或發票人之追索權，準用匯票之規定（票一四四）。

第五節　支票之拒絕證書

第一、拒絕證書之作成期限

執票人於提示期限（票一三○）內為付款之提示，而被拒絕時，應於拒絕付款日或其後五日內，請求作成拒絕證書（票一三一Ⅰ）。此即為追索權之保全。所謂拒絕證書者，因支票無承兌制度，故僅係指拒絕付款證書而言。

第二、拒絕證書之款式

一、正式拒絕證書　支票之正式拒絕證書之款式，與匯票之拒絕證書款式相同（票一四四準票一○七），參閱前述，茲不復贅。

二、**略式拒絕證書**　付款人於支票或黏單上記載拒絕文義及其年月日，並簽名者，與作成拒絕證書有同一效力（票一三一 II）。例如付款行社拒絕付款時，在支票上記載「拒絕付款」或「拒絕往來」等字樣及年月日，或另以退票理由單，記載拒絕文義及年月日等，並簽名或蓋章，是為略式拒絕證書，其效力與拒絕證書同。

第三、未依期限作成拒絕證書之效果

執票人不於拒絕付款日或其後五日內請求作成拒絕證書者，對於發票人以外之前手，喪失追索權（票一三二）。

第六節　發票人之責任

發票人開發支票後，依本法之規定，須負票據上之責任。茲分述於下：

一、**擔保付款之責任**　支票之發票人，應照支票文義擔保支票之支付（票一二六）。因此付款人拒絕付款時，發票人對於受款人及其後手，均應負償還之責。此項擔保支付責任，係絕對的責任，不得依特約免除之（票二九III）；惟該支票經付款人保付後，則告免除。此項擔保付款之責任，並不以票面金額為限。執票人向發票人行使追索權時，得請求自為付款提示日起之利息，如無約定利率者，依年利六釐計算（票一三三）。此之利息，係屬於債務人因遲延清償票款後應支付之法定利息（民二三三）。

二、**提示期限經過後之責任**　發票人雖於提示期限經過以後，對於執票人仍須負擔保付款之責任，但執票人怠於提示，致發票人受有損失時，應負賠償之責，其賠償之範圍，不得超過票面金額（票一三四）。

三、**付款提示期間內不得撤銷付款委託之責任**　依本法規定，發票人於提示期限（票一三〇）內，不得撤銷付款之委託（票一三五）。其目的乃在促進票據之流通與保障交易之安全。惟提示期限經過後，發票人得自由撤銷其付款之委託。發票人合法撤銷付款之委託後，付款人即不得付款（票一三六 1）。

第七節 支票準用匯票之規定

支票與匯票同為委託付款人無條件支付與受款人或執票人之票據，故匯票之規定中，除其特有規定者外，支票亦得準用之（票一四四）。茲列舉於下：

第一、發 票

匯票關於無記名匯票變更為記名匯票（票二五II）之規定，準用之。

第二、背 書

匯票關於背書之規定，除預備付款人外（票三五），其餘均準用之。

第三、付 款

匯票關於付款之規定，除付款之提示期限（票六九I），擔當付款人之提示（票六九II），執票人同意延期付款（票七〇），到期日前之付款（票七二）及票據金額之提存（票七六）外，其餘均準用之。

第四、追索權

匯票關於追索權之規定，除以承兌為基礎之事項（票八五II 1、2），拒絕證書之作成期限（票八七、八八），到期之利息計算（票九七I 2、II）及清償之方式（票一〇一）外，其餘均準用之。

第五、拒絕證書

匯票關於拒絕證書之規定，除有關複本（票一〇八II），抄本（票一〇九）及謄本（票一一〇）各事項外，其餘均準用之。

第四編　海商法

第一章　海商法之意義

海商法者，乃規律海上商事之法規。可分為廣義與狹義海商法二種。前者指有關航海之法令與慣例而言，不限於商事而已，包括海事公法與海事私法。後者專指海上商事法。

第二章 海商法之性質

一、**海商法為私法** 海商法中所規定之事項，大部分涉及私人相互間之關係，故海商法為私法。

二、**海商法為特別法** 凡施行於特定區域，適用於特定事項之法律，為特別法。海商法所規定者，為海商特別事故，故為特別法。因此海商法應優先於民法而適用。

三、**海商法具有國際性** 海商法所規定者，以海上運送為中心，常涉及國際間之運送，故為國際性之法律。

第三章　通　則

第一節　船舶之意義及要件

　　船舶有廣狹二義。凡在水面或水中可供航行之船舶，為廣義之船舶，亦即船舶法所稱之船舶（船四）。凡在海上航行或在與海相通水面或水中航行之船舶，則為狹義之船舶，亦即海商法所稱之船舶（海一）。茲將狹義之船舶應具備之要件，述之於下：

　　一、須為商船　狹義之船舶，原則上須為商船，即為供作載客或運貨所用之私有船。倘非供作運輸之用，或雖供作運輸之用，而非屬營業性者，亦非為海商法上之船舶。

　　二、須供航行之用　凡不供航行之用者，縱漂浮於水上或潛在於水中，或僅停泊於一定港口之船舶，如橋船、薑船、燈船、修理船、倉庫船或繫留船等，非本法所稱之船舶。

　　三、須在海上或在與海相通水面或水中航行　所謂海上，即指海洋而言；按船舶除航行於海洋外，並進出於與海相通之水面或水中，作混合之航行固可適用我國海商法。至於所謂與海相通，僅在與海相通之水面或水中航行，並不進出於海洋航行者，無論其噸位若干，仍可適用海商法（以下均簡稱本法）之規定。再者水上飛機，雖能在水上航行，但其主要作用在於飛行，故不適用本法，惟如其在海上與船舶碰撞，則應適用本法。

第二節　不適用海商法之船舶

　　下列船舶，或因設備與容量過差，或因非屬商船範圍，或因航行地點不在海洋，故除因船舶碰撞外，不適用本法之規定（海三）：

　　一、**船舶法所稱之小船**　所謂船舶法所稱之小船，係指總噸位未滿五十噸之非動力船舶，或總噸位未滿二十噸之動力船舶（船三 1）。動力船舶者，謂裝有機械用以航行之船舶（船三 3）；反之非動力船舶者，謂不屬於動力船舶之任何船舶。此等船舶，事實上均屬小船，不宜航行海上，即或能航行於與海相通之水面或水中營利貨運，因對水運關係不大，且數目眾多，不易管理，故排除其適用海商法，以免徒增煩擾。

　　二、**軍事建制之艦艇**　軍事建制之船艇，如戰艦、巡洋艦、巡邏艇、驅逐艦等係供作戰之用；至於運輸艦，雖亦供運送用，惟係輔助作戰之用，無營利之情形，均非商船，自不適用本法之規定。

　　三、**專用於公務之船舶**　即國家或公法人所有之船舶，專用於公務，而非從事商運營利者，如檢疫船、測量船、氣象船、水上警察船等，均應受各有關行政法規之支配，與一般商船性質不同，故不適用本法之規定。

　　四、**本法第一條規定以外之其他船舶**　此乃概括規定，係指本法第一條規定以外之一切船舶均屬之。因此凡非在海上或非在與海相通之水面或水中航行之船舶，其總噸數縱超過上述一、之規定，則非本法所稱之船舶，如專在內河航行之船舶，或非以航行為目的之船舶，或不以商行為或營利為目的之其他船舶，例如遊艇、學術研究船等，均非本法所稱之船舶。

第三節　船舶之特性

　　船舶，除本法有特別規定外，適用民法關於動產之規定（海六）。是船舶為動產，當無疑義。但就其性質言，船舶究與其他動產不同，茲分述如下：

第一、船舶具有不動產性

　　稱不動產者，為土地及其定著物。船舶非土地及其定著物，原為動產，惟船舶因價值高，不易轉讓，故在法律上常與不動產同視。其情形如下：

　　一、**登記**　凡物權之取得、設定、喪失及變更，在動產無須登記，在

不動產非經登記，不生效力（民七五八Ⅰ）；前項行為，應以書面為之（民七五八Ⅱ）；惟本法規定，船舶關於所有權、抵押權及租賃權之保存、設定、移轉、變更、限制、處分或消滅，則非經登記，不得對抗第三人（海九、三六及船登三、四）。惟船舶登記僅為對抗要件，與一般不動產係採登記要件主義有別。

二、**抵押**　抵押權之標的，本限於不動產，而船舶亦得以之設定抵押權（海三三）。且得就建造中之船舶設定之（海三四）。

三、**船舶之租賃**　我國船舶登記法，規定關於船舶之租賃，均應行登記（船登三、四），且登記後對於此後取得船舶者，亦生效力。其理由與民法第四二五條規定不動產之租賃物交付後，縱令其所有權人讓與第三人，其租賃契約對於受讓人仍繼續存在之情形相同。蓋在保護承租人之權利，以維護經濟上之弱者。

四、**強制執行**　凡本法所規定之船舶，其強制執行，準用不動產執行之規定（強一一四Ⅰ前）。

五、**船舶是領土之延長**　國際法上將船舶視為領土之延長，為一國管轄權之範圍內，故船舶具有不動產性。

第二、船舶具有人格性

船舶為物，係所有權之標的，但其在法律上之地位，則常類似於自然人或法人，學者稱為人格性，其情形如下：

一、**船名**　船名由船舶所有人自定，但不得與他船舶名稱相同（船十二前）。船舶之名稱須標誌於船體，並向主管機關登記。經登記後，非經許可，不得任意變更。

二、**國籍**　船舶原則上非領有國籍證書或臨時船舶國籍證書者，不得航行（船九前）。

三、**船籍港**　船舶所有人應自行認定船籍港或註冊地（船一三）。船舶之有船籍港，亦同自然人或法人之有住所。倘因船舶或航行涉訟，得由船籍港所在地之法院管轄（海一〇一3、民訴七）。

四、船舶有生存期　船舶以在水面或水中可供航行為要件，故必俟下水時，始為其生存期之開始（船四前）。船舶遇滅失、報廢、沉沒或喪失中華民國國籍時，均須註銷其船舶登記，是為船舶生存期之終止。

第四節　船舶之扣押及假扣押

第一、扣押或假扣押時期之限制

　　船舶得為扣押或假扣押之標的，固與一般財產無異。惟船舶保全程序之強制執行，於發航準備完成時起，以迄航行至次一停泊港時止，不得為之，但為使航行可能所生之債務，或因船舶碰撞所生之損害，不在此限（海四Ⅰ）。其目的，在完成營運，以維護社會公益，否則如准債權人為保全程序，不僅對船舶所有人不利，且對貨物與旅客，亦將蒙受不利。所謂「對船舶保全程序之強制執行」，係指船舶之假扣押及假處分而言，但不包括扣押在內。所謂「扣押」，係指船舶所有人之債權人已取得確定判決或其他確定私權之執行名義，請求法院對船舶實施查封拍賣或其他執行行為。因此根據確定之終局裁判為強制執行者，停泊於我國港口之我國籍船舶或外國籍船舶，均得隨時扣押（查封），並無任何條件之限制，縱該船舶發航準備完成，亦然可以扣押。所謂「假扣押」，係指船舶所有人之債權人為保全其金錢請求或得易為金錢請求之請求，在未取得法院之確定判決以前，請求法院先以裁定對船舶實施假扣押。所謂「假處分」，係指債權人就金錢請求以外之請求，欲保全強制執行者，在法院之確定判決前，請求法院先以裁定對船舶實施假處分（民訴五三二）。所謂「發航準備完成時」，係指船長已取得當地航政主管機關核准發航及海關准許結關放行之情形而言。所謂「以迄航行至次一停泊港時止」，係採航段主義，又稱短航主義，例如 A 港至 B 港為一航段，自 B 港至 C 港又是另一航段，船舶於到達次一停泊港，即屬航行完成。因此我國海商法採航段主義，不採預定航行主義。所謂「為使航行可能所生之債務」，係指因備航而購置燃料、糧食及修繕所負之債務，

既有助於該次航行，且時機迫促，求償機會較少，若不予以保護，則影響所及，一般社會必相率戒懼，不敢與船舶為財務之交易，或勞務之供給，故仍許其假扣押、假處分。又此項債務，非屬債權人怠於行使其權利所致。惟為使航行可能所生之債務，僅以「本次航行」者為限，不包括「歷次航行」者在內。再者，為使航行可能所生之債務，僅限於該航次之同一船舶，對於船舶所有人之其他船舶，不得適用之。總而言之，為使航行可能發生之債務，對該債務所由發生之船舶，得隨時為假扣押、假處分。至於船舶碰撞之損害賠償，得隨時對加害船舶施以假扣押、假處分。

第二、假扣押方法之限制

在國境內航行之船舶，不虞逃匿，如須執行保全程序，依本法規定，得以揭示方法為之（海四II），俾不致因執行假扣押，而影響船舶航行。

第五節　法律之適用

海商事件，本法無規定者，適用其他有關法律之規定（海五）。所謂其他法律，當然包括民法在內。蓋海商法為民法之特別法，特別法優先適用於普通法，故必海商法無規定時，而後始適用民法之規定。然海事之特別法規，如船舶法、船舶登記法、引水法等，對於海商法而言，則為特別法，故應優先於海商法而適用。至海商法如無規定，而民事其他特別法規有規定時，則其他民事特別法，仍優先適用於民法，例如海商法中之海上保險無規定時，即須先行適用保險法之規定，必保險法無規定，始得適用民法是。再者，本法第五條僅規定適用民法或其他有關法律之規定，倘民法未規定者，其適用當依民法第一條規定：「民事，法律所未規定者，依習慣；無習慣者，依法理。」處理之。

第四章 船 舶

第一節 船舶所有權

第一、船舶所有權之範圍

　　船舶組成部分，極為複雜，除給養品外，凡於航行上或營業上必需之一切設備及屬具，皆視為船舶之一部（海七）。此乃因其在構造上、營業上及經濟上，與船舶均有不可分離之關係使然。因此，船舶所有權之範圍，可歸納如下所述：

　　一、**船體**　即船舶之本體，如龍骨、甲板及汽機等是。

　　二、**設備**　即船舶上之一切固定設施，如客艙、貨艙以及電信、衛生、救火、排水等設備是。

　　三、**屬具**　即附屬於船舶之用具及機械，如鐵錨、雷達、海圖及桌椅、床灶、羅盤、救生艇、起重機之類等是。至給養品，如米菜油鹽等，則不能視為船舶之一部。

第二、船舶所有權之取得

　　船舶所有權之取得，可分為原始取得及繼受取得二種。前者如因建造、捕獲或沒收而取得是。後者如因繼承、讓與或贈與而取得是。關於捕獲或沒收，係由國家取得所有權，屬於公法之範圍。其他基於私法上原因而取得者，除依船舶登記法之規定為所有權之登記外，海事法既無規定者，自可適用民法物權之規定。現就本法所規定船舶之讓與及登記，述之於下：

　　一、**所有權之讓與**　船舶所有權或應有部分之讓與，非作成書面，並依下列之規定，不生效力（海八）。此乃船舶具有不動產性使然。

㈠在中華民國，應申請讓與地或船舶所在地航政主管機關蓋印證明。

㈡在外國，應申請中華民國駐外使館、代表處或其他外交部授權機關蓋印證明。

二、所有權之登記　船舶所有權之移轉，非經登記，不得對抗第三人（海九）。所謂移轉，包括買賣、繼承、贈與、互易、委付及公司合併等項。所謂非經登記不得對抗第三人者，乃以登記為對抗第三人之公示效力，而非以之為移轉之成立要件，故船舶之移轉，即使未經登記，而其移轉契約仍生效力。

第三、造船之破產

船舶建造中，承攬人破產而破產管理人不為完成建造者，船舶定造人得將船舶及業經交付或預定之材料，照估價扣除已付定金，給償收取之，並得自行出資在原處完成建造，但使用船廠，應給與報償（海一〇）。蓋使船舶建造，不因承攬人之破產而中輟，以謀航海事業之發展。

第四、船舶所有權之喪失

可分為絕對喪失與相對喪失。相對喪失即指所有權之移轉。絕對喪失，則為所有權之絕對消滅之原因，其原因有六。即：

一、船舶所有人拋棄船舶。

二、船舶滅失。

三、船舶報廢。

四、船舶失蹤。

五、船舶沉沒，無法打撈修復。

六、船舶喪失國籍等。

第五、船舶之共有

一、船舶共有之意義及性質　船舶共有者，數人共有一船舶所有權之謂。按船舶共有為民法上物權共有關係，惟是否兼有民法上之合夥關係，

向有三說：即㈠合夥關係說：此說認為船舶共有除具有民法物權關係外，尚有債權關係。㈡單純共有說：此說認為船舶共有僅有物權關係，無債權關係。㈢折衷說：此說認為共有人有物權關係，固無疑問。惟其若共同經營航海事業，則尚有債權關係。我國海商法第十一條至第二十條之規定觀之，係採單純共有說，而無合夥性，俾保護船舶共有人。

　　二、船舶共有人之內部關係

　　㈠共有船舶之處分　船舶共有人關於共有船舶之處分及其他與共有人共同利益有關之事項，應以共有人過半數並其應有部分之價值合計過半數之同意為之（海一一），此採人數主義與價值主義兼顧。其目的在於保障小額共有人之利益，俾免專斷。所謂船舶之處分者，指以船舶為標的所為之法律行為，非僅船舶之讓與，即船舶之抵押或保險之委付，亦屬處分行為。所謂與共有人共同利益有關之事項，即係關於船舶利用行為與管理行為，如船舶之營運、修繕、保存及改良等是。

　　㈡船舶部分之出賣　船舶共有人有出賣其應有部分時，其他共有人得以同一價格儘先承買。因船舶共有權一部分之出賣，致該船舶喪失中華民國國籍時，應得共有人全體之同意（海一二）。蓋船舶喪失中華民國國籍，即不得懸掛中華民國國旗（船六前）及除經中華民國政府特許或為避難者外，不得在中華民國公告為國際商港以外之其他港灣口岸停泊（船八）。此與共有人全體利益攸關，故有本項之規定。

　　㈢船舶部分之抵押　船舶共有人以其應有部分供抵押時，應得其他共有人過半數之同意（海一三），俾保護多數人之權利。所謂「其他共有人過半數之同意」，似指人數之過半數而言，非謂應有部分價值之過半數，但若表決人數相等時，則取決於金額。

　　㈣共有關係之退出　船舶共有人為船長而被辭退或解任時，得退出共有關係，並請求返還其應有部分之資金（海一五Ⅰ）。上述資金數額，依當事人之協議定之。協議不成時，由法院裁判之（海一五Ⅱ）。至於退出共有關係返還應有部分資金之權，自被辭退之日起算經一個月不行使而消滅（海一五Ⅲ），蓋航海事業貴乎敏捷，不宜久懸不決。

㈤共有關係之繼續　共有關係，不因共有人中一人之死亡、破產或受監護宣告而終止（海一六）。因此，船舶共有人死亡者，其應有部分由繼承人承受；破產者，其應有部分移交破產管理人；受監護宣告者，其應有部分由監護人管理之，故其共有關係，不因此而終止。

三、船舶共有人之外部關係

㈠債務之分擔　船舶共有人對於利用船舶所生之債務，就其應有部分負比例分擔之責（海一四 I）。所謂利用船舶所生之債務，例如船舶之修理或燃料費用，以及海員之給養薪水等費用均是。

㈡應有部分之委棄而免責　共有人對於發生債務之管理行為，曾經拒絕同意者，關於此項債務，得委棄其應有部分於他共有人而免其責任（海一四 II），是為船舶共有人之免責委棄權。蓋航海事業，本多危險，如此所以減輕船舶共有人之責任，藉以獎勵航業之投資。因此共有人之免責委棄權之行使要件有三：

1. 須因管理行為所生之債務　所謂管理行為，包括保存、利用及改良行為，因此等行為而生之債務。

2. 須共有人對於此項管理行為，曾經拒絕同意　同意管理行為人，無免責委棄權。

3. 須共有人委棄其應有部分於他共有人　即須有行使委棄權之表示，而此項行使之期限，本法無規定，德國商法以三日為限。

㈢選任共有船舶經理人　船舶共有人人數眾多，意見分歧，事權不一，故應選任共有船舶經理人，經理其營業。茲述本法有關經理人之規定如下：

1. 共有船舶經理人之選任　共有船舶經理人之選任，應以共有人過半數，並其應有部分之價值合計過半數之同意為之（海一七）。

2. 共有船舶經理人之權限　共有船舶經理人與船舶共有人間係屬委任關係，自應適用民法上委任之規定（民五四六至五四八）。惟本法復特別規定，共有船舶經理人關於船舶之營運，在訴訟上或訴訟外代表共有人（海一八）。所謂營運，係指關於船舶之一切經營與運送業務而言。共有船舶經理人非經共有人依第十一條規定之書面委任，不得出賣或抵押其船舶（海

一九Ｉ），但船舶之租賃及保險，解釋上共有船舶經理人應有此權。因此船舶共有人如不擬授予共有船舶經理人有此權限，自得依契約加以拘束之。再者，船舶共有人，對於共有船舶經理人權限所加限制，不得對抗善意第三人（海一九ＩＩ）。所謂善意第三人，係指不知情之第三人而言。

　　3. 共有船舶經理人之義務　　共有船舶經理人於每次航行完成後，應將其經過情形報告於共有人。共有人亦得隨時檢查其營業情形，並查閱帳簿（海二〇）。蓋共有人既不經營船舶之財產，又不親理船上一切事務，故有此規定，以資保護共有人。

第二節　船舶所有人之責任限制

第一、責任限制之意義及理由

　　船舶所有人對於船舶之利用，大抵僱用船長及其他船員為之，故船長及船員乃船舶所有人之受僱人。受僱人於航行中對於他人所加損害，依民法之規定，僱傭人應負連帶賠償之責（民一八八）。同時船舶所有人，亦為運送人之一，亦應負運送人之責任（民六三四）。然則，船舶所有人以船舶經營海運是種冒險的營業，海難海損之發生，在所難免，故各國立法例均以法律減輕船舶所有人之責任，本法亦然，是謂船舶所有人責任之限制。考其限制之理由，約有五點。茲述之於下：

　　一、船長及其他高級海員，均須經國家考試而領有證書者，始能充任，非船舶所有人所能任意選任。

　　二、船長在航行中權限極大，船舶所有人不易指揮命令。

　　三、海員在航行中，行動自由，船舶所有人無法直接指揮監督。

　　四、航業之危險性甚大，為獎勵船舶所有人從事航海事業，特將船舶所有人之責任減輕，以示鼓勵。

　　五、海商企業為一國軍事、政治、經濟活動之基礎，關係國運之盛衰，為應國策之需要，特別予以獎勵。

第二、責任限制之主義

關於船舶所有人責任之限制，立法例不一，約有下列數種：

一、執行主義　亦稱海產主義或物的執行主義。即將船舶所有人之財產分為海產與陸產，船舶所有人就債務所負責任，僅以本次航行之海產為限。就海產執行不足清償部分，船舶所有人不負其責。其優點在於責任明確扼要。缺點在於陳舊之船舶航行時，遇有海難，則任其沉毀，仍可抵償，實與不負責任同，且以船舶為強制執行之財產，則船舶所有人往往任其船舶荒廢而怠於保養，致債權人遭受無謂之損失。此主義，昔日德國商法採之，惟自一九五七年起改採「金額主義」。

二、委付主義　船舶所有人就船舶業務活動所生之債務，原則上與其他之債務相同，應以其全部財產負人的無限責任，但在法律規定下，對於特種債權人，得委付其海產（船舶及運費）予債權人，而免除其責任。其缺點，乃委付須經表示，否則船舶所有人仍須負無限責任。其優點在於因委付而負有限責任，可預作準確估計其最大責任限度。此主義，法國及日本採之。

三、金額主義　亦稱金額限制主義，或噸數主義，即船舶所有人之責任，以其船舶登記之噸數為比例，分別就對人或對物之損害，而決定其所負責之限度。其缺點，在一次航海中不幸發生數次事故，船舶所有人仍須按次負擔責任，其責任幾乎等於無限。其優點，船舶愈優者，所有人損失愈輕，有淘汰劣船之利，且預定財產價格為船舶所有人責任之最高限度，債權人之擔保，較為穩固。此主義，英國採之。

四、船價主義　亦稱船價責任主義，即船舶所有人之責任，原則上以本次航海終止時之海產價值為限，負人的有限責任，但船舶所有人亦得不提出其海產價值，委付其海產於債權人，而免其責任。其優點乃在船舶所有人僅估定船舶之價值，提供其金額即可免其責任。至於債權人既有船價現金作擔保，債務人對船舶處分或利用，可免去委付主義拍賣之程序，頗稱便利。其缺點在於海產價格不易估定，倘船舶漂流海島，鑑定人不易覓

得。此主義，美國採之。

　　五、選擇主義　即船舶所有人於委付、執行及金額責任等主義，選擇其一，以免其責任。此主義，為萬國海法會議於一九○七年在威尼斯所擬之草案。

　　六、併用主義　即船舶所有人所負之責任，以海產之價格為限，就船舶每噸負英幣八鎊之責任。如無海產，則每噸八鎊之責任即不須執行。此主義為一九二三年船舶所有人責任限制統一條約案所採用。

第三、我國船舶所有人責任限制之標的及估價

　　我國海商法規定，船舶所有人所負之責任，以本次航行之船舶價值、運費及其他附屬費為限（海二一Ⅰ本文），係採船價主義。前項所稱船舶所有人，包括船舶所有權人、船舶承租人、經理人及營運人（海二一Ⅱ）。所稱本次航行，指船舶自一港至次一港之航程（海二一Ⅲ前）。又我國海商法復規定，前述責任限制數額如低於下列標準者，船舶所有人應補足之（海二一Ⅳ）：

　　「一、對財物損害之賠償，以船舶登記總噸，每一總噸為國際貨幣基金，特別提款權五四計算單位，計算其數額。

　　二、對人身傷亡之賠償，以船舶登記總噸，每一總噸特別提款權一六二計算單位計算其數額。

　　三、前二款同時發生者，以船舶登記總噸，每一總噸特別提款權一六二計算單位計算其數額。但人身傷亡應優先以船舶登記總噸，每一總噸特別提款權一○八計算單位計算之數額內賠償，如此數額不足以全部清償時，其不足額再與財物之毀損滅失，共同在現存之責任限制數額內比例分配之。

　　四、船舶登記總噸不足三百噸者，以三百噸計算。」

由上觀之，我國海商法又採金額主義。依我國海商法規定，若船價高於金額時，船舶所有人之責任限額，以船價為準，即採船價主義。反之，若船價低於前述之金額時，船舶所有人應補足之，則船舶所有人之責任限額以前述之金額為準。因此我國海商法之規定，兼採船價主義與金額主義，俾

能刺激及鼓勵船舶所有人淘汰劣質之老舊船舶，以積極建造性能優良之新船舶。

採金額主義時，國際貨幣基金會之特別提款權，一計算單位(S.D.R.)究竟換算美幣多少？可由國際金融雜誌 (*International Financial Statistic*) 或路透社 (Reuters) 得知。民國八十八年七月二十七日掛牌特別提款權一單位等於美幣一‧三六三五美元。依前述我國海商法之規定，計算每一總噸賠償美幣數額，再從美幣換算為新臺幣，即可得知賠償之金額。

一、船舶之價值　船舶所有人之責任限制，採船價主義者，船舶所有人對於本次航行之船舶價值應證明之。

船舶價值之估計，以下列時期之船舶狀態為準（海二三）：

㈠因碰撞或其他事變所生共同海損之債權，及事變後以迄於第一到達港時所生之一切債權，其估價依船舶於到達第一港時之狀態。所謂第一港，係指事變到達之第一港，非全航程中之第一港。

㈡關於船舶在停泊港內發生事變所生之債權，其估價依船舶在停泊港內事變發生後之狀態。按船舶進入港口後，連結數個事故為一體之「同一航段」的關係，即為終結，港內所發生之損害賠償請求權為另一個債權團體。

㈢關於貨載之債權或本於載貨證券而生之債權，除前二款情形外，其估價依船舶於到達貨物之目的港時，或航行中斷地之狀態，如貨載應送達於數個不同之港埠，而損害係因同一原因而生者，其估價依船舶於到達該數港中之第一港時之狀態。本款之規定，係基於無海上事故，且因運送契約而生之債權者；若因侵權行為而生者，不適用之。

㈣關於第二十一條所規定之其他債權，其估價依船舶航行完成時之狀態。即非因海上事故，且非因違反運送契約而生之債權。例如船舶依職權所為借貸行為。

二、運費　所謂運費，係指發生責任之船舶，在本次航海所應得之運費而言，但不包括依法或依約不能收取之運費及票價（海二一Ⅲ中）。

三、附屬費　所謂附屬費，係指船舶因受損害應得之賠償，但不包括保險金（海二一Ⅲ後）。

第四、船舶所有人責任限制之債務

船舶所有人對下列事項所負之責任，以本次航行之船舶價值、運費及其他附屬費為限：

一、在船上、操作船舶或救助工作直接所致人身傷亡或財物毀損滅失之損害賠償　可分為三：㈠在船上直接所致人身傷亡或財物毀損滅失之損害賠償；㈡操作船舶直接所致人身傷亡或財物毀損滅失之損害賠償；㈢救助工作直接所致人身傷亡或財物毀損滅失之損害賠償。所謂操作船舶，如因操作船舶致船舶碰撞而生被害船舶上之旅客、船員之死傷，或被害船舶上貨物之毀損滅失，或港灣設施，如岸堤、防波、浮筒、碼頭及漁業設施所生之損害。

二、船舶操作或救助工作所致權益侵害之損害賠償。但不包括因契約關係所生之損害賠償　本款係就前款人身及財物以外，所致權益損害之一般規定，如運送物運送遲延所生之損害賠償。

三、沉船或落海之打撈移除所生之債務。但不包括依契約之報酬或給付　船舶所有人未盡義務，清除沉船或落海物，則港務機關為維持航道之暢通及防止危險，基於其公權力之作用，可代為執行，其因之而代墊之費用，船舶所有人得主張責任限制。

四、為避免或減輕前二款責任所負之債務　此款之債務，通常係由無因管理或不當得利為原因而生之費用返還請求權，如船舶將被害船舶拖帶至港口之拖帶費用。

第五、船舶所有人限制責任之例外

船舶所有人對於本法責任限制之規定，對於下列情形不適用之（海二二），即仍應負無限責任：

一、本於船舶所有人之故意或過失所生之債務　故意者，係指船舶所有人明知並有意使其發生或其發生不違反船舶所有人之意思者，船舶所有人對其行為應負責任。又此項過失，乃船舶所有人親身所參與，例如選任

船長不當，對海員怠於監督或指示錯誤，以致第三人蒙受損害時，船舶所有人應負無限責任。

二、本於船長、海員及其他服務船舶之人員之僱傭契約所生之債務

此項契約，不論為船舶所有人自訂，或經理人代訂，均推定為所有人與受僱人間之直接契約，其因此所生之債務，應負無限責任。例如船舶員工之薪水、工資、津貼等，乃員工及其家屬生活所依賴，為保護航海業務人員使其安心工作，特規定船舶所有人應負無限責任。

三、救助報酬及共同海損分擔額。

四、船舶運送毒性化學物質或油污所生損害之賠償。

五、船舶運送核子物質或廢料發生核子事故所生損害之賠償。

六、核能動力船舶所生核子損害之賠償。

第三節　海事優先權

第一、海事優先權之概念

優先權者，即有優先受償之權利。海事優先權，乃基於船舶之特定債權，就該船舶、運費及其附屬物，有優先於其他債權而受清償之權利。通常債務人之財產，為各債權人之總擔保。在一般債權，除有擔保物權者外，原應平等受償，但海運事業有其特殊性，基於共益、公益或衡平之理由，特以法律規定若干特定債權，雖無擔保物權存在，亦承認其有優先受償之權利，以免因船舶所有人限制責任之結果，而無從受償。

第二、海事優先權之法律性質

海事優先權之法律性質，向有物權說與債權物權化說之爭。前者，認為海事優先權及船舶抵押權均與船舶所有權同列，應屬於物權。後者，認為船舶之優先權是法律強制規定，為一種特殊債權所產生之權利，具有債權性，可稱為債權物權化。現行本法第二十四條之規定，乃採前者，即物權說。

第三、海事優先權之債權

下列各款為海事優先權所擔保之債權，有優先受償之權（海二四Ⅰ）：

一、船長、海員及其他服務船舶人員，本於僱傭契約所生之債權（海二四Ⅰ1） 此項債權最主要為薪津，他如治療費、看護費、喪葬費等，基於衡平理由及社會立法觀念，予以優先權。

二、因船舶操作直接所致人身傷亡，對船舶所有人之賠償請求（海二四Ⅰ2） 本款係基於衡平公益使然。所謂「操作」，包含有船舶之航運、營運、利用等。此之人員，包括旅客、送行人、參訪人員及船員等。此之傷亡，包括陸上及水上之傷亡在內。

三、救助之報酬、清除沉船費用及船舶共同海損分擔額之賠償請求（海二四Ⅰ3） 此乃基於共益理由使然，俾獎勵救助遭難船貨人命、清除沉船費用及保護共同海損之債權。惟此項救助所負之費用，必因其救助有所效果時，始得有優先受償。倘救助無效果，則船舶所有人並無支付任何報酬之義務。

四、因船舶操作直接所致陸上或水上財物毀損滅失，對船舶所有人基於侵權行為之賠償請求（海二四Ⅰ4） 本款係基於衡平公益使然。限於侵權行為所生財物毀損或滅失之賠償請求，不包括基於契約為請求之理由。

五、港埠費、運河費、其他水道費及引水費（海二四Ⅰ5） 此係因共益之理由，而有海事優先權。

上述四、五、所述，其海事優先權之發生，並不以船舶所有人與託運人間有運送契約之存在為必要。縱使以自己之船舶供他人實施運送者，船舶所有人負有以該船舶負擔海事優先權之責任。

第四、海事優先權之標的

依本法第二十四條規定得優先受償之標的物如下（海二七）：

一、船舶、船舶設備及屬具或其殘餘物 此之船舶，係指某一特定船舶，而不及於同一船舶所有人之他船舶。

二、在發生優先債權之航行期內之運費　此之運費，以優先債權發生之航行期內之運費為限。不論已收未收，均包括在內，若前次航行期內，或後次之航行期內之運費，均不在其內。惟為保護船長、海員及其他服務船舶之人員，本於僱傭契約之債權，得就同一僱傭契約期內所得之全部運費，優先受償，不受本次航行之限制（海二八）。

三、船舶所有人因本次航行中船舶所受損害，或運費損失應得之賠償　例如船舶因他船舶之過失，致生碰撞，而取得損害賠償（海九六）。

四、船舶所有人因共同海損應得之賠償　詳閱「共同海損章」所述。

五、船舶所有人在航行完成前，為施行救助所應得之報酬　此之報酬，並不限於救助他人之船舶所應得之報酬，縱使救助自己之船舶所應得之報酬，亦應包括在內。蓋屬於同一所有人之船舶救助，仍得請求報酬（海一〇四Ⅰ）。

第五、海事優先權之位次

所謂海事優先權之位次，即海事優先權之順序，係二以上海事優先權同時存在時，其優先受償之順序。茲分述如下：

一、同次航行之海事優先權　其情形有五：

㈠屬於同次航行之海事優先權，其位次依海商法第二十四條各款之規定（海二九Ⅰ）。即該條第一款為第一位，應最先受償。第二款為第二位，須俟第一款清償後，始可受償；餘者類推。

㈡一款有數債權者，不分先後，比例受償（海二九Ⅱ）。

㈢港埠費、運河費、其他水道費及引水費所列之債權（海二四Ⅰ5），如有二個以上屬於同一種類，其發生在後者，優先受償。救助報酬之發生應以施救行為完成時為準（海二九Ⅲ）。因在先之債權，係由於在後之債權始得保全。此之所謂「同一種類」，通說係指「同一條款」而言。

㈣共同海損之分擔，應以共同海損行為發生之時為準（海二九Ⅳ）。

㈤因同一事變所生之各債權，視為同時發生之債權（海二九Ⅴ），例如

同一事變發生兩宗撈救之報酬，因難分先後，故視為同時發生之債權，而比例受償。

二、異次航行之海事優先權 不屬於同次航行之海事優先權，其後次航行之海事優先權，先於前次航行之海事優先權（海三〇）。蓋前次航行所生之海事優先權，係因後次航行所生之海事優先權，始得保全，且前次航行所發生之債權，應及早行使而不行使，故法律自不再予特別保護。

第六、海事優先權與船舶抵押權之位次

海事優先權與船舶抵押權競合時，海商法第二十四條第二項規定，本條海事優先權之位次，在船舶抵押權之前。即船舶抵押權不得先於海事優先權清償。蓋船舶抵押權，係由當事人間之契約自由發生，而海事優先債權係基於法律之強制規定，如不嚴加限制，恐船舶所有人於海事優先債權發生時，任意設定船舶抵押權，以圖妨害，故法律特別明文限制之。

第七、海事優先權之效力

可分為二：

一、一般之效力 海事優先權之債權人，得就法律所定之標的物先於其他債權人而受清償。

二、特別之效力 ㈠海事優先權與船舶抵押權競合時之效力，海事優先權之位次，在船舶抵押權之前。㈡海事優先債權不因船舶所有權之移轉而受影響（海三一）。其立法意旨，在保護海事優先債權人，藉以防止船舶所有人為避免債務，而將船舶所有權移轉於第三人，致使債權無法受償。㈢建造或修繕船舶所生債權，其債權人留置船舶之留置權位次，在海事優先權之後，船舶抵押權之前（海二五），俾避免船舶所有人將利用留置權之發生，而使本法所規定之海事優先權成為具文。

第八、不適用海事優先權之規定

本法第二十二條第四款至第六款之賠償請求，即一、船舶運送毒性化

學物質或油污所生損害之賠償；二、船舶運送核子物質或廢料發生核子事故所生損害之賠償；三、核能動力船舶所生核子損害之賠償。不適用本法有關海事優先權之規定（海二六）。

第九、海事優先權之消滅

第二十四條第一項即因船舶操作直接所致人身傷亡，對船舶所有人之賠償請求。救助之報酬、清除沉船費用及船舶共同海損分擔額之賠償請求。因船舶操作直接所致陸上或水上財物毀損滅失，對船舶所有人基於侵權行為之賠償請求。港埠費、運河費、其他水道費及引水費。海事優先權自其債權發生之日起，經一年而消滅。但船長、海員及其他在船上服務之人員，本於僱傭契約所生之債權（海二四Ⅰ1）之賠償，自離職之日起算（海三二）。

上述所提一年期間，有學者認為除斥期間者（如何佐治著最新海商法釋義第一一五頁；鄭玉波著海商法第二六頁；施智謀著海商法第三四七頁）；亦有學者認為是消滅時效期間者（如吳智著海商法第六六頁），參諸德、法海商法之規定，應以消滅時效期間為妥。

上述海事優先權消滅後，其所擔保之債權與普通債權相同，不復有優先受償之權。

第四節　船舶抵押權

第一、船舶抵押權之概念

抵押權者，即對於債務人或第三人不移轉占有而供擔保之不動產，得就其賣得價金受清償之權（民八六〇）。船舶抵押權，乃以船舶及屬具為標的而供擔保之特殊抵押權利。船舶本為動產，然在法律上，則恆與不動產同視，故民法上有關不動產抵押權之規定，於船舶抵押權，亦適用之。茲將海商法所設之特別規定，分述於後：

第二、船舶抵押權之範圍

船舶抵押權所擔保者，除另有約定外，為原債權、利息、遲延利息及實行抵押權之費用，與民法上抵押權同（民八六一）。

第三、船舶抵押權設定之方式

船舶抵押權之設定，應以書面為之（海三三）。且其設定，除法律別有規定外，僅船舶所有人或受其特別委任之人，始得為之（海三五）。所謂法律別有規定者，如船舶所有人為無行為能力人時，得由法定代理人為之是。所謂特別委任，該特別委任人必須有書面之委任始可，如共有船舶經理人是（海一九、一一）。

第四、船舶抵押權設定之標的

凡以總噸位滿五十噸以上非動力船舶，或滿二十噸以上之動力船舶（船三 1），曾經登記者，均得為船舶抵押權之標的。甚至在建造中之船舶，亦得設定抵押權之標的（海三四）。其立法意旨，在以獎勵造船事業，便利船舶所有人資金之融通，以完成其造船事業。

第五、船舶抵押權設定之效力

一、**非經登記不得對抗第三人**　船舶抵押權之設定，不論是航行中之船舶，抑或建造中之船舶，非經登記，不得對抗第三人（海三六）。此乃因船舶價值昂貴，具有不動產性使然。

二、**不因分割或出賣而受影響**　船舶共有人中一人或數人就其應有部分所設定之抵押權，不因分割或出賣而受影響（海三七），此乃船舶不可分性使然。船舶設定抵押之部分，雖已經分割或出賣，抵押權人對於分割或出賣部分，仍得行使其權利。

第六、船舶抵押權之消滅

船舶抵押權之消滅，有實質消滅者，如船舶滅失、被沒收或被強制執行拍賣；有因法律行為消滅者，如抵押權之實行或主債權因清償、抵銷、免除、混同而消滅；有依法律規定消滅者，如抵押擔保之債權等，其請求權因時效而消滅。

第五章 運 送

第一節 貨物運送

運送契約原分陸運、空運及海運等契約。本章所指之運送契約，乃屬海運契約而言。惟海運契約又可分為貨物運送契約及旅客運送契約兩種。旅客運送契約，除另有規定外，多準用關於貨物運送契約之規定。

第一、貨物運送契約之意義

貨物運送契約者，謂當事人之一方支付運費，他方以船舶由特定處所代為運送貨物至另一特定處所之契約。

第二、貨物運送契約之性質

一、**貨物運送契約，係承攬契約** 貨物運送契約，係一方交付運費，囑託物品之運送，他方收受運費而完成運送業務之契約，故屬於承攬契約（民四九〇）。

二、**貨物運送契約，係雙務契約** 貨物運送契約之雙方當事人，均負有對待給付之義務。蓋一方給付運費，他方完成貨物運送業務，故為雙務契約。

三、**貨物運送契約，係有償契約** 貨物運送契約者，係由託運人對於運送人約定給付相當報酬之契約。

四、**傭船貨物運送契約，係要式契約** 以船舶之全部或一部供運送為目的之運送契約，應以書面為之（海三九），並應記載一定之事項。惟件貨運送契約，得為不要式契約。

五、**貨物運送契約，係利他契約** 貨物運送契約者，係由託運人將貨

物交給運送人送達至目的地，而交付於受貨人，故為利他契約。

第三、貨物運送契約之種類及其區別

貨物運送契約有件貨運送契約與傭船契約之別（海三八）。茲分述如下：

一、件貨運送契約　亦稱搭載契約，係以貨物之件數或數量運送為目的，並以此為運費計算標準之運送契約。託運人對於船艙裝貨情形，無權過問。

二、傭船契約　傭船契約者，係以船舶之全部或一部供運送為目的之運送契約。其以船舶之全部供運送為目的者，為全部傭船契約。以船舶之一部供運送為目的者，為一部傭船契約。又傭船契約復可分為二，即其供於特定期間為運送，傭船人無須確定其航路者，為定時傭船契約，亦稱期間傭船契約；其供於特定航路，並以航次計算支付費用為運送者，為定程傭船契約，亦稱航程傭船契約。

除上述之分類外，習慣上，尚有再運送契約、聯營運送契約及複合運送契約等。再運送契約者，係運送人利用其與他運送人所訂之運送契約，將其所負之運送責任，轉嫁於他運送人，而賺取運費差額之運送契約，此本法尚乏明文規定之。至於聯營運送契約者，係指多數運送人分段參與全部「航程」，以完成運送之運送契約，此本法第七十四條第二項之規定，可資適用。再者，複合運送契約者，又稱多式運送契約，係指多數之運送人利用不同之運輸工具，分段實施全程之運送，而其中至少一段係利用海船者，此以貨櫃運輸最為常見，對此本法第七十四條第二項之規定可資適用。

傭船契約與件貨運送契約不同，與船舶租賃契約亦有異。茲分別比較如下：

一、傭船契約（簡稱前者）與件貨運送契約（簡稱後者）之區別

㈠就意義言　前者，為船舶所有人以船舶之全部或一部供傭船人運送物品之契約，應以書面為之，並應載明法定事項（海四〇），故為要式契約；後者，運送人與託運人約定代為運送貨物之契約，得以口頭或書面訂立，為不要式契約。

㈡**就貨物裝載言**　前者，傭船人所包定之部位，縱有空地可裝貨物，船舶所有人非經傭船人之同意，不得與他人訂約，另行裝載；後者，船艙若有空地，船舶所有人得自由與他人訂約，裝載貨物。

㈢**就運費計算言**　前者，其運費之計算，多以艙位之大小，期間之長短為標準；後者，則多以貨物之重量，容積或件數為標準。

㈣**就航海期間言**　前者，多屬於不定期航海；後者，則多屬於定期航海。

㈤**就航路言**　前者，多屬於不特定航路；而後者，多屬於特定航路。

㈥**就船舶所有權移轉言**　前者，不因船舶所有權之移轉而受影響；後者，則無此適用。

二、傭船契約與船舶租賃契約之區別

㈠**就契約目的言**　前者，為承攬契約，其目的在於完成運送；後者，為租賃契約，其目的在於船舶之使用與收益。

㈡**就船舶支配言**　前者，傭船人不得占有船舶；後者，承租人則可占有船舶。

㈢**就船舶運費言**　前者，傭船人僅支付運費，無須負擔航行之費用；後者，承租人除支付租金外，尚須負擔航行費用。

㈣**就船舶艤裝言**　前者，船舶由船舶所有人艤裝；後者，則由承租人艤裝。

㈤**就船舶利用言**　前者，雖屬全部傭船，亦僅利用其船艙；後者，承租人利用船舶之全部。

㈥**就海員僱用言**　前者，傭船人對於海員無任何關係；後者，海員多由承租人僱用。

㈦**就對第三人關係言**　前者，傭船人對於第三人無任何法律關係；後者，承租人關於船舶之利用，對於第三人與船舶所有人有同一之權利義務。

第四、貨物運送契約之訂立

貨物運送契約之訂立，因其為傭船契約，抑為件貨運送契約，而有不

同。茲分述如下：

一、**傭船契約之訂立**　以船舶之全部或一部供運送為目的之運送契約，應以書面為之（海三九），故為要式契約，並應載明下列事項（海四〇）：

㈠當事人之姓名或名稱，及其住所、事務所或營業所。

㈡船名及對船舶之說明。

㈢貨物之種類及數量。

㈣契約期限或航程事項。

㈤運費。

二、**件貨運送契約之訂立**　此項契約，應如何訂立，本法無規定者，應適用其他法律之規定（海五），故適用民法有關運送規定。通常僅託運人於運送人請求時，始填給託運單（民六二四）即可，故得為不要式契約。

第五、貨物運送契約之效力

一、運送人之權利、義務及責任

㈠運送人之權利

1.**運費請求權**　運送人負擔完成運送之工作，自應有請求運費之權利（海四〇5）。

2.**交還載貨證券請求權**　受貨人請求交付貨物時，運送人可請其交還載貨證券（海六〇準民六三〇）。

3.**損害賠償請求權**　以船舶之全部或一部供運送者，運送人非於船舶完成裝貨或卸貨準備時，不得簽發裝貨或卸貨準備完成通知書(海五二Ⅰ)。裝卸期間自前項通知送達之翌日起算，期間內不工作休假日及裝卸不可能之日不算入，但超過合理裝卸期間者，船舶所有人得按超過之日期，請求合理之補償（海五二Ⅱ）。

前項超過裝卸期間，休假日及裝卸不可能之日亦算入之（海五二Ⅲ）。又船長發見未經報明之物，如有損害，亦得請求賠償（海六五Ⅰ）。

4.**未經報明貨物處置權**　運送人或船長發見未經報明之貨物，得在裝載港將其起岸，或使支付同一航程同種貨物應付最高額之運費。前述貨物

在航行中發見時，如係違禁物，或其性質足以發生損害者，船長得投棄之（海六五Ⅰ、Ⅱ）。

5.貨物寄存權

(1)受貨人怠於受領貨物時，運送人或船長得以受貨人之費用，將貨物寄存於港埠管理機關或合法經營之倉庫，並通知受貨人（海五一Ⅰ）。如受貨人不明或受貨人拒絕受領貨物時，運送人或船長得依上項之規定辦理，並通知託運人及受貨人（海五一Ⅱ）。

(2)載貨證券持有人在二人以上，請求交付貨物時，運送人或船長應即將貨物依法寄存（海五八Ⅱ、五一），並通知曾為請求之各持有人。載貨證券有數份，其持有人僅以一份，於貨物目的港請求交付貨物，運送人或船長已交付貨物之一部分後，如他持有人請求交付貨物者，對於其賸餘之部分，亦同（海五八Ⅱ）。

㈡運送人之義務

1.應為注意及措置之義務　運送人或船舶所有人於發航前及發航時，對於下列事項，應為必要之注意及措置（海六二Ⅰ）：

(1)使船舶有安全航行之能力。

(2)配置船舶相當船員、設備及供應。

(3)使貨艙、冷藏室及其他供載運貨物部分，適合於受載、運送與保存。

(4)對於承運貨物之裝載、卸載、搬移、堆存、保管、運送及看守，亦應為必要之注意及處置（海六三）。

所謂安全航行能力，應從廣義解釋，即不僅包括船身之構造及運轉之機械設備，必須能適應一般普通海險而無缺失；其他如規定海員之配置，船舶上一切設備及供應，亦不能缺乏（海六二Ⅰ2）。例如船上之救生、救火、防水等設備，及燃料、淡水等供應，均直接間接與船舶航行安全攸關，船舶所有人或運送人，不能免除是項因不注意措置而生之損害責任。

2.發給載貨證券之義務　運送人或船長於貨物裝載後，因託運人之請求，應發給載貨證券（海五三）。

3. 貨物運達之通知義務　貨物運達後，運送人或船長應即通知託運人指定之應受通知人或受貨人（海五〇）。

4. 等候裝載及卸載之義務　運送人以船舶之全部或一部供運送者，運送人非於船舶完成裝貨或卸貨準備時，不得簽發裝貨或卸貨準備完成通知書（海五二Ｉ）。裝卸期間自前項通知送達之翌日起算，期間內不工作休假日及裝卸不可能之日不算入。但超過合理裝卸期間者，船舶所有人得按超過之日期，請求合理之補償（海五二Ⅱ）。前述超過裝卸期間，休假日及裝卸不可能之日亦算入之（海五二Ⅲ）。

5. 交付貨物之義務　載貨證券有數份者，在貨物目的港請求交付貨物之人，縱僅持有載貨證券一份，運送人或船長不得拒絕交付。不在貨物目的港時，運送人或船長非接受載貨證券之全數，不得為貨物之交付（海五八Ｉ）。

6. 拒絕禁運、偷運貨物或使之無害之義務　運送人知悉貨物為違禁物或不實申報物者，應拒絕載運。其貨物之性質足以毀損船舶或危害船舶上人員健康者亦同。但為航運或商業習慣所許者，不在此限（海六四Ｉ）。運送人知悉貨物之性質具易燃性、易爆性或危險性並同意裝運後，若此貨物對於船舶或貨載有危險之虞時，運送人得隨時將其起岸、毀棄或使之無害，運送人除由於共同海損者外，不負賠償責任（海六四Ⅱ）。

㈢運送人之責任

1. 應負責事項

⑴船舶於發航後，因突失航行能力所致之毀損或滅失，運送人或船舶所有人為免除此項責任之主張，應負舉證之責（海六二Ⅱ、Ⅲ）。如不能舉證時，應負賠償責任。

⑵運送人知悉貨物為違禁物或不實申報物者，應拒絕載運。其貨物之性質足以毀損船舶或危害船舶上人員健康者亦同。但為航運或商業習慣所許者，不在此限（海六四Ｉ）。運送人若違反之，造成損害，應負賠償之責。

⑶貨物之運送，除貨物之性質及價值於裝載前，已經託運人聲明並註明於載貨證券者外，運送人或船舶所有人對於貨物之毀損滅失，其賠償

責任，以每件特別提款權六六六‧六七單位或每公斤特別提款權二單位計算所得之金額，兩者較高者為限（海七○II）。以件貨運送為目的之運送契約或載貨證券記載條款、條件或約定，以減輕或免除運送人或船舶所有人，對於因過失或本法運送章規定應履行之義務而不履行，致有貨物毀損、滅失或遲到之責任者，其條款、條件或約定不生效力（海六一）。

(4)運送人或船長如將貨物裝載於甲板上，致發生毀損或滅失時，應負賠償責任，但經託運人之同意並載明於運送契約，或航運種類或商業習慣所許者，不在此限（海七三）。

(5)載貨證券之發給人，對於依載貨證券所記載應為之行為，均應負責（海七四 I）。且對於貨物之各連續運送人之行為，並應負保證之責，但各連續運送人僅對自己航程中所生之毀損滅失及遲到，負其責任（海七四 II）。此為多數運送人分段參與全部「航程」，以完成運送契約之聯營運送。載貨證券之發給人，通常係第一段之聯營運送人，對各連續運送人之行為，應負保證責任。各連續運送人，即指第二段以後之聯營運送人，僅就自己航程中所生之事項負其責，對其他聯營運送人所生之事項，不須負保證責任。此之保證責任，係屬本法所規定之「法定保證」與民法上之保證（民七四六），係由於當事人之約定而發生者，有所不同，故不得主張適用民法上「契約保證之先訴抗辯權」。連續運送同時涉及海上運送及其他方法之運送者，其海上運送部分適用本法之規定（海七五 I）。貨物毀損、滅失發生時間不明者，推定其發生於海上運送階段（海七五II）。

(6)本法運送節有關運送人因貨物滅失、毀損或遲到對託運人或其他第三人所得主張之抗辯及責任限制之規定，對運送人之代理人或受僱人亦得主張之。但經證明貨物之滅失、毀損或遲到，係因代理人或受僱人故意或重大過失所致者，不在此限（海七六 I）。前項之規定，對從事商港區域內之裝卸、搬運、保管、看守、儲存、理貨、穩固、墊艙者，亦適用之（海七六II）。

2.免責事項

(1)因下列事由所發生之毀損或滅失，運送人或船舶所有人，不負賠

償責任（海六九）：①船長、海員、引水人或運送人之受僱人，因航行或管理船舶之行為而有過失者；②海上或航路上之危險、災難或意外事故；③非由於運送人本人之故意或過失所生之火災；④天災；⑤戰爭行為；⑥暴動；⑦公共敵人之行為；⑧有權力者之拘捕、限制或依司法程序之扣押；⑨檢疫限制；⑩罷工或其他勞動事故；⑪救助或意圖救助海上人命或財產；⑫包裝不固；⑬標誌不足或不符；⑭因貨物之固有瑕疵、品質或特性所致之耗損或其他毀損或滅失；⑮貨物所有人、託運人或其代理人、代表人之行為或不行為；⑯船舶雖注意仍不能發現之隱有瑕疵；⑰其他非由於運送人或船舶所有人之故意或過失，及非因其代理人、受僱人之過失所發生之毀損或滅失。

(2)船舶於發航當時迄未發現有何瑕疵，但於發航後突失航行能力，此類多係由於機械之突發性故障，往往為事先無可預防者，因此所致之貨物毀損或滅失，運送人不負賠償責任（海六二Ⅱ）。

(3)託運人於託運時，故意虛報貨物之性質或價值，運送人或船舶所有人對於其貨物之毀損或滅失，不負賠償責任（海七〇Ⅰ）。

(4)為救助或意圖救助海上人命、財產，或因其他正當理由偏航者，不得認為違反運送契約，其因而發生毀損或滅失時，船舶所有人或運送人不負賠償責任（海七一Ⅰ）。

(5)貨物未經船長或運送人之同意而裝載者，運送人或船舶所有人，對於其貨物之毀損或滅失，不負責任（海七二）。

(6)經託運人之同意並載明於運送契約，或航運種類或商業習慣所許可者，將貨物裝載於甲板上，致生毀損或滅失時，運送人不負賠償責任（海七三但）。

二、託運人之權利、義務及責任

㈠託運人之權利

1.使為運送之權利　以船舶之全部於一定時期內供運送者，託運人僅得以約定，或以船舶之性質而定之方法，使為運送（海四六）。

2.請發載貨證券之權利　貨物裝載後，託運人有請求運送人或船長發

給載貨證券之權利（海五三）。

㈡託運人之義務

1.**遵守裝載期間之義務**　以船舶之全部或一部供運送者，運送人非於船舶完成裝貨或卸貨準備時，不得簽發裝貨或卸貨準備完成通知書（海五二Ⅰ）。至裝卸期間之起算點，則以接到前述裝卸通知送達之翌日起算，期間內不工作休假日及裝卸不可能之日不算入（海五二Ⅱ前）。

2.**負擔運費之義務**　運費為貨物運送契約應載明事項之一　（海四〇五），亦即運送人為完成運送業務而取得之報酬。貨物運送契約運費之數額及其支付方法，固應由當事人於契約中載明；但本法另設有特別之規定（海四三、四四、四七、四八、四九），詳述於下：

⑴傭船運費之負擔

①時間上之計算：

A.船舶可使用期間之負擔：以船舶之全部，於一定時期內供運送者，託運人僅就船舶可使用之期間，負擔運費（海四六、四七Ⅰ）。船舶因航行事變所生之停止，仍應由託運人繼續負擔運費（海四七Ⅰ但）。所謂航行事變，如颱風暴發，管理航海機關禁止船舶航行等事變所生之停止是。

B.船舶停止之負擔：船舶之停止，係因運送人或其代理人之行為，或因船舶之狀態所致者，託運人則不負擔運費，如有損害，並得請求賠償（海四七Ⅱ）。蓋船舶所有人應注意使船舶有安全航行能力。

C.船舶行蹤不明時之負擔：船舶行蹤不明，託運人以得最後消息之日為止，負擔運費之全部，並自最後消息後以迄該次航行通常所需之期間應完成之日，負擔運費之半數（海四七Ⅲ）。

②數量上之計算：以船舶之全部或一部供運送者，託運人所裝載之貨物，不及約定之數量時，因運送人臨時無法將其所剩之艙位，再行兜攬其他運送之貨物，故託運人仍應按其約定之數量，負擔全部運費；但應扣除船舶因此所減省費用之全部，及因運送人利用其所剩之艙位，另裝其他貨物所取得運費四分之三（海四八）。

③解除契約時之負擔：託運人因解除契約，應付全部運費時，得

扣除運送人因此減省費用之全部，及另裝貨物所得運費四分之三(海四九)。此之另裝貨物之時間，認為以在原運送契約應發航之時前，另裝貨物，始得扣減，較符合公平原則。

　　(2)普通運費之負擔：依貨物種類、性質及進口地交易習慣之不同，通常有容積法、重量法、從量法以計算運費。依本法規定運費，原則上以契約所訂為標準（海四〇5），但有下列例外：

　　　　①因不可抗力中途運回貨物：船舶發航後，因不可抗力不能到達目的港，而將原裝貨物運回時，縱其船舶約定為去航及歸航之運送，託運人僅負擔去航運費（海六六）。

　　　　②因海上事故中途提取貨物：船舶在航行中，因海上事故而須修繕時，如託運人於到達目的港前提取貨物者，應付全部運費（海六七）。

　　　　③因航行中遭難或不能航行時，中途轉運貨物：船舶在航行中遭難或不能航行，而貨物仍由船長設法運到目的港時，如其運費較低於約定之運費者，託運人減支兩運費差額之半數（海六八Ⅰ）。此之所謂約定之運費，係指繼續航行比例應給之運費，並非全航程之約定運費。再者，如新運費等於約定之運費，託運人不負擔任何費用；如新運費較高於約定之運費，其增高額由託運人負擔之（海六八Ⅱ）。

　　(三)託運人之責任

　1.應負責事項

　　(1)由於通知不正確而生者：託運人對於交運貨物之名稱、數量或其包裝之種類、個數及標誌之通知，應向運送人保證其正確無訛，其因通知不正確所發生或所致之一切毀損、滅失及費用，由託運人負賠償責任（海五五Ⅰ）。但運送人對於此項賠償請求權，不得以之限制其載貨證券之責任，對抗託運人以外之第三人（海五五Ⅱ）。

　　(2)由於貨物未報明而生者：運送人或船長發見未經報明之貨物，得在裝載港將其起岸，或使支付同一航程同種貨物應付最高額之運費，如有損害，並得請求賠償（海六五Ⅰ）。此項貨物在航行中發見時，如係違禁物或其性質足以發生損害者，船長得投棄之（海六五Ⅱ）。

2.**免責事項** 運送人或船舶所有人所受之損害,非由於託運人或其代理人、受僱人之過失所致者,託運人不負賠償責任(海五七)。

三、受貨人之權利、義務及責任

㈠受貨人之權利

1.**受領貨物之權利** 運送契約之受貨人,具備下列兩種條件,取得受領貨物之權利,即:⑴須運送物已到達目的地。⑵須經受貨人請求交付以後(民六四四)。蓋貨物一經有受領權利人受領,推定運送人已依照載貨證券之記載,交清貨物(海五六Ⅰ)。

2.**請求賠償之權利** 貨物之受領人,有下列情事之一者,得保留其損害賠償請求權:⑴提貨前或當時,受領權利人已將毀損滅失情形,以書面通知運送人者(海五六Ⅰ1)。⑵提貨前或當時,毀損滅失經共同檢定,作成公證報告書者(海五六Ⅰ2)。⑶毀損滅失不顯著,而於提貨後三日內,以書面通知運送人者(海五六Ⅰ3)。⑷在收貨證件上,註明毀損或滅失者(海五六Ⅰ4)。貨物之全部或一部毀損、滅失者,自貨物受領之日或自應受領之日起,一年內未起訴者,運送人或船舶所有人解除其責任(海五六Ⅱ)。

㈡受貨人之義務

1.**遵守卸載期間之義務** 以船舶之全部或一部供運送者,運送人非於船舶完成卸貨準備時,不得簽發卸貨準備完成通知書(海五二Ⅰ)。裝卸期間自前項通知送達之翌日起算,期間內不工作休假日及裝卸不可能之日不算入。但超過合理裝卸期間者,船舶所有人得按超過之日期,請求合理之補償(海五二Ⅱ)。前述超過裝卸期間,休假日及裝卸不可能之日亦算入之(海五二Ⅲ)。所謂卸載不可能,如狂風暴雨,不能卸載貨物。

2.**遵照指示卸貨之義務** 貨物運達後,運送人或船長應即通知託運人指定之應受通知人或受貨人(海五〇)。

3.**交還載貨證券之義務** 受貨人請求交付運送貨物時,應將載貨證券交還(海六〇準民六三〇)。

㈢受貨人之責任 受貨人之起卸貨物,其卸載期間,自運送人卸貨準

備完成通知書送達之翌日起算，期間內不工作休假日及卸載不可能之日不算入。但超過合理卸載期間者，船舶所有人得按超過之日期，請求合理之補償（海五二II）。超過卸載期間，休假日及卸載不可能之日亦算入之（海五二III）。

　　四、對第三人之效力　運送契約為債權契約，原則上對於第三人無任何效力可言。惟海商法特別規定，以船舶之全部或一部供運送之契約，不因船舶所有權之移轉而受影響（海四一），俾保護託運人之利益，以維海運之發展，而保護公益。

第六、貨物運送契約之解除

　　貨物運送契約之解除，有法定解除與任意解除之別。茲分述如下：

　　一、法定解除　運送人所供給之船舶有瑕疵，不能達運送契約之目的時，託運人得解除契約（海四二）。蓋運送人有擔保船舶安全航行能力之責任，若所供給之船舶有瑕疵，既不能達成託運之目的，自應准許託運人解除契約。

　　二、任意解除

　　(一)**傭船契約的任意解除**　因其為全部傭船，或一部傭船契約而不同，茲分述如下：

　　1.**全部傭船契約之任意解除**　以船舶之全部供運送時，託運人於發航前得解除契約，但應支付運費三分之一，如託運人已裝載貨物之全部或一部者，並應負擔因裝卸所增加之費用（海四三I），俾彌補運送人因此所受之損失。至於發航後，是否還可以解除契約？本法並無規定，解釋上應認為支付全部運費及其他一切費用之後，解除契約者，亦無不可。

　　2.**一部傭船契約之任意解除**　其情形有二：

　　(1)單獨解約：以船舶之一部供運送時，託運人於發航前，非支付其運費之全部，不得解除契約。如託運人已裝載貨物之全部或一部者，並應負擔裝卸費用，及賠償加於其他貨載之損害（海四四I）。此僅指託運人中單獨解約，尚有其他託運人並未解約，而船舶仍須繼續航行者而言。

(2)全體解約：以船舶之一部供運送者，託運人於發航前，全體託運人皆為契約之解除者，各託運人僅負支付運費三分之一，如已裝載貨物者，並應負擔裝卸費用（海四四Ⅱ）。此則一部傭船契約之託運人全體解約時，其結果與全部傭船契約之解除相同，運送人仍可將該船舶另供別用。

3.**任意解約之例外** 前述1.2.得解除契約之規定，對船舶於一定時期內供運送或為數次繼續航行所訂立之運送契約，不適用之（海四五）。所謂一定時期內供運送，係指一定時期計算運費之傭船契約而言。所謂為數次繼續航行所訂立之運送契約，乃指連續數次之傭船契約而言。上述二者之契約，均屬於繼續性之契約，僅得依法終止其契約，不得任意解除。

(二)**件貨運送契約的任意解除** 本法並無規定，解釋上應類推適用海商法一部傭船契約之任意解除的規定（海四四），以資解決。

第七、載貨證券

一、**載貨證券之概念** 載貨證券者，即運送人或船長於貨物裝載後，因託運人之請求，所發給訂明運送之裝載港及卸貨港與其他運送條款，由持有人得憑以受領之貨物的有價證券。載貨證券原為裝載貨物之收據，但因其有轉讓貨物之效用，故與陸上運送之提單相同，屬於有價證券之一種。此項證券，不論為件貨運送或傭船運送，倘託運人未為請求者，運送人或船長即可不必發給。且為免證券內所記載之貨物數量與實際之裝載不符，致生糾紛，應於貨物裝載後，經託運人請求時，始發給之。至其發給份數，則無限制，以便於防止意外，而利追索權之行使。

二、**載貨證券之特性**

(一)**有價證券** 載貨證券所表彰者，為該貨物之所有權，貨物權利之處分與行使，與載貨證券之占有，有不可分離之關係，故為有價證券。

(二)**要式證券** 載貨證券以記載法定之事項，並由運送人或船長簽名為要件（海五四），故為要式證券。

(三)**流通證券** 無記名之載貨證券，因交付而轉讓。至於記名式載貨證券，除有禁止轉讓之記載外，得以背書而為轉讓（海六〇準民六二八），故

為流通證券。

㈣**文義證券**　載貨證券發給後，運送人與證券持有人間，關於運送事項，依其載貨證券之記載（海六〇準民六二七）為準，故為文義證券。

㈤**物權證券**　載貨證券為受領運送物或處分運送物所用之證券。因此交付載貨證券於有受領貨物權利之人時，其交付就貨物所有權移轉之關係，與貨物之交付，有同一之效力（海六〇準民六二九），故為物權證券。

㈥**繳還證券**　受貨人請求交付貨物時，應將載貨證券交還（海六〇準民六三〇）。船長始負交付貨物之義務，故為繳還證券。

三、**載貨證券之種類**

㈠**依證券之有無記名而分為二**　1.記名載貨證券；2.無記名載貨證券。

㈡**依運送物之內容而分為二**　1.清潔載貨證券；2.不清潔載貨證券。

㈢**依運送主體而分為二**　1.直達載貨證券；2.聯運載貨證券。

㈣**依裝運程序而分為二**　1.裝船載貨證券；2.候裝載貨證券。

四、**載貨證券之記載事項**　載貨證券具有要式性，應載明下列法定必要記載事項，由運送人或船長簽名（海五四Ⅰ）：

㈠船舶名稱。

㈡託運人之姓名或名稱。

㈢依照託運人書面通知之貨物名稱、件數或重量，或其包裝之種類、個數及標誌。

㈣裝載港及卸貨港。

㈤運費交付。

㈥載貨證券之份數。

㈦填發之年月日。

前述㈢之通知事項，如與所收貨物之實際情況有顯著跡象，疑其不相符合，或無法核對時，運送人或船長得在載貨證券內載明其事由或不予載明（海五四Ⅱ）。除上述法定必要記載事項外，凡不違反強行規定之範圍內，均得記載。因此在任意記載事項上，載貨證券記載條款、條件或約定，以減輕或免除運送人或船舶所有人，對於因過失或本法運送章規定應履行之

義務而不履行，致有貨物毀損、滅失或遲到之責任者，其條款、條件、約定，不生效力（海六一）。再者，載貨證券是否應記載「載貨證券」字樣，本法並無規定，因此記載與否，任由當事人之意思決之！

五、載貨證券之效力

㈠**物權效力**　交付載貨證券於有受領貨物權利之人時，其交付就貨物所有權移轉之關係，與貨物之交付，有同一之效力（海六〇準民六二九）。此種效力，學者稱之為載貨證券之物權效力。對此物權效力，亦得以背書之方法，背書於載貨證券上，將貨物轉讓之（海六〇準民六二八），受領人於貨載交付時，應將載貨證券交還之（海六〇準民六三〇）。同時票據法上關於善意取得之規定（票一四），亦適用於此。再者，載貨證券有數份時，請求交付貨物者，如僅持有一份，是否應向其交付貨物，本法特設規定如下：

1.在貨物目的港交付時

⑴證券一份請求交貨時：載貨證券有數份者，在貨物目的港請求交付貨物之人，縱僅持有載貨證券一份，運送人或船長不得拒絕交付（海五八Ⅰ前）。

⑵一人先受貨物交付時：載貨證券之持有人有二人以上，而運送人或船長尚未交付貨物者，其持有先受發送或交付之證券者，得先於他持有人行使其權利（海五九）。

⑶二人以上證券持有人同時請求交付時：二人以上之載貨證券持有人，請求交付貨物時，或其中一人先受領一部貨物後，他持有人請求交付貨物者，運送人或船長應即將貨物或其賸餘部分，寄存於港埠管理機關或合法經營之倉庫，並通知曾為請求之各持有人（海五八Ⅱ前），俾便於裁判外或裁判上，各自主張其權利，以謀解決。運送人或船長已依前述⑴交付貨物之一部後，他持有人請求交付貨物者，對於其賸餘之部分，亦同（海五八Ⅱ後）。

⑷尚未交付貨物時：載貨證券之持有人有二人以上，而運送人或船長尚未交付貨物者，其持有先受發送或交付之證券者，得先於他持有人行

使其權利（海五九）。

2.**不在貨物目的港交付時**　請求交付貨物，不在貨物目的港時，運送人或船長非接受載貨證券之全數，不得為貨物之交付（海五八Ⅰ後）。蓋以在目的港以外之交付，已變更原契約之內容，如不收回全數，易生糾紛。

㈡**債權效力**

1.**運送事項，須依證券之記載**　載貨證券填發後，運送人與證券持有人間，關於運送事項，發給人依其證券之記載（海六〇準民六二七），應負絕對之效力。載貨證券與運送契約不符時，以載貨證券為主，是為載貨證券之獨立性。此種效力，學者稱之為債權之效力，例如關於運費之金額，如託運人與運送人發生爭議時，悉以其證券所記載者為準。

2.**約定免除或減輕應履行之義務，及過失責任，其約定不生效力**　以件貨運送為目的之運送契約或載貨證券記載條款、條件或約定，以減輕或免除運送人或船舶所有人，對於因過失或本法運送章規定應履行之義務而不履行，致有貨物毀損、滅失或遲到之責任者，其條款、條件或約定不生效力（海六一）。

3.**載貨證券之發給人，應對證券上記載事項負責**　此即為載貨證券之文義性。載貨證券持有人既有移轉貨物之效力，復有受領貨物之效力，故載貨證券之發給人，對於依載貨證券所記載應為之行為，均應負責（海七四Ⅰ）。前述發給人，對於貨物之各連續運送人之行為，應負保證之責，但各連續運送人，僅對於自己航程中所生之毀損滅失及遲到負其責任（海七四Ⅱ）。

㈢**其他條款**

1.**涉外民事法律之適用**　載貨證券所載之裝載港或卸貨港為中華民國港口者，其載貨證券所生之法律關係依涉外民事法律適用法所定應適用法律。但依本法中華民國受貨人或託運人保護較優者，應適用本法之規定（海七七）。

2.**載貨證券裝卸貨港為我國港口時之管轄權**　裝貨港或卸貨港為中華民國港口者之載貨證券所生之爭議，得由我國裝貨港或卸貨港或其他依法

有管轄權之法院管轄（海七八 I）。前項載貨證券訂有仲裁條款者，經契約當事人同意後，得於我國進行仲裁，不受載貨證券內仲裁地或仲裁規則記載之拘束（海七八 II）。前項規定視為當事人仲裁契約之一部。但當事人於爭議發生後另有書面合意者，不在此限（海七八 III）。

第二節　貨櫃運送

　　貨櫃運送者，乃運送人或託運人在指定之聚散場所或貨物工廠內，將貨物預行裝入一定規格之大型貨箱，經運送人利用陸、海、空等不同方式之運輸工具，聯運成一條連續之運輸線，而為連接託運人與受貨人之運輸方法。貨櫃運送之興起，係由於傳統裝卸方法之落伍，而國際貿易競爭日益劇烈，為減少竊盜及損壞之危險，乃採用貨櫃運送，俾合乎省時、省費、省力、迅速、安全之原則。

　　貨櫃在海運中之地位如何，論者不一。惟以認為貨櫃係船艙之延長為通說。我國海商法訂立時，貨櫃運送尚未興起，因此本法對之付之闕如。惟民國八十八年七月十四日總統令修正之海商法，對於貨物運送之規定，與貨櫃運送在性質相同之範圍內，仍可適用。按貨櫃運送原則上係以一份載貨證券為海陸一貫之運送，海上部分之運送，依海商法之規定。在陸上部分之運送，依民法之規定。無法劃分海陸時，則依海商法之規定，俾減輕海上運送人之責任。

第三節　旅客運送

第一、旅客運送契約之概念

　　旅客運送契約者，謂當事人約定一方支付運費，他方以船舶由某特定處所將旅客運送至另一特定處所之契約。旅客運送契約，可分為搭客契約與傭船契約兩種；傭船契約，亦有全部傭船與一部傭船之別。一般之旅客

運送，多為搭客契約，而團體運送，始有傭船契約。旅客運送與貨物運送同為承攬契約之一種，故旅客運送，除另有規定外，均準用貨物運送之規定（海七九）。

第二、旅客運送契約之訂立

旅客運送與貨物運送，雖同為承攬契約，但貨物運送之傭船契約，係要式契約，而旅客運送契約，無論搭客與傭船，一般皆認為諾成契約，其契約之訂立，得以書面或口頭為之。通常由運送人廣告開船時刻及票價（即運費），作為要約之引誘，於有旅客對之要約時，因其承諾而成立契約，並不需何等方式，惟一般商業習慣，均有發行船票，作為收受運費之收據，同時亦作為運送契約。船票可分為記名式或無記名式兩種。

第三、旅客運送契約之效力

一、運送人之權利、義務及責任

㈠運送人之權利

1.運費請求權　運送人於運送完成時，有取得運費（票價）之權利。

2.行使警察權　旅客如不遵守船上秩序，或妨礙治安，或其他違反情事，船長於運送中，得行使警察權而為緊急處分（船員法五九）。

3.留置權　旅客因運費或附隨財物之費用，或其他墊支而未為清償前，運送人得就其交付之財物比例留置之（民六六二）。

㈡運送人之義務

1.供給膳食之義務　對於旅客供膳者，其膳費應包括於票價之內（海八○），由船舶所有人或運送人負擔。

2.運送至目的港之義務　運送人或船長應依船票所載，運送旅客至目的港（海八三Ⅰ）。若船舶因不可抗力，不能繼續航行時，運送人或船長仍應設法將旅客運至目的港（海八八）。旅客之目的港如發生天災、戰亂、瘟疫，或其他特殊事故，致船舶不能進港卸客者，運送人或船長得依旅客之意願，將其運送至最近之港口，或送返乘船港（海八九）。

3.**修繕船舶供給膳宿之義務** 運送人或船長在航行中，為船舶修繕時，應以同等級船舶完成其航程，旅客在候船期間，並應無償供給膳宿（海九〇）。

4.**處置行李之義務** 運送人對於旅客之行李，應為下列之處置：

(1)已交託之行李：運送人對於旅客已交託之行李，縱不另收運費，亦應與貨物負同一之義務（民六五七）。

(2)不取回之行李：旅客於行李到達後，一個月內不取回其行李時，運送人得定相當期間催告旅客取回，逾期不取回者，運送人得拍賣之。旅客所在不明者，得不經催告逕予拍賣（民六五六Ⅰ）；行李有易於腐壞之性質者，運送人得於到達後，經二十四小時拍賣之（民六五六Ⅱ）。運送人得就拍賣代價中，扣除拍賣費用、運費及其他費用，並將其餘額交付於應得之人，如應得之人所在不明者，應為其利益提存之（民六五六Ⅲ準民六五二）。

(3)在船人員死亡或失蹤時，其遺留船上之財物，船長應以最利於繼承人之方法處置之（船員法六五）。

(三)**運送人之責任**

1.**應負責任之事項**

(1)運送人或船長不依船票所載，運送旅客至目的港，致旅客蒙受損害時，應負賠償責任（海八三）。

(2)運送人對於旅客因運送所受之傷害及運送之遲延，應負責任（民六五四前）。

(3)因船舶操作直接所致人身傷亡，對船舶所有人之賠償請求，及因船舶操作直接所致陸上或水上財物毀損滅失，對船舶所有人基於侵權行為之賠償請求。且此項債權，對船舶有優先權（海二四Ⅰ 2、4）。

(4)運送人對於旅客所交託之行李，縱不另取運費，亦應負等於貨物運送之責任（民六五七）。

(5)對於旅客所未交託之行李，如因運送人自己或其受僱人之過失，致有喪失或毀損者，運送人仍負責任（民六五八）。

2.**免負責任之事項**　因旅客之過失，或其傷害係因不可抗力所致者，運送人不負責任（民六五四 I 但）。

二、旅客之權利、義務及責任

㈠**旅客之權利**

1.**解除契約權**　船舶不於預定之日發航者，旅客得解除契約（海八六）。

2.**請求賠償權**　運送人或船長不依船票所載，運送旅客至目的港，旅客得解除契約，如有損害並得請求賠償（海八三）。又船舶因不可抗力或不能繼續航行時，運送人或船長應設法將旅客運送至目的港（海八八）。反之，船長非因事變或不可抗力變更預定航程，致旅客受有損害時，旅客亦得請求賠償。

㈡**旅客之義務**

1.**給付票價之義務**　旅客在船舶發航或航程中，不依時登船，或船長依職權實行緊急處分，迫令其離船者，仍應給付全部票價（海八五）。若旅客在航行中自願上陸時，仍應負擔全部票價，其因疾病上陸或死亡時，僅按其已運送之航程，負擔票價（海八七）。

2.**服從指示之義務**　旅客於船舶抵達目的港後，應依船長之指示，即行離船（海九一）。船舶之指揮，由船長負責；船長為執行職務，有命令與管理在船海員及在船上其他人員之權（船員法五八 I）。船長為維護船舶安全，保障他人生命或身體，對於船上可能發生之危害，得為必要處置（船員法五八 II）。

3.**投保意外險之義務**　旅客投保意外險者，可分為二：

⑴強制保險：旅客於實施意外保險之特定航線及地區，均應投保意外險，保險金額載入客票（船票），視同契約。其保險費包括於票價內，並以保險金額為損害賠償之最高額（海八一 I）。前述特定航線及地區及保險金額由交通部定之（海八一 II）。

⑵任意保險：旅客除強制保險外，自行另加意外保險者，其損害賠償依其約定；但應以書面為之（海八二）。

㈢**旅客之責任**　關於旅客之責任，我國海商法尚無明文。惟國際公法

以運送人對旅客之死亡或其身體傷害所生之損害，如其損害事由發生於運送過程中，並由於運送人或其受僱人、代理人在僱傭職務範圍內之過失或疏忽所致者，運送人等所負之責任，應由旅客負舉證之責（一九六一年統一海上客運公約第四條）。

第四、旅客運送契約解除之事由及效力

一、法定解除　旅客具有本法所規定之原因時，得解除契約之謂。其情形及效力如下：

㈠旅客有不得已之事由　旅客於發航前因死亡、疾病或其他基於本身不得已之事由，不能或拒絕乘船者，運送人得請求票價十分之一（海八四後），以為解除契約之補償。又旅客於發航後因有疾病上陸或死亡時，僅按其已運送之航程負擔票價（海八七後），以為終止契約。

㈡船舶遲誤發航日期　船舶不於預定之日發航者，旅客得解除契約（海八六）。契約解除後，運送人應返還票價（民二五九1）。

二、任意解除　旅客不必具有理由，得任意解除契約之謂。其情形及效力如下：

㈠發航前解除契約　旅客於發航二十四小時前，得給付票價十分之二解除契約（海八四前）。

㈡發航後解除契約　旅客在船舶發航或航程中不依時登船，或船長依職權實行緊急處分迫令其離船者，仍應給付全部票價（海八五）。

第四節　船舶拖帶

第一、船舶拖帶之概念

船舶拖帶者，乃以此船舶，拖帶彼船舶而為航行之謂。拖帶之船舶，曰拖船；被拖帶之船舶，曰被拖船。拖船與被拖船間之法律關係，為海上運送契約之一種，故船舶拖帶，亦可稱為拖船契約。易言之，即由當事人

約定以一方之船舶，於一定期間或向一定地點，拖帶他方船舶，而由他方給與報酬之契約。此項契約之性質及內容如何，法律無明文規定，因之論者不一，惟本法將其規定於海商法上的運送契約章，故應認為屬於海上運送契約之一種，並具有雙務、有償及諾成契約之性質。

第二、船舶拖帶之種類

　　一、單一拖帶　即以一拖船，拖帶一艘或數艘被拖船。

　　二、共同拖帶　即以二艘以上之拖船，並行拖帶一艘或數艘被拖船。

　　三、連接拖帶　即以二艘以上之拖船，連續銜接拖帶一艘或數艘被拖船。

第三、船舶拖帶之對內關係

　　一、拖船之權利與義務　拖船所有人有拖船費請求權及指揮航行權，但應使其船舶有拖帶能力（海六二Ⅰ）。

　　二、被拖船之權利與義務　被拖船所有人有被拖船之權利，但應負支付報酬費用及詳告船舶狀況及協助駕駛之義務。

第四、船舶拖帶之對外關係（對於第三人之責任）

　　一、單一拖帶之責任　拖船與被拖船，如不屬於同一所有人時，其因航行所加於第三人之損害，應由拖船所有人負擔；但契約另有訂定者，不在此限（海九二）。蓋指揮航行之權，操諸拖船，被拖船僅係隨同航行而已，故原則上損害賠償責任，應由拖船所有人負責。

　　二、共同或連接拖帶之責任　共同或連接之拖船，因航行所生之損害，對被害人負連帶責任。但他拖船對於加害之拖船有求償權（海九三）。蓋共同或連接拖帶，多數船舶連接一起，究由何一船舶所加之損害，以及船舶之航行指揮權究屬於何船，甚難證明，海商法為保護被害人，故規定共同或連接之拖船負連帶責任。惟此項連帶責任，僅為對外關係，至其內部關係，則仍應由實際加害之船舶負之。因此，他拖船對於加害之拖船有求償權。

第六章　船舶碰撞

第一節　船舶碰撞之意義

船舶碰撞者，乃二艘以上船舶，相互發生損害之接觸。其構成要件有二。茲分述於下：

一、**須二艘以上船舶相互接觸**　所謂船舶，乃指廣義之船舶，無論其噸位大小，動力或非動力，軍用或非軍用，專用於公務與否，均屬之（海三）。至於其是否在航行中或停泊港內，是否在我國領海之內，均適用本法船舶碰撞之規定處理。惟如所接觸者，為碼頭、橋樑、浮標、沙洲、礁石等，則非船舶碰撞。

二、**須有損害之發生**　碰撞之結果，必須一方或雙方發生損害。所謂損害，乃指船舶、人命、身體、貨載或其他財產受有損害而言。

第二節　船舶碰撞之責任

船舶因碰撞發生公私法上之效果，除船長違反公法上之義務，應依船員法之予處罰外，其餘私法上之效果，即屬碰撞損害之責任。因船舶發生碰撞之原因不同，其損害之責任亦異。倘碰撞之發生，係由駕駛者之故意行為，則應負民事及刑事之責任。倘僅因管理上之過失行為，或航行技術上之過失行為所致之碰撞，船舶所有人或船長，自應依其過失之程度，負民法上之侵權行為外，本法復作特別之規定。茲將本法所規定之損害責任，分述如下：

一、**碰撞係因不可抗力者**　碰撞係因不可抗力而發生者，被害人不得請求損害賠償（海九五），應各自承擔其所受之損害。所謂不可抗力，係指

雙方縱盡適當之注意預防，發揮航行技術，盡力阻止事故發生，而仍不免發生事故者而言，則依天災歸所有人負擔之原則處理。

　　二、**碰撞係因一船舶之過失者**　碰撞係因於一船舶之過失所致者，由該船舶負損害賠償責任（海九六）。所謂因一船舶之過失者，係指由於該船舶之船長或海員等之不注意行為而發生碰撞之謂。又引水人雖非海員，其過失所致之碰撞，並不因之而免責（海九八）。

　　三、**碰撞係因各船舶共同過失者**　碰撞之各船舶有共同過失時，各依其過失程度之比例負其責任。不能判定其過失之輕重時，雙方平均負其責任。有過失之各船舶，對於因死亡或傷害所生之損害，應負連帶責任（海九七）。且不因碰撞係由引水人之過失所致而免除（海九八）。

　　四、**碰撞之原因不明時**　船舶碰撞原因不明時，多數立法例規定，因鑑於無從舉證，故被害人不得請求損害賠償。

　　五、**碰撞由於船舶拖帶者**　原則上由拖船所有人負責任，被拖船舶所有人不負責任，但契約另有訂定者，不在此限（海九二）。

第三節　船舶碰撞之處理

第一、賠償請求之時效

　　因船舶碰撞所生之請求權，自碰撞日起算，經過兩年不行使而消滅（海九九）。

第二、法律之適用範圍

　　船舶碰撞，不論發生於何地，皆依本法船舶碰撞章之規定處理之（海九四）。

第三、加害船舶之扣押

　　船舶在中華民國領海、內水、港口、河道內碰撞者，法院對於加害之

船舶得扣押之（海一〇〇 I）。碰撞不在中華民國領海、內水、港口、河道內，而被害者為中華民國之船舶或國民，法院於加害之船舶進入中華民國領海後，得扣押之（海一〇〇 II）。被扣押之船舶，得提供擔保，請求放行（海一〇〇III）。蓋所以保護被害之船舶，並防止加害之船舶遠颺。

第四、訴訟之管轄

關於碰撞之訴訟，得向下列法院起訴：

一、被告之住所或營業所所在地之法院（海一〇一 1）。

二、碰撞發生地之法院（海一〇一 2）。

三、被告船舶船籍港之法院（海一〇一 3）。

四、船舶扣押地之法院（海一〇一 4）。

五、當事人合意地之法院（海一〇一 5）。

六、受害船舶最初到達地之法院（民訴一五 II）。

第七章 海難救助

第一節 海難救助之概念

海難救助，亦稱救助及撈救，乃指無法律上義務之人，於他人之船貨或人命在海上遭遇緊急危難時，予以援助之行為。在船貨尚未脫離原占有人之占有，而加以援助者，是謂救助。在原占有人已喪失船貨之占有，加以援助使回復占有者，是謂撈救。二者在程度上雖有差別，但其適用法律，則無不同。

海難救助，可分為對人救助與對物救助等二種。前者，乃對淹沒或其他危難之人所施之救助，係基於人道精神，原則上無報酬請求權。後者，則為對船舶或貨載所施之救助，屬於狹義之海難救助。

關於我國海難救助之法律性質，通說認為係施救者與被救者間之法律關係，係未受委任，亦無義務而為救助（民一七二），故屬於無因管理之性質。

第二節 對人救助

第一、船長之救助義務

一、一般海難之救助 船長於不甚危害其船舶、海員、旅客之範圍內，對於淹沒或其他危難之人，應盡力救助（海一○二）。違反此項規定者，依刑法第二九四條規定處罰。按刑法第二九四條規定：「對於無自救力之人，依法令或契約應扶助、養育或保護，而遺棄之，或不為其生存所必要之扶助、養育或保護者，處六月以上五年以下有期徒刑。因而致人於死者，處

無期徒刑或七年以上有期徒刑，致重傷者，處三年以上十年以下有期徒刑。」

　　二、**船舶碰撞之救助**　船舶碰撞後，各碰撞船舶之船長，於不甚危害其船舶、海員或旅客之範圍內，對於他船舶船長、海員及旅客，應盡力救助。各該船長，除有不可抗力之情形外，在未確知繼續救助為無益前，應停留於發生災難之處所。各該船長，應於可能範圍內，將其船舶名稱及船籍港並開來及開往之處所，通知於他船舶（海一〇九）。違反上開救助之規定者，依刑法第二九四條規定辦理。

第二、救助之報酬

　　對人救助，本法不承認有報酬請求權。惟於實行施救中救人者，對於船舶及財物之救助報酬金，有參加分配之權（海一〇七），以免施救者爭先搶救財物，以圖得報酬，而置人命於不顧。

第三節　對物救助

第一、報酬請求權之要件

　　對於船舶或船舶上所有財物，施以救助而有效果者，得按其效果請求相當之報酬（海一〇三 I）。依此規定，對物救助報酬之請求，須具備下列要件：

　　一、**須遭遇海難**　此之海難，不以急迫或客觀為要件，僅須船長基於合理判斷，若不予以施救，船貨有滅失之虞。

　　二、**須救助之標的為船舶或貨載**　不以船舶或貨載之全部為必要，僅一部分亦可救助之。

　　三、**須無救助義務**　倘盡應執行之任務或負過失之義務，所施救助，均不得請求報酬。

　　四、**須未經以正當理由拒絕施救**　倘被救助人，經以正當理由拒絕施救，而仍強為施救者，不得請求報酬（海一〇八）。所謂正當理由者，例如

船舶遭遇海難時，尚有力量足以自救是。反之，如無正當理由，例如寧可沉沒，不願被救而付報酬，則有背公序良俗，雖經拒絕，施救人於施救後，仍得請求報酬。

五、須救助有效果　無效果者，不得請求報酬。

第二、報酬請求權之當事人

報酬請求權之債權人為實施救助之人。縱令兩船舶屬於同一所有人，其救助仍得請求報酬（海一○四 I）。拖船對於被拖船施以救助者，得請求報酬。但以非為履行該拖船契約者為限（海一○四 II）。至於債務人，係指被救助船舶之所有人及貨載之所有人。

第三、報酬金額之決定

報酬金額由當事人協議定之，協議不成時，得提付仲裁或請求法院裁判之（海一○五）。

第四、報酬金額之分配

施救人與船舶間，及施救人間分配報酬之比例，亦由當事人協議定之，協議不成時，亦得提付仲裁或請求法院裁判之（海一○六準海一○五）。

第八章　共同海損

第一節　共同海損之概念

共同海損者，謂在船舶航程期間，為求共同危險中全體財產之安全所為故意及合理處分，而直接造成之犧牲及發生之費用（海一一〇）。依此定義，析分其要件如下：

一、**在船舶航程期間**　共同海損須發生於船舶、航程期間即可，縱未發生海難，亦可適用。

二、**須有共同危險存在**　倘危險僅及船舶，或僅及貨載，則不認為共同海損。此之危險，不以急迫為必要。

三、**須有共同海損行為**　即為謀求船舶及全體財產之安全所採取之措施為之。此之行為，並非以出自船長為限，縱令第三人之行為亦可。

四、**須為故意及合理處分**　須為有意識之故意處分，若為自然力、第三人或船長等無意識之行為所生之損害，則非共同海損。

五、**須直接造成犧牲及發生費用**　共同海損以直接造成之犧牲及發生費用為必要。若無損害，又無費用，則不生共同海損。所謂犧牲者，如斷桅、棄船等是；所謂費用者，如救助費、修繕費等是。

六、**須有所保存**　共同海損之分擔，係依被保存之財產比例計算，如無保存，則無分擔之可言。

第二節　共同海損之範圍的立法主義

第一、就處分之結果言

一、**因果主義**　船舶及貨載，須因船長之處分而得保存，亦即處分與

保存間，須有因果關係，始能成立共同海損。此主義，法國採之。

二、**殘存主義**　船長為處分後，只須船舶或貨載有所保存，其保存與處分間，有無因果關係，則非所問。此主義英國、德國採之。

上述二者，以殘存主義為優。本法之規定（海一一一）觀之，亦採殘存主義。蓋以海上遇難，處分行為是否有效，極難逆料，有無因果關係，亦不易判斷。

第二、就保存標的之種類言

一、**船貨併存主義**　即船長為處分後，須船舶、貨載或其他財產，均獲保存。德國商法及荷蘭商法採之。

二、**船舶單存主義**　即船長為處分後，至少須保存船舶之全部或一部。法國商法採之。

三、**船貨不問主義**　即船長處分後，僅須有所保存即可，至於為船舶或貨載，在所不問。英、日商法採之。

上述三種主義，以船貨不問主義為優，俾船長於處分當時，得就利害輕重，臨機應變，而為適宜之處分。就本法第一一一條規定觀之，亦採船貨不問主義。

第三節　共同海損之範圍

共同海損之範圍，係指共同海損處分所生之犧牲之補償額與費用，其被害人或支付人得向利害關係人請求分擔之範圍。其範圍包括下列四種：

一、**船舶**　為求共同危險中全體財產之安全所為故意及合理處分，而對船舶直接造成之犧牲（海一一〇），應算入共同海損。例如為避免船舶沉沒及貨載受損，故意將船舶駛向淺灘，致船舶某部受損之情形。

二、**貨物**　為求共同危險中全體財產之安全所為故意及合理處分，而對貨物直接造成之犧牲（海一一〇），亦屬共同海損之範圍。惟下列情形，屬於例外：

㈠未依航運習慣裝載之貨物經投棄者，不認為共同海損犧牲。但經撈救者，仍應分擔共同海損（海一一六）。

㈡無載貨證券亦無船長收據之貨物，或未記載於目錄之設備屬具，經犧牲者，不認為共同海損。但經撈救者，仍應分擔共同海損（海一一七）。

㈢貨幣、有價證券或其他貴重物品，經犧牲者，除已報明船長者外，不認為共同海損犧牲。但經撈救者，仍應分擔共同海損（海一一八）。

㈣船上所備糧食、武器、船員之衣物、薪津、郵件及無載貨證券之旅客行李、私人物品皆不分擔共同海損（海一二〇 I）。前項物品如被犧牲，其損失應由各關係人分擔之（海一二〇 II）。

三、運費 運費因貨載之毀損或滅失，致減少或全無者，亦認為共同海損；但運送人因此減省之費用，應扣除之（海一一三 3）。

四、費用 為求共同危險中全體財產安全所為故意及合理處分，而支出費用（海一一〇），均為共同海損，如救助費用。

第四節　共同海損之計算

第一、犧牲之補償額計算之標準

本法特設計算之標準如下：

共同海損犧牲之補償額，應以各財產於航程終止時地或放棄共同航程時地之實際淨值為準，依下列規定計算之（海一一三）：

一、船舶 船舶以實際必要之合理修繕或設備材料之更換費用為準。未經修繕或更換者，以該損失所造成之合理貶值。但不能超過估計之修繕或更換費用（海一一三 1）。

二、貨物 貨物以送交最後受貨人商業發票價格計算所受之損害為準，如無商業發票者，以裝船時地之價值為準，並均包括應支付之運費及保險費在內。受損貨物如被出售者，以出售淨值與前述所訂商業發票或裝船時地貨物淨值之差額為準（海一一三 2）。貨物之性質，於託運時故意為不實

之聲明，經犧牲者，不認為共同海損。但經保存者，應按其實在價值分擔之（海一一九 I）。貨物之價值，於託運時為不實之聲明，使聲明價值與實在價值不同者，其共同海損犧牲之補償額以金額低者為準，分擔價值以金額高者為準（海一一九 II）。

　　三、運費　運費以貨載之毀損或滅失致減少或全無者為準。但運送人因此減省之費用，應扣除之（海一一三 3）。

第二、共同海損費用之計算

　　下列費用為共同海損費用（海一一四 I）：

　　一、為保存共同危險中全體財產所生之港埠、貨物處理、船員工資及船舶維護所必需之燃、物料費用。

　　二、船舶發生共同海損後，為繼續共同航程所需之額外費用。

　　三、為共同海損所墊付現金百分之二之報酬。

　　四、自共同海損發生之日起至共同海損實際收付日止，應行收付金額所生之利息。

　　為替代前項第一款、第二款共同海損費用所生之其他費用，視為共同海損之費用。但替代費用不得超過原共同海損費用（海一一四 II）。

第三、計算方法

　　共同海損之計算，由全體關係人協議之。協議不成時，得提付仲裁或請求法院裁判之（海一二一）。

第五節　共同海損分擔之比例

　　共同海損之債務人，即為分擔人。通常船舶所有人、貨物所有人及運費取得人等，為共同海損之分擔人。按我國海商法規定，共同海損以各被保存財產價值與共同海損總額之比例，由各利害關係人分擔之。因共同海損行為所犧牲而獲共同海損補償之財產，亦應參與分擔（海一一一）。至於

其分擔額之計算方法。詳述如下：

$$\frac{共同海損總額（犧牲補償額＋費用）}{各被保存財產價值（包括船舶、貨物及其他財產）＋犧牲補償額}＝共同海損之比例$$

共同海損之比例×某被保存財產價值＝某被保存財產所有人共同海損分擔額

前述各被保存財產之分擔價值，應以航程終止地或放棄共同航程時地財產之實際淨值為準，依下列規定計算之（海一一二）：

一、船舶以到達時地之價格為準。如船舶於航程中已修復者，應扣除在該航程中共同海損之犧牲額及其他非共同海損之損害額。但不得低於其實際所餘殘值。

二、貨物以送交最後受貨人之商業發票所載價格為準，如無商業發票者，以裝船時地之價值為準，並均包括應支付之運費及保險費在內。

三、運費以到付運費之應收額，扣除非共同海損費用為準。

前項各類之實際淨值，均應另加計共同海損之補償額（海一一二Ⅱ）。

關於共同海損分擔額之計算，茲舉例說明之，若共同海損總額（含犧牲補償額及費用）為二千五百四十萬元。其中船舶犧牲補償額為一千五百萬元，貨物犧牲補償額為一千萬元，運費之犧牲補償額為四十萬元，費用支出為零。至於被保存之船舶價值為八千五百萬元，被保存之貨物價值為二千五百萬元，被保存之運費價值為五十萬元，其全部被保存財產之價值為一億一千零五十萬元，其應分擔之海損總額為一億三千五百九十萬元，各利害關係人應分擔額如下：

(1)船舶所有人之分擔額為

$$\frac{2540（萬元）}{8500（萬元）＋2500（萬元）＋50（萬元）＋2540（萬元）}×8500（萬元）$$

$$＝\frac{2540（萬元）}{13590（萬元）}×8500（萬元）≒15,886,681 元$$

(2)貨物所有人之分擔額為

$$\frac{2540(萬元)}{8500(萬元)+2500(萬元)+50(萬元)+2540(萬元)}\times 2500(萬元)$$

$$=\frac{2540(萬元)}{13590(萬元)}\times 2500(萬元)\doteqdot 4,672,553\ 元$$

⑶運費取得人之分擔額為

$$\frac{2540(萬元)}{8500(萬元)+2500(萬元)+50(萬元)+2540(萬元)}\times 50(萬元)$$

$$=\frac{2540(萬元)}{13590(萬元)}\times 50(萬元)\doteqdot 93,451\ 元$$

⑷被犧牲財貨（即共同海損總額）所有人之分擔額為

$$\frac{2540(萬元)}{8500(萬元)+2500(萬元)+50(萬元)+2540(萬元)}\times 2540(萬元)$$

$$=\frac{2540(萬元)}{13590(萬元)}\times 2540(萬元)\doteqdot 4,747,314\ 元$$

第六節　共同海損分擔額計算後之效力

第一、支付分擔額

　　共同海損分擔額計算後，各利害關係人應清償其分擔額（海一一一）。共同海損因利害關係人之過失所致者，各關係人仍應分擔之。但不影響其他關係人對過失之負責人之賠償請求權（海一一五）。

第二、留置貨物權

　　運送人或船長對於未清償分擔額之貨物所有人，得留置其貨物（海一二二前），此為運送人或船長之法定留置權，其目的在使貨物所有人清償其分擔額，以保護運送人或其他共同海損債權人之利益。但貨物所有人提供擔保者，其共同海損之債權，既無虞不能清償，自不在此限（海一二二但）。

第三、海事優先權

船舶對於共同海損之分擔額有海事優先權（海二四 I 3），此亦為共同海損債權之一種擔保。

第四、委棄存留物權

應負分擔義務之人，得委棄其存留物而免分擔海損之責（海一二四），即應分擔之義務人，不論為船舶所有人或貨物所有人，自得委棄其存留物，而免除其分擔之責。換言之，得僅以存留物負有限的責任。但與海上保險之委付不同，因其委棄不必經債權人承諾，即可免其分擔之責。

第五、返還分擔額

利害關係人於受分擔額後，復得其船舶或貨物之全部或一部者，應將其所受之分擔額返還於關係人。但得將其所受損害及復得之費用扣除之（海一二三），俾免重複享有不當之利益。

第七節　共同海損債權之時效

因共同海損所生之債權，自計算確定之日起，經過一年不行使而消滅（海一二五），以免航海糾紛久延不決，是謂共同海損債權之特別消滅時效。所謂計算確定之日，係指海損計算經各利害關係人協議之日；協議不成，得提付仲裁。倘仲裁者，自仲裁人之判斷交付或送達於當事人之日；其由法院裁判者，應以法院裁判確定之日。

第九章　海上保險

第一節　海上保險之概念

　　海上保險者，簡稱水險，謂海上保險人對於保險標的物（如船舶或貨物等），除契約另有規定外，因海上一切事變及災害所生之毀損、滅失及費用，負賠償責任之保險（保八三、海一二九）。如水險之投保火災及戰爭等是。按海運如無保險，則資本家對於船舶或海外貿易將畏縮不前。自保險制度興起後，乃敢致力開展海運，促進國際貿易，繁榮經濟。按海上保險事故，範圍甚廣，舉凡暴風、怒濤、觸礁、擱淺、碰撞、船破、沉沒、投棄、失火、捕獲及掠奪等等皆是。依本法之規定關於海上保險，海商法海上保險章無規定者，始適用保險法之規定（海一二六）。因此，本法海上保險章，係保險法之特別法。對於海上保險事項，應先適用海上保險章之規定，其無規定者，始得適用保險法（保八四）。

第二節　海上保險契約之要素

第一、海上保險之標的

　　海上保險之標的，種類不一，凡航行中可能發生危險之財產權益，得以金錢估價者，皆得為保險標的（海一二七I）。因此船舶、貨物、運費及預期利益等，均得為保險標的。至於在航海中船員或旅客之生命、身體，因非財產權益，故不屬於海上保險之範圍。茲將海上保險之標的詳述如下：

　　一、船舶　不以船體為限，並包括其設備及屬具。且不僅以航行中船舶為限，停泊於船塢內者，亦包含之。

二、**貨物** 指船舶所載之一切貨物而言，但以商品為限。若個人之行李、衣物等，非在保險契約內特別註明，則不包括在內。貨物保險，通常可分為平安保險、水漬保險及各種損失險三種。㈠平安險者，指保險契約當事人雙方，以特約訂明貨物，除因所載船舶之不平安事故所致之損失外，若船舶平安到達港埠，則所有單獨海損保險人不負賠償之責任，而由要保人自行負責。此種保險，對於水漬潮濕等所致之損害不賠，即所謂單獨海損不賠險（Free from Particular Average, 簡稱 F.P.A.）。㈡水漬險者，係指貨物縱未至毀損或滅失，僅因水潮濕污損，不能維持其原有價值時，保險人仍應負責之保險。此種保險，又稱單獨海損賠償保險（With Particular Average, 簡稱 W.A. 或 W.P.A.），保險人所負之責任較平安保險更重。至於貨物所有人、運送人、運送經理人等對於貨物有利害關係者，皆得為被保險人。㈢各種損失險（All Risks or Full Form, 簡稱 A.R.），又稱全險，凡海上一切危險均可投保之損失險。實務上除兵險損害須另行投保外，其他各種損害，均由保險人負責賠償。

三、**運費** 指船舶因運送貨物所收取之代價而言，包含手續費及其他費用在內。通常分為貨物運送應收之運費、船舶租賃應收之租金、船主自運貨物應收之利得等三種。

四、**預期利益** 指貨物安全到達目的地後，所可預期獲得之利益。此種保險，亦稱利益保險或希望利益保險。

第二、海上保險之保險事故

保險事故，係指保險人依保險契約特定所應擔保之責任事由，保險事故與保險標的，雖同為決定保險種類之標的，然二者究非一事，例如以沉沒之危險為保險事故，以貨物為保險標的是。

第三、海上保險之保險期間

保險期間，為保險人應負擔危險之責任期間，得由當事人自由約定。凡依一定航程而訂定之者，為航程保險；其依一定時期而訂定之者，為航

期保險；其同時以一定時期及一定航程而訂定之者，為混合保險。當事人未約定保險期間者，依下列規定處理之：

一、**船舶及其設備屬具之保險期間**　自船舶起錨或解纜之時，以迄目的港投錨或繫纜之時，為其期間（海一二八前）。

二、**貨物之保險期間**　自貨物離岸之時，以迄目的港起岸之時，為其期間（海一二八後）。

三、**運費及預期利益保險之保險期間**　本法並無規定，解釋上自應以貨物保險之起訖期間為其期間。

第四、海上保險之保險價額

保險價額者，係表示保險標的價值之金額，亦即保險標的所有保險利益之價額。關於保險價額之計算，除當事人另有約定外，依下列之規定：

一、**船舶**　關於船舶之保險，以保險人責任開始時之船舶價格及保險費，為保險價額（海一三四）。至於以何地之時價為準，法無明文，解釋上應以船籍港之時價為準較妥。

二、**貨物**　關於貨物之保險，以裝載地裝載時之貨物價格、裝載費、稅捐、應付之運費及保險費為保險價額（海一三五）。

三、**運費**　運費之保險，僅得以運送人如未經交付貨物即不得收取之運費為之，並以被保險人應收取之運費及保險費為保險價額（海一三七Ⅰ）。前項保險，得包括船舶之租金及依運送契約可得之收益（海一三七Ⅱ）。

四、**預期利益**　貨物到達時應有之佣金、費用或其他利得之保險以保險時之實際金額，為保險價額（海一三六）。

第三節　海上保險損害額之計算

海上保險損害額之計算，因保險標的物之全部損失或部分損失而異。茲分述如下：

第一、全部損失

指保險標的物全部滅失而言。其損害額，依前述保險價額之計算標準定之，其保險價額，即為損害額。

第二、部分損失

指保險標的物部分損失而言。其損害額，依下列規定計算之：

一、貨物受損時　貨物損害之計算，依其在到達港於完好狀態下所應有之價值，與其受損狀態之價值比較定之（海一三八）。實務上，以完好價值保險價額與受損價值損失額之比率，乘以保險金額，即為保險人應負擔之賠償金額。

二、保險標的變賣時　受損害貨物之變賣，除由於不可抗力或船長依法處理者外，應得保險人之同意。並以變賣淨額與保險價額之差額為損害額。但因變賣後所減少之一切費用，應扣除之（海一四一）。

第四節　海上保險契約之效力

第一、對於保險人之效力

一、賠償責任　此可分為法定責任與約定責任。茲分述如下：

㈠**法定責任**　即依本法之規定所生的責任。此可分為原則與例外之規定，茲分述於下：

1.**原則上應負責**　保險人對於保險標的物，除契約另有規定外，凡因海上一切事變及災害所生之毀損、滅失及費用，負賠償責任（海一二九）。但戰爭之危險，除契約有反對之訂定外，保險人應負賠償責任（保三二）。

2.**例外可免責**　因要保人或被保險人或其代理人之故意或重大過失所致之損失，保險人不負賠償責任（海一三一）。

㈡**約定責任**　此本法雖未明定，惟當事人以特約約定其責任。此種情

形如下：

1.**擴張責任範圍**　一般情形，保險人本不應負責之事項，而當事人特附加條款，使之負責，如倉庫至倉庫條款 (Warehouse to Warehouse Clause)，自起運地出貨棧時起，至目的地入貨棧時為止，縱在陸地上，亦均負責任。又如艙面損失賠償險（On Deck, 簡稱 O.D.），對裝在甲板上之貨物保險人亦應負責。

2.**縮小責任範圍**　依一般情形，保險人本應負責之事項，而以特約除去使之不負責任。例如單獨海損不賠條款或兵險除外條款是。

二、保險金額之給付

㈠**給付之期間**　保險人應於收到要保人或被保險人證明文件後三十日內，給付保險金額。保險人對於此項證明文件如有疑義，而要保人或被保險人提供擔保時，仍應將保險金額全部給付，經給付後，如查明不實，保險人自得請求返還其已給付之保險金額。惟此之返還請求權，自給付後經過一年不行使而消滅（海一五〇）。

㈡**減免損失費用之償還**　保險事故發生時，要保人或被保險人應採取必要行為，以避免或減輕保險標的之損失，保險人對於要保人或被保險人未履行此項義務而擴大之損失，不負賠償責任（海一三〇Ⅰ）。保險人對於要保人或被保險人，為履行前項義務所生之費用，負償還之責，其償還數額與賠償金額合計雖超過保險標的價值，仍應償還之（海一三〇Ⅱ）。

保險人對於前項費用之償還，以保險金額為限。但保險金額不及保險標的物之價值時，則以保險金額對於保險標的之價值比例定之（海一三〇Ⅲ）。

第二、對於要保人或被保險人之效力

一、要保人或被保險人之義務

㈠**保險費之給付**　海上保險契約成立後，要保人或被保險人有交付保險費之義務（海一二六、保二二）。

㈡**危險通知義務**　要保人或被保險人，於知悉保險之危險發生後，應

即通知保險人（海一四九），否則保險人得解除契約（保五七）。

㈢**損害通知義務** 要保人或被保險人自接到貨物之日起一個月內，不將貨物所受損害通知保險人或其代理人時，視為無損害（海一五一）。

二、**要保人之權利** 危險發生後，保險人有給付保險金額之義務，要保人有保險金額之請求權。此項請求權，自得為請求之日起，經過二年不行使而消滅（保六五）。

第五節　海上保險契約之消滅

第一、海上保險契約之終止

要保人或被保險人於保險人破產時，得終止契約（海一三三）。

第二、海上保險契約之失效

未確定裝運船舶之貨物保險，要保人或被保險人於知其已裝載於船舶時，應將該船舶之名稱、裝船日期、所裝貨物及其價值，立即通知於保險人。不為通知者，保險人對未為通知所生之損害，不負賠償責任（海一三二），俾保護保險人之利益，以決定其有無再保險之必要。

第六節　海上保險之委付

第一、委付之概念

海上保險之委付，指被保險人於發生第一四三條至第一四五條委付原因後，移轉保險標的物之一切權利於保險人，而請求支付該保險標的物全部保險金額之行為（海一四二）。委付制度，為海上保險所獨有，陸上保險則無之。蓋海上保險標的物，有時雖非全部損失，然卻與全部滅失無異；或雖為全部滅失，卻無從取得證明；或雖能取得證明，但其手續過於繁雜，

因此法律為謀實際便利，均視同全部損失，使被保險人得將保險標的物之一切權利，表示委付於保險人，而取得全部保險金額之請求權。

第二、委付之成立要件

一、委付之實質要件　即須有委付之原因。

㈠**船舶委付之原因**　被保險船舶有下列各款情形之一時，得委付之（海一四三 I）：

1.船舶被捕獲時。

2.船舶不能為修繕或修繕費用超過保險價額時。

3.船舶行蹤不明已逾二個月時。

4.船舶被扣押已逾二個月仍未放行時。

前項第四款所稱扣押，不包含債權人聲請法院所為之查封、假扣押及假處分（海一四三 II）。

㈡**貨物委付之原因**　被保險貨物於有下列法定情形之一時，得委付之（海一四四）：

1.船舶因遭難，或其他事變不能航行已逾二個月，而貨物尚未交付於受貨人、要保人或被保險人時。

2.裝運貨物之船舶，行蹤不明，已逾二個月時。

3.貨物因應由保險人負保險責任之損害，其回復原狀及繼續或轉運至目的地費用總額合併超過到達目的地價值時。

㈢**運費委付之原因**　運費之委付，得於船舶或貨物之委付時為之（海一四五）。

二、委付之形式要件

㈠**委付乃發生保險標的物未全滅失**　委付應以保險標的物移轉於保險人，若委付之標的物全部滅失，則委付無從發生。

㈡**應就保險標的物之全部為之**　此為委付之不可分性，如得就一部為委付，則易啟爭端，且與委付係以迅速結束當事人間之保險關係為目的者不合。因此委付應就保險標的物之全部為之，但保險單上僅有其中一種標

的物發生委付原因時，得就該一種標的物為委付，請求其保險金額（海一四六Ⅰ）。

㈢**不得附有條件** 委付須單純，不得附有條件（海一四六Ⅱ），否則徒增當事人間糾紛，有失委付之目的。

㈣**須經承諾或判決** 委付非單獨行為，被保險人為委付時，應向保險人為意思表示，經保險人承諾後，始生效力。若保險人不為承諾時，須以訴訟方式請求法院判決，經判決確定後，亦生委付之效力（海一四七Ⅰ前）。委付之通知一經保險人明示承諾，當事人均不得撤銷（海一四八）。

三、委付之效力

㈠**保險標的物移轉** 委付經承諾或判決為有效後，自發生委付原因之日起，保險標的物即視為保險人所有（海一四七Ⅰ）。委付未經承諾前，被保險人對於保險標的物之一切權利不受影響。保險人或被保險人對於保險標的物採取救助、保護或回復之各項措施，不視為已承諾或拋棄委付（海一四七Ⅱ）。

㈡**保險金額之給付** 保險人因委付之結果，應負給付保險金額之義務，並取得該項保險標的物之一切權利。

四、委付之時效
委付之權利，於知悉委付原因發生後，自得為委付之日起，經過二個月不行使而消滅（海一五二）。其目的在於迅速解決當事人之法律關係。

第五編　保險法

第一章　總　則

第一節　保險法之概念

第一、保險法之意義

保險法者，乃規律保險關係及保險組織為對象之一種商事法。有廣義與狹義之分，又有形式意義與實質意義之別。茲分述如下：

一、**廣義與狹義**　廣義之保險法，係以保險為規律對象之一切法規的總稱。可分為保險公法與保險私法兩種。前者，乃為規定與保險有關之公法法規，如保險事業監督法及社會保險法是。後者，乃為規定與保險有關之私法法規，如保險事業組織法及保險契約法是。狹義之保險法，則專指保險私法，並不包括保險公法在內。

二、**形式意義與實質意義**　形式意義之保險法，係指制定之成文法，而以「保險」命名者而言。例如我國現行保險法（以下簡稱本法）是。至於實質意義之保險法，則除成文之保險法外，凡與保險有關之一切法規習慣、判例等，均包括在內。

第二、保險法之性質

我國採民商合一制，故商事法為民法之特別法。因此保險法亦屬於民

法之特別法。按我國保險法不獨規定保險契約與保險事業之組織，故屬於私法之性質，且因有保險事業監督之規定，而兼有公法之性質。至海商法中關於海上保險之規定，則屬於特別保險法之性質，故關於海上保險，海商法無規定者，適用保險法之規定（海一二六）。

第三、保險法之特性

保險法為商事法之一種，其具有社會性、營利性、強行性、技術性及國際性。

第二節　保險之意義

保險者，謂當事人約定，一方支付保險費於他方，他方對於因不可預料或不可抗力之事故所致之損害，負擔賠償財物之行為（保一Ⅰ）。依此意義，保險可分為三關係，即：㈠保險係一種法律關係；㈡保險係當事人一方負擔賠償財物之法律關係；㈢保險係當事人一方支付保險費之法律關係。再者，保險須以危險、協力及補償三者，為其成立之要素。茲分述如下：

第一、危　險

無危險即無保險，故危險為保險之第一要素。惟危險須具備下列要件：

一、危險發生須不確定　不確定之內涵有二：即 1.危險發生之本身，須為不確定，如火災保險之於火災是；2.危險發生之時間，須為不確定，如傷害保險之於傷害是。

二、危險發生須為偶然　倘危險之發生，出於被保險人或受益人意料之外，如人壽保險之被保險人縱火自殺，或受益人謀害被保險人；或由於保險標的物之本身自然消耗者，如酒精之蒸發，或鮮菜肉類之腐爛等，均非保險法上所謂之危險。

三、危險發生須為可能　保險之動機，在防患未然，謀求補償，不可能發生之危險，自無保險之必要。

四、危險程度須能測定　危險之程度，為計算保險費之要件，倘不能測定，則保險費即無從確定，保險契約即不能成立。

五、危險範圍須經約定　保險人所負之責任，係以保險事故為準。因此保險人應負責任之事由，其範圍保險契約之當事人自應事先約定。

六、危險發生須為適法　危險之發生，須適合法律之規定，倘係違背法律規定或公序良俗者，皆非此之保險。

第二、協　力

協力者，乃依危險分散之法則，使集中少數人之危險，由多數人分擔其損失，於社會連帶及互助互救之觀念下，共同所為之努力。因此協力為保險之第二要素。

第三、補　償

危險或保險事故發生時，所致之損失，依保險契約之規定，一方對於他方得要求一定之財物，以資填補。此之所謂填補，即補償或賠償，故以補償為保險之第三要素。

第三節　保險之種類

我國現行保險法，將保險分為下列兩種：

一、財產保險　俗稱產物保險，即以物或其他財產利益之損害為標的之保險。依本法之規定，財產保險包括火災保險、海上保險、陸空保險、責任保險、保證保險及經主管機關核准之其他財產保險（保一三II）等六種。

二、人身保險　係以人為標的之保險。依本法之規定，人身保險包括人壽保險、健康保險、傷害保險及年金保險（保一三III）等四種。

上述二種保險，保險人經營之目的在於營利，故又曰營業保險。其由私人經營者，為民營保險，但簡易人壽保險法上之人壽保險，則屬於公營

（簡易人壽保險法二 I），是為公營保險。其他保險業者經營簡易人壽保險業務，由行政院金融監督管理委員會主管，並適用第四條、第六條至第二十六條之規定（簡易人壽保險法二 II）。至於社會保險其經營之目的，不在於營利，而在推行社會安全政策，由國家以法律強制實施，故亦謂「強制保險」。此種保險，均屬公營保險，例如軍人保險、公務人員保險、勞工保險及漁民保險是。關於社會保險，本法第一七四條規定：「社會保險另以法律定之」，故多另有特別法規定之。

第二章　保險契約

第一節　保險契約之意義及性質

保險契約者，謂當事人約定，一方交付保險費於他方，他方對於因不可預料或不可抗力之事故所致之損害，負擔賠償財物之契約（保一）。茲將其性質，述之如下：

一、保險契約為有名契約　凡法律賦予一定名稱之契約，謂之有名契約。保險契約乃保險法所明定，故為有名契約。

二、保險契約為有償契約　當事人互為對價關係之給付的契約，謂之有償契約。保險契約成立後，要保人因支付保險費，而取得保險人承擔危險責任之對價，故為有償契約。

三、保險契約為不要式契約　契約之成立不須具備一定之方式者，謂不要式契約，依我國保險法第一條之規定，本法所稱保險，謂當事人約定，一方交付保險費於他方，他方對於不可預料，或不可抗力之事故所致之損害，負擔賠償財物之行為。根據此約定所訂之契約，稱為保險契約，故為不要式契約。惟持反對論者，認為保險契約，應以保險單或暫保單為之（保四三），並應記載法定事項（保五五），故為要式契約。二者應以不要式契約（諾成契約）為妥。因此筆者建議我國保險法第五五條所謂「應記載」一詞，應修訂為「應約定」，以與同法第一條規定配合。

四、保險契約為雙務契約　當事人雙方互負履行一定義務之契約，謂之雙務契約。保險契約要保人負有支付保險費之義務，而保險人於保險事故發生時，有給付保險金額之義務，雙方互負債務，故為雙務契約。

五、保險契約為善意契約　通常契約之訂立，無不出於當事人之善意；但保險契約之締結，更須本於當事人最大之善意。要保人對於保險人書面

所為之詢問，有據實答覆之義務，對於危險增加亦有通知之義務，故為善意契約。

　　六、**保險契約為射倖契約**　契約之效果於訂約時不能確定者，謂之射倖契約。保險契約訂立時，對於未來危險事故之是否發生，無法確定。僅要保人一方，預為支付保險費，而保險人是否給付保險金額，則繫於不確定之偶然事故，故為射倖契約。

　　七、**保險契約為附合契約**　保險契約具有技術性、定型性及團體性，故其內容由保險公司一方所決定，要保人僅依保險公司所定之條款同意訂立與否之自由，無討價還價之餘地，故為附合契約。

第二節　保險契約之分類

第一、依保險價額之估計，為區分標準

　　一、**定值保險契約**　係指保險契約在訂立時，在契約上載明保險標的一定價值之保險契約（保五〇III）。

　　二、**不定值保險契約**　係指保險契約在訂立時，因保險標的之價值無法確定，乃於該契約上載明保險標的之價值，須至危險發生後，按其發生損失時實際價值予以估計，以定其賠償金額之保險契約（保五〇II）。

第二、依保險人之人數，為區分標準

　　一、**單保險契約**　要保人對於某特定之保險利益，特定之保險事故，在一定期間內與一保險人訂立一個保險契約，是謂單保險契約。一般的保險契約屬之。

　　二、**複保險契約**　要保人對於同一保險利益，同一保險事故，與數保險人分別訂立數個保險契約，是謂複保險契約，亦稱重保險契約或重複保險契約。

第三、依保險責任之次序，為區分標準

一、再保險契約　保險人以其所承保的危險，轉向他保險人為保險的保險契約（保三九）。

二、原保險契約　要保人與保險人原始訂立之保險契約，此係對再保險契約而言。

第四、依保險契約之利益的歸屬，為區分標準

一、為自己利益的保險契約　要保人以自己之名義，為自己之計算所訂立之保險契約。換言之，要保人自己享有賠償請求權之保險契約。其情形有二：

㈠要保人自己為被保險人，而未另行指定受益人。

㈡要保人以他人為被保險人，而指定自己為受益人。

二、為他人利益的保險契約　要保人以自己之名義，為他人之計算而訂立之保險契約。換言之，要保人不自行享有賠償請求權之保險契約。其情形有三：

㈠要保人自為被保險人，而指定他人為受益人。

㈡要保人以他人為被保險人，而未另行指定受益人。

㈢要保人以他人為被保險人，而又另行指定受益人。

三、為自己利益兼為他人利益的保險契約　所謂為自己利益兼為他人利益的保險契約者，即指要保人以自己名義，為自己利益兼為他人利益所訂立之保險契約。其訂約情形有二：

㈠為全體合夥人或共有人之利益而訂立者，如保險法第四十七條規定：「保險契約由合夥人或共有人中之一人或數人訂立，而其利益及於全體合夥人或共有人者，應載明為全體合夥人或共有人訂立之意旨」是。

㈡視同並為第三人之利益而訂立者，如保險法第七十一條規定：「就集合之物而總括為保者，被保險人家屬、受僱人或同居人之物，亦得為保險標的，載明於保險契約，在危險發生時，就其損失享受賠償。前項保險

契約，視同並為第三人利益而訂立。」

第五、依保險之標的，為區分標準

一、財產保險契約 以賠償被保險人財產利益上所發生之毀損，或滅失為目的之保險契約。如火災保險、海上保險等契約。

二、人身保險契約 以死亡或生存之人壽保險，及人身之傷害與健康保險之契約，如人壽保險、健康保險及年金保險等契約。

三、無形利益保險契約 以賠償被保險人財產上所損失之無形利益，為保險標的之契約，如責任保險、保證保險等契約。然則我國保險法，將責任保險及保證保險列為財產保險。

第六、依保險標的之分合，為區分標準

一、個別保險契約 以一物或一人，為保險標的，而訂立之保險契約屬之，故亦稱單獨保險契約。

二、集合保險契約 以多數之物或人，為保險標的，而訂立之保險契約。

第七、依保險標的物是否特定不變動，為區分標準

一、特定保險契約 保險標的特定而不變動之保險契約，無論個別保險契約或集合保險契約均有之。

二、總括保險契約 亦稱概括保險契約或包括保險契約，乃以可變動之多數人或物之集團為標的之保險契約。

第三節　保險契約之主體

第一、保險契約之當事人

保險契約之當事人，為保險契約有直接利害關係之人，可分為二：即

保險人與要保人。茲分述如下：

一、保險人　係指經營保險事業之各種組織，在保險契約成立時，有保險費之請求權，在承保危險事故發生時，依其承保之責任，負賠償義務之人（保二），亦稱承保人。所謂保險業之組織，以股份有限公司或合作社為限。但經主管機關核准者，不在此限（保一三六Ⅰ）。因此倘經主管機關核准設立，縱非股份有限公司或合作社，甚至相互保險法人亦屬保險業。非保險業，不得兼營保險業務（保一三六Ⅱ）。蓋保險事業，責任綦重，影響國民經濟甚大，故本法為防止保險人投機取巧及社會安全計，對於保險人之資格，加以限制。

二、要保人　俗稱投保人，係指對保險標的具有保險利益，向保險人申請訂立保險契約，並負有交付保險費義務之人（保三）。要保人為保險人之保險契約相對人，凡自然人或法人，對於保險標的有保險利益者，均得充之。至於在自然人方面，因保險契約與一般契約相同，亦適用民法之規定，對無行為能力或受監護宣告人，所訂立之契約無效，故要保人須有權利能力及行為能力。又限制行為能力之未成年人，須事前經其法定代理人之允許，或事後之承認，或由該未成年人限制原因消滅後，自己加以承認，方為有效。至於法人為要保人時，必須由自然人為其代表。保險契約之受益人，如屬於要保人，則其在保險事故發生時，享有保險金請求權。縱受益人非要保人，保險費仍由要保人負給付義務。

第二、保險契約之關係人

保險契約之關係人，即與保險契約有間接利害關係之人，可分為二：即被保險人與受益人。茲分述如下：

一、被保險人　係指於保險事故發生時，遭受損害，享有賠償請求權之人（保四前）。在財產保險，被保險人為被保險財產之所有人或其他權利人，故要保人常為被保險人本人；在人身保險，倘保險契約由本人訂立者，則本人兼為要保人及被保險人；倘由第三人訂立者，則僅以被保險之人為被保險人，此時要保人與被保險人不同一人。

二、受益人　亦稱保險金受領人，係指被保險人或要保人約定享有賠償請求權之人（保五前）。簡言之，即在保險契約上，被指定為受領保險金額之人。要保人或被保險人均得為受益人（保五後）。一般財產保險契約，均以被保險人為當然受益人。惟人壽保險契約，除被保險人外，則另有其受益人，故受益人有時為要保人本人，有時為被保險人其人，有時則為要保人或被保險人以外之第三人。再者，保險契約之受益人，有已確定者及未確定者兩種。前者，又可分為保險契約上所載之「指定受益人」，及受益人有疑義時，推定要保人為自己之利益而訂立保險契約（保四五II），是為「推定受益人」。然則，要保人不受委任，為他人之利益而訂立保險契約（保四五I），此情形，如受益人有疑義，應以被保險人為受益人為妥，以免謀財害命。其次，若受益人未確定者，係指為他人利益訂立之保險契約，於訂約時，該他人未確定者，由要保人或保險契約所載可得確定之受益人，享受其利益（保五二）。

第三、保險契約之輔助人

保險契約之輔助人有四：即保險代理人、保險經紀人、保險公證人及保險業務員。茲分述如下：

一、保險代理人　亦稱保險代理商，係指根據代理契約或授權書，向保險人收取費用，並代理經營業務之人（保八）。保險代理人因代營保險業務，故屬於保險人之輔助人，除得適用民法上之代理規定外，其與保險人間之法律關係，亦得準用民法上有關代辦商之規定。保險契約由代理人訂立者，應載明代訂之意旨（保四六）。

二、保險經紀人　即俗稱掮客，係指基於被保險人之利益，代向保險人洽訂保險契約或提供相關服務，而收取佣金或報酬之人（保九）。保險經紀人之任務，係代要保人向保險人洽訂保險契約，而非逕為代訂，其保險契約，仍由要保人自行訂定。保險經紀人，非經登記，繳存保證金或投保相關最低保險金額及實施方式，取得資格，不得執行業務（保一六三III、IV）。因此保險經紀人之法律關係與民法上居間之規定（民五六五）相當，

故除其報酬向保險人一方收取外，其餘均準用民法居間之規定。

三、**保險公證人**　係指向保險人或被保險人收取費用，為其辦理保險標的之查勘、鑑定及估價與賠款之理算、洽商，而予證明之人（保一〇）。保險公證人，必須具備專門之知識與技術，非向主管機關登記，繳存保證金或投保相關最低保險金額及實施方式，取得資格，不得執行業務（保一六三III、IV）。

四、**保險業務員**　指為保險業、保險經紀人公司、保險代理人公司或兼營保險代理人或保險經紀人業務之銀行，從事保險招攬之人（保八之一）。此類人員，為保險業、保險經紀人公司、保險代理人公司、兼營保險代理人或保險經紀人業務之銀行之代理人或受僱人，其招攬之報酬視為薪津。

第四、主管機關

本法所稱主管機關為金融監督管理委員會。但保險合作社除其經營之業務，以金融監督管理委員會為主管機關外，其社務以合作社之主管機關為主管機關（保一二）。

第四節　保險契約之客體

保險契約之客體，亦即保險契約之標的，係指保險事故發生所在之本體。換言之，以經濟上之財貨或自然人作為保險之對象。要保人或被保險人對於保險標的須有保險利益，始得投保。

第一、保險利益之意義及性質

一、**保險利益之意義**　保險利益者，乃指要保人或被保險人，對於保險標的具有利害關係，所得享有之利益。保險契約無論財產保險或人身保險，必以保險利益之存在為前提，故要保人或被保險人對於保險標的之物，無保險利益者，保險契約失其效力（保一七）。保險利益可分為二：

㈠**積極保險利益**　係指要保人或被保險人鞏固其保險標的之安全而享

有之利益。如房屋被保火災保險是。

㈡消極保險利益　係指要保人或被保險人避免其保險標的之不安全而遭受之不利益，如再保險契約是。

二、保險利益之性質　保險利益與保險標的不同。前者，為訂立保險契約之對象，即對於特定之人或特定之物所得享有之經濟利益；後者，係指保險之對象，例如人壽保險之人身，而海上保險之標的（對象）則包括人、物及無形之責任與權利，故其與保險利益不同。本法規定保險契約之成立，須有保險利益存在，其理由有三。茲分述如下：

㈠損害填補之限制　保險利益，為保險契約所能填補損害之最高限度。換言之，保險事故發生後，要保人或被保險人所得請求損害賠償之範圍，不得超過其保險利益之金額或價值。

㈡賭博行為之避免　賭博乃憑單純偶然事件，以決輸贏而圖得不正當利益之行為，與公序良俗有違，故本為法所禁。若保險契約不以保險利益之存在為前提，則將與賭博無異。例如就與己漠不相干之他人房屋，投保火災保險，實為賭博而非保險。

㈢不道德及不法行為之防範　要保人或被保險人就保險標的有保險利益者，雖或有可能促成保險事故發生之行為，但其所得者，依通常情形，僅為原有之利益，實無為此違法行為之必要。倘要保人對於保險標的毫無保險利益，得以訂立保險契約，則要保人為貪圖賠償，隨時故意違法。因此保險契約之成立，必須有保險利益之存在，實足以防範背德及違法行為之發生。

第二、保險利益之要件

保險利益須具備下列要件：

一、須為經濟之利益　保險之目的，在填補被保險人所受經濟上之損失，故其保險利益，須屬於經濟上之利益，或與經濟上有利害關係，而得以金錢計算者。

二、須為得確定之利益　所謂確定之利益，即其利益已確定或可得確

定。已確定者，即為現有利益。可得確定者，即為期待利益。二者均屬客觀之決定，而非當事人主觀的認定。

　　三、須為**適法之利益**　所謂適法之利益，即其利益不違反強行法規或公序良俗。例如因逃稅、竊盜或賭博所生之利益，皆不得為保險契約之標的。

　　四、**須具有利害關係之利益**　在財產保險而言，要保人對於保險標的，具有利害關係之利益；在人身保險而言，保險標的為人身，要保人與被保險人間，必須有利害關係之存在，如親屬、債權等利害關係。

第三、保險利益之種類

　　保險利益之種類甚多，茲就本法所規定保險利益之範圍，分述如下：

　　一、**財產上之保險利益**　其情形有四：

　　㈠**現有利益**　要保人對於財產上之現有利益，有保險利益（保一四前）。所謂現有利益，係指要保人對於其財產現在享有之利益。例如要保人對自己之房屋，依所有權而享有所有人之利益。

　　㈡**期待利益**　要保人對於因財產上之現有利益而生之期待利益，有保險利益（保一四後）。所謂期待利益，係指本於財產上現有利益而生未來可預期獲得之利益，例如企業家對於所經營企業，必有利潤之預期利益，果樹園主對於果實之收穫利益，均屬之。

　　㈢**責任利益**　運送人或保管人對於所運送或保管之貨物，以其所負之責任為限，有保險利益（保一五）。此乃基於他人貨物之安全，因運送或保管負有責任，遂發生一種利害關係，而有保險利益之存在，自可以其貨物為保險標的，而訂立保險契約。所謂運送人，不論陸運、海運、空運均包括在內（民六三四、海商法第三章、民用航空法二 12、13）。所謂保管人，指為他人保管貨物之人，例如倉庫營業人或其他受寄人（民六一四、五九○）。

　　㈣**有效契約之利益**　基於有效契約而生之利益，亦得為保險利益（保二○），例如運費保險，係基於運送契約而生之利益。

　　二、人身上之保險利益　要保人對於下列各人之生命或身體，有保險利益（保一六）：

　　㈠本人或其家屬　此之本人，係指要保人自己。要保人以自己之生命或身體為保險標的，而訂立保險契約，其當然有保險利益。至於其家屬，係以永久共同生活為目的而同居一家之親屬或非親屬（民一一二二、一一二三），當然與家長有利害關係，因此家長自得以此等人之生命或身體為保險標的，自亦有保險利益存在。惟如訂立死亡保險契約，尚須受本法第一〇五、一〇七條之限制。

　　㈡生活費或教育費所仰給之人　要保人對於生活費或教育費所供給之人的生命、身體有保險利益，故要保人對於此等人具有生活上或教育上之經濟利益，例如岳父母受女婿供養，則為岳父母者，在此關係中，對於其女婿之生命、身體，即有保險利益。

　　㈢債務人　要保人為債權人時，對於債務人具有債權上之經濟利益，因此債務人之生存死亡對於要保人有深切關係，故對於債務人有保險利益存在。反之，要保人如為債務人，則不得以其債權人之生命或身體，為保險之標的。

　　㈣為本人管理財產或利益之人　此等人與本人具有管理上之經濟利害關係，故有保險利益存在。例如為信託人管理產業之受託人，或共同繼承人互推之遺產管理人等是。

　　㈤基於有效契約而發生權利或責任之人　除前述四種情形外，本法為免遺漏，復規定，凡基於有效契約而生之利益，亦得為保險利益（保二〇），以資概括。此之規定，無論財產保險或人身保險，均得適用。前者，如運送契約所生之運費是；後者，如已訂婚約之未婚男女，基於婚約，亦得互為被保險人是。

第四、保險利益之移轉

　　其移轉之原因有三。茲分述如下：

　　一、**繼承**　被保險人死亡時，除保險契約另有訂定外，仍為繼承人之

利益而存在（保一八）。換言之，繼承人繼承保險契約之權利義務，因而保險利益亦隨之移轉於繼承人。惟在人身保險，因人身非物，被保險人死亡或保險事故發生，或保險標的消滅，均無所謂保險利益之移轉。

二、**讓與**　其情形有二：

㈠**財產保險**　保險標的物所有權移轉時，除保險契約另有訂定外，仍為受讓人之利益而存在（保一八）。換言之，其保險利益隨同保險標的物之讓與而移轉於受讓人。又合夥人或共有人聯合為被保險人時，其中一人或數人讓與保險利益於他人者，其保險契約不因之而失效（保一九）。例如合夥股份之轉讓（民六八三），或共有人應有部分之轉讓（民八一九），其保險利益應隨同移轉，由受讓人繼續享有。

㈡**人身保險**　原則上不得移轉，惟如移轉，非得要保人同意，或保險契約載明允許轉讓者，受益人不得將其利益轉讓於他人（保一一四）。

三、**破產**　要保人破產時，在財產保險契約仍為破產債權人之利益而存在（保二八）。蓋破產後之要保人，對其財產喪失處分權，故其保險契約上之保險利益，乃移轉於破產債權人，以資抵償。但破產管理人或保險人得於破產宣告三個月內終止契約。其終止後之保險費已交付者，應返還之（保二八但）。惟在人身保險，要保人破產時，保險約定有受益人者，則仍為受益人之利益而存在（保一二三Ⅰ後）。

第五、保險利益之滅失

保險利益滅失之情形有二，茲分述如下：

一、**財產保險**　在財產保險，保險標的物滅失，保險利益即歸消滅。

二、**人身保險**　在人身保險，因保險事故發生及保險標的之滅失，致保險利益亦消滅外，在人身保險契約存續期間，要保人與被保險人間之關係，如喪失保險法第十六條所規定之身分關係時，保險利益亦隨之消失，契約失其效力（保一七）。

第五節　保險契約之成立

第一、保險契約之簽訂

保險契約，應以保險單或暫保單為之（保四三），且由保險人於同意要保人聲請後簽訂（保四四Ⅰ），此之聲請是為要約，而同意是為承諾，契約因而成立。所謂保險單，係指保險人簽發用以代替保險契約之書面。所謂暫保單，又稱臨時保險單，係指保險人為證明保險契約之簽訂及其內容，對於要保人所簽發之一種臨時書據。此種書據，在正式保險單未簽發前，有與保險單同一之效力。訂立保險契約時，要保人對於保險人之書面詢問，應據實說明。要保人有為隱匿，或遺漏不為說明，或為不實之說明，足以變更或減少保險人對於危險之估計者，保險人得解除契約，其危險發生後亦同。但要保人證明危險之發生未基於其說明或未說明之事實時，不在此限。上述解除契約權，自保險人知有解除之原因後，經過一個月不行使而消滅；或契約訂立後經過二年，即有可以解除之原因，亦不得解除契約（保六四）。

保險契約由代理人訂立者，應載明代訂之意旨（保四六）。其由合夥人或共有人中之一人或數人訂立，而其利益及於全體合夥人或共有人者，應載明為全體合夥人或共有人訂立之意旨（保四七）。至於利害關係人，均得向保險人請求保險契約之謄本（保四四Ⅱ）。

第二、保險契約之內容

保險契約之內容，可分為基本條款及特約條款。茲分述於下：

一、基本條款　即保險契約之當事人，於訂約時，必須記載之條款，故又謂法定記載事項。保險契約，除本法另有規定外，應記載下列各款事項（保五五）：

㈠**當事人之姓名及住所**　即指保險人及要保人之姓名或名稱及住所而

言。至於受益人之姓名，則可任意記載之。惟保險契約除人身保險外，得為指示式或無記名式（保四九Ⅰ），以便轉讓。保險人對於要保人所得為之抗辯，亦得以之對抗保險契約之受讓人（保四九Ⅱ），故此之轉讓，與票據之轉讓不得對抗前手，有所不同。

㈡**保險之標的**　保險之標的，為保險事故發生之內容，乃指財產保險而言。如以房屋為火災保險，則該房屋即為保險之標的物。至於人身保險，則稱為保險標的，亦即被保險人之生命或身體。

㈢**保險事故之種類**　此為保險人，依保險契約所負責任之事由，亦即應負擔之危險。保險事故之種類必須載明，以明保險人之責任範圍，而免糾紛。例如火災保險之火災、傷害保險之傷害，即為保險事故。

㈣**保險責任開始之日時及保險期間**　保險責任開始之日時，即為保險人負擔保險責任開始之日時。通常與保險契約成立之日時相同，但當事人亦得約定於契約成立前或在後者。保險期間，則為保險人對於保險事故負擔責任之期間。保險事故在此期間內發生，保險人應負給付保險金額之義務，逾此期間則否。此之期間，通常多以一定之時間定之，倘以一定之事實定之者，如由基隆港至紐約港之航海期間，亦無不可。

㈤**保險金額**　即保險人約定在保險事故發生時，對要保人或受益人所應給付之賠償金額。在財產保險，其契約所約定之保險金額，為保險人負擔賠償責任之最高額度（保七二前）。惟實際賠償金額，須視實際之損害情形定之。至於人身保險，其保險金額，恆由當事人自行約定，而其賠償金額，常與保險金額同。

㈥**保險費**　即保險人負擔賠償責任之對價，而由要保人給付之金額。保險費應於契約內記載，俾請求要保人交付保險費之依據。

㈦**無效及失權之原因**　當事人得自由約定，關於保險契約無效或要保人及受益人喪失契約權利之事由（原因）。例如保險費欠繳若干期，則契約自始無效，或喪失保險金額之請求權是。惟此種無效及失權之原因，不得違反本法之強制規定（保五四Ⅰ前）。

㈧**訂約之年月日**　即保險契約簽訂之時期。此與保險契約之效力，關

係甚鉅，故應記載之。

本書因採保險契約為不要式契約，故建議本法第五五條所稱「應記載」應修訂為「應約定」為妥。

二、**特約條款** 乃當事人於保險契約基本條款外，承認履行特種義務之條款（保六六）。茲就其內容及效力，詳述於下：

㈠**特約條款之內容** 除不得違反法律之強制規定外，凡與保險契約有關之一切事項，不論過去、現在或將來，均得以特約條款定之（保六七）。茲分述如下：

1.**過去事項** 係指契約成立前之事項。例如人壽保險契約內，特約被保險人過去未曾患有某種疾病。

2.**現在事項** 係指契約成立時之事項。例如火災保險契約內，特約屋內並未儲存危險物品。

3.**將來事項** 係指契約成立後之事項。例如傷害保險契約內，特約被保險人不得旅行危險地區。

㈡**特約條款之效力** 其效力有二：

1.**積極效力** 保險契約當事人之一方違背特約條款時，他方得解除契約。其危險發生後亦同（保六八Ⅰ）。此項解除契約權，自解除權人知有解除之原因後，經過一個月不行使而消滅，或契約訂立後經過二年，即有可以解除契約之原因，亦不得解除契約（保六八Ⅱ準保六四Ⅲ）。

2.**消極效力** 關於未來事項之特約條款，於未屆履行期前危險已發生，或其履行為不可能，或在訂約地為不合法而未履行者，保險契約不因之而失效（保六九）。所謂未屆履行期前危險已發生者，例如火災保險，曾約定房屋內煤油，於一週內移出，於訂約後三日，火災即行爆發是。所謂履行不可能者，如前例，於訂約後之次日因被法院查封，無法移出。此時保險人不能以未履行特約條款為理由，而解除契約。

第六節　保險契約之效力

第一、對於要保人及被保險人之效力

一、**據實說明之義務**　訂立契約時，要保人對於保險人之書面詢問，應據實說明（保六四 I）。倘要保人有為隱匿，或遺漏不為說明，或為不實之說明，足以變更或減少保險人對於危險之估計者，保險人得解除契約，其危險發生後亦同。但要保人證明危險之發生未基於其說明或未說明之事實時，不在此限（保六四 II）。上述解除契約權，自保險人知有解除之原因後，經過一個月不行使而消滅，或契約訂立後經過二年，即有可以解除之原因，亦不得解除契約（保六四 III）。

二、**交付保險費之義務**　保險費之交付，為要保人之主要義務。茲分述如下：

㈠保險費之交付

1. **交付之義務人**　保險費應由要保人依契約規定交付。信託業依信託契約有交付保險費義務者，保險費應由信託業代為交付之（保二二 I），前項信託契約，保險人依保險契約應給付之保險金額，屬該信託契約之信託財產(保二二 II)。因此要保人不論其為自己或他人之利益而訂立保險契約，均負有交付保險費之義務。惟要保人為他人利益訂立之保險契約，保險人對於要保人所得為之抗辯，亦得以之對抗受益人（保二二 III）。

2. **交付時期及方法**　保險費分一次交付，及分期交付兩種。保險契約規定一次交付，或分期交付之第一期保險費，應於契約生效前交付之。但保險契約簽訂時，保險費未能確定者，不在此限（保二一）。

3. **交付之數額**　保險費以保險金額為基礎，依危險率計算之，當事人不得任意增減。危險增加時，依本法之規定（保五九 II、III、九九），即應增加保險費。惟保險費依保險契約所載增加危險之特別情形計算者，其情形在契約存續期內消滅時，要保人得按訂約時保險費率，自其情形消滅時

起算，請求比例減少保險費（保二六 I）。

4.**交付之處所** 本法未規定，當事人有約定者，自應依其約定。無約定者，在習慣上由保險人派員向要保人收取。惟在人壽保險，保險費經催告後，應於保險人營業所交付（保一一六 II 後）。

㈡保險費之返還

1.**應返還保險費之情形**

⑴訂約時保險標的之危險已消滅：保險契約訂立時，僅保險人知危險已消滅者，要保人不受拘束，故保險人不得請求保險費及償還費用，其已收受者，應返還之（保二四 II、五一 III）。

⑵保險金額之總額超過保險價額時：以同一保險利益，同一保險事故，善意訂立數個保險契約，其保險金額之總額超過保險標的之價值者，在危險發生前，要保人得依超過部分，要求比例返還保險費（保二三 I）。

⑶保險契約終止時：其情形如下：

①保險契約所載之危險，如有增加或減少時，得終止契約，或提議另訂保險費，如要保人不同意者，其契約即為終止。終止後之保險費已交付者，應返還之（保二四 III、六〇）。

②保險標的物，非因保險契約所載之保險事故而完全滅失時，保險契約即為終止。終止後之保險費已交付者，應返還之（保二四 III、八一）。

③保險人對於保險契約所載增加危險之特別情形計算者，其特別情形消滅，保險人對於減少保險費不同意時，要保人得終止契約，其終止後之保險費已交付者，保險人應返還之（保二六 II）。

④保險標的物受部分之損失者，保險人與要保人均有終止契約之權。終止後，已交付未損失部分之保險費，應返還之（保八二 I）。

⑤保險人破產時，保險契約於破產宣告之日終止，其終止後之保險費，已交付者，保險人應返還之（保二七）。

⑥要保人破產時，保險契約仍為破產債權人之利益而存在，但破產管理人或保險人得於破產宣告三個月內終止契約。其終止後之保險費已交付者，應返還之（保二八）。

2.無須返還保險費之情形

(1)訂約時保險標的之危險已發生：保險契約訂約時，僅要保人知危險已發生者，保險人不受契約之拘束。此時，保險人得請求償還費用，其已收受之保險費，無須返還（保二四 I 、五一 II ）。

(2)要保人故意不為複保險之通知：對於複保險之情形，除另有約定外，要保人故意不將他保險人之名稱及保險金額通知各保險人，或意圖不當得利而致契約無效時，保險人於不知情之時期內，仍取得保險費（保二三 II 、三七）。

(3)要保人對保險人之詢問未據實說明：保險契約因要保人故意隱匿，或過失遺漏或為不實之說明時，足以變更或減少保險人對於危險之估計情事而解除時，保險人無須返還其已收受之保險費（保二五）。

三、危險通知之義務

(一)應通知之情形

1.**危險發生之通知**　要保人、被保險人或受益人，遇有保險人應負保險責任之事故發生，除本法另有規定，或契約另有訂定外，應於知悉後五日內通知保險人（保五八）。違反上述限期通知之義務者，對於保險人因此所受之損失，應負賠償責任（保六三）。

2.**危險增加之通知**　要保人對於保險契約內所載增加危險之情形應通知者，應於知悉後通知保險人（保五九 I ）。上述危險增加應通知之期間，因其危險增加，是否由於要保人或被保險人之行為而有不同。茲分述之：

(1)危險增加，由於要保人或被保險人之行為所致，其危險達於應增加保險費，或終止契約之程度者，要保人或被保險人應先通知保險人（保五九 II ）。

(2)危險增加，不由於要保人或被保險人之行為所致者，要保人或被保險人應於知悉後十日內通知保險人（保五九 III ）。

(二)無庸通知之情形

1.**危險增加，如有下列情形之一時，要保人或被保險人不負通知之義務**（保六一）　(1)損害之發生不影響保險人之負擔者；(2)為防護保險人之利益者；(3)為履行道德上之義務者。

2.保險契約當事人之一方，對於下列各款，不負通知之義務（保六二）：⑴危險為他方所知者；⑵依通常注意為他方所應知，或無法諉為不知者；⑶一方對於他方經聲明不必通知者。

　　㈢**違反通知義務之責任**　要保人或被保險人不於知悉保險人應負保險責任之事故後五日內；或知悉危險增加後十日內（保五八、五九Ⅲ）為通知者，對於保險人因此所受之損失，應負賠償責任（保六三）。保險遇有增加危險之情形（即指保五九），得終止契約或提議另定保險費。要保人對於另定保險費不同意者，其契約即為終止。但因危險增加，由於要保人或被保險人之行為所致之情形（即指保五九Ⅱ）而終止契約時，保險人如有損失，並得請求賠償（保六〇Ⅰ）。保險人知危險增加後，仍繼續收受保險費，或於危險發生後給付賠償金額，或其他維持契約之表示者，喪失前述之權利（保六〇Ⅱ）。

第二、對於保險人之效力

　　一、**賠償責任之負擔**　保險契約成立後，保險人對於契約上所訂之危險事故之發生，即負擔賠償之責任，此為保險契約直接發生之效力。基於此效力，保險人始有賠償保險金之義務。茲將此項責任之範圍，分述於下：

　　㈠**法定之責任範圍**　本法對此特設規定，可分為二。茲分述於下：

　　1.補充性質之條款

　　　⑴由不可預料或不可抗力所致之損害：保險人對於由不可預料或不可抗力之事故所致之損害，負賠償責任。但保險契約內有明文限制者，不在此限（保二九Ⅰ）。所謂不可預料，係指危險之發生，事出偶然，非可加以預為確定，如房屋失火是。所謂不可抗力，係指危險之發生，非人力所能制止，如地震是。所謂契約內有明文限制，例如火災保險，在契約中載明，如由地震而生之火災，不負賠償責任是。

　　　⑵因戰爭所致之損害：保險人對於因戰爭所致之損害，除契約有相反之訂定外，應負賠償責任（保三二）。戰爭亦屬不可抗力之一種，其所致之損害，保險人自應負責。此之戰爭不以宣戰為限，是否國際戰爭，在所

不問。所謂契約有相反之訂定者，係指當事人得以契約訂定，對於戰爭所致之損害，不負賠償責任。此種訂定，稱為「兵險除外條款」。

2.**強制性質之條款**　此種條款，不容當事人以契約加以禁止。其情形如下：

(1)因要保人或被保險人或其代理人之過失所致之損害：保險人對於由要保人或被保險人之過失所致之損害，負賠償責任。但出於要保人或被保險人之故意者，不在此限（保二九Ⅱ）。

(2)因履行道德上義務所致之損害：保險人對於因履行道德上之義務所致之損害，應負賠償責任（保三〇）。蓋履行道德上義務所為之行為，既非貪圖保險給付，為維護善良風俗，縱其行為近於故意，保險人仍應賠償。例如人壽保險，為拯救他人溺水，致自己淹斃是。

(3)要保人或被保險人之受僱人，或其所有之物或動物所致之損害：保險人對於因要保人，或被保險人之受僱人，或其所有之物或動物所致之損害，應負賠償責任（保三一）。例如在火災保險，要保人之受僱人失火，或因煤氣筒爆炸，房屋被焚；或在傷害保險，被保險人被自己之犬咬傷等是。

㈡**約定之責任範圍**　上述法定之責任範圍，除 2.強制性質之條款，係法律有強制規定者外，至於 1.補充性質之條款，當事人得以契約加以限制或擴張，有此約定時，保險人之賠償責任，自應從其約定。

二、**保險金額之給付**　保險事故發生後，保險人應向被保險人或受益人給付保險金額。茲將給付之方法、給付之數額及給付之時期，分述如下：

㈠**給付之方法**　賠償之方法，在民法上，係以回復原狀為原則，而以金錢賠償為例外（民二一三、二一五）。在保險法上，卻以金錢賠償為原則，以其他方法賠償為例外。換言之，除本法另有規定，或當事人另有約定（如約定以實物賠償）外，保險人不負擔賠償金額以外之義務。茲將其例外，分述如下：

1.**本法另有規定者**　例如本法第三十三條規定：「保險人對於要保人或被保險人，為避免或減輕損害之必要行為所生之費用，負償還之責。其償

還數額與賠償金額，合計雖超過保險金額，仍應償還。保險人對於前項費用之償還，以保險金額對於保險標的之價值比例定之。」及本法第七十九條第一項規定：「保險人或被保險人為證明及估計損失所支出之必要費用，除契約另有訂定外，由保險人負擔之」是。

　　2.**契約另有約定者**　例如房屋火災保險，當事人於契約上規定，一旦保險事故發生，保險人負重建或修繕之責任；又如傷害保險或健康保險，約定負責醫療等是。

　　㈡**給付之數額**　賠償的數額，原則上以保險金額為限，但保險人對於要保人或被保險人，為避免或減輕損害之必要行為所生之費用，負償還之責。其償還數額與賠償金額，合計雖超過保險金額，仍應償還（保三三Ⅰ）。所謂為避免或減輕損害之必要行為，如火災保險之救火行為是。保險人對於上述費用之償還，以保險金額對於保險標的之償還價值比例定之（保三三Ⅱ）。

　　㈢**給付之時期**　應付之賠償金額確定後，保險人應於要保人或被保險人交齊證明文件後，於約定期限內給付賠償金額。無約定期限者，應於接到通知後十五日內給付之（保三四Ⅰ）。逾期不為給付，保險人應負給付遲延責任。保險人因可歸責於自己之事由，致未在前項規定之期限內為給付者，應給付遲延利息年利一分（保三四Ⅱ）。

　　三、**代位權利之發生**　被保險人因保險人應負保險責任之損失發生，而對於第三人有損失賠償請求權者，保險人得於給付賠償金額後，代位行使被保險人對於第三人之請求權（保五三Ⅰ），謂之保險人之代位請求權，簡稱代位權利或權利代位。

　　㈠**代位權利之成立**　要件有二，如缺其一，即不能成立。茲分述如下：

　　1.被保險人因保險事故之發生，對於第三人有損失賠償請求權；

　　2.保險人因保險事故之發生，已給付其賠償金額。

　　㈡**代位權利之限制**　保險標的發生損失之原因，由於第三人之行為所致，則被保險人已得依法向其請求損害賠償，若更因此獲得由保險人賠償損失之金額，則為受雙重之賠償，顯違損害填補之原則，故本法容許保險

人有代位請求權。惟其所請求之數額，以不逾賠償金額為限（保五三Ⅰ但）。例如房屋被焚實際損失為九十萬元，而保險人之賠償金額僅為六十萬元，則保險人得代位行使之權利以在六十萬元範圍內為限。惟該第三人如為被保險人之家屬或受僱人時，保險人無代位請求權（保五三Ⅱ）。蓋此等人與被保險人共同生活，關係密切，若因其過失所致之損失，使保險人對之有求償之權利，實與被保險人自己賠償無異，故為本法所不許。但其損失，係由此等人故意所致者，為防止詐欺，本法特別規定保險人仍得行使代位請求權（保五三Ⅱ但）。

第七節　保險契約之變動

第一、保險契約之變更、停止與恢復

一、保險契約之變更　係指在保險契約存續期間內，其主體或內容有所變更之謂。茲分述如下：

㈠契約主體之變更　保險契約之主體，係指要保人、被保險人或保險人。其主體之變更，情形有二：

1. **要保人或被保險人之變更**

⑴變更之方法：保險契約因其保險利益之轉讓、繼承或承受，而發生要保人或被保險人之變更。其變更，除人身保險外，得為指示式或無記名式（保四九Ⅰ）。因此指示式之財產保險契約，依背書方法變更當事人一方之姓名，而移轉其利益。無記名式之財產保險契約，依交付而移轉其利益。此種移轉，在契約之形式上，雖無變更，但為當事人之一方的要保人或被保險人，已為受讓人取而代之。至於被保險人死亡或保險標的物所有權移轉時，除保險契約另有訂定外，仍為繼承人或受讓人之利益而存在（保一八）。至於要保人破產時，除行使終止權外，其保險契約仍為破產債權人之利益而存在（保二八前）。其利益雖仍繼續存在，但其主體則發生實質上之變更。

(2)變更之效力：要保人或被保險人之變更，其保險契約之效力，不受影響，仍然存續。惟在財產保險時，其保險人對於要保人所得為之抗辯，亦得以之對抗保險契約之受讓人（保四九II）。

2.保險人之變更

(1)變更之情形：保險人無論其為股份有限公司抑為合作社（保一三六I），均可合併其組織，在此場合，保險人隨之發生變更。

(2)變更之效力：亦即因合併而消滅之公司或合作社，其權利義務隨之概括移轉，並由合併後存續或新設之公司或合作社承受。

(二)**契約內容之變更**　保險契約之內容，經雙方當事人同意，得予以變更。如保險標的物價值增加，因而增加保險金額。因此變更保險契約，保險人於接到通知後十日內不為拒絕者，視為承諾；但本法就人身保險有特別規定者，從其規定（保五六）。因人身保險契約內容之變更，若保險人須重驗被保險人之體格，應有較充裕之時間，故不以十日為限。保險契約內容變更時，其在變更前之效力不變，變更後應依變更事項決定其效力。

二、保險契約之停止　係指在保險契約存續期間內，因某種原因，而使其效力暫時停止之謂。所謂某種原因，本法僅就人壽保險加以規定，即人壽保險之保險費，到期未交付者，除契約另有訂定外，經催告到達後逾三十日，仍不交付者，保險契約之效力停止（保一一六I）。至其他保險，本法雖無明文，解釋上亦應如是。所謂停止，乃中止契約之效力，依一定之程序仍可使之恢復。惟保險契約在停止期間，保險人不負擔保危險之責任。

三、保險契約之恢復　係指保險契約之效力停止後，依一定程序使其恢復之謂。對此本法規定如下：

(一)恢復停止效力之保險契約，保險人於接到通知後十日內，不為拒絕者，視為承諾，但本法就人身保險有特別規定者，從其規定（保五六）。換言之，保險契約若無特別規定，而保險人又無拒絕之表示，在通知後屆滿十日之際，該項保險契約之效力，即告恢復。

(二)人壽保險之保險費到期未交付者，除契約另有訂定外，經催告到達

後屆三十日仍不交付時，保險契約之效力停止（保一一六Ⅰ）。上述停止效力之保險契約，於停止效力之日起六個月內清償保險費、保險契約約定之利息及其他費用後，翌日上午零時起，開始恢復其效力。要保人於停止效力之日起六個月後申請恢復效力者，保險人得於要保人申請恢復效力之日起五日內要求要保人提供被保險人之可保證明，除被保險人之危險程度有重大變更已達拒絕承保外，保險人不得拒絕其恢復效力（保一一六Ⅲ）。保險人未於前項規定期限內要求要保人提供可保證明或於收到前項可保證明後十五日內不為拒絕者，視為同意恢復效力（保一一六Ⅳ）。

㈢保險契約載有被保險人故意自殺，保險人仍應給付保險金額之條款者，其條款於訂約二年後始生效力。恢復停止效力之保險契約，其二年期限，應自恢復停止效力之日起算（保一〇九Ⅱ）。

第二、保險契約之無效與失效

一、保險契約之無效　係指保險契約成立後，因違反法定或約定事項，在法律上自始不生效力之謂。其無效之原因及效果，除適用民法之規定外，本法特規定如下：

㈠無效之原因

1.**法定無效**　其原因如下：

⑴絕對無效：即任何人均得主張其契約之無效。其情形如下：

①保險契約訂立時，保險標的之危險已發生或已消滅者，除當事人雙方不知情者外，其契約無效（保五一Ⅰ）。

②複保險，除另有約定外，要保人應將他保險人之名稱及保險金額通知各保險人。如故意不為通知或意圖不當得利而為複保險者，其契約無效（保三六、三七）。

③由第三人訂立之死亡保險契約，未經被保險人書面同意，並約定保險金額，其契約無效（保一〇五Ⅰ）。被保險人依前項所為之同意，得隨時撤銷之。其撤銷之方式應以書面通知保險人及要保人（保一〇五Ⅱ）。被保險人依前項規定行使其撤銷權者，視為要保人終止保險契約（保一〇五Ⅲ）。

　　　④以未滿十五歲之未成年人為被保險人訂立之人壽保險契約，其死亡給付於被保險人滿十五歲之日起發生效力；被保險人滿十五歲前死亡者，保險人得加計利息退還所繳保險費，或返還投資型保險專設帳簿之帳戶價值(保一〇七Ⅰ)。前項利息之計算，由主管機關另定之(保一〇七Ⅱ)。前二項於其他法律另有規定者，從其規定（保一〇七Ⅲ）。訂立人壽保險契約時，以受監護宣告尚未撤銷者為被保險人，除喪葬費用之給付外，其餘死亡給付部分無效（保一〇七之一Ⅰ）。前項喪葬費用之保險金額，不得超過遺產及贈與稅法第十七條有關遺產稅喪葬費扣除額之一半（保一〇七之一Ⅱ）。前二項規定於其他法律另有規定者，從其規定（保一〇七之一Ⅲ）。

　　　⑤人壽保險契約之被保險人年齡不實，而其真實年齡已超過保險人所定保險年齡限度者，其契約無效，保險人應退還所繳保險費（保一二二Ⅰ）。

　　⑵全部無效：即其契約之全部，自始不生效力，例如前述絕對無效之規定是。

　　⑶相對無效：即僅當事人之一方，得主張其保險契約之無效，他方不得主張之。其情形如下：

　　　①訂約時，僅要保人知危險已發生者，保險人不受契約之拘束（保五一Ⅱ）。

　　　②訂約時，僅保險人知危險已消滅者，要保人不受契約之拘束（保五一Ⅲ）。

　　⑷一部無效：即契約之一部分在某限度內有其效力，而其他部分，自始不生效力。例如保險契約中有下列情事之一，依訂約時情形顯失公平者，該部分之約定無效（保五四之一）：①免除或減輕保險人依法應負之義務者。②使要保人、受益人或被保險人拋棄或限制其依本法所享之權利者。③加重要保人或被保險人之義務者。④其他於要保人、受益人或被保險人有重大不利益者；又如保險金額超過保險標的價值之契約，如當事人之一方，並無詐欺情事者，除定值保險外，其契約僅於保險標的價值之限度內為有效（保七六Ⅰ）。

2.**約定無效**　即其無效之原因，係基於當事人在契約上之任意約定。例如約定保險費不得欠繳若干，否則契約無效是。無效之原因，雖得由當事人任意約定，但不得違背法律強制規定或公序良俗，且須記載於保險契約（保五五7）。

㈡**無效之效果**　保險契約無論屬於法定無效抑屬於約定無效，如其為全部無效，該項契約自始即不發生效力。此時當事人已為之給付，如保險費、保險金等，依民法不當得利之規定負返還之責（民一七九），或更負損害賠償之責（民一一三）。惟保險契約一部無效，僅此一部分不發生效力；其餘部分，仍然有效。至於在保險契約當事人一方不受契約拘束之場合，如係保險人不受拘束時，則保險人得對他方請求償還費用，其已收受之保險費，無須返還（保二四Ⅰ）；反之，如要保人不受拘束時，則保險人不得對於該要保人請求保險費及償還費用，其已收受者，應返還之（保二四Ⅱ）。

二、保險契約之失效　係指保險契約自失效原因發生時起，喪失其效力之謂。茲就其原因及效果分述如下：

㈠**失效之原因**

1.**積極規定**　凡法律規定之一定事故發生，而使保險契約失其效力者屬之，如本法第十七條是。詳閱前述，茲不贅述。

2.**消極規定**　凡法律規定之一定事由，而使保險契約不因之而無效者屬之，如本法第十九條及第六十九條是。詳閱前述，茲不贅述。

㈡**失效之效果**　保險契約之失效，對於在失效原因發生前，其契約之效力，仍然存在有效，但自失效之原因發生時起，契約即喪失法律上之效力。

第三、保險契約之解除與終止

一、保險契約之解除　係指當事人之一方，基於契約成立後之事由，行使解除權，而使契約效力溯及既往而自始消滅之謂。

㈠**解除之原因**

1.**法定解除權**　解除權之發生，由於法律之規定者謂之。茲分述於下：

(1)怠於通知之解除：當事人之一方，對於他方應通知之事項而怠於通知者，除有不可抗力之事故外，不問是否故意，他方得據為解除契約之原因（保五七）。

(2)訂立契約時，要保人對於保險人之書面詢問，應據實說明（保六四Ⅰ）。要保人故意隱匿，或因過失遺漏，或為不實之說明，足以變更或減少保險人對於危險之估計者，保險人得解除契約；其危險發生後亦同。但要保人證明危險之發生未基於其說明或未說明之事實時，不在此限（保六四Ⅱ）。前項解除契約權，自保險人知有解除之原因後，經過一個月不行使而消滅；或契約訂立後經過二年，即有可以解除之原因，亦不得解除契約（保六四Ⅲ）。

(3)違背特約條款之解除：保險契約當事人之一方，違背特約條款時，他方得解除契約。其危險發生後亦同（保六八Ⅰ）。

(4)超額保險之解除：保險金額超過保險標的價值之契約，係由當事人一方之詐欺而訂立者，他方得解除契約（保七六Ⅰ前）。

2.約定解除權　當事人在不違反法律強制規定或公序良俗之前提下，得於契約中任意約定，基於一定事由之發生，一方或雙方得據以解除契約，同時並得約定其解除權之行使期間。

㈡解除之效果　保險契約之解除，其效力溯及既往而無效，故各當事人均負回復原狀之義務（民二五九），並得為損害賠償之請求（民二六〇）。惟本法另設有特別規定者，即因要保人故意隱匿或因過失遺漏或為不實之說明而解除契約者，則保險人無須返還其已收受之保險費（保二五），如有損害，保險人並得請求賠償，但自保險人知有隱匿遺漏或不實之日起，經過二年不行使而消滅（保六五1）。

二、保險契約之終止　係指保險契約在其存續期間內，因一定事由之發生，而使其效力自終止時起歸於消滅。茲就本法所規定契約終止之原因及效果，分述如下：

㈠終止之原因　可分為二：

1.當然終止　無須當事人表示，而其效力當然歸於終止者謂之。有下

列情形之一者，當然終止：

⑴期間屆滿：保險期間屆滿，保險契約，當然終止。

⑵保險事故發生：保險事故發生後，保險契約於保險人給付保險金額時，當然終止。

⑶保險人破產：保險人破產時，保險契約於破產宣告之日終止（保二七）。又海上保險契約要保人或被保險人於保險人破產時，得終止契約（海一三三）。

⑷保險標的物滅失：保險標的物非因保險契約所載之保險事故而完全滅失時，保險契約即為終止（保八一）。保險標的物受部分之損失者，保險人與要保人均有終止契約之權。此項終止契約權，於賠償金額給付後，經過一個月不行使而消滅。保險人終止契約時，應於十五日前通知要保人。要保人與保險人均不終止時，除契約另有訂定外，保險人對於以後保險事故所致之損失，其責任以賠償保險金額之餘額為限（保八二）。

⑸保險費另議不成：要保人對於保險契約內所載增加危險之情形應通知者，應於知悉後通知保險人，如違反危險通知義務時，保險人得終止契約，或提議另定保險費。要保人對於另定保險費不同意者，其契約即為終止。但保險人知危險增加後，仍繼續收受保險費，或於危險發生後給付賠償金額，或其他維持契約之表示者，喪失上述終止契約之權利（保六〇）。

2.任意終止　基於一定之事由，當事人一方向他方表示，行使終止權，使效力歸於終止謂之。倘當事人不行使終止權，則契約仍然繼續有效。

⑴危險發生變動：保險費依保險契約所載增加危險之特別情形計算者，其情形在契約存續期間內消滅時，要保人得按訂約時保險費率，自其情形消滅時起算，請求比例減少保險費。保險人對於減少保險費不同意時，要保人得終止契約（保二六）。

⑵要保人破產：要保人破產時，破產管理人或保險人得於破產宣告三個月內終止契約（保二八前）。

⑶契約存續期間危險增加：保險契約存續期間，如危險增加，保險人得終止契約（保六〇 I 前）。

(4)標的物不正常狀態：保險人有隨時查勘保險標的物之權，如發現全部或一部分處於不正常狀態，經建議要保人或被保險人修復後，再行使用。如要保人或被保險人不接受建議時，得以書面通知終止保險契約或有關部分（保九七）。

(5)優惠期間屆滿：人壽保險之保險費到期未交付，除契約另有訂定外，經催告到達後屆三十日仍不交付時，保險契約之效力停止（保一一六Ⅰ）。保險人於本法第一一六條第五項之期限屆滿後，有終止契約之權（公一一六Ⅵ）。

㈡終止之效果

1.保險契約之終止，其效力自終止時起消滅，並不溯及既往，故雙方當事人均無回復原狀之義務。保險人在契約終止以前，已收受之保險費不必返還，但在契約終止後，要保人對於已交付之保險費，則有返還之請求權（保二四Ⅲ、二七、二八、二六Ⅱ）。

2.保險契約之終止，如係基於要保人不受拘束時，保險人應返還其已收之保險費（保二四Ⅱ）；反之，其終止契約係因要保人或被保險人之行為以致危險增加者，除其終止前之保險費無須返還外，保險人因之而有損失，並得請求賠償（保六○Ⅰ但）。

第八節　複保險與再保險

第一、複保險

一、複保險之意義　複保險者，謂要保人對於同一保險利益、同一事故，與數保險人分別訂立數個保險之契約行為（保三五）。依此定義，複保險須具備下列要件：

㈠須同一保險期間　所謂同一保險期間，係指數個保險契約，不必始期與終期完全相同，僅其一部分之期間於交叉關係，發生共同之利害者，即為複保險。

㈡**須同一保險利益**　所謂同一保險利益者，例如屋主就同一房屋，基於所有權之關係，訂立數個火災保險契約是。

㈢**須對於同一保險事故**　如非對於同一保險事故，則非複保險。例如貨物所有人就同一貨物，一方面訂立火災保險契約，另一方面訂立竊盜保險契約，不構成複保險是。

㈣**須要保人與數保險人分別訂立數個保險契約**　若要保人與數保險人共同訂立一個保險契約，則為共同保險，而非複保險。

二、複保險之通知　複保險，除另有約定外，要保人應將他保險人之名稱及保險金額通知各保險人（保三六），以便各保險人互相知悉，並考慮其契約有無流弊。若要保人故意不為通知，或意圖不當得利而為複保險者，其契約無效（保三七）。

三、複保險之效力　惡意之複保險，其保險契約無效，不生賠償應如何給付問題。至於善意之複保險，其保險金額之總額超過保險標的之全部價值者，除另有約定外，保險人對於保險標的之全部價值，僅就其所保金額，負比例分擔之責。但賠償總額，不得超過保險標的之價值（保三八）。所謂另有約定外，乃指各保險人特別約定，可不依比例分擔之謂。至於善意之複保險，倘其保險金額之總額未超過保險價額者，則屬於數個一部保險契約之併存，依一般情形解決，無法適用上述本法之規定（即保三八）。複保險規定適用於財產保險，固無爭議。至於是否適用於人身保險，論者不一。有認為可以適用於人身保險；有認為不可適用於人身保險，如司法院大法官會議九十三年釋字五七六號解釋，認為人身保險不受複保險規定之限制。上述解釋對人壽保險而言，固無疑問。惟對健康保險中之醫療保險，其屬於損害填補，若不受複保險規定之限制，似有不妥。

第二、再保險

一、再保險之意義　再保險者，謂保險人以其所承保之危險，轉向他保險人為保險之契約行為（保三九），故亦稱為分擔契約或轉保契約。再保險契約，以有原保險契約為前提，故再保險之要保人，必為原保險契約之

原保險人。原保險人以其所承保之危險轉向他保險人投保,則其所擔保之危險責任,亦轉嫁於他保險人。倘無此再保險制度之存在,勢必發生巨額之標的物,無人敢承保。縱令有人承保,其保險人隨時有破產之虞,由此可見,再保險制度甚為重要。惟再保險契約雖以原保險契約之存在為前提,但為獨立之保險契約,原保險契約之要保人或被保險人,受益人與再保險契約之保險人不生任何權益關係。

二、再保險之性質 再保險契約之法律上性質,有合夥契約說、原保險契約同性質說、與責任保險契約說等。惟以責任保險契約說為通說。蓋再保險,係以原保險人,基於原保險契約所負之責任為對象之保險,性質上屬於責任保險之一種。因此本法亦認為再保險契約具有責任保險之性質,而有關再保險契約之事項,應適用責任保險之規定。

三、再保險之效力 可分三方面言之:

㈠原保險契約之被保險人,對於再保險人無賠償請求權。但原保險契約及再保險契約另有約定者,不在此限(保四〇)。蓋原保險契約與再保險契約,在法律上乃為各別之契約,無主從關係。再保險契約之當事人,係原保險人及再保險人,而被保險人不在其內。

㈡再保險人不得向原保險契約之要保人,請求交付保險費(保四一)。蓋原保險契約與再保險契約,各有其獨立性,再保險人不能因原保險人不給付保險費,而直接向原保險契約之要保人請求交付。

㈢原保險人不得以再保險人不履行再保險金額給付之義務為理由,拒絕或延遲履行其對於被保險人之義務(保四二)。

第三、複保險與再保險之不同

一、就其要保人言 複保險之要保人,同時可為數個保險契約之要保人;至於再保險之要保人,則為原保險契約之保險人。

二、就其訂約動機言 複保險除善意者外,往往係由要保人企圖不正當之利得而締訂;至於再保險,則係由原保險人為避免或減輕其所負擔之責任而締訂。

三、就其契約訂立對象言　複保險乃為要保人就同一保險利益，同一危險，與數個保險人，分別訂立數個保險之契約；至於再保險，則為保險人以其所承保之危險，轉向他保險人為保險之契約。

四、就其通知事項與通知人言　複保險除另有約定外，要保人應將他保險人之名稱及保險金額，通知各保險人；至於再保險，則無此規定。

五、就其責任與權利言　善意之複保險，其保險金額之總額，超過保險標的之全部價值者，除另有約定外，各保險人對於保險標的之全部價值，僅就其所保金額，負比例分擔之責，但賠償總額不得超過保險標的之價值；至於再保險，前原保險契約之被保險人，對於再保險人無賠償請求權。

第九節　保險契約之消滅時效

第一、一般時效

本法規定由保險契約所生之權利，自得為請求之日起，經過二年不行使而消滅（保六五前）。所謂由保險契約所生之權利，如保險費返還請求權、保險金額給付請求權及損害賠償請求權等是。所謂自得為請求之日，如因終止契約所生保險費返還請求權，應自其終止之日起算；保險金額請求權，應自保險事故發生之日起算；損害賠償請求權，應自其責任事由發生之日起算是。除此而外，如有下列各款情形之一者，其期限之起算，依各該款之規定（保六五）：

一、對危險之說明有隱匿、遺漏或不實者　要保人或被保險人對於危險之說明，有隱匿、遺漏或不實者，自保險人知情之日起算。此係對保險人之賠償請求權而言。

二、危險發生後，非因疏忽而不知情者　危險發生後，利害關係人能證明其非因疏忽而不知情者，自其知情之日起算。因此利害關係人須對於其非因疏忽而不知情，負舉證證明後，始有請求權。此乃指利害關係人（如要保人或受益人）對保險人之保險金額給付請求權而言。

三、第三人對要保人或被保險人之請求　要保人或被保險人對於保險人之請求，係由於第三人之請求而生者，自要保人或被保險人受請求之日起算。此係責任保險之要保人，對保險人行使之賠償請求權而言。

第二、特別時效

海上保險之保險人應於收到要保人或被保險人證明文件後三十日內給付保險金額。保險人對於前述證明文件如有疑義，而要保人或被保險人提供擔保時，仍應將保險金額全部給付。上述情形，保險人之金額返還請求權，自給付後經過一年不行使而消滅（海一五〇）。

第十節　保險契約之除斥期間

除斥期間者，謂權利之存續期間，權利人不於法定或約定期限內行使權利，因而使其權利歸於消滅之謂。關於除斥期間是否經過，受訴法院得依其職權調查裁定之，故與消滅時效不同。

第一、解除權之除斥期間

一、要保人有為隱匿，或遺漏不為說明，或為不實之說明，足以變更或減少保險人對於危險之估計者，保險人得解除契約，其危險發生後亦同。但要保人證明危險之發生未基於其說明或未說明之事實時，不在此限（保六四II）。

前述解除契約權，自保險人知有解除之原因後，經過一個月不行使而消滅；或契約訂立後經過二年，即有可以解除之原因，亦不得解除契約（保六四III）。

二、保險契約當事人之一方違背特約條款時，他方得解除契約，其危險發生後亦同。前述一、之規定（指保六四III），於上述情形準用之（保六八）。

三、怠於通知之解除權（保五七）及超額保險之解除權（保七六I前），

其行使期間，因本法未規定，自應適用民法第二五七條之規定，由他方當事人得定相當期限，催告解除權人於期限內確答是否解除，如逾期未受解除之通知，解除權即消滅。

第二、終止權之除斥期間

一、要保人破產時，保險契約仍為破產債權人之利益而存在，但破產管理人或保險人得於破產宣告三個月內終止契約。其終止後之保險費已交付者，應返還之（保二八）。

二、保險標的物受部分之損失，要保人與被保險人均有終止契約之權。其終止契約權，於賠償金額給付後，經過一個月不行使而消滅（保八二 II）。

第三、委付權之除斥期間

海上保險中對於船舶、貨物及運費委付之權利，於知委付原因發生後，自得為委付之日起，經過二個月不行使而消滅（海一四三、一四四、一四五、一五二）。

第三章　財產保險

第一節　火災保險

第一、火災保險之概念

　　火災保險者，謂火災保險人，對於由火災所致保險標的物之毀損或滅失，除契約另有訂定外，負賠償責任之保險（保七〇Ⅰ）。火災保險以財產為保險標的，而非人身，並以火災所致之毀損或滅失為保險事故。所謂火災者，係指不依通常用法之燃燒作用所致之災害。因火災而有損害，保險人始負賠償之責。損害不分其為直接損害或間接損害，保險人均應負賠償之責任。所謂直接損害，如焚燬、煙燻或燒焦等是；所謂間接損害，如因救火而毀壞牆壁，或衣物因搶救而破壞等是。此等間接損害，均係因救護保險標的物發生之損失，應視同所保危險所生之損失（保七〇Ⅱ）。

第二、火災保險之種類

　　一、依保險標的物之不同　可分為四：

　　㈠**動產火災保險**　指以動產為保險標的之火災保險。所謂動產，乃不動產以外之物（民六七），例如商品、原料、衣服、傢俱等是。動產不以置於屋內之物為限，置於戶外之器具、積木等，亦均得為動產火災保險之標的物。

　　㈡**不動產火災保險**　指以不動產為保險標的之火災保險。所謂不動產者，包括土地及其定著物（民六六）。惟土地無火災保險之必要，故不動產火災保險指定著物而言。例如房屋、店鋪、工廠、倉庫、橋樑及其他建築物等是，且不以限於已完成者為限，即在建造中之房屋，亦得投保火險。

　㈢**無形利益火災保險**　即為以無形之利益為保險標的者。例如房租保險、停業損失保險、利潤保險等是。

　㈣**混合火災保險**　指以動產與不動產同時為保險標的之火災保險。例如以房屋及屋內傢俱、衣物為保險標的是。

　二、**依保險標的物之數量**　可分為二：

　㈠**單獨火災保險**　即以特定之某一財物為保險標的者。例如以彩色電視一座為保險標的是。

　㈡**集合火災保險**　即以集合之財物總括而為保險標的者。例如住宅內之傢俱什物、圖書館之書籍、圖表為保險標的是。依本法規定，就集合之物而總括為保險者，被保險人家屬、受僱人或同居人之物，亦得為保險標的，載明於保險契約，在危險發生時，就其損失享受賠償（保七一 I）。此項保險契約，對保險人而言，被保險人之家屬、受僱人或同居人，均為第三人，被保險人以第三人所有之財物為保險標的，一併與保險人成立之保險契約，自得視同並為第三人之利益而訂立。

　三、**依保險標的物是否定值**　可分為二：

　㈠**定值火災保險**　係指契約上載明保險標的一定價值之火災保險契約（保五○Ⅲ）。保險標的以約定價值為保險金額者，發生全部損失或一部損失時，均按約定價值為標準計算賠償（保七三Ⅱ）。所謂全部損失，係指保險標的全部滅失或毀損，達於不能修復，或其修復之費用超過保險標的的恢復原狀所需者而言（保七四）。所謂一部損失，係指保險標的，僅有一部分之滅失或毀損者而言。

　㈡**不定值火災保險**　係指契約上未載明保險標的之價值，而須至危險發生後，予以估計而訂立之火災保險契約（保五○Ⅱ）。保險標的未經約定價值者，發生損失時，按保險事故發生時實際價值為標準，計算賠償。其賠償金額，不得超過保險金額（保七三Ⅲ）。此乃因保險金額為保險人在保險期內，所負責任之最高額度。保險人應於承保前，查明保險標的物之市價，不得超額承保（保七二），故其賠償金額不得超過契約中所訂定之最高額度。

　　無論定值或不定值之火災保險，保險標的得由要保人，依主管機關核定之費率及條款，作定值或不定值約定之要保（保七三Ⅰ）。所謂「主管機關」，係指行政院金融監督管理委員會；所謂「核定之費率」，係指主管機關依本法第一四四條規定所核定之保險費；所謂「條款」，係指本法所定保險契約之基本條款及財政部所訂定之「火險保險單基本條款」而言。

第三、火災保險標的之價額

一、保險價額

（一）**意義**　保險標的之價額，簡稱保險價額，乃保險標的物，在某特定時期內，得以金錢估計之價值總額。

（二）**計算**　茲將計算時期及計算方法，分述於下：

1. **計算時期**　保險標的，以約定價值為保險金額者，發生全部損失或部分損失時，均按約定價值為標準計算賠償（保七三Ⅱ）。保險標的未經約定價值者，發生損失時，按保險事故發生時實際價值為標準，計算賠償。其賠償金額，不得超過保險金額（保七三Ⅲ）。

2. **計算方法**　保險標的物不能以市價估計者，得由當事人約定其價值，賠償時從其約定（保七五）。

二、保險金額

保險金額為保險人在保險期內，所負責任之最高額度（保七二前）。亦即保險事故發生時，保險人對於要保人或被保險人所給付之最高額度。保險人應於承保前，查明保險標的物之市價，不得超額承保（保七二後）。

三、保險價額與保險金額之關係

保險契約為全部保險、合力保險、超過保險或一部保險，均視保險價額為決定；而保險人對於保險事故發生後所負損害賠償義務之多寡，亦以保險價額為衡量。一般財產保險，保險價額與保險金額，固多一致，但亦有超過或不及者，茲分述如下：

（一）**全部保險**　亦稱全額保險，即保險金額與保險價額一致之保險。換言之，以保險價額全部為損失賠償之金額，而訂立之保險契約。

（二）**超過保險**　亦稱超額保險，即保險金額超過保險價額之保險。超過

保險，為本法所禁止（保七二後）。因此，超過保險係由當事人一方之詐欺而訂立者，他方得解除契約，如有損失，並得請求賠償。無詐欺情事者，除定值保險外，其契約僅於保險標的價值之限度內為有效（保七六Ⅰ）。至於超過保險標的之價值部分，則為無效。無詐欺情事之保險契約，經當事人一方將超過價值之事實通知他方後，保險金額及保險費，均應按照保險標的之價值比例減少（保七六Ⅱ）。所謂無詐欺情事，而致超額保險者，例如對保險標的物之價值誤估，或因過失而未查明市價，或因保險標的物價值跌落致形成保險金額超過保險價額。

　　㈢**一部保險**　亦稱不足保險，即保險金額不及保險標的價值之保險。一部保險之發生，或為訂約時僅以保險標的價值之一部分投保者，或為契約訂立後，因保險標的之價值上漲，而成為一部保險者，無論係何項情形，除契約另有訂定外，保險人之負擔，以保險金額對於保險標的物之價值比例定之（保七七）。

　　㈣**合力保險**　保險人與要保人合力分擔損失賠償責任之保險，故亦稱共同保險。換言之，即保險人保險時，約定保險標的物之一部分，應由要保人自行負擔由危險而生之損失。有此約定時，要保人不得將未經保險之部分，另向他保險人訂立保險契約（保四八），俾促使要保人或被保險人對於保險標的加以防範危險之發生，故與一部保險有異。在一部保險，要保人得將未經保險之部分，另向他保險人訂立保險契約。

　　㈤**重複保險**　亦稱複保險或重保險，詳閱前述，茲不復贅。

第四、火災保險損失之估計

　　火災保險損失之估計，僅不定值保險契約有之。在定值保險契約，既係以約定價值為標準計算賠償（保七三Ⅱ），應不發生損失估計之問題。至於不定值保險契約，保險標的未經約定價值，發生損失時，其損失估計之標準，以保險事故發生時發生地之實際價值為準，其賠償金額，不得超過保險金額（保七三Ⅲ）。至損失估計之範圍，當以保險人應負之責任範圍為準。現就本法所規定者，分述於後：

一、**現狀之保留**　損失未估定前，要保人或被保險人除為公共利益或避免擴大損失外，非經保險人同意，對於保險標的物，不得加以變更（保八〇）。

二、**估計遲延之效果**　保險事故發生後，被保險人應即交出損失清單，俾保險人得隨時查估損失之實際價值，應付之賠償金額確定後，保險人應於約定期限內給付之，無約定者，應於接到通知後十五日內給付賠償金額（保三四Ⅰ）。損失之估計，因可歸責於保險人之事由而遲延者，應自被保險人交出損失清單一個月後加給利息，損失清單交出二個月後損失尚未估定者，被保險人得請求先行交付其所應得之最低賠償金額（保七八），以免因保險人估計遲延，影響要保人或被保險人之權益。

三、**估計費用之負擔**　保險事故發生後，保險人或被保險人為證明及估計損失所支出之必要費用，除契約另有訂定，均由保險人負擔之（保七九Ⅰ）。保險金額不及保險標的物之價值時，保險人對於上述費用之償還，除另有約定外，以保險金額對於保險標的物之價值比例負擔之（保七九Ⅱ）。

第五、火災保險契約之效力

一、對於保險人之效力

㈠**損失賠償義務**　火災保險人對於由火災所致保險標的物之毀損滅失，除契約另有訂定外，負賠償之責；因救護保險標的物，致保險標的物發生損失者，視同所保危險所生之損失（保七〇）。應付之賠償金額確定後，保險人應於約定期限內給付之。無約定者，應於接到通知後十五日內給付之（保三四Ⅰ）。

㈡**費用償還義務**　保險人對於下列所述之費用，應該負責償還：

1.**證明及估計損失之費用**　保險人或被保險人為證明及估計損失所支出之必要費用，除契約另有訂定外，由保險人負擔之（保七九Ⅰ）。保險金額不及保險標的物之價值時，保險人對於前述費用，以保險金額對於保險標的物之價值比例負擔之（保七九Ⅱ）。

2.**避免或減輕損害之費用**　保險人對於要保人或被保險人為避免或減

輕損害之必要行為所生之費用，負償還之責。其償還數額與賠償金額，合計雖超過保險金額，仍應償還（保三三Ⅰ）。保險人對於前述費用之償還，以保險金額對於保險標的之價值比例定之（保三三Ⅱ）。

　　二、要保人的義務　要保人除有據實說明之義務（保六四）、保險費交付義務（保二二Ⅰ）及危險通知義務（保五八、五九）外，在火災保險尚有不得變更保險標的物之義務。換言之，即損失未估定前，要保人或被保險人除為公共利益或避免擴大損失外，非經保險人同意，對於保險標的物不得加以變更（保八〇）。

第六、火災保險契約之終止

　　一、全部滅失之終止　此又稱為當然終止，即保險標的物因保險契約所載之保險事故、或非因保險契約所載之保險事故而完全滅失時，保險契約均即為終止（保八一）。前者於契約終止後履行賠償之義務；後者無所謂賠償問題，惟終止後之保險費已交付者，除不以時間為計算基礎者外，應返還之（保二四Ⅲ）。

　　二、部分損失之終止　此又稱為任意終止，即保險標的物受部分之損失者，保險人與要保人均有終止契約之權。終止後，已交付未損失部分之保險費應返還之（保八二Ⅰ）。前述終止契約權，於賠償金額給付後，經過一個月不行使而消滅（保八二Ⅱ）。

　　保險人終止契約時，應於十五日前通知要保人（保八二Ⅲ）。要保人與保險人均不終止契約時，除契約另有訂定外，保險人對於以後保險事故所致之損失，其責任以賠償保險金額之餘額為限（保八二Ⅳ）。

第二節　陸空保險

第一、陸空保險之概念

　　陸空保險者，謂陸上、內河及航空保險人，對於保險標的物，除契約

另有訂定外，因陸上、內河及航空一切事變及災害所致之毀損、滅失及費用，負賠償責任之保險（保八五）。因此本法之陸空保險，實係包含內河船舶航行之保險在內。關於航行內河船舶運費及裝載貨物之保險，除本節另有規定外，準用海上保險有關條文之規定（保八九）。惟海商法中之共同海損在陸空保險，則無準用之餘地。按陸空保險通常分為陸上運送保險、內河運送保險及航空運送保險等三種。

第二、陸空保險之記載

陸空保險契約，除記載一般保險契約之基本條款外，並應載明下列事項（保八七）：

一、運送路線及方法。

二、運送人姓名或商號名稱。

三、交運及取貨地點。

四、運送有期限者，其期限。

第三、陸空保險契約之保險期間

一、就貨物保險言 陸空保險契約之保險期間，除契約另有訂定外，關於貨物之保險，自交運之時，以迄於其目的地收貨之時為其期間（保八六）。

二、就其他保險言 運輸設備或工具之保險、運費之保險及預期利益之保險，其保險期間本法無明文規定，自得由當事人任意約定，或準用海商法上之海上保險有關條文之規定（保八九）。

第四、陸空保險契約之效力

一、就契約本身言 陸空保險契約，因運送上之必要，暫時停止或變更運送路線或方法時，除另有訂定外，仍繼續有效（保八八）。不適用因危險增加得終止契約之規定（保六〇I）。

二、保險人之義務 陸上、內河及航空保險人，對於保險標的物，除

契約另有訂定外，因陸上、內河及航空一切事變及災害所致之毀損、滅失及費用，負賠償之責（保八五）。

三、**要保人與被保險人之義務**　陸空保險契約之要保人或被保險人，除依本法之規定應盡據實說明及交付保險費之義務外（保六四Ⅰ、二二），並應負危險通知及損害通知之義務（保八九、海一四九、一五一）。

第三節　責任保險

第一、責任保險之概念

責任保險者，謂責任保險人於被保險人對於第三人，依法應負賠償責任，而受賠償之請求時，負賠償責任之保險（保九○）。責任保險屬於財產保險之一種。惟其保險之標的，既非人身，亦非有形之動產或不動產，而是以被保險人對於第三人依法應負之賠償責任。此賠償之責任，須為民事責任，若為刑事責任，則不得為保險之標的。此民事責任之發生須為被保險人之過失所造成，倘其故意造成之損失，則不予賠償。再者，責任保險之保險事故，學說紛紜，向有四說：

一、**損害事故說**　此說認為第三人發生損害之事故，即保險事故。

二、**被保險人責任發生說**　此說認為損失事故發生後，倘被保險人依法應負賠償責任，即為被保險人責任之發生，亦即責任保險之保險事故。

三、**被保險人受請求說**　此說認為被保險人受第三人之賠償請求時，始為保險事故之發生，而以被保險人受第三人請求，即為責任保險之保險事故。

四、**賠償義務履行說**　此說認為保險人受第三人之請求，仍非保險事故之發生，必須被保險人已對第三人履行其賠償義務時，始為保險事故之發生。

以上四說，以第三說為通說。本法第九十條規定：「責任保險人於被保險人對於第三人，依法應負賠償責任，而受賠償之請求時，負賠償之責。」

即採第三說。惟被保險人給付保險金額時，須受本法第九十四條之限制，故亦兼採第四說。

第二、責任保險與火災保險、陸空保險及人壽保險之不同

責任保險與火災保險、陸空保險及人壽保險等不同，約可分為三：

一、就保險標的言　責任保險之標的，為被保險人在法律上之損害賠償責任；而其他各種保險之標的，如火險、水險，則為財產及利益，人壽保險為人之生命。

二、就保險目的言　責任保險一方須被保險人對於第三人依法應負賠償之責任，他方又須被保險人受賠償之請求，兩者缺一不可；而其他各種保險，則較為單純，或為財物之毀損滅失，或為生命之生存死亡等情事。

三、就保險事由言　責任保險在填補因偶然事件發生，被保險人在法律上對第三人損害賠償責任之損失；而其他各種保險，則在填補因偶然事件發生所致被保險人自己財物或身體上所遭受之損失。

第三、責任保險契約之效力

一、對保險人之效力

㈠保險人之義務

1. **負擔賠償之義務**　責任保險人於被保險人對於第三人，依法應負賠償責任，而受賠償之請求時，負賠償之責（保九〇）。

2. **負擔必要費用之義務**　被保險人因第三人之請求而為抗辯，所支出之訴訟上或訴訟外之必要費用，除契約另有訂定外，由保險人負擔之（保九一I）。所謂被保險人因受第三人之請求而為抗辯，指被保險人對於因損害事故發生而對受害人之請求，所為之對抗行為而言，如應訴是。所謂訴訟上之必要費用，如訴訟費及證人到庭旅費是。所謂訴訟外之必要費用，如損失估計費是。此等費用之支出，應由保險人負擔者，因被保險人對第三人抗辯，實間接為保險人爭取利益。又被保險人得請求保險人墊給此項費用（保九一II），以應事實需要。

3.給付保險金額之義務　保險人原應向被保險人給付保險金。惟責任保險之性質，係被保險人轉嫁其損失賠償責任於保險人，故保險人於第三人由被保險人應負責任事故所致之損失，未受賠償以前，不得以賠償金額之全部或一部，給付被保險人（保九四Ⅰ）。被保險人對第三人應負損失賠償責任確定時，第三人得在保險金額範圍內，依其應得之比例，直接向保險人請求給付賠償金額（保九四Ⅱ），以免被保險人受有不當利益，並保護第三人之權利。惟為免勞費而謀手續便捷，保險人得經被保險人通知，直接對第三人為賠償金額之給付（保九五），此時第三人對保險人即有直接請求之權。

㈡保險人之權利（即參與權）　保險人得約定被保險人對於第三人就其責任所為之承認、和解或賠償，未經其參與者，不受拘束。但經要保人或被保險人通知保險人參與而無正當理由拒絕或藉故遲延者，不在此限（保九三）。所謂不受拘束，即其承認、和解或賠償，對於保險人不生效力，保險人不必依其所決定之責任範圍，負賠償之義務。但保險人事先未經約定，則被保險人對於第三人就其責任上所為之承認、和解或賠償，縱未經其參與，保險人仍應受其拘束。

二、對第三人之效力　責任保險契約，雖為被保險人所營事業之損失賠償責任而訂立者，被保險人之代理人、管理人或監督人所負之損失賠償責任，亦享受保險之利益，其契約視同並為第三人之利益而訂立（保九二）。按代理人等係由被保險人所賦予職權，俾輔助被保險人經營事業，因此在其職務上之疏忽或過失，對於他方所負之損害賠償責任，被保險人應負其責。例如某運輸公司為被保險人而訂立責任保險契約，倘其經理因執行運送業務而加損害於他人（被害人），而該被害人向運輸公司請求賠償時，該運輸公司亦得向保險公司請求給付保險金，但被害人如向經理人請求賠償時，經理人亦得向保險公司請求給付保險金。換言之，此時經理人亦得享受保險利益。

第四節 保證保險

第一、保證保險之意義

保證保險者，謂保證保險人於被保險人因其受僱人之不誠實行為或其債務人之不履行債務所致損失，負賠償之責任的契約（保九五之一）。歐美先進國家採行保證保險制度已久，為重要險種之一。近年來政府積極推動工程保證制度，加強營繕管理，且工商業投保誠實信用保證保險者，逐年增加，故我國保險法明定保證保險，以資適用。

第二、保證保險契約記載事項

保證保險契約記載事項可分為二，述之於下：

一、受僱人之不誠實行為為保險事故之保證保險　以受僱人之不誠實行為為保險事故之保證保險契約，除記載第五十五條規定事項外，並應載明下列事項（保九五之二）：㈠被保險人之姓名及住所。㈡受僱人之姓名、職稱或其他得以認定為受僱人之方式。

二、債務人之不履行債務為保險事故之保證保險　以債務人之不履行債務為保險事故之保證保險契約，除記載第五十五條規定事項外，並應載明下列事項（保九五之三）：㈠被保險人之姓名及住所。㈡債務人之姓名或其他得以認定為債務人之方式。

第五節 其他財產保險

第一、其他財產保險之概念

其他財產保險者，謂不屬於火災保險、海上保險、陸空保險、責任保險及保證保險之範圍，而以財物或無形利益為保險標的之各種保險（保九

六)。蓋現今社會，財產種類繁多，意外事件日益增多，因之保險之種類自亦層出不窮。例如機械保險、信用保險、權利保險、竊盜保險、原子保險、天候保險、風害保險、洪水保險、輸出保險及租金保險等等皆是。法律無法一一規定，於是乃就其他財產保險特設概括性規定，俾上述五種保險外之各種財產保險，均得適用。

其次，本法為因應住宅地震保險，特別規定，財產保險業應承保住宅地震危險，以主管機關建立之危險分散機制為之（保一三八之一Ⅰ）。前項危險分散機制，應成立財團法人住宅地震保險基金負責管理，就超過財產保險業共保承擔限額部分，由該基金承擔、向國內、外為再保險、以主管機關指定之方式為之或由政府承受（保一三八之一Ⅱ）。前二項有關危險分散機制之承擔限額、保險金額、保險費率、各種準備金之提存及其他應遵行事項之辦法，由主管機關定之（保一三八之一Ⅲ）。財團法人住宅地震保險基金之捐助章程、業務範圍、資金運用及其他管理事項之辦法，由主管機關定之（保一三八之一Ⅳ）。因發生重大震災，致住宅地震保險基金累積之金額不足支付應攤付之賠款，為保障被保險人之權益，必要時，該基金得請求主管機關會同財政部報請行政院核定後，由國庫提供擔保，以取得必要之資金來源（保一三八之一Ⅴ）。

第二、其他財產保險契約之效力

一、保險人之權利（即查勘保險標的物及終止契約之權利）　保險人有隨時查勘保險標的物之權，如發見全部或一部分處於不正常狀態，經建議要保人或被保險人修復後，再行使用。如要保人或被保險人不接受建議時，得以書面通知終止保險契約或其有關部分（保九七）。

二、要保人之責任　約可分為二：

(一)保護標的物之責任　要保人或被保險人有保護保險標的物之責任，如其對於保險標的物未盡約定保護責任所致之損失，保險人不負賠償之責（保九八Ⅰ）。

(二)鑑定增加之損失　危險事故發生後，經鑑定係因要保人或被保險人

未盡合理方法保護標的物，因而增加損失，保險人不負賠償之責（保九八II）。例如玻璃板保險，因意外事故其標的物小部分破損，但大部分尚可利用，而被保險人竟予委棄等是。

三、保險標的物部分損失之效力　保險標的物受部分之損失，經賠償或回復原狀後，保險契約繼續有效。但與原保險情況有異時，得增減其保險費（保九九）。如要保人對於增減保險費不同意時，其契約即為終止（保六○I前）。

第三、火災及人壽保險規定之準用

一、火災保險規定之準用　本法規定關於火災保險準用於其他財產保險者，如下列所述（保八二之一I）：

㈠本法第七十三條至第七十五條關於保險標的物價額之規定。

㈡本法第七十六條至第七十七條關於超過保險及一部保險之規定。

㈢本法第七十八條至第八十條關於損失估計之規定。

二、人壽保險規定之準用　本法規定關於人壽保險準用於超過一年之財產保險者，如下列所述（保八二之一II）：

㈠關於保險人或要保人破產之規定（保一二三）。

㈡關於責任準備金優先受償之規定（保一二四）。

第四章　人身保險

第一節　人壽保險

第一、人壽保險之概念

　　人壽保險，簡稱壽險，係人壽保險人於被保險人在契約規定年限內死亡，或屆滿契約規定年限而仍生存時，應依照契約負給付保險金額責任之保險契約（保一〇一）。人壽保險，以人之生命為保險標的，而以人之生存或死亡為保險事故。此所謂死亡，包括死亡宣告。因人之生命非可以金錢衡量，保險人應支付之保險金額，無從於保險事故發生後估計，故其保險金額，應依保險契約之所定（保一〇二）。因此無所謂保險價額，超過保險或一部保險諸問題。人壽保險之立法主義，向有利益主義、同意主義及折衷主義，本法第三條、第一〇五條及第一〇六條即採折衷主義。

第二、人壽保險之種類

一、以保險事故為區分標準

　　(一)**死亡保險**　即以被保險人之死亡為保險事故之保險。此又分為二：1.終身保險，即以被保險人之終身，為保險期間，不論被保險人何時死亡，保險人均有給付保險金額之義務。2.定期保險，即以一定期間為保險期間，被保險人於該期間內死亡，保險人始負給付保險金額之義務。倘期滿不死，契約即行終止，保險人無須給付保險金額，亦不必退還保險費。此種保險，更可分為長期保險及短期保險。短期保險者，如空中旅行或海外旅行之保險是。

　　(二)**生存保險**　即以被保險人在一定期間內之生存為保險事故，亦給付

保險金額之保險。生存保險之保險費，有一次交付，亦有分期交付。其保險金額亦分一次給付及分期給付兩種。其分次給付者，稱為年金或定期金。

㈢**混合保險** 即以被保險人在保險期間內死亡，或其期間屆滿仍生存，為給付一定金額之保險，故亦稱養老保險。此種保險，係附有生存條件之死亡保險，被保險人於一定期間內死亡時，保險人固須負給付保險金額之義務，縱令達一定期間或一定年齡而猶生存時，保險人亦負給付保險金額之義務。

二、以保險經營方法為區分標準

㈠**普通人壽保險** 即以通常方法經營之人壽保險。本法所規定的，即屬此類。

㈡**簡易人壽保險** 即以簡易方法經營之人壽保險。所謂簡易方法，例如對於被保險人免驗身體，即可訂約是。此種保險，雖亦為營業保險，但便利全民投保，增進社會福祉（簡易人壽保險法一），故有社會保險之性質，其目的在於社會之安全。我國簡易人壽保險法特別規定之。簡易人壽保險由中華郵政股份有限公司（以下簡稱中華郵政公司）經營，屬交通部主管，業務並受行政院金融監督管理委員會監督（簡易人壽保險法二Ⅰ）。其他保險業者經營簡易人壽保險業務，由行政院金融監督管理委員會主管，並適用簡易人壽保險法第四、六、二十六條之規定（簡易人壽保險法二Ⅱ）。簡易人壽保險包括生存保險、死亡保險及生死合險，並得以附約方式經營健康保險及傷害保險（簡易人壽保險法四）。簡易人壽保險對於保險人，免施以健康檢查（簡易人壽保險法六）。由第三人訂立之保險契約，其權利之移轉或出質，非經被保險人以書面同意，不生效力（簡易人壽保險法二六）。

第三、人壽保險契約之成立

一、契約之當事人及關係人

㈠**當事人** 可分為二：

1.保險人 ⑴本法所稱保險人，指經營保險事業之各種組織，在保險契約成立時，有保險費之請求權；在承保危險事故發生時，依其承保之責

任，負擔賠償之義務（保二）。財產保險業經營財產保險，人身保險業經營人身保險，同一保險業不得兼營財產保險及人身保險業務。但財產保險業經主管機關核准經營傷害保險及健康保險者，不在此限（保一三八I）。財產保險業依前項但書規定經營傷害保險及健康保險業務應具備之條件、業務範圍、申請核准應檢附之文件及其他應遵行事項之辦法，由主管機關定之（保一三八II）。保險業不得兼營本法規定以外之業務。但經主管機關核准辦理其他與保險有關業務者，不在此限（保一三八III）。保險業辦理前項與保險有關業務，涉及外匯業務之經營者，須經中央銀行之許可（保一三八IV）。保險合作社不得經營非社員之業務（保一三八V）。此係指普通人壽保險而言；(2)簡易人壽保險，則以中華郵政公司為保險人（簡易人壽保險法三）。

　　2.要保人　本法於此未設特別規定。凡對於被保險人具有保險利益者，均得充之。惟人壽保險契約，不得為指示式或無記名式（保四九I），故要保人之姓名，必須記載之。

　　㈡關係人　可分為二：

　　1.被保險人　人壽保險，係以被保險人之生命為其標的，並以被保險人之死亡，為其事故，較之財產保險迥不相同，故被保險人須為自然人，法人不得充之。此項人壽保險契約，得由本人或第三人訂立之（保一○四）。由第三人訂立之死亡保險契約，未經被保險人書面同意，並約定保險金額，其契約無效。被保險人依前項所為之同意，得隨時撤銷之。其撤銷之方式應以書面通知保險人及要保人。被保險人依前項規定行使其撤銷權者，視為要保人終止保險契約（保一○五）。由第三人訂立之人壽保險契約，其權利之移轉或出質，非經被保險人以書面承認者，不生效力（保一○六）。以未滿十五歲之未成年人為被保險人訂立之人壽保險契約，其死亡給付於被保險人滿十五歲之日起發生效力；被保險人滿十五歲前死亡者，保險人得加計利息退還所繳保險費，或返還投資型保險專設帳簿之帳戶價值。（保一○七I）。前項利息之計算，由主管機關另定之（保一○七II）。前二項規定於其他法律另有規定者，從其規定（保一○七III）。訂立人壽保險契約時，

以受監護宣告尚未撤銷者為被保險人，除喪葬費用之給付外，其餘死亡給付部分無效（保一〇七之一Ⅰ）。前項喪葬費用之保險金額，不得超過遺產及贈與稅法第十七條有關遺產稅喪葬費扣除額之一半（保一〇七之一Ⅱ）。前二項規定於其他法律另有規定者，從其規定（保一〇七之一Ⅲ）。

2.受益人　在財產保險，不一定另有受益人；而在人壽保險，尤其是死亡保險，則通常另有受益人。此受益人無任何資格之限制，自然人、法人均無不可，惟一般多以自然人充之，詳閱後述。

二、人壽保險契約之內容　人壽保險契約，除記載保險契約之法定基本條款（保五五）外，並應載明下列事項（保一〇八）：

㈠被保險人之姓名、性別、年齡及住所。

㈡受益人姓名及與被保險人之關係，或確定受益人之方法。

㈢請求保險金額之保險事故及時期。

㈣依本法之規定（指本法第一一八條），有減少保險金額之條件者，其條件。

第四、人壽保險之受益人

人壽保險之關係人，常非要保人或被保險人，而另有其受益人。在生存保險，其受益人，多屬被保險人本人；在死亡保險，多屬其繼承人或直系尊親屬；在生死混合保險，則多屬被保險人本人或其親屬。茲將受益人有關之規定，分述於次：

一、受益人之資格及產生　受益人之資格法無限制，因此自然人或法人均得為受益人，惟通常多以自然人充之。胎兒亦得為受益人，但以將來非死產者為限（民七）。關於受益人之產生可分為：

㈠**約定**　受益人得由被保險人或要保人約定而產生（保五）。

㈡**指定**　保險契約未約定受益人或雖約定但未確定者，均得由要保人指定之。此時，要保人得通知保險人，以保險金額之全部或一部，給付其所指定之受益人一人或數人。但其所指定之受益人，以於請求保險金額時生存者為限（保一一〇）。若受益人於請求保險金額前死亡者，則要保人之

指定，即失其效力，不能由受益人之繼承人繼承其權利。

㈢**推定**　受益人有疑義時，推定要保人為自己之利益而訂立（保四五Ⅱ後），是為推定受益人。所謂受益人有疑義，係指受益人一項雖有表示，但其表示未明確而言。例如契約上受益人項下僅記載「自己」，當推定為要保人自己，而非被保險人。

㈣**法定**　死亡保險人既無約定受益人，亦未指定受益人者，其保險金額作為被保險人之遺產（保一一三），此時繼承人即為法定受益人。受益人經指定後，即使要保人破產時，保險契約仍為受益人之利益而存在（保一二三Ⅰ後），俾對指定受益人之既定利益加以維護。

二、受益人之權利　受益人所取得之權利，除契約另有訂定外，以保險金請求權為限。此項權利之取得，除契約另有訂定外，為保險契約成立之時。關於受益人之此項權利，係原始取得，而非繼受取得，此觀乎本法第一一二條規定：「保險金額約定於被保險人死亡時給付於其所指定之受益人者，其金額不得作為被保險人之遺產。」即屬之。

三、受益人之變更　受益人經指定後，要保人對其保險利益，除聲明放棄處分權者外，仍得以契約或遺囑處分之（保一一一Ⅰ）。所謂以契約處分之，例如要保人於指定受益人後，另與他人訂立契約，以其保險金額償還債務是。所謂以遺囑處分之，例如要保人以遺囑將其保險金額歸於另一受益人是。再者，本法更規定要保人行使此項處分權，非經通知，不得對抗保險人（保一一一Ⅱ）。所謂不得對抗保險人，例如保險人如仍以保險金額給付於其原指定之受益人時，要保人不能對保險人有所抗辯是。

四、受益權之轉讓　受益人非經要保人同意，或保險契約載明允許轉讓者，不得將其利益轉讓於他人（保一一四）。蓋要保人之指定受益人，乃基於彼此間有密切關係存在，若任意自由轉讓，不僅與要保人之原意相反，且使保險利益為不確定之第三人所享有，倘係死亡保險，易生不測，故本法加以限制。

五、受益權之喪失　受益人故意致被保險人於死或雖未致死者，喪失其受益權（保一二一Ⅰ），藉以維護善良風俗，防止道德之危險及不法行為。

第五、人壽保險契約之效力

一、對於保險人之效力　可分為四：

㈠**保險金額之給付**　保險金額之給付，固為保險人應負之義務，惟保險人有下列特殊情形時，亦可免除其給付之責任：

1.**被保險人故意自殺者**　被保險人故意自殺者，保險人不負給付保險金額之責任。但應將保險之保單價值準備金返還於應得之人（保一〇九 I）。所謂自殺，係指故意對自己之生命加以戕害之謂。保險契約載有被保險人故意自殺，保險人仍應給付保險金額之條款者，其條款於訂約二年後始生效力。恢復停止效力之保險契約，其二年期限，應自恢復停止效力之日起算（保一〇九 II）。

2.**被保險人因犯罪處死或拒捕或越獄致死者**　被保險人因犯罪處死或拒捕或越獄致死者，保險人不負給付保險金額之責任（保一〇九 III）。此乃禁止被保險人以不法原因，而圖利其受益人。

3.**受益人故意致被保險人於死者**　受益人故意致被保險人於死者，或雖未致死者，喪失其受益權（保一二一 I）。此乃為維持社會秩序與善良風俗，以防謀財害命之事故發生，而加以特別規定。前項情形，如因該受益人喪失受益權，而致無受益人受領保險金額時，其保險金額作為被保險人遺產（保一二一 II）。

4.**要保人故意致被保險人於死者**　要保人故意致被保險人於死者，保險人不負給付保險金額之責。保險費付足二年以上者，保險人應將其保單價值準備金給付與應得之人，無應得之人時，應解交國庫（保一二一 III）。

㈡**責任準備金之返還**　責任準備金者，謂人壽保險人為準備將來履行保險契約上支付保險金之義務，所積存之金額。蓋人壽保險具有儲蓄性質，保險費於交付後，應將其一部予以保留，尤其對超收之保險費更應予以積存成數，以便將來返還於要保人或其指定之受益人。此項保險費之累積，即為責任準備金之來源。茲將責任準備金應返還之原因，列舉如下：

1.**保險契約終止者**　保險契約所定申請恢復效力之期限，自停止效力

之日起不得低於二年，並不得遲於保險期間之屆滿日（保一一六V）。保險人於前述所規定之期限屆滿後，有終止契約之權（保一一六VI）。保險契約終止時，保險費已付足二年以上，如有保單價值準備金者，保險人應返還其保單價值準備金（保一一六VII）。

2. **因保險人免責之返還**　保險人具有免責事由，可以不給付保險金額，但仍應返還責任準備金：

⑴被保險人故意自殺者：被保險人故意自殺者，保險人不負給付保險金額之責任。但保險人應將保險之保單價值準備金返還於應得之人（保一〇九I但）。所謂應得之人，如受益人或被保險人之繼承人。

⑵被保險人因犯罪處死或拒捕或越獄致死者：被保險人因犯罪處死或拒捕或越獄致死者，保險人不負給付保險金額之責任。但保險費已付足二年以上者，保險人應將其保單價值準備金返還於應得之人（保一〇九III但）。

⑶受益人故意致被保險人於死者：受益人故意致被保險人於死者，無請求保險金額之權（保一二一I）。此乃為維持社會秩序與善良風俗，以防止謀財害命而作之規定。

⑷要保人故意致被保險人於死者：要保人故意致被保險人於死者，保險人不負給付保險金額之責。保險費已付足二年以上時，保險人應將其保單價值準備金給付與應得之人，無應得之人時，應解交國庫（保一二一III後）。

㈢**償付解約金**　要保人終止保險契約，而保險費已付足一年以上者，保險人應於接到通知後一個月內償付解約金；其金額不得少於要保人應得保單價值準備金之四分之三（保一一九I）。償付解約金之條件及金額，應載明於保險契約（保一一九II）。

㈣**代位請求之禁止**　人壽保險之保險人，不得代位行使要保人或受益人因保險事故所生對於第三人之請求權（保一〇三）。蓋人壽保險係以被保險人之生命為保險標的，其因保險事故所生對於第三人之請求權，具有身分上之專屬性，故不得代位行使。

二、對於要保人之效力　可分為四：

㈠**交付保險費**　要保人有應依保險契約之規定交付保險費之義務（保二二 I）。惟此義務並無專屬性，故利害關係人，均得代要保人交付保險費（保一一五）。所謂利害關係人，如受益人或被保險人是。要保人雖有交付保險費之義務，惟保險人對於保險費，不得以訴訟請求交付（保一一七 I）。保險人既不得以訴訟請求交付，為避免要保人之狡賴，本法特別規定，要保人如不交付保險費，得生下列之效果：

1.**契約效力之停止**　人壽保險之保險費到期未交付者，除契約另有訂定外，經催告到達後屆三十日仍不交付時，保險契約之效力停止（保一一六 I）。

2.**終止契約或減少保險金額或年金**　以被保險人終身為期，不附生存條件之死亡保險契約，或契約訂定於若干年後給付保險金額或年金者，如保險費已付足二年以上而有不交付時，於保險法第一一六條第五項：「保險契約所定申請恢復效力之期限，自停止效力之日起不得低於二年，並不得遲於保險期間之屆滿日。」之期限屆滿後，保險人僅得減少保險金額或年金（保一一七 II）。保險人依上述規定或因要保人請求，得減少保險金額或年金，其條件及可減少之數額，應載明於保險契約（保一一八 I）。減少保險金額或年金，應以訂原約時之條件，訂立同類保險契約為計算標準。其減少後之金額，不得少於原契約終止時已有之保單價值準備金，減去營業費用，而以之作為保險費一次交付所能得之金額（保一一八 II）。營業費用以原保險金額百分之一為限（保一一八 III）。又保險金之一部，係因其保險費全數一次交付而訂者，不因其他部分之分期交付保險費之不交付而受影響（保一一八 IV）。

㈡**真實年齡之告知**　任何保險契約訂立時，要保人均有據實說明之義務。惟在人壽保險契約更規定被保險人真實年齡告知之義務。對此本法特設規定如下：

1.**年齡不實與契約效力之關係**　被保險人年齡不實，而其真實年齡已超過保險人所定保險年齡限度者，其契約無效，保險人應退還所繳保險費

（保一二二Ⅰ）。但被保險人之真實年齡未達法定年齡之最低規定者，其保險契約，自被保險人到達規定年齡之日起生效。

2.**年齡不實與保險費額之關係**　因被保險人年齡不實，致所付之保險費少於應付數額者，要保人得補繳短繳之保險費或按照所付之保險費與被保險人之真實年齡比例減少保險金額。但保險事故發生後，且年齡不實之錯誤不可歸責於保險人者，要保人不得要求補繳短繳之保險費（保一二二Ⅱ）。

㈢**款項之質借**　人壽保險契約之要保人，於保險費付足一年以上者，得以保險契約為質，向保險人借款（保一二〇Ⅰ）。保險人於接到要保人之借款通知後，得於一個月以內之期間，貸給可得質借之金額（保一二〇Ⅱ）。以保險契約為質之借款，保險人應於借款本息超過保單價值準備金之日之三十日前，以書面通知要保人返還借款本息，要保人未於該超過之日前返還者，保險契約之效力自借款本息超過保單價值準備金之日停止（保一二〇Ⅲ）。保險人未依前項規定為通知時，於保險人以書面通知要保人返還借款本息之日起三十日內要保人未返還者，保險契約之效力自該三十日之次日起停止（保一二〇Ⅳ）。前二項停止效力之保險契約，其恢復效力之申請準用第一一六條第三項至第六項規定（保一二〇Ⅴ）。

㈣**責任準備金之優先受償**　人壽保險之要保人、被保險人、受益人，對於被保險人之保單價值準備金，有優先受償之權（保一二四）。

第二節　健康保險

第一、健康保險之概念

健康保險者，謂健康保險人於被保險人疾病、分娩及其所致失能或死亡時，負給付保險金額責任之保險（保一二五）。健康保險以疾病、分娩及因疾病或分娩所致之殘廢或死亡，為其保險事故。因之可分為疾病保險與生育保險二種。所謂疾病，係指保險人身體內部原因所致之疾病，倘先天之缺陷，則非此之疾病。所謂分娩，應指廣義，包括活產及死產。

第二、健康保險契約之訂立

一、健康檢查 健康保險人於訂立保險契約前，對於被保險人得施以健康檢查。此項檢查費用，由保險人負擔（保一二六）。

二、保險契約記載事項 被保險人不與要保人為同一人時，保險契約除載明法定基本條款（保五五）之事項外，並應載明下列各款事項（保一二九）：

㈠被保險人之姓名、年齡及住所。

㈡被保險人與要保人之關係。

第三、健康保險契約之效力

一、對保險人之效力 可分為三：

㈠**保險金額之給付** 健康保險人於被保險人疾病、分娩及其所致失能或死亡時，負給付保險金額之責（保一二五）。

㈡**法定免責事項**

1.保險契約訂立時，被保險人已在疾病或妊娠情況中者，保險人對是項疾病或分娩，不負給付保險金額之責任（保一二七）。蓋訂約時，保險標的之危險已發生，其契約無效。如在訂約時，僅要保人知危險已發生者，保險人不受契約之拘束（保五一Ⅰ、Ⅱ）。

2.被保險人故意自殺或墮胎所致疾病、殘廢、流產或死亡，保險人不負給付保險金額之責（保一二八）。此乃為維護社會安寧及善良風俗所致。

㈢**代位求償權之禁止** 詳閱前述本法第一〇三條之規定。

二、對要保人之效力 要保人之主要義務，為保險費之交付，但此非專屬義務，因而利害關係人均得代要保人交付之（保一三〇準保一一五）。

第四、人壽保險規定之準用

關於人壽保險規定，準用於健康保險者，如下列所述（保一三〇）：

一、保險金額之約定（保一〇二）。

二、代位請求之禁止（保一○三）。

三、保險契約之訂立（保一○四）。

四、保險費之代付（保一一五）。

五、未付保險費契約之效力（保一一六）。

六、被保險人年齡不實保約之效力（保一二二）。

七、責任準備金之優先受償權（保一二四）。

第五、健康保險與人壽保險之不同

按健康保險，雖與人壽保險同屬人身保險之範疇，但二者仍有下列顯著之區別：

一、就保險事故言 健康保險以人身之疾病為保險事故；人壽保險以人之生存死亡為保險事故。

二、就保費計算言 健康保險多以一年為期，保險費以一次繳付為常例，故其保險單無現金價值；人壽保險之期間較長，保費計算係採平準保險費方式，要保人每次所繳之數額相同。

三、就保險金額言 健康保險之保險金額，雖有為事先確定者；但在實際給付時，多數仍依被保險人所罹疾病之程度，而決定給付金額之多寡，如疾病治療所需之醫藥費等是；人壽保險，保險人所負給付保險金額之義務，自始即已確定，其數額依保險契約所定，即使有減少給付者，亦必須依法載明於契約中。

第三節　傷害保險

第一、傷害保險之概念

傷害保險者，傷害保險人於被保險人遭受意外傷害及其所致失能或死亡時，負給付保險金額責任之保險（保一三一）。傷害保險，以意外傷害及其所致殘廢或死亡，為其保險事故。因此必須被保險人之殘廢或死亡，與

傷害有因果關係之存在，保險人始負給付保險金額之責任。所謂意外傷害，其構成要件有三：

㈠須為身體之傷害；

㈡須為外界事故所致之傷害；

㈢須為意外事故。至其傷害行為，由於自己之過失，或係由於第三人之故意行為，均非所問。

第二、傷害保險契約之訂立

一、當事人及關係人

㈠**當事人**　傷害保險契約之當事人為保險人及要保人，此與一般保險契約相同。

㈡**關係人**　此可分為被保險人與受益人。

1. 被保險人　須為自然人，法人無軀體，故不得為被保險人。被保險人亦得由要保人兼之。

2. 受益人　傷害保險得有受益人（保一三五準保一一○至一一三）。

二、**契約記載事項**　傷害保險契約，除記載保險契約之法定基本條款之事項（保五五）外，並應載明下列事項（保一三二）：

㈠被保險人之姓名、年齡、住所及與要保人之關係。

㈡受益人之姓名及與被保險人之關係，或確定受益人之方法。

㈢請求保險金額之事故及時期。

第三、傷害保險契約之效力

一、對於保險人之效力　可分為三：

㈠**保險金額之給付**　傷害保險人於被保險人遭受意外傷害及其所致失能或死亡時，負給付保險金額之責（保一三一Ⅰ）。前項意外傷害，指非由疾病引起之外來突發事故所致者（保一三一Ⅱ）。

㈡**法定免責事項**　有下列情形之一者，保險人不負給付保險金額之責任：

　　1.被保險人故意自殺或因犯罪行為所致傷害殘廢或死亡　被保險人故意自殺，或因犯罪行為所致傷害、失能或死亡，保險人不負給付保險金額之責任（保一三三）。此等事由，或違背善良風俗、或違反法律規定，故保險人得免除其責任。

　　2.受益人故意傷害　受益人故意傷害被保險人者，無請求保險金額之權。受益人故意傷害被保險人未遂時，被保險人得撤銷其受益權利（保一三四）。

　　㈢代位求償之禁止　保險人不得代位行使要保人或受益人因保險事故所生對於第三人之請求權（保一三五準保一〇三）。

　　二、對於要保人之效力　要保人之主要義務為保險費之交付，若到期未交付者，除契約另有訂定外，經催告到達後逾三十日仍不交付時，保險契約之效力停止。催告應送達於要保人，或負有交付保險費義務之人之最後住所或居所，保險費經催告後，應於保險人營業所交付之。上述停止效力之保險契約，於保險費及其他費用清償後，翌日上午零時，開始恢復其效力。保險人於上述三十日期限屆滿後，並有終止契約之權（保一三五準保一一六）。又傷害保險並無如人壽保險不得以訴訟請求保險費之規定（保一一七Ⅰ），故解釋上，認為得以訴訟請求保險費之交付。

第四、人壽保險規定之準用

　　關於人壽保險規定，準用於傷害保險者，如下所述（保一三五）：

　　一、關於保險金額之約定（保一〇二）。

　　二、本法關於代位請求之禁止（保一〇三）。

　　三、本法關於保險契約之訂立（保一〇四）。

　　四、本法關於由第三人訂立死亡保險契約之限制（保一〇五）。

　　五、以未滿十五歲之未成年人為被保險人訂立傷害保險契約，準用保險法第一〇七條及第一〇七條之一規定。

　　六、本法關於受益人之指定（保一一〇、一一二、一一三）。

　　七、本法關於受益人之變更（保一一一）。

八、本法關於受益人利益之轉讓（保一一四）。

九、本法關於保險費之交付（保一一六）。

第五、傷害保險與人壽保險之不同

傷害保險與人壽保險雖同屬於人身保險之範圍，關於人壽保險之規定，多可準用於傷害保險，其性質雖大致相同，然尚有下列不同之點：

一、保險事故之不同　人壽保險，係以人之生存死亡為保險事故。事故發生時，保險人須負給付一定金額之義務；至於傷害保險，則以身體之傷害為保險事故，被保險人因傷害所致殘廢或死亡，保險人雖仍負其責任，但其殘廢或死亡之原因係出於傷害，並非直接以死亡為其保險事故。

二、構成保險事故之保險不同　傷害保險契約之被保險人因傷害而致死亡，與人壽保險契約中之死亡保險，保險人雖同負給付保險金額之義務，然在死亡保險，不問其死亡之原因，或為疾病內發之關係，或為生理機能之停止，或為外來災禍之侵害等而發生，保險人對之均負給付之義務；至於傷害保險契約，則僅限於因傷害而死亡，保險人始負給付之責任，其屬於傷害以外原因之死亡，則不負給付之責任。

三、保險期間之不同　人壽保險契約，均屬長期性質，惟常有減少保險金額條件之記載（保一一八、一〇八）；至於傷害保險契約，則多屬短期性質，通常以一年為期，保險費一次交付者居多，在訂立契約時，無須載明減少保險金額之條件。

四、保險人給付之不同　人壽保險契約，保險人所負給付保險金額之義務，業已確定，其數額按保險契約之訂定，故有定額保險之稱；至於傷害保險契約，則除被保險人因傷致死，或其他傷處有一定，保險人須給付一定金額外，往往按被保險人所受傷害之程度為準，而決定給付金額之多寡，有時為定額，有時非定額。

第四節　年金保險

第一、年金保險之意義

年金保險者，謂年金保險人於被保險人生存期間或特定期間內，依照契約負一次或分期給付一定金額之責（保一三五之一）。年金保險係個人安排子女教育、養老，或企業機構配合員工退休、撫卹員工家屬等，維持其生活穩定最佳方式，並可保障社會之安定。

第二、年金保險契約之記載事項

年金保險契約，除記載第五十五條規定事項外，並應載明下列事項（保一三五之二）：一、被保險人之姓名、性別、年齡及住所。二、年金金額或確定年金金額之方法。三、受益人之姓名及與被保險人之關係。四、請求年金之期間、日期及給付方法。五、依第一一八條之規定，有減少年金之條件者，其條件。

第三、年金保險之受益人

一、年金保險之受益人於被保險人生存期間為被保險人本人（保一三五之三I），俾保障其生活。

二、年金保險之保險契約載有於被保險人死亡後給付年金者，其受益人準用人壽保險契約之受益人規定（保一三五之三II準保一一〇、一一一、一一二、一一三）。

第四、人壽保險條文之準用

人壽保險條文，準用於年金保險者，有如下列（保一三五之三II、一三五之四）：

一、代位權之禁止（準保一〇三）。

二、契約訂立之方式（準保一〇四）。

三、第三人訂立人壽保險契約移轉出質之限制（準保一〇六）。

四、受益人之權利。

㈠受益人之指定、變更、權利及法定受益人（準保一一〇、一一一、一一二、一一三）。

㈡受益權之轉讓（準保一一四）。

㈢保險費之代付（準保一一五）。

㈣保險費未付之效果（準保一一六、一一七）。

㈤減少保險金額或年金之辦法（準保一一八）。

㈥解約金之償付（準保一一九）。

㈦保險金額之質借（準保一二〇）。

㈧受益權之喪失（準保一二一）。

㈨被保險人年齡錯誤之效果（準保一二二）。

㈩當事人破產之效果（準保一二三）。

(十一)保單價值準備金之優先受償權（準保一二四）。

第五章　保險業

第一節　通　則

第一、保險業之概念

　　保險業者，指依本法組織登記，以經營保險為業之機構（保六Ⅰ）。此種機構，屬於團體組織，個人不得獨立為保險業。至於其組織，因保險業種類之不同，而分別適用公司法、合作社法有關之規定（保一五一、一五六）。就保險法而言，保險業者，乃指經營保險事業之各種組織，在保險契約成立時，有保險費之請求權，在承保危險事故發生時，依其承保之責任，負擔賠償義務之保險人（保二）。至於本法施行細則，由主管機關定之（保一七五）。關於保險業之設立、登記、轉讓、合併及解散清理，除依公司法規定外，應將詳細程序明定於管理辦法內（保一七六）。至於外國保險業，指依外國法律組織登記並經主管機關許可，在中華民國境內經營保險為業之機構（保六Ⅱ）。

第二、保險業之組織

　　保險業之組織，以股份有限公司或合作社為限。但經主管機關核准設立者，不在此限（保一三六Ⅰ）。所謂經主管機關核准者，其組織縱非股份有限公司或合作社，甚至相互保險公司（或法人）均得為保險業。通常保險業之種類，可分為二，即保險公司及保險合作社。茲分述如下：

　　一、保險公司　保險公司限於股份有限公司（保一三六Ⅰ前），故除本法另有規定外，適用公司法關於股份有限公司之規定（保一五一）。所謂本法另有規定，如下列所述：

㈠保險公司之股票　保險公司之股票，不得為無記名式（保一五二）。蓋無記名式股票轉讓手續簡單，易於為大股東所吸收，而有操縱之流弊，且保險公司具有公益性，其興衰關乎大多數人之利益，故本法明文禁止發行無記名式股票。

㈡保險公司負責人之責任　保險公司違反保險法令經營業務，致資產不足清償債務時，其董事長、董事、監察人、總經理及負責決定該項業務之經理，應對公司之債權人負連帶無限清償責任（保一五三Ⅰ）。主管機關對前項應負連帶無限清償責任之負責人，得通知有關機關或機構禁止其財產為移轉、交付或設定他項權利，並得函請入出境許可之機關限制其出境（保一五三Ⅱ）。上述責任，於各負責人卸職登記之日起滿三年解除（保一五三Ⅲ）。

㈢保險業之登記　保險業非經主管機關許可，並依法為設立登記，繳存保證金，領得營業執照後，不得開始營業（保一三七Ⅰ）。保險業申請設立許可應具備之條件、程序、應檢附之文件、發起人、董事、監察人與經理人應具備之資格條件、廢止許可、分支機構之設立、保險契約轉讓、解散及其他應遵行事項之辦法，由主管機關定之（保一三七Ⅱ）。

二、保險合作社　保險合作社，除依本法規定外，適用合作社法及其有關法令之規定（保一五六）。所謂本法規定，詳述如下：

㈠保險合作社之基金　保險合作社除依合作社法籌集股金外，並依本法籌足基金。此項基金非俟公積金積至與基金總額相等時，不得發還（保一五七）。保險業非經主管機關許可，並依法為設立登記，繳存保證金，領得營業執照後，不得開始營業（保一三七Ⅰ）。保險合作社之社員，對於保險合作社應付之股金及基金，不得以其對保險合作社之債權互相抵銷（保一六一）。

㈡保險合作社之社員　保險合作社於社員出社時，其現存財產不足抵償債務，出社之社員仍負擔出社前應負之責任（保一五八），以免在合作社業務不振時，社員以退社而免除其責任。財產保險合作社之預定社員人數不得少於三百人；人身保險合作社之預定社員人數不得少於五百人（保一

六二）。

㈢**保險合作社之理事**　保險合作社之理事，不得兼任其他合作社之理事、監事或無限責任社員（保一五九），以專一其職，而利業務之進行。

㈣**保險合作社之登記**　保險業非經主管機關許可，並依法為設立登記，繳存保證金，領得營業執照後，不得開始營業（保一三七Ｉ）。

第三、外國保險業

外國保險業非經主管機關許可，並依法為設立登記，繳存保證金，領得營業執照後，不得開始營業（保一三七Ⅲ）。外國保險業，除本法另有規定外，準用本法有關保險業之規定（保一三七Ⅳ）。外國保險業申請設立許可應具備之條件、程序、應檢附之文件、廢止許可、營業執照核發、增設分公司之條件、營業項目變更、撤換負責人之情事、資金運用及其他應遵行事項之辦法，由主管機關定之（保一三七Ⅴ）。

第四、保險業之代理人、經紀人與公證人

保險業之代理人、經紀人、及公證人三者，均為保險業之輔助人，前已敘及。茲就其執業上之有關事項，述之於下：

一、執業許可　保險代理人、經紀人、公證人應經主管機關許可，繳存保證金並投保相關保險，領有執業證照後，始得經營或執行業務（保一六三Ｉ）。前項所定相關保險，於保險代理人、公證人為責任保險；於保險經紀人為責任保險及保證保險（保一六三Ⅱ）。第一項繳存保證金、投保相關保險之最低金額及實施方式，由主管機關考量保險代理人、經紀人、公證人經營業務與執行業務範圍及規模等因素定之（保一六三Ⅲ）。銀行得經主管機關許可擇一兼營保險代理人或保險經紀人業務，並應分別準用本法有關保險代理人、保險經紀人之規定（保一六三Ⅴ）。保險經紀人應以善良管理人之注意義務，為被保險人洽訂保險契約或提供相關服務，並負忠實義務（保一六三Ⅵ）。保險經紀人為被保險人洽訂保險契約前，於主管機關指定之適用範圍內，應主動提供書面之分析報告，向要保人或被保險人收

取報酬者，應明確告知其報酬收取標準（保一六三Ⅶ）。前項書面分析報告之適用範圍、內容及報酬收取標準之範圍，由主管機關定之（保一六三Ⅷ）。

二、**管理規則** 保險代理人、經紀人、公證人之資格取得、申請許可應具備之條件、程序、應檢附之文件、董事、監察人與經理人應具備之資格條件、解任事由、設立分支機構之條件、業務與財務管理、教育訓練、廢止許可及其他應遵行事項之管理規則，由主管機關定之（保一六三Ⅳ）。

三、**違反法令之處罰** 保險代理人、經紀人、公證人違反法令或有礙健全經營之虞時，主管機關除得予以糾正或命其限期改善外，並得視情節之輕重為下列處分（保一六四之一Ⅰ）：

㈠限制其經營或執行業務之範圍。

㈡命公司解除經理人或職員之職務。

㈢解除公司董事、監察人職務或停止其於一定期間內執行職務。

㈣其他必要之處置。

依前項第三款規定解除公司董事或監察人職務時，由主管機關通知公司登記之主管機關註銷其董事或監察人登記（保一六四之一Ⅱ）。

四、**業務處所及帳簿** 保險代理人、經紀人、公證人，應有固定業務處所，並專設帳簿記載業務收支（保一六五Ⅰ）。兼有保險代理人、經紀人、公證人資格者，僅得擇一申領執業證照（保一六五Ⅱ）。保險代理人公司、經紀人公司具一定規模者，應建立內部控制、稽核制度與招攬處理制度及程序；其辦法，由主管機關定之（保一六五Ⅲ）。第一四二條、第一四八條於保險代理人、經紀人、公證人準用之（保一六五Ⅳ）。

第二節　保險業之監督

　　國家對保險業之監督方式，向有公示主義、準則主義、許可主義等三種，以許可主義最為嚴格。所謂許可主義，國家規定經營保險業之各種必要條件，欲經營保險業者，須經國家之審核，認為符合必要條件，方予以許可之謂。各國大多數採此主義，本法對保險業章之規定，即屬之。

第一、保險業設立之監督

　　一、須經登記繳保證金及領得營業執照後，方得營業　保險業非經主管機關許可，並依法為設立登記，繳存保證金，領得營業執照後，不得開始營業（保一三七Ⅰ）。是故保險業之設立程序有四：㈠申請核准；㈡營業登記；㈢繳納保證金；㈣請領營業執照。所謂主管機關，係指行政院金融監督管理委員會，但保險合作社，除其經營之業務以行政院金融監督管理委員會為主管機關外，其社務以合作社之主管機關為主管機關（保一二）。

　　保險業未經主管機關核准，並未依法為營業登記，繳存保證金，及未領得營業執照，而擅自經營保險業務者，應勒令停業，並處新臺幣三百萬元以上三千萬元以下罰鍰（保一六六）。

　　二、營業範圍之限制　可分三點言之：

　　㈠**保障專業限制**　保險業之組織，以股份有限公司或合作社為限（保一三六Ⅰ前）。非保險業，不得兼營保險業務（保一三六Ⅱ）。違反前項規定者，由主管機關或目的事業主管機關會同司法警察機關取締，並移送法辦；如屬法人組織，其負責人對有關債務，應負連帶清償責任（保一三六Ⅲ）。執行前項任務時，得依法搜索扣押被取締者之會計帳簿及文件，並得撤除其標誌等設施或為其他必要之處置（保一三六Ⅳ）。保險業之組織為股份有限公司者，除其他法律另有規定或經主管機關許可外，其股票應辦理公開發行（保一三六Ⅴ）。為促進普惠金融及金融科技發展，不限於保險業、保險經紀人、保險代理人及保險公證人，得依金融科技發展與創新實驗條

例申請辦理保險業務創新實驗（保一三六之一Ⅰ）。前項之創新實驗，於主管機關核准辦理之期間及範圍內，得不適用本法之規定（保一三六之一Ⅱ）。主管機關應參酌第一項創新實驗之辦理情形，檢討本法及相關金融法規之妥適性（保一三六之一Ⅲ）。非保險業經營保險業務者，處三年以上十年以下有期徒刑，得併科新臺幣一千萬元以上二億元以下罰金。其因犯罪獲取之財物或財產上利益達新臺幣一億元以上者，處七年以上有期徒刑，得併科新臺幣二千五百萬元以上五億元以下罰金（保一六七Ⅰ）。法人之代表人、代理人、受僱人或其他從業人員，因執行業務犯前項之罪者，除處罰其行為人外，對該法人亦科該項之罰金（保一六七Ⅱ）。所謂兼營保險，即經營其他業務者，同時兼做保險業務。

⒁**禁止兼業之規定**

1. **保險業限於本業專有之業務**　財產保險業經營財產保險，人身保險業經營人身保險，同一保險業不得兼營財產保險及人身保險業務。但財產保險業經主管機關核准經營傷害保險及健康保險者，不在此限（保一三八Ⅰ）。財產保險業依前項但書規定經營傷害保險及健康保險業務應具備之條件、業務範圍、申請核准應檢附之文件及其他應遵行事項之辦法，由主管機關定之（保一三八Ⅱ）。

2. **保險業限於本法規定之業務**　本法規定，保險業不得兼營本法規定以外之業務。但經主管機關核准辦理其他與保險有關業務者，不在此限（保一三八Ⅲ）。因此不僅非屬於保險業務不得兼營，縱屬於保險業務而非本法所規定者，如簡易人壽保險業務或社會保險業務，亦不得兼營。

3. **保險合作社限於經營社員之業務**　保險合作社，不得經營非社員之業務（保一三八Ⅴ）。但經主管機關核准辦理其他有關業務者，不受此限制（保一三八Ⅲ）。保險業違反營業範圍之限制（保一三八），經營未經核定之業務，或其資金之運用，超越本法所規定存款、投資、放款之限制（保一四六），得處負責人各新臺幣九十萬元以上四百五十萬元以下罰鍰，或勒令撤換其負責人。其情節重大者，並得廢止其營業執照（保一六八Ⅴ）。

⒂**保險業經營保險金信託業務**　保險業經營保險金信託業務，應經主

管機關許可，其營業及會計必須獨立（保一三八之三Ⅰ）。保險業為擔保其因違反受託人義務而對委託人或受益人所負之損害賠償、利益返還或其他責任，應提存賠償準備（保一三八之三Ⅱ）。保險業申請許可經營保險金信託業務應具備之條件、應檢附之文件、廢止許可、應提存賠償準備額度、提存方式及其他應遵行事項之辦法，由主管機關定之（保一三八之三Ⅲ）。

三、營業資金之規定

㈠**資本或基金**　保險業之資金，有資本與基金兩項。所謂資本，為公司之股份與合作社之股金。所謂基金，為合作社在設立時所籌足之基金（保一五七Ⅰ）。各種保險業資本或基金之最低額，由主管機關審酌各地經濟實況，及各種保險業務之需要，分別呈請行政院核定之（保一三九）。

1.保險公司具有控制權人資格適當性之監理：

⑴同一人或同一關係人單獨、共同或合計持有同一保險公司已發行有表決權股份總數超過百分之五者，自持有之日起十日內，應向主管機關申報；持股超過百分之五後累積增減逾一個百分點者，亦同（保一三九之一Ⅰ）。

⑵同一人或同一關係人擬單獨、共同或合計持有同一保險公司已發行有表決權股份總數超過百分之十、百分之二十五或百分之五十者，均應分別事先向主管機關申請核准（保一三九之一Ⅱ）。

⑶第三人為同一人或同一關係人以信託、委任或其他契約、協議、授權等方法持有股份者，應併計入同一關係人範圍（保一三九之一Ⅲ）。

⑷中華民國九十九年十一月十二日修正之條文施行前，同一人或同一關係人單獨、共同或合計持有同一保險公司已發行有表決權股份總數超過百分之五者，應自施行之日起六個月內向主管機關申報。於申報後第一次擬增減持股比率而增減後持股比率超過百分之十者，應事先向主管機關申請核准；第二次以後之增減持股比率，依第一項及第二項規定辦理（保一三九之一Ⅳ）。

⑸同一人或同一關係人依第二項或前項規定申請核准應具備之適格條件、應檢附之書件、擬取得股份之股數、目的、資金來源、持有股票之出

質情形、持股數與其他重要事項變動之申報、公告及其他應遵行事項之辦法，由主管機關定之（保一三九之一V）。

(6)未依第一項、第二項或第四項規定向主管機關申報或經核准而持有保險公司已發行有表決權之股份者，其超過部分無表決權，並由主管機關命其於限期內處分（保一三九之一VI）。

(7)同一人或本人與配偶、未成年子女合計持有同一保險公司已發行有表決權股份總數百分之一以上者，應由本人通知保險公司（保一三九之一VII）。

2.同一人或同一關係人持有保險公司股份之規範：

前條所稱同一人，指同一自然人或同一法人（保一三九之二I）。

前條所稱同一關係人，指同一自然人或同一法人之關係人，其範圍如下（保一三九之二II）：

(1)同一自然人之關係人：

①同一自然人與其配偶及二親等以內血親。

②前目之人持有已發行有表決權股份或資本額合計超過三分之一之企業。

③第一目之人擔任董事長、總經理或過半數董事之企業或財團法人。

(2)同一法人之關係人：

①同一法人與其董事長、總經理，及該董事長、總經理之配偶與二親等以內血親。

②同一法人及前目之自然人持有已發行有表決權股份或資本額合計超過三分之一之企業，或擔任董事長、總經理或過半數董事之企業或財團法人。

③同一法人之關係企業。關係企業適用公司法第三六九條之一至第三六九條之三、第三六九條之九及第三六九條之十一規定。

(3)計算前二項同一人或同一關係人持有同一保險公司之股份，不包括下列各款情形所持有之股份（保一三九之二III）：

①證券商於承銷有價證券期間所取得，且於主管機關規定期間內處

分之股份。

②金融機構因承受擔保品所取得，且自取得日起未滿四年之股份。

③因繼承或遺贈所取得，且自繼承或受贈日起未滿二年之股份。

㈡**保證金**　保險業設立時，除須經過主管機關之核准手續外，尚須繳存一定數額之保證金於國庫，以確保其支付保險金額之擔保力，故在保險業經營期間不得發還。茲就本法之規定，述之於下：

1.**保證金之數額**　保險業應按資本或基金實收總額百分之十五，繳存保證金於國庫（保一四一）。

2.**保證金之內容**　保證金之繳存，應以現金為之。但例外經主管機關之核准，得以公債或庫券代繳之（保一四二Ⅰ）。

3.**保證金之發還**　繳存之保證金，除保險業有下列情事之一者外，不予發還（保一四二Ⅱ）：

⑴經法院宣告破產。

⑵經主管機關依本法規定為接管、勒令停業清理、清算之處分，並經接管人、清理人或清算人報經主管機關核准。

⑶經宣告停業依法完成清算。

接管人得依前述⑵規定報請主管機關核准發還保證金者，以於接管期間讓與受接管保險業全部營業者為限（保一四二Ⅲ）；至以有價證券抵繳保證金者，其息票部份，在宣告停業依法清算時，得准移充清算費用（保一四二Ⅳ）。

㈢**借款、為保證人等之限制**　保險業不得向外借款、為保證人或以其財產提供為他人債務之擔保。但保險業有下列情形之一，報經主管機關核准向外借款者，不在此限（保一四三）：

1.為給付鉅額保險金、大量解約或大量保單貸款之週轉需要。

2.因合併或承受經營不善同業之有效契約。

3.為強化財務結構，發行具有資本性質之債券。

㈣**安定基金**　為保障被保險人之基本權益，並維護金融之安定，財產保險業及人身保險業應分別提撥資金，設置財團法人安定基金（保一四三

之一 I）。財團法人安定基金之組織及管理等事項之辦法，由主管機關定之（保一四三之一 II）。安定基金由各保險業者提撥；其提撥比率，由主管機關審酌經濟、金融發展情形及保險業承擔能力定之，並不得低於各保險業者總保險費收入之千分之一（保一四三之一 III）。安定基金累積之金額不足保障被保險人權益，且有嚴重危及金融安定之虞時，得報經主管機關同意，向金融機構借款（保一四三之一 IV）。安定基金辦理之事項如下（保一四三之三 I）：

1.對經營困難保險業之貸款。

2.保險業因與經營不善同業進行合併或承受其契約，致遭受損失時，安定基金得予以低利貸款或墊支，並就其墊支金額取得對經營不善保險業之求償權。

3.保險業依第一四九條第三項規定被接管、勒令停業清理或命令解散，或經接管人依第一四九條之二第二項第四款規定向法院聲請重整時，安定基金於必要時應代該保險業墊付要保人、被保險人及受益人依有效契約所得為之請求，並就其墊付金額取得並行使該要保人、被保險人及受益人對該保險業之請求權。

4.保險業依本法規定進行重整時，為保障被保險人權益，協助重整程序之迅速進行，要保人、被保險人及受益人除提出書面反對意見者外，視為同意安定基金代理其出席關係人會議及行使重整相關權利。安定基金執行代理行為之程序及其他應遵行事項，由安定基金訂定，報請主管機關備查。

5.受主管機關委託擔任監管人、接管人、清理人或清算人職務。

6.經主管機關核可承接不具清償能力保險公司之保險契約。

7.財產保險業及人身保險業安定基金提撥之相關事宜。

8.受主管機關指定處理保險業依本法規定彙報之財務、業務及經營風險相關資訊。但不得逾越主管機關指定之範圍。

9.其他為安定保險市場或保障被保險人之權益，經主管機關核定之事項。

安定基金辦理前述 1 至 3 及 9 事項，其資金動用時點、範圍、單項金

額及總額之限制限額，由安定基金擬訂，報請主管機關核定（保一四三之三II）。

保險業與經營不善同業進行合併或承受其契約致遭受損失，依上述 2. 規定申請安定基金墊支之金額，由安定基金報請主管機關核准。（保一四三之三III）。

㈤**資本與風險資本之比率**　保險業自有資本與風險資本之比率（以下簡稱資本適足率），不得低於百分之二百；必要時，主管機關得參照國際標準調整比率（保一四三之四 I ）。

前項資本適足率劃分為下列等級（保一四三之四II）：

1.資本適足。

2.資本不足。

3.資本顯著不足。

4.資本嚴重不足。

前項第一款所稱資本適足，指資本適足率達第一項所定之最低比率；前項第四款所稱資本嚴重不足，指資本適足率低於百分之五十或保險業淨值低於零（保一四三之四III）。第一項所定自有資本與風險資本之範圍、計算方法、管理、第二項第二款、第三款資本適足率等級之劃分及其他應遵行事項之辦法，由主管機關定之（保一四三之四IV）。

第二、保險業經營之監督

保險業設立後，主管機關得隨時派員檢查保險業之業務及財務狀況，或令保險業於限期內報告營業狀況（保一四八）。因此依本法之規定，主管機關之監督權有二，茲分述如下：

一、財務之監督

㈠**準備金之提存**　保險業於營業年度屆滿時，應分別保險種類，計算其應提存之各種準備金，記載於特設之帳簿（保一四五 I ）。所謂各種準備金，在人壽保險，為責任準備金及特別準備金，在其他各種保險，為未滿期保費準備金、特別準備金及賠償準備金（保一一）。各種準備金之提存比

率，計算方式及其他應遵行事項之辦法，由主管機關定之（保一四五II）。保險業違反第一四四條第一項至第四項、第一四五條規定者，處新臺幣六十萬元以上六百萬元以下罰鍰，並得令其撤換核保或精算人員（保一七一I）。保險業簽證精算人員或外部複核精算人員違反第一四四條第五項規定者，主管機關得視其情節輕重為警告、停止於三年以內期間簽證或複核，並得令保險業予以撤換（保一七一II）。

㈡**盈餘公積之分配**　保險業於完納一切稅捐後，分派盈餘時，應先提百分之二十為法定盈餘公積。但法定盈餘公積，已達其資本總額或基金總額時，不在此限（保一四五之一I）。保險業得以章程規定或經股東會或社員大會決議，另提特別盈餘公積。主管機關於必要時，亦得命其提列（保一四五之一II）。

㈢**資金之運用**　保險業資金之運用，除存款或法律另有規定者外，以下列各款為限（保一四六I）：

　　1.有價證券。

　　2.不動產。

　　3.放款。

　　4.辦理經主管機關核准之專案運用、公共及社會福利事業投資。

　　5.國外投資。

　　6.投資保險相關事業。

　　7.從事衍生性商品交易。

　　8.其他經主管機關核准之資金運用。

前述所定資金，包括業主權益及各種準備金（保一四六II）。前述所定存款，其存放於每一金融機構之金額，不得超過該保險業資金百分之十。但經主管機關核准者，不在此限（保一四六III）。

上述所稱保險相關事業，係指保險、金融控股、銀行、票券、信託、信用卡、融資性租賃、證券、期貨、證券投資信託、證券投資顧問事業及其他經主管機關認定之保險相關事業（保一四六IV）。

保險業經營投資型保險業務、勞工退休金年金保險業務應專設帳簿，

記載其投資資產之價值（保一四六Ⅴ）。

　　投資型保險業務專設帳簿之管理、保存、投資資產之運用及其他應遵行事項之辦法，由主管機關定之，不受第一項、第三項、第一四六條之一、第一四六條之二、第一四六條之四、第一四六條之五及第一四六條之七規定之限制（保一四六Ⅵ）。

　　保險業經營投資保險業務應專設帳簿之資產，如要保人以保險契約委任保險業全權決定運用標的，且將該資產運用於證券交易法第六條規定之有價證券者，應依證券投資信託及顧問法申請兼營全權委託投資業務（保一四六Ⅶ）。

　　保險業依前述規定從事衍生性商品交易之條件、交易範圍、交易限額、內部處理程序及其他應遵行事項之辦法，由主管機關定之（保一四六Ⅷ）。

　　1.**購買有價證券**　保險業資金得購買下列有價證券（保一四六之一）：

　　⑴公債、國庫券。

　　⑵金融債券、可轉讓定期存單、銀行承兌匯票、金融機構保證商業本票；其總額不得超過該保險業資金百分之三十五。

　　⑶經依法核准公開發行之公司股票；其購買每一公司之股票，加計其他經主管機關核准購買之具有股權性質之有價證券總額，不得超過該保險業資金百分之五及該發行股票之公司實收資本額百分之十。

　　⑷經依法核准公開發行之有擔保公司債，或經評等機構評定為相當等級以上之公司所發行之公司債；其購買每一公司之公司債總額，不得超過該保險業資金百分之五及該發行公司債之公司實收資本額百分之十。

　　⑸經依法核准公開發行之證券投資信託基金及共同信託基金受益憑證；其投資總額不得超過該保險業資金百分之十及每一基金已發行之受益憑證總額百分之十。

　　前述⑶及⑷之投資總額，合計不得超過該保險業資金百分之三十五（保一四六之一Ⅱ）。

　　⑹證券化商品及其他經主管機關核准保險業購買之有價證券；其總額不得超過該保險業資金百分之十。

　　保險業依(3)投資，不得有下列情事之一（保一四六之一III）：

　　⑴以保險業或其代表人擔任被投資公司董事、監察人。

　　⑵行使對被投資公司董事、監察人選舉之表決權。

　　⑶指派人員獲聘為被投資公司經理人。

　　⑷擔任被投資證券化商品之信託監察人。

　　⑸與第三人以信託、委任或其他契約約定或以協議、授權或其他方法參與對被投資公司之經營、被投資不動產投資信託基金之經營、管理。但不包括該基金之清算。

　　保險業有前項各款情事之一者，其或代表人擔任董事、監察人、行使表決權、指派人員獲聘為經理人、與第三人之約定、協議或授權，無效（保一四六之一IV）。

　　保險業依上述(3)至(6)規定投資於公開發行之未上市、未上櫃有價證券、私募之有價證券；其應具備之條件、投資範圍、內容、投資規範及其他應遵行事項之辦法，由主管機關定之（保一四六之一V）。

　　2.**投資不動產**　保險業對不動產之投資，以所投資之不動產即時利用並有收益者為限。其投資總額，除自用不動產外，不得超過其資金百分之三十。但購買自用不動產總額不得超過其業主權益之總額（保一四六之二I）。保險業不動產之取得及處分，應經合法之不動產鑑價機構評價（保一四六之二II）。

　　3.**放款**　保險業辦理放款，以下列各款為限（保一四六之三I）：

　　⑴銀行或主管機關認可之信用保證機構提供保證之放款。

　　⑵以動產或不動產為擔保之放款。

　　⑶以合於第一四六條之一之有價證券為質之放款。

　　⑷人壽保險業以各該保險業所簽發之人壽保險單為質之放款。

　　前述(1)(2)(3)之放款，每一單位放款金額不得超過資金百分之五；其放款總額，不得超過資金百分之三十五（保一四六之三II）。保險業依前述(1)(2)(3)對其負責人、職員或主要股東，或對與其負責人或辦理授信之職員有利害關係者，所為之擔保放款，應有十足擔保，其條件不得優於其他同類

放款對象，如放款達主管機關規定金額以上者，並應經三分之二以上董事之出席及出席董事四分之三以上同意；其利害關係人之範圍、限額、放款總餘額及其他應遵行事項之辦法，由主管機關定之（保一四六之三Ⅲ）。

　　保險業依本法上述(3)(4)對每一公司股票及公司債之投資與依(3)以該公司發行之股票及公司債為質之放款，合併計算不得超過其資金百分之十與該發行股票及公司債之公司實收資本額百分之十（保一四六之三Ⅳ）。

　　4.**國外投資**　保險業之資金得辦理國外投資，以下列各款為限（保一四六之四Ⅰ）：

　　(1)外匯存款。

　　(2)國外有價證券。

　　(3)設立或投資國外保險公司、保險代理人公司、保險經紀人公司或其他經主管機關核准之保險相關事業。

　　(4)其他經主管機關核准之國外投資。

　　保險業資金依前項規定辦理國外投資總額，由主管機關視各保險業之經營情況核定之，最高不得超過各該保險業資金百分之四十五。但下列金額不計入其國外投資限額（保一四六之四Ⅱ）：

　　(1)保險業經主管機關核准銷售以外幣收付之非投資型人身保險商品，並經核准不計入國外投資之金額。

　　(2)保險業依本法規定投資於國內證券市場上市或上櫃買賣之外幣計價股權或債券憑證之投資金額。

　　(3)保險業經主管機關核准設立或投資國外保險相關事業，並經核准不計入國外投資之金額。

　　(4)其他經主管機關核准之投資項目及金額。

　　保險業資金辦理國外投資之投資規範、投資額度、審核及其他應遵行事項之辦法，由主管機關定之。主管機關並得視保險業之財務狀況、風險管理及法令遵循之情形就前項第二款之投資金額予以限制（保一四六之四Ⅲ）。

　　5.**專業運用與公共投資**　保險業資金辦理專案運用、公共及社會福利

事業投資應申請主管機關核准；其申請核准應具備之文件、程序、運用或投資之範圍、限額及其他應遵行事項之辦法，由主管機關定之（保一四六之五Ⅰ）。前項資金運用方式為投資公司股票時，其投資之條件及比率，不受第一四六條之一第一項第三款規定之限制（保一四六之五Ⅱ）。第一項資金之運用，準用第一四六條之一第三項及第四項規定（保一四六之五Ⅲ）。保險業資金辦理公共及社會福利事業投資，符合下列規定者，不受前項限制（保一四六之五Ⅳ）：

　　⑴保險業或其代表人擔任被投資事業董事、監察人者，其派任之董事、監察人席次不得超過被投資事業全體董事、監察人席次之三分之一。

　　⑵不得指派人員獲聘為被投資事業經理人。

　　6.**投資保險相關事業之限制**　保險業業主權益，超過第一三九條規定最低資本或基金最低額者，得經主管機關核准，投資保險相關事業所發行之股票，不受第一四六條之一第一項第三款及第三項規定之限制；其投資總額，最高不得超過該保險業業主權益（保一四六之六Ⅰ）。保險業依前項規定投資而與被投資公司具有控制與從屬關係者，其投資總額，最高不得超過該保險業業主權益百分之四十（保一四六之六Ⅱ）。保險業依第一項規定投資保險相關事業，其控制與從屬關係之範圍、投資申報方式及其他應遵行事項之辦法，由主管機關定之（保一四六之六Ⅲ）。

　　7.**同一人意義與放款之限制**　主管機關對於保險業就同一人、同一關係人或同一關係企業之放款或其他交易得予限制；其限額、其他交易之範圍及其他應遵行事項之辦法，由主管機關定之（保一四六之七Ⅰ）。前項所稱同一人，指同一自然人或同一法人；同一關係人之範圍，包含本人、配偶、二親等以內之血親，及以本人或配偶為負責人之事業；同一關係企業之範圍，適用公司法第三六九條之一至第三六九條之三、第三六九條之九及第三六九條之十一規定（保一四六之七Ⅱ）。主管機關對於保險業與其利害關係人從事放款以外之其他交易得予限制；其利害關係人及交易之範圍、決議程序、限額及其他應遵行事項之辦法，由主管機關定之（保一四六之七Ⅲ）。

8.**利用他人名義申辦放款**　第一四六條之三第三項所列舉之放款對象，利用他人名義向保險業申請辦理之放款，適用第一四六條之三第三項規定（保一四六之八Ⅰ）。向保險業申請辦理之放款，其款項為利用他人名義之人所使用，或其款項移轉為利用他人名義之人所有時，推定為前項所稱利用他人名義之人向保險業申請辦理之放款（保一四六之八Ⅱ）。

9.**行使股東權利事宜**　保險業因持有有價證券行使股東權利時，不得與被投資公司或第三人以信託、委任或其他契約約定或以協議、授權或其他方法進行股權交換或利益輸送，並不得損及要保人、被保險人或受益人之利益（保一四六之九Ⅰ）。保險業於出席被投資公司股東會前，應將行使表決權之評估分析作業作成說明，並應於各該次股東會後，將行使表決權之書面紀錄，提報董事會（保一四六之九Ⅱ）。保險業及其從屬公司，不得擔任被投資公司之委託書徵求人或委託他人擔任委託書徵求人（保一四六之九Ⅲ）。

二、業務之監督

㈠**保單條款、保費率之釐訂**　保險業之各種保險單條款、保險費及其他相關資料，由主管機關視各種保險之發展狀況，分別規定其銷售前應採行之程序、審核及內容有錯誤、不實或違反規定之處置等事項之準則（保一四四Ⅰ）。為健全保險業務之經營，保險業應聘用精算人員並指派其中一人為簽證精算人員，負責保險費率之釐訂、各種準備金之核算簽證及辦理其他經主管機關指定之事項；其資格條件、簽證內容、教育訓練及其他應遵行事項之管理辦法，由主管機關定之（保一四四Ⅱ）。保險業應聘請外部複核精算人員，負責辦理經主管機關指定之精算簽證報告複核項目；其資格條件、複核頻率、複核報告內容及其他應遵行事項之辦法，由主管機關定之（保一四四Ⅲ）。第二項簽證精算人員之指派及前項外部複核精算人員之聘請，應經董（理）事會同意，並報主管機關備查（保一四四Ⅳ）。簽證精算人員應本公正及公平原則向其所屬保險業之董（理）事會及主管機關提供各項簽證報告；外部複核精算人員應本公正及公平原則向主管機關提供複核報告。簽證報告及複核報告內容不得有虛偽、隱匿、遺漏或錯誤等

情事（保一四四V）。

　　㈡**特設帳簿記載準備金**　保險業於營業年度屆滿時，應分別保險種類，計算其應提存之各種準備金，記載於特設之帳簿（保一四五Ⅰ）。前項所稱各種準備金之提存比率、計算方式及其他應遵行事項之辦法，由主管機關定之（保一四五Ⅱ）。

　　保險業違反上述規定者，得處負責人各新臺幣六十萬元以上六百萬元以下罰鍰，並得撤換其核保或精算人員（保一七一）。

　　㈢**分紅保單之簽訂**　保險公司得簽訂參加保單紅利之保險契約。保險合作社簽訂之保險契約，以參加保單紅利者為限。保單紅利之計算基礎及方法應於保險契約中明定之（保一四〇）。

　　㈣**再保險之限制**　保險業辦理再保險之分出、分入或其他危險分散機制業務之方式、限額及其他應遵行事項之辦法，由主管機關定之（保一四七）。

　　㈤**保險業務及財務狀況之檢查**

　　1.主管機關得隨時派員檢查保險業之業務及財務狀況，或令保險業於限期內報告營業狀況（保一四八Ⅰ）。前項檢查，主管機關得委託適當機構或專業經驗人員擔任；其費用，由受檢查之保險業負擔（保一四八Ⅱ）。前二項檢查人員執行職務時，得為下列行為，保險業負責人及相關人員不得規避、妨礙或拒絕（保一四八Ⅲ）：

　　　⑴令保險業提供第一四八條之一第一項所定各項書表，並提出證明文件、單據、表冊及有關資料。

　　　⑵詢問保險業相關業務之負責人及相關人員。

　　　⑶評估保險業資產及負債。

　　第一項及第二項檢查人員執行職務時，基於調查事實及證據之必要，於取得主管機關許可後，得為下列行為（保一四八Ⅳ）：

　　　⑴要求受檢查保險業之關係企業提供財務報告，或檢查其有關之帳冊、文件，或向其有關之職員詢問。

　　　⑵向其他金融機構查核該保險業與其關係企業及涉嫌為其利用名義

交易者之交易資料。

　　前項所稱關係企業之範圍，適用公司法第三六九條之一至第三六九條之三、第三六九條之九及第三六九條之十一規定（保一四八V）。

　　2.保險業每屆營業年度終了，應將其營業狀況連同資金運用情形，作成報告書，併同資產負債表、損益表、股東權益變動表、現金流量表及盈餘分配或虧損撥補之議案及其他經主管機關指定之項目，先經會計師查核簽證，並提經股東會或社員代表大會承認後，十五日內報請主管機關備查（保一四八之一I）。保險業除依前項規定提報財務業務報告外，主管機關並得視需要，令保險業於規定期限內，依規定之格式及內容，將業務及財務狀況彙報主管機關或其指定之機構，或提出帳簿、表冊、傳票或其他有關財務業務文件（保一四八之一II）。前二項財務業務報告之編製準則，由主管機關定之（保一四八之一III）。

　　3.保險業應依規定據實編製記載有財務及業務事項之說明文件提供公開查閱（保一四八之二I）。保險業於有攸關消費大眾權益之重大訊息發生時，應於二日內以書面向主管機關報告，並主動公開說明（保一四八之二II）。

　　第一項說明文件及前項重大訊息之內容、公開時期及方式，由主管機關定之（保一四八之二III）。

　　4.保險業應建立內部控制及稽核制度；其辦法，由主管機關定之（保一四八之三I）。

　　5.保險業對資產品質之評估、各種準備金之提存、逾期放款、催收款之清理、呆帳之轉銷及保單之招攬核保理賠，應建立內部處理制度及程序；其辦法，由主管機關定之（保一四八之三II）。

　　㈥命令改善營業

　　1.保險業違反法令、章程或有礙健全經營之虞時，主管機關除得予以糾正或命其限期改善外，並得視情況為下列處分（保一四九I）：

　　⑴限制其營業或資金運用範圍。

　　⑵令其停售保險商品或限制其保險商品之開辦。

⑶令其增資。

⑷令其解除經理人或職員之職務。

⑸撤銷法定會議之決議。

⑹解除董（理）事、監察人（監事）職務或停止其於一定期間內執行職務。

⑺其他必要之處置。

依前項⑹規定解除董（理）事、監察人（監事）職務時，由主管機關通知公司（合作社）登記之主管機關廢止其董（理）事、監察人（監事）登記（保一四九 II）。

第三、保險業之監管、接管、勒令停業清理或命令解散之處分

一、概述　主管機關應依下列規定對保險業為監管、接管、勒令停業清理或命令解散之處分（保一四九 III）：

1.資本適足率等級為嚴重不足，且其或其負責人未依主管機關規定期限完成增資、財務或業務改善計畫或合併者，應自期限屆滿之次日起九十日內，為接管、勒令停業清理或命令解散之處分。

2.前款情形以外之財務或業務狀況顯著惡化，不能支付其債務，或無法履行契約責任或有損及被保險人權益之虞時，主管機關應先令該保險業提出財務或業務改善計畫，並經主管機關核定。若該保險業損益、淨值呈現加速惡化或經輔導仍未改善，致仍有前述情事之虞者，主管機關得依情節之輕重，為監管、接管、勒令停業清理或命令解散之處分。

前項保險業因國內外重大事件顯著影響金融市場之系統因素，致其或其負責人未於主管機關規定期限內完成前項增資、財務或業務改善或合併計畫者，主管機關得令該保險業另定完成期限或重新提具增資、財務或業務改善或合併計畫（保一四九 IV）。

依前述規定監管、接管、停業清理或解散者，主管機關得委託其他保險業、保險相關機構或具有專業經驗人員擔任監管人、接管人、清理人或清算人；其有涉及第一百四十三條之三安定基金辦理事項時，安定基金應

配合辦理（保一四九Ⅴ）。

前項經主管機關委託之相關機構或個人，於辦理受委託事項時，不適用政府採購法之規定（保一四九Ⅵ）。

保險業受接管或被勒令停業清理時，不適用公司法有關臨時管理人或檢查人之規定，除依本法規定聲請之重整外，其他重整、破產、和解之聲請及強制執行程序當然停止（保一四九Ⅶ）。

接管人依本法規定聲請重整，就該受接管保險業於受接管前已聲請重整者，得聲請法院合併審理或裁定；必要時，法院得於裁定前訊問利害關係人（保一四九Ⅷ）。

保險業監管或接管之程序、監管人與接管人之職權、費用負擔及其他應遵行事項之辦法，由主管機關定之（保一四九ⅩⅠ）。

二、監理與管理

(一)監　理

1.保險業經主管機關為監管處分時，非經監管人同意，保險業不得為下列行為（保一四九Ⅸ）：

(1)支付款項或處分財產，超過主管機關規定之限額。

(2)締結契約或重大義務之承諾。

(3)其他重大影響財務之事項。

2.監管人執行監管職務時，準用第一四八條有關檢查之規定（保一四九Ⅹ）。

3.保險業監管或接管之程序、監管人與接管人之職權、費用負擔及其他應遵行事項之辦法，由主管機關定之（保一四九ⅩⅠ）。

(二)接　管

1.**選派接管人**　接管人由主管機關選派之（保一四九Ⅴ）。

2.**接管程序**　保險業經主管機關派員接管者，其經營權及財產之管理處分權均由接管人行使之。原有股東會、董事、監察人或類似機構之職權即行停止（保一四九之一Ⅰ）。

前述接管人，有代表受接管保險業為訴訟上及訴訟外一切行為之權，

並得指派自然人代表行使職務。接管人執行職務，不適用行政執行法第十七條及稅捐稽徵法第二十四條第三項規定（保一四九之一 II）。保險業之董事、經理人或類似機構應將有關業務及財務上一切帳冊、文件與財產列表移交與接管人。董事、監察人、經理人或其他職員，對於接管人所為關於業務或財務狀況之詢問，有答復之義務（保一四九之一 III）。

接管人因執行職務聲請假扣押、假處分時，得免提供擔保（保一四九之一 IV）。

保險業於受接管期間內，主管機關對其新業務之承接、受理有效保險契約之變更或終止、受理要保人以保險契約為質之借款或償付保險契約之解約金，得予以限制（保一四九之二 I）。

3.**接管人職務**　接管人執行職務而有下列行為時，應事先取得主管機關許可（保一四九之二 II）：

(1)增資或減資後再增資。

(2)讓與全部或部分營業、資產或負債。

(3)分割或與其他保險業合併。

(4)有重建更生可能而應向法院聲請重整。

(5)其他經主管機關指定之重要事項。

保險業於受接管期間內，經接管人評估認為有利於維護保戶基本權益或金融穩定等必要，得由接管人研擬過渡保險機制方案，報主管機關核准後執行（保一四九之二 III）。

接管人依第二項第一款或第三款規定辦理而持有受接管保險業已發行有表決權股份者，不適用第一三九條之一規定（保一四九之二 IV）。

法院受理接管人依本法規定之重整聲請時，得逕依主管機關所提出之財務業務檢查報告及意見於三十日內為裁定（保一四九之二 V）。

依保險契約所生之權利於保險業重整時，有優先受償權，並免為重整債權之申報（保一四九之二 VI）。

接管人依本法聲請重整之保險業，不以公開發行股票或公司債之公司為限，且其重整除本法另有規定外，準用公司法有關重整之規定（保一四

九之二Ⅶ）。

受接管保險業依第二項第二款規定讓與全部或部分營業、資產或負債時，如受接管保險業之有效保險契約之保險費率與當時情況有顯著差異，非調高其保險費率或降低其保險金額，其他保險業不予承接者，接管人得報經主管機關核准，調整其保險費率或保險金額（保一四九之二Ⅷ）。

㈢**違反監管效力之處罰**　保險業於主管機關監管、接管或勒令停業清理時，其董（理）事、監察人（監事）、經理人或其他職員有下列情形之一者，處一年以上七年以下有期徒刑、拘役，得併科新臺幣二千萬元以下罰金（保一七二之一）：

1.拒絕將保險業業務財務有關之帳冊、文件、印章及財產等列表移交予監管人、接管人或清理人或不為全部移交。

2.隱匿或毀損與業務有關之帳冊、隱匿或毀棄該保險業之財產，或為其他不利於債權人之處分。

3.捏造債務，或承認不真實之債務。

4.無故拒絕監管人、接管人或清理人之詢問，或對其詢問為虛偽之答復，致影響被保險人或受益人之權益者。

㈣**監管、接管之期限**　監管、接管之期限，由主管機關定之。在監管、接管期間，監管、接管原因消失時，監管人、接管人應報請主管機關終止監管、接管（保一四九之三Ⅰ）。

接管期間屆滿或雖未屆滿而經主管機關決定終止接管時，接管人應將經營之有關業務及財務上一切帳冊、文件與財產，列表移交與該保險業之代表人（保一四九之三Ⅱ）。

㈤**監管人等之報酬及費用**　監管人、接管人、清理人或清算人之報酬及因執行職務所生之費用，由受監管、接管、清理、清算之保險業負擔，其優先於其他債權受清償（保一四九之五Ⅰ）。前述報酬，應報請主管機關核定（保一四九之五Ⅱ）。

㈥**主管機關對保險業及其負責人或違法嫌疑之職員限制**　保險業經主管機關依第一四九條第三項規定為監管、接管、勒令停業清理或命令解散

之處分時，主管機關對該保險業及其負責人或有違法嫌疑之職員，得通知有關機關或機構禁止其財產為移轉、交付或設定他項權利，並得函請入出境許可之機關限制其出境（保一四九之六）。

㈦**接管保險業讓與之營業、資產或負債之程序** 股份有限公司組織之保險業受讓依保險法第一四九條之二第二項第二款受接管保險業讓與之營業、資產或負債時，適用下列規定（保一四九之七Ⅰ）：

1.股份有限公司受讓全部營業、資產或負債時，應經代表已發行股份總數過半數股東出席之股東會，以出席股東表決權過半數之同意行之；不同意之股東不得請求收買股份，免依公司法股東會特別決議、股份收買請求權及其收買之日期及價格（即公一八五至一八七）之規定辦理。

2.債權讓與之通知以公告方式辦理之，免依民法債權讓與之通知（民二九七）之規定辦理。

3.承擔債務時免依民法第三〇一條債權人承認之規定辦理。

4.經主管機關認為有緊急處理之必要，且對市場競爭無重大不利影響時，免依公平交易法第十一條第一項規定向行政院公平交易委員會申報結合。

保險業依第一四九條之二第二項第三款與受接管保險業合併時，除適用前項第一款及第四款規定外，解散或合併之通知得以公告方式辦理之，免依公司法解散或合併之通知（即公三一六Ⅳ）之規定辦理（保一四九之七Ⅱ）。

三、清　理

㈠**指定清理人** 保險業之清理，主管機關應指定清理人為之，並得派員監督清理之進行（保一四九之八Ⅰ）。

㈡**清理人之職務** 清理人之職務如下（保一四九之八Ⅱ）：

1.了結現務。

2.收取債權，清償債務。

3.分派賸餘財產。

保險業經主管機關為勒令停業清理之處分時，準用第一四九條之一、

第一四九條之二第一項、第二項、第四項及第八項規定(保一四九之八III)。

其他保險業受讓受清理保險業之營業、資產或負債或與其合併時，應依保險法第一四九條之七規定辦理（保一四九之八IV）。

(三)清理程序及期間

1.清理人就任後，應即於保險業所在地之日報為三日以上之公告，催告債權人於三十日內申報其債權，並應聲明屆期不申報者，不列入清理。但清理人所明知之債權，不在此限（保一四九之九I）。

2.清理人應即查明保險業之財產狀況，於申請期限屆滿後三個月內造具資產負債表及財產目錄。並擬具清理計劃，報請主管機關備查，並將資產負債表於保險業所在地日報公告之（保一四九之九II）。

3.清理人於第一項所定申報期限內，不得對債權人為清償。但對已屆清償期之職員薪資，不在此限（保一四九之九III）。

4.保險業經主管機關勒令停業進行清理時，第三人對該保險業之債權，除依訴訟程序確定其權利者外，非依前條第一項規定之清理程序，不得行使（保一四九之十I）。前項債權因涉訟致分配有稽延之虞時，清理人得按照清理分配比例提存相當金額，而將所餘財產分配於其他債權人（保一四九之十II）。

5.不列入清理之債權：下列各款債權，不列入清理(保一四九之十III)：

(1)債權人參加清理程序為個人利益所支出之費用。

(2)保險業停業日後債務不履行所生之損害賠償及違約金。

(3)罰金、罰鍰及追繳金。

6.有別除權之財產：在保險業停業日前，對於保險業之財產有質權、抵押權或留置權者，就其財產有別除權；有別除權之債權人不依清理程序而行使其權利。但行使別除權後未能受清償之債權，得依清理程序申報列入清理債權（保一四九之十IV）。

7.清理人因執行清理職務所生之費用及債務，應先於清理債權，隨時由受清理保險業財產清償之（保一四九之十V）。

8.依前條第一項規定申報之債權或為清理人所明知而列入清理之債

權，其請求權時效中斷，自清理完結之日起重行起算（保一四九之十VI）。

9.債權人依清理程序已受清償者，其債權未能受清償之部分，對該保險業之請求權視為消滅。清理完結後，如復發現可分配之財產時，應追加分配，於列入清理程序之債權人受清償後，有剩餘時，第三項之債權人仍得請求清償（保一四九之十VII）。

㈣清理完結及撤銷保險業　保險業經主管機關勒令停業進行清理者，於清理完結後，免依公司法或合作社法規定辦理清算（保一四九之十一Ⅰ）。清理人應於清理完結後十五日內造具清理期內收支表、損益表及各項帳冊，並將收支表及損益表於保險業所在地之新聞紙及主管機關指定之網站公告後，報主管機關廢止保險業許可（保一四九之十一Ⅱ）。保險業於清理完結後，應以主管機關廢止許可日，作為向公司或合作社主管機關辦理廢止登記日及依所得稅法第七十五條第一項所定應辦理當期決算之期日（保一四九之十一Ⅲ）。

㈤保險公司負責人違反保險法致公司資產不足之責任及處置　保險公司違反保險法令經營業務，致資產不足清償債務時，其董事長、董事、監察人、總經理及負責決定該項業務之經理，對公司之債權人應負連帶無限清償責任（保一五三Ⅰ）。主管機關對前項應負連帶無限清償責任之負責人，得通知有關機關或機構禁止其財產為移轉、交付或設定他項權利，並得函請入出境許可之機關限制其出境（保一五三Ⅱ）。上述責任，於各該負責人卸職登記之日起滿三年解除（保一五三Ⅲ）。

㈥違反監管、接管或清理時，負責人之處罰　保險業於主管機關監管、接管或勒令停業清理時，其董（理）事、監察人（監事）、經理人或其他職員有下列情形之一者，處一年以上七年以下有期徒刑、拘役，得併科新臺幣二千萬元以下罰金（保一七二之一）：

1.拒絕將保險業務財務有關之帳冊、文件、印章及財產等列表移交予監管人、接管人或清理人或不為全部移交。

2.隱匿或毀損與業務有關之帳冊、隱匿或毀棄該保險業之財產，或為其他不利於債權人之處分。

3.捏造債務，或承認不真實之債務。

4.無故拒絕監管人、接管人或清理人之詢問，或對其詢問為虛偽之答覆，致影響被保險人或受益人之權益者。

第四、保險業之解散與清算

保險業之解散與清算，除依公司法及合作社法有關之規定外，我國保險法對保險業之解散與解散後之清算，述之於下：

一、解散之事由

㈠**主管機關之命令解散**　主管機關應依下列規定對保險業為監管、接管、勒令停業清理或命令解散之處分（保一四九Ⅲ）：

1.資本適足率等級為嚴重不足，且其或其負責人未依主管機關規定期限完成增資、財務或業務改善計畫或合併者，應自期限屆滿之次日起九十日內，為接管、勒令停業清理或命令解散之處分。

2.前款情形以外之財務或業務狀況顯著惡化，不能支付其債務，或無法履行契約責任或有損及被保險人權益之虞時，主管機關應先令該保險業提出財務或業務改善計畫，並經主管機關核定。若該保險業損益、淨值呈現加速惡化或經輔導仍未改善，致仍有前述情事之虞者，主管機關得依情節之輕重，為監管、接管、勒令停業清理或命令解散之處分。

㈡**營業登記之撤銷**　可分為二：

1.保險業經依法為營業登記後，如發現其營業登記或其他登記事項，有違法或虛偽情事時，主管機關得撤銷其營業登記（保一三七、一七二）；保險業之營業登記被撤銷時，當然須解散。

2.保險業須領得營業執照後，方得營業（保一三七）。倘其經營業務時，在營業或資金之運用超過法定範圍（保一六八）或超額承保（保一六九）等情事，而被撤銷營業執行時，亦須解散。

二、解散後之清算　保險業解散後，須經清算程序。茲將本法之規定，述之如下：

㈠**委派清算人**　保險業經營業務，有違反法令之情事（保一四九Ⅰ）

而解散時，主管機關得委託其他保險業、保險相關機構或具有專業經驗人員擔任清算人（保一四九Ⅴ）。

㈡**清算程序**　依本法第一四九條為解散之處分者，其清算程序，除本法另有規定外，其為公司組織者，準用公司法關於股份有限公司清算之規定；其為合作社組織者，準用合作社法關於清算之規定。但有股份有限公司特別清算之原因（即指公三三五）者，均應準用公司法關於股份有限公司特別清算之程序為之（保一四九之四）。

㈢**清算人之報酬及清算費用**　清算人之報酬及因執行職務所生之費用，由受清算人之保險業負擔，並優先於其他債權受清償（保一四九之五Ⅰ）。

㈣**繳銷營業執照**　保險業解散清算時，應將其營業執照繳銷（保一五〇）。

㈤**延不清算之處罰**　保險業經撤銷登記，延不清算者，得處負責人各新臺幣六十萬元以上六百萬元以下罰鍰（保一七二）。

第五、同業公會

一、加入同業公會之義務　保險業、保險代理人公司、保險經紀人公司、保險公證人公司非加入同業公會，不得營業；同業公會非有正當理由，不得拒絕其加入，或就其加入附加不當之條件（保一六五之一）。

二、同業公會辦理事項　同業公會為會員之健全經營及維護同業之聲譽，應辦理下列事項（保一六五之二Ⅰ）：

1. 訂定共同性業務規章、自律規範及各項實務作業規定，並報請主管機關備查後供會員遵循。

2. 就會員所經營業務，為必要指導或協調其間之糾紛。

3. 主管機關規定或委託辦理之事項。

4. 其他為達成保險業務發展及公會任務之必要業務。

同業公會為辦理前項事項，得要求會員提供有關資料或提出說明（保一六五之二Ⅱ）。

三、同業公會規則　同業公會之業務、財務規範與監督、章程應記載事項、負責人與業務人員之資格條件及其他應遵行事項之規則，由主管機

關定之（保一六五之三）。

四、**理監事違法之處罰**　同業公會之理事、監事有違反法令、怠於遵守該會章程、規章、濫用職權或違背誠實信用原則之行為者，主管機關得予以糾正或命令同業公會予以解任（保一六五之四）。

五、**主管機關命為一定行為**　主管機關為健全保險市場或保護被保險人之權益，必要時，得命令同業公會變更其章程、規章、規範或決議，或提供參考、報告之資料，或為其他一定之行為（保一六五之五）。

六、**對會員之管理**　同業公會得依章程之規定，對會員或其會員代表違反章程、規章、自律規範、會員大會或理事會決議等事項時，為必要之處置（保一六五之六）。

七、**章程之變更及會議記錄之備查**　同業公會章程之變更及理事會、監事會會議紀錄，應報請主管機關備查（保一六五之七）。

第三節　罰　則

茲將本法所規定之罰則，分述於下：

一、**保險業與外國保險業違反設立要件之處罰**　依本法規定，保險業違反設立要件（即保一三七），經主管機關核准經營保險業務者，應勒令停業，並處新臺幣三百萬元以上三千萬元以下罰鍰（保一六六）。

二、**非保險業經營保險之處罰**　非保險業經營保險業務者，處三年以上十年以下有期徒刑，得併科新臺幣一千萬元以上二億元以下罰金。其因犯罪獲取之財物或財產上利益達新臺幣一億元以上者，處七年以上有期徒刑，得併科新臺幣二千五百萬元以上五億元以下罰金（保一六七Ⅰ）。法人之代表人、代理人、受僱人或其他從業人員，因執行業務犯前項之罪者，除處罰其行為人外，對該法人亦科該項之罰金（保一六七Ⅱ）。

三、**為非本法之保險業或外國保險業代理、經紀或招攬保險業務**　為非本法之保險業或外國保險業代理、經紀或招攬保險業務者，處三年以下有期徒刑，得併科新臺幣三百萬元以上二千萬元以下罰金；情節重大者，

得由主管機關對保險代理人、經紀人、公證人或兼營保險代理人或保險經紀人業務之銀行停止一部或全部業務，或廢止許可，並註銷執業證照（保一六七之一 I）。法人之代表人、代理人、受僱人或其他從業人員，因執行業務犯前項之罪者，除處罰其行為人外，對該法人亦科該項之罰金（保一六七之一 II）。未領有執業證照而經營或執行保險代理人、經紀人、公證人業務者，處新臺幣九十萬元以上九百萬元以下罰鍰（保一六七之一 III）。

四、違反保險輔助人管理規則之處罰

㈠違反第一六三條第四項所定管理規則中有關財務或業務管理之規定、第一六三條第七項規定，或違反第一六五條第一項或第一六三條第五項準用上開規定者，應限期改正，或併處新臺幣十萬元以上三百萬元以下罰鍰；情節重大者，廢止其許可，並註銷執業證照（保一六七之二）。

㈡違反第一六五條第三項或第一六三條第五項準用上開規定，未建立或未確實執行內部控制、稽核制度、招攬處理制度或程序者，應限期改正，或併處新臺幣十萬元以上三百萬元以下罰鍰（保一六七之三）。

㈢主管機關依第一六三條第五項、第一六五條第四項準用第一四八條規定派員，或委託適當機構或專業經驗人員，檢查保險代理人、經紀人、公證人或兼營保險代理人或保險經紀人業務之銀行之財務及業務狀況或令其於限期內報告營業狀況，保險代理人、經紀人或公證人本人或其負責人、職員，或兼營保險代理人或保險經紀人業務之銀行部門主管、部門副主管或職員，有下列情形之一者，處保險代理人、經紀人、公證人或兼營保險代理人或保險經紀人業務之銀行新臺幣三十萬元以上三百萬元以下罰鍰，情節重大者，並得解除其負責人職務（保一六七之四 I）：

  1.拒絕檢查或拒絕開啟金庫或其他庫房。

  2.隱匿或毀損有關業務或財務狀況之帳冊文件。

  3.無故對檢查人員之詢問不為答復或答復不實。

  4.屆期未提報財務報告、財產目錄或其他有關資料及報告，或提報不實、不全或未於規定期限內繳納查核費用。

保險代理人、經紀人、公證人及兼營保險代理人或保險經紀人業務之

銀行之關係企業或其他金融機構，於主管機關依第一六三條第五項、第一六五條第四項準用第一四八條第四項規定派員檢查時，怠於提供財務報告、帳冊、文件或相關交易資料者，處新臺幣三十萬元以上三百萬元以下罰鍰（保一六七之四II）。

㈣保險業與第一六七條之一第三項之人為代理、經紀或公證業務往來者，處新臺幣一百五十萬元以上一千五百萬元以下罰鍰（保一六七之五）。

五、保險業違反本法經營業務及資金運用之處罰

保險業違反第一三八條第一項、第三項、第五項或第二項所定辦法中有關業務範圍之規定者，處新臺幣九十萬元以上九百萬元以下罰鍰（保一六八I）。

保險業違反第一三八條之二第二項、第四項、第五項、第七項、第一三八條之三第一項、第二項或第三項所定辦法中有關賠償準備金提存額度、提存方式之規定者，處新臺幣九十萬元以上九百萬元以下罰鍰；其情節重大者，並得廢止其經營保險金信託業務之許可（保一六八II）。

保險業違反第一四三條者，處新臺幣九十萬元以上九百萬元以下罰鍰（保一六八III）。

保險業違反第一四三條之五或主管機關依第一四三條之六各款規定所為措施者，處新臺幣二百萬元以上二千萬元以下罰鍰（保一六八IV）。

保險業資金之運用有下列情形之一者，處新臺幣一百萬元以上一千萬元以下罰鍰或解除其負責人職務；其情節重大者，並得廢止其許可（保一六八V）：

㈠違反第一四六條第一項、第三項、第五項、第七項或第六項所定辦法中有關專設帳簿之管理、保存及投資資產運用之規定，或違反第八項所定辦法中有關保險業從事衍生性商品交易之條件、交易範圍、交易限額、內部處理程序之規定。

㈡違反第一四六條之一第一項、第二項、第三項或第五項所定辦法中有關投資條件、投資範圍、內容及投資規範之規定；或違反第一四六條之五第三項或第四項規定。

㈢違反第一四六條之二規定。

㈣違反第一四六條之三第一項、第二項或第四項規定。

㈤違反第一四六條之四第一項、第二項或第三項所定辦法中有關投資規範或投資額度之規定。

㈥違反第一四六條之五第一項前段規定、同條後段所定辦法中有關投資範圍或限額之規定。

㈦違反第一四六條之六第一項、第二項或第三項所定辦法中有關投資申報方式之規定。

㈧違反第一四六條之九第一項、第二項或第三項規定。

保險業依第一四六條之三第三項或第一四六條之八第一項規定所為之放款無十足擔保或條件優於其他同類放款對象者，其行為負責人，處三年以下有期徒刑或拘役，得併科新臺幣二千萬元以下罰金（保一六八Ⅴ）。

保險業依第一四六條之三第三項或第一四六條之八第一項規定所為之擔保放款達主管機關規定金額以上，未經董事會三分之二以上董事之出席及出席董事四分之三以上同意者，或違反第一四六條之三第三項所定辦法中有關放款限額、放款總餘額之規定者，其行為負責人，處新臺幣二百萬元以上一千萬元以下罰鍰（保一六八Ⅵ）。

六、**妨害檢查業務行為之處罰**　主管機關依第一四八條規定派員，或委託適當機構或專業經驗人員，檢查保險業之業務及財務狀況或令保險業於限期內報告營業狀況時，保險業之負責人或職員有下列情形之一者，處新臺幣一百八十萬元以上一千八百萬元以下罰鍰，情節重大者，並得解除其負責人職務（保一六八之一Ⅰ）：

㈠拒絕檢查或拒絕開啟金庫或其他庫房。

㈡隱匿或毀損有關業務或財務狀況帳冊文件。

㈢無故對檢查人員之詢問不為答覆或答覆不實。

㈣逾期提報財務報告、財產目錄或其他有關資料及報告，或提報不實、不全或未於規定期內繳納查核費用者。

保險業之關係企業或其他金融機構，於主管機關依第一四八條第四項

派員檢查時，怠於提供財務報告、帳冊、文件或相關交易資料者，處新臺幣一百八十萬元以上一千八百萬元以下罰鍰（保一六八之一II）。

七、負責人、職員或以他人名義控制保險業圖利之處罰

㈠保險業負責人或職員或以他人名義投資而直接或間接控制該保險業之人事、財務或業務經營之人，意圖為自己或第三人不法之利益，或損害保險業之利益，而為違背保險業經營之行為，致生損害於保險業之財產或利益者，處三年以上十年以下有期徒刑，得併科新臺幣一千萬以上二億元以下罰金。其因犯罪獲取之財物或財產上利益達新臺幣一億元以上者，處七年以上有期徒刑，得併科新臺幣二千五百萬元以上五億元以下罰金（保一六八之二I）。上述(即保險法第一六八條之二第一項)之保險業負責人、職員或以他人名義投資而直接或間接控制該保險業之人事、財務或業務經營之人所為之無償行為，有害及保險業之權利者，保險業得聲請法院撤銷之（保一六八之六I）。

前項之保險業負責人、職員或以他人名義投資而直接或間接控制該保險業之人事、財務或業務經營之人所為之有償行為，於行為時明知有損害於保險業之權利，且受益之人於受益時亦知其情事者，保險業得聲請法院撤銷之（保一六八之六II）。

依前二項規定聲請法院撤銷時，得並聲請命受益之人或轉得人回復原狀。但轉得人於轉得時不知有撤銷原因者，不在此限（保一六八之六III）。

第一項之保險業負責人、職員或以他人名義投資而直接或間接控制該保險業之人事、財務或業務經營之人與其配偶、直系親屬、同居親屬、家長或家屬間所為之處分其財產行為，均視為無償行為（保一六八之六IV）。

第一項之保險業負責人、職員或以他人名義投資而直接或間接控制該保險業之人事、財務或業務經營之人與前項以外之人所為之處分其財產行為，推定為無償行為（保一六八之六V）。

第一項及第二項之撤銷權，自保險業知有撤銷原因時起，一年間不行使，或自行為時起經過十年而消滅（保一六八之六VI）。

上述（第一六八條之二第一項）之罪，為洗錢防制法第三條第一項所

定之重大犯罪，適用洗錢防制法之相關規定（保一六八之七）。

　　㈡保險業負責人或職員或以他人名義投資而直接或間接控制該保險業之人事、財務或業務經營之人，意圖為自己或第三人不法之利益，或損害保險業之利益，而為違背保險業經營之行為，致生損害於保險業之財產或利益者，處三年以上十年以下有期徒刑，得併科新臺幣一千萬元以上二億元以下罰金。其因犯罪獲取之財物或財產上利益達新臺幣一億元以上者，處七年以上有期徒刑，得併科新臺幣二千五百萬元以上五億元以下罰金（保一六八之二Ⅰ）。前述之未遂犯罰之（保一六八之二Ⅲ）。保險業負責人或職員或以他人名義投資而直接或間接控制該保險業之人事、財務或業務經營之人，二人以上共同實施前項犯罪之行為者，得加重其刑至二分之一（保一六八之二Ⅱ）。

八、處罰之減免、財物利益之沒收及易服勞役之折算

　　㈠犯第一六七條或第一六八條之二之罪，於犯罪後自首，如自動繳交全部犯罪所得財物者，減輕或免除其刑；並因而查獲其他正犯或共犯者，免除其刑（保一六八之三Ⅰ）。犯第一六七條或第一六八條之二之罪，在偵查中自白，如自動繳交全部犯罪所得財物者，減輕其刑；並因而查獲其他正犯或共犯者，減輕其刑至二分之一（保一六八之三Ⅱ）。犯第一六七條或第一六八條之二之罪，其因犯罪獲取之財物或財產上利益超過罰金最高額時，得於犯罪獲取之財物或財產上利益之範圍內加重罰金；如損及保險市場穩定者，加重其刑至二分之一（保一六八之三Ⅲ）。

　　㈡犯本法之罪，犯罪所得屬犯罪行為人或其以外之自然人、法人或非法人團體因刑法第三十八條之一第二項所列情形取得者，除應發還被害人或得請求損害賠償之人外，沒收之（保一六八之四）。

　　㈢犯本法之罪，所科罰金達新臺幣五千萬元以上而無力完納者，易服勞役期間為二年以下，其折算標準以罰金總額與二年之日數比例折算；所科罰金達新臺幣一億元以上而無力完納者，易服勞役期間為三年以下，其折算標準以罰金總額與三年之日數比例折算（保一六八之五）。

九、超額承保之處罰　保險業違反第七十二條規定超額承保者，除違反

部分無效外，處新臺幣四十五萬元以上四百五十萬元以下罰鍰（保一六九）。

十、未依限提撥安定基金或拒繳之處罰　保險業有下列情事之一者，由安定基金報請主管機關處新臺幣三十萬元以上三百萬元以下罰鍰，情節重大者，並得勒令撤換其負責人（保一六九之二）：

㈠未依限提撥安定基金或拒絕繳付。

㈡違反第一四三條之三第五項規定，未依規定建置電子資料檔案、拒絕提供電子資料檔案，或所提供之電子資料檔案嚴重不實。

㈢規避、妨礙或拒絕安定基金依第一四三條之三第六項規定之查核。

十一、再保險業務違反之處罰　保險業辦理再保險業務違反第一四七條所定辦法中有關再保險之分出、分入、其他危險分散機制業務之方式或限額之規定者，處新臺幣九十萬元以上九百萬元以下罰鍰（保一七〇之一Ｉ）。專業再保險業違反第一四七條之一第二項所定辦法中有關業務範圍或財務管理之規定者，處新臺幣九十萬元以上九百萬元以下罰鍰（保一七〇之一ＩＩ）。

十二、違反保費計算準備金提存比例之處罰　保險業違反第一四四條第一項至第四項、第一四五條規定者，處新臺幣六十萬元以上六百萬元以下罰鍰，並得令其撤換核保或精算人員（保一七一Ｉ）。保險業簽證精算人員或外部複核精算人員違反第一四四條第五項規定者，主管機關得視其情節輕重為警告、停止於三年以內期間簽證或複核，並得令保險業予以撤換（保一七一ＩＩ）。

十三、違反檢查業務規定之處罰

㈠保險業違反第一四八條之一第一項或第二項規定者，處新臺幣六十萬元以上六百萬元以下罰鍰（保一七一之一Ｉ）。

㈡保險業違反第一四八條之二第一項規定，未提供說明文件供查閱、或所提供之說明文件未依規定記載，或所提供之說明文件記載不實，處新臺幣六十萬元以上六百萬元以下罰鍰（保一七一之一ＩＩ）。

㈢保險業違反第一四八條之二第二項規定，未依限向主管機關報告或主動公開說明，或向主管機關報告或公開說明之內容不實，處新臺幣三十

萬元以上三百萬元以下罰鍰（保一七一之一III）。

　㈣保險業違反第一四八條之三第一項規定，未建立或未執行內部控制或稽核制度，處新臺幣六十萬元以上一千二百萬元以下罰鍰（保一七一之一IV）。

　㈤保險業違反第一四八條之三第二項規定，未建立或未執行內部處理制度或程序，處新臺幣六十萬元以上一千二百萬元以下罰鍰（保一七一之一V）。

　十四、負責人延不清算之罰鍰　保險業經撤銷登記延不清算者，得處負責人各新臺幣六十萬元以上六百萬元以下罰鍰（保一七二）。

　十五、負責人或職員延不移交、隱匿毀損帳冊財產、捏造債務、拒答詢問等之刑罰　保險業於主管機關監管、接管或勒令停業清理時，其董（理）事、監察人（監事）、經理人或其他職員有下列情形之一者，處一年以上七年以下有期徒刑、拘役，得併科新臺幣二千萬元以下罰金（保一七二之一）：

　㈠拒絕將保險業務財務有關之帳冊、文件、印章及財產等列表移交予監管人、接管人或清理人或不為全部移交。

　㈡隱匿或毀損與業務有關之帳冊、隱匿或毀棄該保險業之財產，或為其他不利於債權人之處分。

　㈢捏造債務，或承認不真實之債務。

　㈣無故拒絕監管人、接管人或清理人之詢問，或對其詢問為虛偽之答復，致影響被保險人或受益人之權益者。

　十六、保險公司股東之處罰　保險公司股東持股違反第一三九條之一第一項、第二項或第四項規定，未向主管機關申報或經核准而持有股份者，處該股東新臺幣四十萬元以上四百萬元以下罰鍰（保一七一之二I）。保險公司股東違反主管機關依第一三九條之一第五項所定辦法中有關持股數與其他重要事項變動之申報或公告規定，或未於主管機關依同條第六項所定期限內處分股份者，處該股東新臺幣四十萬元以上四百萬元以下罰鍰（保一七一之二II）。保險公司股東違反第一三九條之一第七項規定未為通知者，處該股東新臺幣十萬元以上一百萬元以下罰鍰（保一七一之二III）。

第六章　附　則

本法於附則內所提之者如下：

第一、社會保險另以法律定之（保一七四）。

第二、法院為審理違反本法之犯罪案件，得設立專業法庭或指定專人辦理（保一七四之一）。

第三、本法施行細則，由主管機關定之（保一七五）。

第四、為促進我國與其他國家保險市場主管機關之國際合作，政府或其授權之機構依互惠原則，得與外國政府、機構或國際組織，就資訊交換、技術合作、協助調查等事項，簽訂合作條約或協定（保一七五之一 I）。

除有妨害國家利益或投保大眾權益者外，主管機關依前項簽訂之條約或協定，得洽請相關機關、機構依法提供必要資訊，並基於互惠及保密原則，提供予與我國簽訂條約或協定之外國政府、機構或國際組織（保一七五之一 II）。

第五、保險業之設立、登記、轉讓、合併及解散清理，除依公司法規定外，應將詳細程序明訂於管理辦法內（保一七六）。

第六、保險業務員之資格取得、登錄、撤銷或廢止登錄、教育訓練、懲處及其他應遵行事項之管理規則，由主管機關定之（保一七七）。

第七、符合下列各款規定之一者，於經本人書面同意，得蒐集、處理或利用病歷、醫療、健康檢查之個人資料（保一七七之一 I）：

一、依本法經營或執行業務之保險業、保險代理人、經紀人、公證人。

二、協助保險契約義務之確定或履行而受保險業委託之法人。

三、辦理爭議處理、車禍受害人補償業務而經主管機關許可設立之保險事務財團法人。

前項書面同意方式、第一款業務範圍及其他應遵行事項，由主管機關訂定辦法管理之（保一七七之一 II）。

　　保險業為執行核保或理賠作業需要，處理、利用依法所蒐集保險契約受益人之姓名、出生年月日、國民身分證統一編號及聯絡方式，得免為個人資料保護法第九條第一項之告知（保一七七之一III）。

　　中華民國一〇〇年六月十四日修正之本條文施行前，第一項各款之人已依法蒐集之病歷、醫療、健康檢查之個人資料，於修正施行後，得繼續處理及為符合蒐集之特定目的必要範圍內利用（保一七七之一VI）。

　　第八、本法除中華民國九十五年五月三十日修正公布之條文自九十五年七月一日施行，一〇〇年六月十四日修正之第一七七條之一施行日期由行政院定之，一〇四年一月二十二日修正之第一四三條之四至第一四三條之六、第一四九條及第一六八條第四項規定自一〇五年一月一日施行外，自公布日施行（保一七八）。

▶ 行政命令
黃舒芃　著

　　本書旨在說明行政命令於整個國家法秩序體系中扮演的角色，協助建立讀者對行政命令的基本概念。本書特別著眼於行政命令概念發展的來龍去脈，藉此凸顯相關爭議的問題核心與解決途徑。本書先介紹行政命令在德國憲法與行政法秩序中的發展脈絡，並在此基礎上，回歸探討我國對德國行政命令概念體系的繼受，以及這些繼受引發的種種問題。最後，本書針對我國行政命令規範體制進行檢討，從中歸納、解析出行政命令爭議核心，以及成功發展行政命令體系的關鍵。

▶ 地方自治法
蔡秀卿　著

　　本書內容大致上分為三大部分，一為地方自治之基礎概念，包括地方自治的基本概念、我國地方自治法制之歷史、地方自治之國際保障及地方自治團體。二為住民自治部分，即住民之權利義務。三為團體自治部分，包括地方自治團體之事務、地方自治團體之自治立法權、地方自治團體之自治組織權及中央與地方及地方間之關係。本書除以法理論為重外，並具歷史性、前瞻性及國際性之特色。

▶ 無因管理
林易典　著

　　本書之主要內容為解析無因管理規範之內涵，並檢討學說與實務對於相關問題之爭議與解釋。本書共分十三章：第一章為無因管理於民法體系中之地位，第二章為無因管理之體系與類型，第三章為無因管理規範之排除適用與準用，第四章至第六章為無因管理債之關係的成立要件，第七章為無因管理規範下權利義務的特徵，第八章至第十章為管理人之義務，第十一章為管理人之權利，第十二章為管理事務之承認，第十三章為非真正無因管理。期能使讀者在學說討論及實務工作上，能更精確掌握相關條文之規範意旨及適用，以解決實際法律問題。

▶ 物權基本原則
陳月端 著

　　本書主要係就民法物權編的共通性原理原則及其運用，加以完整介紹。近年的物權編修正及歷年來物權編考題，舉凡與通則章有關者，均是本書強調的重點。本書更將重點延伸至通則章的運用，以期讀者能將通則章的概括性規定，具體運用於其他各章的規定。本書包含基本概念的闡述、學說的介紹及實務見解的補充，更透過實例，在基本觀念建立後，使讀者悠遊於條文、學說及實務的法學世界中。

▶ 刑法構成要件解析
柯耀程 著

　　構成要件是學習刑法入門的功夫，也是刑法作為規範犯罪的判斷基準。本書的內容，分為九章，先從構成要件的形象，以及構成要件的指導觀念，作入門式的介紹，在理解基礎的形象概念及指導原則之後，先對構成要件所對應的具體行為事實作剖析，以便理解構成要件規範對象的結構，進而介紹構成要件在刑法體系中的定位，最後進入構成要件核心內容的分析，從其形成的結構，以及犯罪類型作介紹。本書在各章的開頭採取案例引導的詮釋方式，並在論述後，對於案例作一番檢討，使讀者能夠有一個較為完整概念。

▶ 未遂與犯罪參與
蕭宏宜 著

　　本書是三民「刑法法學啟蒙書系」的一部份，主要內容聚焦於不成功的未遂與一群人參與犯罪。簡單說，做壞事不一定會成功，萬一心想事不成，刑法要不要介入這個已經「殘念」的狀態，自然必須考量到失敗的原因，做出不同的反應；當然，做壞事更不一定什麼細節都得親自動手，也可以呼朋引伴、甚至控制、唆使、鼓勵別人去做。不論是未遂或犯罪參與的概念闡述與爭議問題，都會在這本小書中略做討論與說明，並嘗試提供學習者一個有限的框架與特定的角度，抱著多少知道點的前提，於群峰中標劃一條簡明線路。

▶ 公司法原論
廖大穎 著

　　本書係配合民國一〇四年公司法部分條文修正之最新版，內容以資合性的股份有限公司與人合性的無限公司、兩合公司及有限公司制度為兩大主軸，非常適合學術界與實務界人士參考。本書將我國公司組織的實態與運作，配合現行法的規範，區分為四個單元，十九個章節，針對我國的企業型態與公司法制，提綱挈領，簡明扼要剖析公司與法律的基本設計，並試圖藉由本書，勾勒出現代公司法的原貌，以開啟大學相關科系學生與一般讀者對公司法學的興趣。當然，就企業併購法之相關公司法制部分，亦將之納入本書的範疇，尤其是民國一〇四年企業併購法修正的部分，期以完整呈現我國目前的公司法制。

▶ 證券交易法導論
廖大穎 著

　　證券交易法制是一門隨著時間快速變化的學科。本書在章節安排與內容編寫上，試圖以最基礎的市場法制體系，引領初學者一窺證券交易法，使修習證券交易法課程的同學，能在短時間內掌握我國證券市場一個簡明而完整的輪廓。本書係配合最新修正證券交易法條文的修訂版，前後共分三篇十二章，就發行市場、流通（交易）市場的規制、證券法制與企業秩序、證券交易機關之構造及證券投資人保護法等主軸，依照現行法典所規範的內容撰寫而成，是一本淺顯而易懂的參考書籍。

▶ 商事法
劉渝生 著

　　本書採用教科書之形式編寫，其內容包括商業登記法、公司法、票據法、海商法、保險法及公平交易法六大部分，而讀者閱讀本書時，可參照六法全書相關之法律條文逐次研讀，則可使體系及內容更加明確。在各章、節後附有問答題，可測知讀者瞭解程度。一般之問答題為參加國內各類考試應予加強重點所在，實例式之問答題則有助於將理論與實際融為一爐，讀者解答後，不但會有豁然貫通之感，且學習興趣亦能相對提高。

▶ **保險法論**

鄭玉波　著

劉宗榮　修訂

　　本書在維持原著《保險法論》的精神下，修正保險法總則、保險契約法的相關規定，並通盤改寫保險業法。本書的特色如下：

1. 囊括保險契約法與保險業法，內容最完備。
2. 依據最新公布的保險法條文修正補充，資料最新穎。
3. 依據大陸法系的體例撰寫，銜接民法，體系最嚴明。
4. 章節分明，文字淺顯易懂，自修考試兩相宜。

▶ **公司法實例研習**

曾淑瑜　著

　　公司法乃是兼具理論與實務之一部法律，除法律人外，不論是會計師、公司負責人，或者是企業從業人員，若能事先釐清相關問題，靈活運用，在商場上就如同手持利器，開天闢地，無往不利。本書不採傳統教科書模式，而以實例導引出各章、節重點。除仍保留系統化之特色外，亦增加思考問題之空間。四版的內容除將上一版次後一〇四年、一〇二年、一〇一年及一〇〇年的修法納入外，亦納入其他有關修正法律的資料，最重要的是新增閉鎖性股份有限公司的題目，資料新穎。配合例題演練，更收綜效之功。